高等院校小学教育专业教材

U0668144

小学英语课程标准与教材研究

主 编◎鲁子问 陈则航　　副主编◎陈 力 王 芳

编 委（按汉语拼音排序）

曹玉兰 陈晓云 李桂娟 刘 珉 沈 力

孙 静 王 红 伍江南 余冬梅 宗文娟

华东师范大学出版社

·上海·

图书在版编目（CIP）数据

小学英语课程标准与教材研究 / 鲁子问，陈则航主编. —上海：华东师范大学出版社，2019
ISBN 978-7-5675-9313-8

Ⅰ.①小… Ⅱ.①鲁…②陈… Ⅲ.①英语课—课程标准—研究—小学②英语课—教材—研究—小学 Ⅳ.①G623.312

中国版本图书馆CIP数据核字（2019）第138619号

小学英语课程标准与教材研究

主　　编　鲁子问　陈则航
责任编辑　师　文
责任校对　周跃新　时东明
装帧设计　俞　越

出版发行　华东师范大学出版社
社　　址　上海市中山北路3663号　邮编 200062
网　　址　www.ecnupress.com.cn
电　　话　021-60821666　行政传真 021-62572105
客服电话　021-62865537　门市（邮购）电话 021-62869887
地　　址　上海市中山北路3663号华东师范大学校内先锋路口
网　　店　http://hdsdcbs.tmall.com/

印 刷 者　上海昌鑫龙印务有限公司
开　　本　787毫米×1092毫米　1/16
印　　张　25
字　　数　585千字
版　　次　2020年4月第1版
印　　次　2023年6月第8次
书　　号　ISBN 978-7-5675-9313-8
定　　价　59.00元

出 版 人　王　焰

（如发现本版图书有印订质量问题,请寄回本社客服中心调换或电话021-62865537联系）

前　言

　　英语教育是我国社会经济发展广泛需要的一门重要学科的教育，是促进学生发展核心素养体系的基础性学科教育。小学英语教育是英语教育的起始阶段，对整个英语教育具有奠基作用。促进小学英语课程的实施，既是英语教育的需要，也是学生核心素养发展的需要。学习"小学英语课程标准与教材研究"课程，有助于高等院校小学教育专业学生成为合格的小学英语教师，也有助于在职小学英语教师成长为更加专业的教师。为此，我们基于十多年的小学英语教育的理论研究与课堂实践编写了本书。

　　在学习本书内容之前，我们需要了解学习"小学英语课程标准与教材研究"这门课程的必要性。

一、小学英语教师为什么需要研究英语课程标准

　　教育是一项社会事业，在小学阶段学习英语是国家对小学生学业发展的要求之一，小学英语课程是国家和社会对小学英语教育的要求，而课程标准则是这种要求的具体体现。作为一名未来的或在职的小学英语教师，在开展小学英语教学之前或之中，只有准确理解和把握小学英语课程的理念、教学要求及评价要求，才能在小学英语课堂教学中体现国家和社会的要求。小学英语教师应以课程标准为依归，设计、开展小学英语教学和评价。

　　我国所有的小学英语教材都是基于国家的英语课程标准编写的。理解教材就必须研究课程标准，理解课程与教学的理念，分析教学内容和活动与课程标准的关联。

　　本教材对《义务教育英语课程标准（2011年版）》进行了分析说明，同时也参考了《普通高中英语课程标准（2017年版）》中对于核心素养的说明。我们希望这些分析说明可以帮助读者理解小学英语课程，把握小学英语教育的要求，有效开展小学英语课堂教学。

二、小学英语教师为什么需要研究教材

　　教学需要教学材料，小学英语教学材料主要来自教材（教科书）。只有准确理解教材，才能有效组织教学活动，实现教学目标。

　　小学英语教材具有自身的体系性，只有研究教材的结构和内容及其关联性，以及教材中教学内容与教学活动的教学意图，才能用好教材，实现教材中预设的目标。

　　教材编写具有内在的逻辑性，我们应先弄清楚其内在规律。在本书的编写团队中，有不少作者具有教材编写经历，他们主持或者参与了本书中所分析的我国三套主要的小学英语教材的编写。在本书中，他们从教材编写内部视角对这些教材进行了深度分析，希望对读者理解和使用教材有所帮助。

三、小学英语教师应该具备哪些能力素养

小学英语教师首先是一名英语教师，应该具有英语学科素养，这包括：英语语言知识与技能、英语社会文化知识、英语运用能力、跨文化能力等。

更重要的是，小学英语教师首先是一名教师，应该具有教育素养，这包括：教育职业精神，尤其是对学生、教育事业的热爱；教育教学能力，如认知能力（包括对课程标准、教材、英语学习的理解能力）、操作能力（如教学方法、教学内容、教育技术等的选择、组织和运用能力等）、监控能力和动力系统；专业发展能力。

编写本书的各位作者具有丰富的小学英语课堂教学经历，在本书中，我们从课堂教学实践视角提出了相关建议，希望对读者的教学有参考作用。

本书以《义务教育英语课程标准（2011年版）》和英语学科核心素养为依据，以国家审定通过并在全国广泛使用的人教版、外研版、译林版小学英语教材为主要参考，并适当参考绘本等，系统分析了小学英语课程标准和教材，并在每一部分结合教材，使用真实课例进行解析，对英语课程标准基本理念、核心素养、教学目标，各版本教材内容、教材结构、教材特点、教学主线、教学文本，以及教学实施中不同层次学校的教材处理方法等进行了分析。读者可以通过扫描二维码查看问题参考答案与教学参考视频。

本书将理论与实践相结合，既分析了小学英语教育相关概念及观点在教材中的实现形式，也结合具体实践分析了在课堂实践中小学英语教材的使用方法，旨在提高读者理解课程内容和标准的能力，以及培养读者分析教材、合理使用教材的能力。

本书每一章第一部分为本章导入（准备）板块，首先呈现教材使用中的案例，大多是问题性的案例，引导读者带着问题进行学习；同时呈现了学习目标和本章结构，以帮助读者形成整体性的了解。第二部分为学习板块，每一章根据内容分为若干节，每一节包括章节正文、课标选摘、教材示例/案例分析、拓展阅读、疑问与思考等栏目。第三部分为本章小结板块，包括章节小结、关键术语、实践活动等栏目。最后一个板块的进一步阅读资源包括文献资源推荐和教学参考视频。

本书的核心内容是课程标准与教材研究，目的是帮助读者深度理解教材。对于教材在教学中的运用以及教学活动，本书不作讨论，读者可参见相关英语教学设计的图书。

党的二十大报告指出，我们要"讲好中国故事、传播好中国声音，展现可信、可爱、可敬的中国形象。加强国际传播能力建设，全面提升国际传播效能，形成同我国综合国力和国际地位相匹配的国际话语权。深化文明交流互鉴，推动中华文化更好走向世界"。

小学英语是小学阶段学生理解和鉴赏中外优秀文化教育资源最为丰富的学科。本书呈现了丰富的与中华传统文化、外国优秀文化相关的教学内容与教学活动。在使用本书的过程中，要基于内容与活动，坚守中华文化立场，树立文化自信，增强中华文明传播力和影响力，从而使学生通过英语课程的学习开阔文化视野，丰富生活经历，形成对外国文化的理解能力和跨文化意识，增强家国情怀和人类命运共同体意识，涵养品格，提升文明素养和社会责任感。

本书可供小学教育专业学生作为"小学英语课程标准与教材研究"课程教材使用，也可供英语教育专业研究生、小学英语在职教师、小学英语教育研究者参考。

本书的主要编写人员为：鲁子问，博士，教授，博士生导师，《义务教育英语课程标准（2011年版）》专家组成员，《英语》（外研社新标准版，小学、初中）副主编，兴义民族师范学院中国民族师范教育研究中心主任，广东省外语艺术职业学院农村小学教育发展研究中心教授；陈则航，博士，教授，博士生导师，北京师范大学外国语言文学学院副院长，中国英汉语比较研究会外语教师教育与发展专业委员会秘书长；陈力，博士，编审，人教版小学英语教材副主编，课程教材研究所研究员，人民教育出版社英语编辑室资深编辑；王芳，高级教师，北京市西城区教育研修学院小学部英语室主任；曹玉兰，硕士，高级教师，北京市西城区教育研修学院小学研修员；陈晓云，正高级教师，广州大学附属中学教师；李桂娟，高级教师，北京市西城区育民小学英语教师；刘珉，高级教师，山东省枣庄市教育局义务教育和学前教育研究室主任；沈力，硕士，一级教师，北京市西城区三里河第三小学英语教师；孙静，硕士，一级教师，北京市西城区西什库小学英语教师；王红，一级教师，北京市西城区中古友谊小学英语教师；伍江南，硕士，副编审，译林出版社基础教育分社副社长，译林版《英语》教材编辑；余冬梅，高级教师，北京市西城区育民小学英语教师；宗文娟，硕士，一级教师，山东省枣庄市滕州市实验小学英语教师。全书由鲁子问、陈则航担任主编，陈力、王芳担任副主编，并由鲁子问最终定稿。

我国小学英语教育尚在快速发展中，《义务教育英语课程标准》也正在修订，小学阶段英语学科的课程目标、素养要求尚在研制确定之中。本书对英语学科核心素养的讨论主要是基于《普通高中英语课程标准（2017年版）》所研制的英语学科核心素养而展开，同时充分考虑了小学教育的特性，希望形成有益的探索。我们对小学英语课程与教材的理解肯定还存在诸多不足，诚请广大读者对本书中的错漏之处提出批评指正，以便我们进一步修改完善。新的小学阶段英语课程标准颁行之后，我们亦将对本书进行补充和修订。

鲁子问

2020 年 2 月 12 日于渡寨

阅读说明

【二维码】

扫描二维码,带你进入丰富多彩的视听世界,获得精彩的文字资料和视频资源。

请扫描二维码
查看参考答案

请扫描二维码
查看参考答案

请扫描二维码
观看教学参考视频

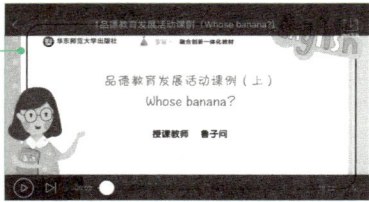

【准备阶段】

包括"请你思考"、"学习目标"、"本章结构"三个栏目。

【学习目标】

说明本章你需要达到的基础目标,帮助你明确本章学习重点。

【请你思考】

问题导入,引导你针对本章核心内容,联系自己对英语教育的理解与实践进行思考。建议在本章学习任务完成之后结合所学内容再次进行思考。

【本章结构】

厘清本章内容的逻辑关系,呈现知识脉络图,帮助你有效把握本章基本内容框架。

【本章小结】

包括"章节小结"、"关键术语"、"实践活动"等栏目。

【关键术语】

说明本章写作脉络中的重要词语，帮助你更快掌握本章关键概念。

【实践活动】

为你搭建实践练习的平台：学习迁移，尝试设计相关课堂实践活动，将学习成果应用于课堂实践；提供实践性参考答案（有效教学设计），帮助你更好地学习、思考与实践。

【章节小结】

这是对所学内容的整体性回顾，概述本章的重要内容，能够帮助你有效复习和理解。

【进一步阅读资源】

包括"文献资料推荐"、"教学参考视频"。

【文献资料推荐】

提供与本章内容主题相关的更多的学习资源，为你打造更广阔的阅读空间。

【教学参考视频】

展示课程与教材的有效课堂实践形态，让理论知识与实践教学融会贯通。

目 录

绪　论

一、我国英语课程的发展

我国正式的英语教育迄今已经有150多年的历史了，并逐渐成为对我国国民教育和社会发展有着重要作用的学科教育。从课程发展视角可知，我国英语课程发展大致分为以下几个阶段。①

（一）自然发展时期（1903年之前）

1862年，京师同文馆成立，旋即，英语课程成为该馆的基础课程。鸦片战争后，中外交涉活动日渐纷繁，培养多方面人才，特别是外语人才的要求越来越迫切。京师同文馆最初就是为培养英语等语种的翻译人才而开办的外语学校。学生人数很少，主要为童生，培养目标为笔译与口译的翻译等实用性人才。随后，各地出现类似的外国语学校，学校和英语课程性质与京师同文馆基本相同。

（二）无"标准"的启动时期（1903—1923年）

1904年（清光绪三十年）《奏定学堂章程》颁布，因是年为癸卯年，故称"癸卯学制"。在"癸卯学制"中，英语作为五种外语之一，成为中学堂必修课程，但没有编制单独的英语课程标准或教学要求，英语课程按照各地自行理解进行开设。1912年，《小学校令》颁行，在"教科书及编制"一章中提及可加设英语或别种外国语，小学英语课程成为国家课程，外国语安排在高小第三学年，每周三小时；1916年扩大到两个学年，每周两小时，目标为"使儿童略识外国语文以供实用"。

不过，此一时期，英语虽然被列为国民中小学课程，但并非真正的国民教育，只有少部分学校开设英语，而不是所有学校都开设了英语课程。虽然开设英语课程的学校也随着社会发展而不断增加，不过依然不是面向全体学生的英语教育，因为很多适龄儿童和青少年并没有机会接受中小学教育。

此一时期，在我国政治、经济、文化、军事等各领域，英语人才都充分发挥着作用。我国社会文化形态，尤其是政治制度、日常生活，都因此而出现显著变化。

（三）"标准"启动的发展时期（1923—1949年）

1923年，《新学制课程纲要初级中学外国语课程纲要（暂以英文为例）》《新学制课程纲要高级中学公共必修的外国语课程纲要》颁行，我国英语课程自此进入基于国家明确要

---

① 此节参考刘道义，吴兆颐.英语教育在中国：历史与现状［M］.北京：人民教育出版社，2015；鲁子问.中国英语教育发展长时段分析［J］.兴义民族师范学院学报，2018（01）：98—102.

求的发展时期。

1929年，前述课程纲要发展为《初级中学英语暂行课程标准》和《高级中学普通科英语暂行课程标准》；1932年，"暂行"结束，正式的《初级中学英语课程标准》和《高级中学英语课程标准》颁行。1941年再次修订，《修正初级中学英语课程标准》和《修正高级中学英语课程标准》颁行。

此一时期由于战争等原因，我国基础教育发展缓慢，很多适龄儿童和青少年没有机会接受教育，英语依然只是少部分适龄儿童和青少年的课程。

（四）曲折发展时期（1949—1978年）

1949年，中华人民共和国成立。1951年，包括初中和高中在内的《普通中学英语科课程标准草案》颁行。1954年停开初中外语。1956年，《高级中学英语教学大纲（草案）》颁行。1959年，初中外语恢复。1962年，五年一贯制小学的四、五年级和基础较好的六年制小学允许开设外语。1963年，《全日制中学英语教学大纲（草案）》颁行，这是1949年至此的教学要求最高、教学内容最多、课时也最多的英语教学大纲。此一时期，我国基础教育很快普及，但由于多种原因，英语不受重视。

（五）快速发展时期（1978—2000年）

1978年，《全日制十年制中小学英语教学大纲（试行草案）》颁行，1980年正式颁行。1986年，《全日制中学英语教学大纲》颁行，并且在大纲后附词汇表，这在我国是首次。1988年，《九年制义务教育全日制初级中学英语教学大纲（初审稿）》进入实验时期。1990年，以交际法为特色的初中英语教材开始实验并逐步使用。1992年，《九年义务教育全日制初级中学英语教学大纲（试用）》颁行，1995年再次修订。1993年，《全日制高级中学英语教学大纲（初审稿）》颁行，基于交际法的高中英语教材也开始试验并逐步使用。1996年，《全日制普通高级中学英语教学大纲（供试验用）》编订。2000年初，颁布《全日制普通高级中学英语教学大纲（试验修订版）》。

此一时期，随着改革开放对外语人才的巨大需求，尤其是外语成为高考重要学科之后，外语受到广泛重视，外语课程与教材改革共同推动了外语教育的发展。

（六）成熟发展时期（2001年至今）

2001年，《全日制义务教育普通高中英语课程标准（实验稿）》颁行，小学英语再度明确作为国家课程开设，教育部审定的小学英语教材开始被广泛使用。2003年，《普通高中英语课程标准（试验）》颁行。2012年，《义务教育英语课程标准（2011年版）》颁行。2018年，《普通高中英语课程标准（2017年版）》颁行。2019年，义务教育英语课程标准修订工作启动。

此一时期，英语课程逐渐走向成熟，成为我国基础教育的重要课程，英语课程也逐步进入基于核心素养的课程时期。

二、英语课程标准的内涵

学校课程是实现教育目的的教学内容选择与教学进程安排，而英语课程标准则是明确英语教育目标、确定英语教学内容、设定英语教学进程的标准。

英语课程标准的内涵首先在于其标准性，具有标准性特征。我国的国家英语课程标准由国家教育行政部门组织编制，以国家文件形式发布，对英语课程目标、内容、进程编制出标准化规定，是国家意志的体现，是国家教育方针的学科化表达。这些标准应成为我国英语课程实施所依据的标准，成为我国英语教材编写、课堂教学、学业评价的标准。当然，课程标准也可以由地方、学校、社会机构制定。课程标准对地方、学校能起到规定性作用，对社会能起到引导性作用。

英语课程标准的内涵之二在于其教育目标的规定性，即具有目标指向性特征。课程标准对课程目标具有非常明确的规定，课程目标是教育目标在具体课程中的体现，学科课程体现学科教育目标，综合课程体现综合教育目标。英语课程标准是英语学科的标准，体现的是英语学科的教育目标。

我国的《义务教育英语课程标准（2011年版）》（以下简称《义教课标（2011）》，全书同）规定了义务教育阶段英语课程的总体目标，"义务教育阶段英语课程的总体目标是：通过英语学习使学生形成初步的综合语言运用能力，促进心智发展，提高综合人文素养"。这一目标非常清楚地规定了义务教育阶段英语课程教育目标的三个方面：语言能力、心智发展、人文素养。我国的《普通高中英语课程标准（2017年版）》（以下简称《普高课标（2017）》）基于中国学生发展核心素养体系而将普通高中英语的课程目标规定为四项学科核心素养（具体如下表所示）。

英语学科核心素养内涵与目标

学科核心素养	内　　涵	总 体 目 标
语言能力	语言能力指在社会情境中，以听、说、读、看、写等方式理解和表达意义的能力，以及在学习和使用语言的过程中形成的语言意识和语感。英语语言能力构成英语学科核心素养的基础要素。英语语言能力的提高蕴含文化意识、思维品质和学习能力的提升，有助于学生拓展国际视野和思维方式，开展跨文化交流。	语言能力的总体目标是：具有一定的语言意识和英语语感，在常见的具体语境中整合性地运用已有语言知识，理解口头和书面语篇所表达的意义，识别其恰当表意所采用的手段，有效地使用口语和书面语表达意义和进行人际交流。
文化意识	文化意识指对中外文化的理解和对优秀文化的认同，是学生在全球化背景下表现出的跨文化认知、态度和行为取向。文化意识体现英语学科核心素养的价值取向。文化意识的培育有助于学生增强国家认同和家国情怀，坚定文化自信，树立人类命运共同体意识，学会做人做事，成长为有文明素养和社会责任感的人。	文化意识的总体目标是：获得文化知识，理解文化内涵，比较文化异同，汲取文化精华，形成正确的价值观，坚定文化自信，形成自尊、自信、自强的良好品格，具备一定的跨文化沟通和传播中华文化的能力。
思维品质	思维品质指思维在逻辑性、批判性、创新性等方面所表现的能力和水平。思维品质体现英语学科核心素养的心智特征。思维品质的发展有助于提升学生分析和解决问题的能力，使他们能够从跨文化视角观察和认识世界，对事物作出正确的价值判断。	思维品质的总体目标是：能辨析语言和文化中的具体现象，梳理、概括信息，建构新概念，分析、推断信息的逻辑关系，正确评判各种思想观点，创造性地表达自己的观点，具备初步运用英语进行独立思考、创新思维的能力。

学科核心素养	内　　涵	总　体　目　标
学习能力	学习能力指学生积极运用和主动调适英语学习策略、拓宽英语学习渠道、努力提升英语学习效率的意识和能力。学习能力形成英语学科核心素养的发展条件。学习能力的培养有助于学生做好英语学习的自我管理，养成良好的学习习惯，拓宽学习渠道，提高学习效率。	学习能力的总体目标是：进一步树立正确的英语学习观，保持对英语学习的兴趣，具有明确的学习目标，能够多渠道获取学习资源，有效规划学习时间和学习任务，选择恰当的策略与方法，监控、评价、反思和调整自己的学习内容和过程，逐步提高使用英语学习其他学科知识的意识和能力。

选自：中华人民共和国教育部.普通高中英语课程标准（2017年版）［S］.北京：人民教育出版社，2017：4—6.

　　这些目标非常清楚地规定了英语课程应发展的核心素养领域与具体要求，英语教材的编写、课堂教学、学业评价应指向这些目标。

　　无论课程标准如何表述，小学英语课程都具有小学教育特性。小学教育的根本任务是促进学生发展，学生发展的基本目标包括掌握必备知识、形成关键能力、发展综合素养、建构正确的价值观念。学生发展的基本方式是课程学习，这些课程可以是学科化课程，也可以是学习领域课程，以及综合性课程。我国颁布的《中国学生发展核心素养体系》中规定了各项课程应通力发展的学生的核心素养，在高中阶段呈现为各学科的核心素养，小学阶段核心素养的内涵与表述尚在研制之中。小学英语课程与高中英语课程均属于英语教育的课程，存在不可分割的内在关联一致性，但小学教育与高中教育也存在差异，高中教育比较强调学科的系统性，小学教育的趋势则是不过于强调学科的划分，不强调学科化的系统的知识体系，而强调学科的领域特性，突出其综合性。不过，高中英语学科核心素养已经基于《中国学生发展核心素养体系》先行制定，而且作为英语学科核心素养颁布，以此形成对随后制定的英语课程的核心素养的先行事实特性。所以，小学阶段英语教育既应顺应高中阶段的英语学科核心素养先行制定而形成的先行现实，还要遵循小学教育的阶段性的规定性。基于此，学生通过高中英语课程发展的核心素养已名之为高中"英语学科核心素养"，学生通过小学英语课程发展的核心素养可名之为小学"英语课程核心素养"。本书在探讨高中英语学科核心素养的先导性内容时使用"英语学科核心素养"的概念，探讨小学英语课程的核心素养内涵时则使用"英语课程核心素养"的概念，待国家颁行小学英语课程的核心素养概念后再行依照使用。

　　英语课程标准的内涵之三在于其教学内容的规定性和内容分类特征。课程标准的基础性目标是内容标准，我国英语课程标准主要内容也是内容标准，而且规定得比较具体，不仅有语言知识、语言技能、文化意识、学习策略等方面的具体内容及其分级标准，而且包括语音、语法、词汇、话题、功能等具体内容要求。这些标准使我国英语教材、教学、评价有了具体的内容要求，但也在一定程度上限制了教材编写、课堂教学、学业评价的地方性、学校性差异化发展的可能。不过，由于我国高考录取的差异化现实，不同省市自治区录取分数不一样，不同学校、不同专业录取分数也不一样，从而使不同省市自治区、不同学校、不同学生可以在统一标准下进行差异化教学。

英语课程标准的内涵之四在于其教学进程的规定性和过程分级特征。课程本质是学科学习的过程，课程对教学进程有明确的规定。我国英语课程标准的各项标准都有明确的分级目标，将英语课程总体上分为不同级别，如义务教育阶段分为1—5级，高中分为必修、选择性必修、选修三级，这使得英语教材的编写、课堂教学、学业评价均可按照相应的级别进行。

三、英语课程标准与教材研究的价值与作用

课程标准是对课程的规定，教材是课程内容、教学进程的具体呈现。研究分析课程标准有助于教师整体把握课程目标、基本理念，了解其规定性，为教师的课堂教学建构宏观视角。

下面举例的这一学习内容看似简单，若从《义教课标（2011）》的视角分析这一学习内容，则可以发现：这一内容可以发展学生"向新认识的人介绍自己"的语言运用能力，可以发展学生"如何记住新认识的人"的社会认知能力，促进学生的心智发展，还可以发展学生"在听到新同学或新团队成员自我介绍后应表示欢迎"的人文素养。显然，分析教材有助于我们把握教材与课程标准的关联，可以帮助我们基于课程标准理解教材、使用教材。

从英语课程核心素养视角分析第6页图例所展示的这一教学活动，教师可以发现这一内容指向的是学生的语言能力、文化意识、思维品质和学习能力。首先，这一内容显示，在对方可以为自己做出选择时，可以问对方"What's your favourite ...?"，以便为其提供他所喜好的物品，而不是明知对方没有可能做出选择而询问对方。这是从真实语境、真实语用的角度来把握教材的学习内容。同时，故事内容呈现的是中国学生为外国同学分发学习用品，这其中表现了我们尊重对方的选择，有对他人的尊重意识。接着，教师可以让学生思考，中国学生 Lingling 在给

选自：人民教育出版社课程教材研究所英语课程教材研究开发中心.英语（PEP）（三年级起点三年级下册）[M].北京：人民教育出版社，2013：4.

中国同学 Daming 发纸张时，是否会或者应该用同样的询问方式，这可以发展学生的思维品质。最后，教师可以让学生自己练习"My favourite ..."，以发展学生基于自己喜好而学习单词等的学习能力。显然，研究分析教材也有助于我们从教材整体和具体内容与活动中把握课程目标的实施形式，通过实施教材所设定的内容而实施课程，促进课程目标、

2 Listen and say.

What's your favourite colour?

My favourite colour is yellow.

Here you are.

Thank you.

选自：陈琳，（英）普里莎·爱丽斯（PRINTHA ELLIS）.英语（新标准）（三年级起点三年级下册）[M].北京：外语教学与研究出版社，2013：5.

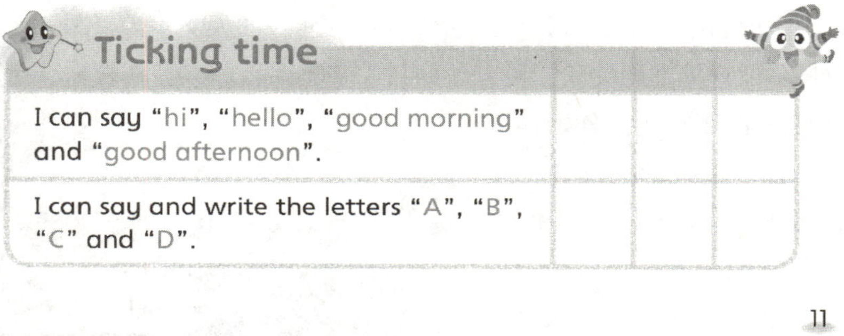

Ticking time

I can say "hi", "hello", "good morning" and "good afternoon".			
I can say and write the letters "A", "B", "C" and "D".			

11

选自：何锋，齐迅.英语（三年级起点三年级上册）[M].南京：译林出版社，2013：11.

教育目标的实现。

上图这一学习之后自主评价的活动可以促进课程标准所要求的小学英语主要以开展形成性评价为主、要发展学生自主学习与自主评价的能力这一目标的实现。

综合而言，分析课程标准与教材，是落实教育目标、实施课程的基础，是引导教学活动指向教育目标的保障，也是合理使用教材、实现有效教学的前提。

四、小学英语教材研究的基本框架

教材是课程内容的具体呈现，是课程的核心资源，直接影响教育教学的实施质量。

教材研究分析一直广受重视，出现了不少教材分析评价量表。《国际教育百科全书》给出了一个针对所有学科教材的评价表，内容如下：[①]

---

① T·胡森.国际教育百科全书（第九卷）[Z].贵阳：贵州教育出版社，1990：252.

1. 课文

（1）该课本是否系统地帮助读者将新概念和已学过的概念联系起来？课本作者是否在各章提供写得好的引言和概要，以及提出问题使学生使用有关的原有知识？

（2）从整体看，课文是否具有条理性、连贯性和统一性？课文的组织结构是否得当？从各章的大小标题、大纲、引言、结语、主题句等各方面看，课文的结构对读者是否明显易懂？

（3）从局部看，课文是否具有条理性、连贯性、统一性？代词所指是否清楚？各概念间的关系是否明确清晰？

（4）为了达到某一重要教学目的，课文是否在必要时才引进新的主要概念，以便使教学步骤、速度恰当？主要概念之间插入的一些概念，是用以引申、解释、阐明主要概念之间的关系，还是只介绍一些无关的细节？

2. 练习

（1）各章末尾和作业用书中的练习，是否有助于学生学会从课文中找出并处理重要信息？如果学生学好了各章末尾问题的答案，他们是否掌握不少重要知识，可以帮助其阅读并理解下一章或下一年的课本？

（2）各章末尾及作业用书中的练习，是否能帮助学生学会各种学习技巧？学习技巧中的何时、何地、如何、为何等问题，是否得到了解释？

3. 教师用书

（1）和一些课本配合使用的教师手册，是否向教师解释何时、何地、如何、为何教给学生学习中的难点，例如：课文结构以及某些方面很难理解时该如何办？

（2）教师手册是否向教师解释何时、何地、如何、为何要让学生在学习中了解并检验自己的认知过程？

　　欧洲委员会组织编制的《共同欧洲框架：语言学习、教学与评价之参照》（*A Common European Framework of Reference for Languages: Learning, teaching, assessment*）为全欧洲的外语教材提出了一个比较详细的分析评价标准，内容如下：[①]

1. 内容

——教材作者是否明确说明教材中包含的理念？
——课程与单元的主要目标是否明确？
——教材内容符合这些目标吗？你认为学习者使用这些材料有可能达到这些目标吗？
——教材内容的目标对你的学生是否恰当？
——教材内容的程度对你的学生是否恰当？
——预期的学习进度对你的学生是否恰当？
——这些话题对你的学生是否有兴趣和价值？

2. 媒介

——呈现课程的媒介在你的语境中是否有用、实用？
——是否有媒介只用于其独有的可能性？
——课程的所有内容都是基本内容吗？还是有一些是可以选用的？

3. 方法

——单元内容是否有一个组织模式？课文是否依据明确的学习原则组织？
——你感觉这些教材代表了你认同的语言和学习的观念吗？
——教材是否包含针对不同目的（成分与媒体）的不同方法？
——教材是否包含学得与习得的不同机会？
——新语言的学习是否有足够的循环学习活动？

---

① Council of Europe. *A Common European Framework of Reference for Languages: Learning, teaching, assessment*[Z]. London: Cambridge University Press, 2002: 230−231.

4. 学生辅助材料

——教材是否包含允许学习者在课外自己学习的资源？
——是否有起到帮助作用的参考材料？
——是否包含有用的学习扩展材料？

5. 教师辅助材料

——教材是否为使用教师提供了足够的支持、指导和扩展材料？
——教材是否具有足够的可调整性以使有经验的教师能采用不同的方法加以利用？是否提供了补充材料？
——教材是否包含了文化背景材料与语言信息以给教师帮助？

6. 主题/话题

——主题是否有可能使你的学生感兴趣和参与其中，并激发他们的学习积极性？
——主题是否提供与学生个人经历、喜好相关的机会？

7. 课文

——课文能使学生感兴趣吗？
——课文语言、课文形式和任务等有联系吗？
——课文看起来真实吗？
——课文呈现在视觉上有吸引力吗？

8. 任务

——任务类型很广泛吗？
——学生认为任务类型有联系吗？他们感觉有兴趣吗？能激发他们的学习积极性吗？
——这些任务类型允许学生在交际中扮演不同的角色吗？
——这些任务类型鼓励学生能力、策略和语言能力的发展吗？

9. 进步检测

——这些材料提供进步检测的工具吗？
——是否有补充测试？
——是否有与教材相关的外部测试？

对于外语教材分析评价体系，卡宁沃斯（Alan Cunningsworth）设计了一套非常全面的评价表——教材评价与选用快速参照一览表，包括30个方面、数百个分析评价问题，并设计了一个略微简单一些的综合评价的分析评价表，其具体内容如下：[1]

1. 目标与方法

——教材的目标是否紧密切合教学计划的目标与学习者的需要？
——教材是否符合学习条件与教学条件？
——课程在综合性上如何？是否覆盖大部分或所有的所需内容？是否是学生和教师的良好的学习与教学资源？
——教材是否可以调整？是否允许采用不同的教学与学习方法？

---

① Alan Cunningsworth. *Choosing your coursebook*[M]. Oxford: Macmillan Publisher, 1996: 3–4.

2. 设计与结构

—— 教材包含哪些材料组成（例如：学生用书、教师用书、练习册、录音等）？
—— 内容是如何组织的（例如：依据结构、功能、话题、技能等）？其结构对学习者和教师是否合适？
—— 教学内容是如何安排的（例如：依据复杂程度、可学习程度、有用程度等安排）？
—— 其分级与进展是否适合学习者？他们在完成必要的作业后，是否能达到教学大纲的要求？
—— 教材中是否有足够的循环与复习活动？
—— 是否有语法等参考内容？是否有一些适合个人学习的材料？
—— 是否能很方便地找到教材中的内容？版式设计是否清晰？

3. 语言内容

—— 教材是否覆盖适合于不同级别的主要语法项目，并考虑到了学习者的需求？
—— 在词汇的数量和范围、对词汇扩展的强调、个人的学习策略等方面，词汇教学内容是否足够？
—— 教材是否包括语音练习材料？若是，包括了哪些内容（例如：单个语音、单词重音、语句重音、语调）？
—— 教材是否在语句层面之上处理结构与语言运用规则？例如：如何参与交谈？如何把握扩展作文的结构？如何确定阅读篇章的中心？（主要针对中级和高级阶段的教材）
—— 是否涉及语篇的文体与语言的得体性？若是，语言文体是否与社交环境一致？

4. 技能

—— 所有四项技能是否依据课程目标和大纲要求都有足够的安排？
—— 是否有综合各种技能的练习活动？
—— 阅读篇章及其练习是否符合你的学生的水平、兴趣等？是否有足够的阅读材料？
—— 听力材料录制是否良好（例如：尽可能真实，有背景信息，有帮助理解的问题与活动）？
—— 口头英语的材料（对话、角色表演等）是否设计得很好以使学生能进行真实的交往？
—— 在引导性写作、控制性写作、准确度、长篇写作（如段落）和得体的文体这些方面，写作活动是否恰当？

5. 话题

—— 是否有足够的符合学生真实兴趣的材料？
—— 是否有足够丰富与广泛的话题？
—— 话题是否有助于扩展学生的意识、丰富他们的体验？
—— 话题在内容上是否既有足够的难度，又在学生的语言水平之内？
—— 你的学生是否能够将课文呈现的内容与社会文化语境相联系？
—— 女性与男性形象在插图和呈现内容上是否平等？
—— 是否呈现其他种族、职业与残障人士等群体？

6. 方法

—— 教材采用了什么语言学习方法/不同的方法？这是否适合特定的学习/教学环境？
—— 教材希望积极学习者的参与达到什么程度？这与你的学生的学习风格和期望值一致吗？
—— 教材用什么技巧呈现/训练新语言项目？这些技巧适合你的学生吗？
—— 不同的语言技能是如何教授的？交际能力是如何培养的？
—— 教材是否包含对学生学习技能和学习策略的建议与帮助？
—— 是否要求学生在一定程度上为自己的学习负责（如设置自我学习目标）？

7. 教师用书

—— 是否为使用教材的教师提供了足够的指导和支撑性材料？
—— 是否全面，是否有支撑性？
—— 是否足够覆盖教学技巧、语言项目（比如语法规则）和特定文化信息？
—— 教师用书的作者是否设定与说明了教材内含的基本前提与原则？
—— 是否提供练习答案？

8. 实际问题

—— 整个教材包价格多少？是否物有所值？
—— 书本是否牢固耐用？外观设计是否有吸引力？
—— 是否便于携带？缺货时是否能迅速增加供应？
—— 任何语言成分是否需要特殊设备，如语音室、听力中心或放映机？若是，你目前是否有这些设备可以使用而且可靠？

我国英语课程标准编制了教材编写建议，但没有教材评价标准。我们认为，作为教师，对教材的分析更多要从教材的可教学性上来把握，这可以帮助我们确定运用怎样的原则来处理教材，以及运用恰当的教学方法来进行教学。基于此，我们编制了以下简单易行的英语教材分析框架，以帮助英语教师分析教材，从而开展有效教学。

我们建议，当教师拿到教材之时，首先应分析整套教材，而不是只分析其中一册，然后再分析具体的单元和活动。以下是我们建议的分析框架。为了便于操作，我们选择了与教学直接相关的内容。若需要进行全面分析，我们建议参考前文所述的卡宁沃斯教材评价与选用快速参照一览表。

（一）整体分析框架

即使教师不参与教材选择，也应对教材进行整体分析把握，因为一节课的教学从来不只是一个课时的教学，而是整个学段中一个具体课时的教学，是整个学段中的一个环节，教师应从课程整体、教材整体把握每一课时的教学。

1. 分析教材体现课程标准总体目标、课程理念的方式

基于教材介绍、教师用书、学生用书，分析整套教材的特征，发现其体现课程标准总体目标、课程理念的方式。选择任何一个单元，对照教师用书，分析该单元体现了课程标准总体目标的哪些方面，体现了哪些课程理念。例如，绪论中的前三个案例分析皆说明了教材对课程标准总体目标和理念的实现形式。

2. 分析教材实现课程内容目标的形式

分析整套教材对课程标准所规定的包括语音、词汇、语法、话题、功能、文化意识、思维品质（心智发展）、学习策略等所有内容目标的呈现形式与分布。选择任何一个单元，对照教师用书，分析该单元体现了课程标准对应级别的哪些内容，掌握其体现形式。

左图所示的译林版小学英语教材中的内

Sound time

k

I like to fly my kite
And I like to ride my bike.

bike
kite
lake
like
thank

Sound time

sh

Sharon is in the shoe shop.
She likes shiny shoes,
But there are so many.
She doesn't know which to choose!

sheep
ship
shoe
shop

Sound time

er

My mother is a teacher.
She works hard every day.
My cousin is a worker.
Now he's on holiday.

mother
sister
summer
teacher
winter

选自：何峰，齐迅.英语（三年级起点四年级上册、五年级下册、六年级上册）[M].南京：译林出版社，2014：36，31，41.

容说明该教材是按照一定的程序将课程标准规定的语音教学内容安排到不同的册中。使用该套教材前，教师应对教材有整体的了解，从而把握课程标准的语音学习目标在教材整个体系中实现的方法，按部就班地进行语音教学，而不是在四年级就把所有拼读规律一次性教完。

3. 分析教材的教学进程

分析整套教材的教学进程，包括语言知识与语言技能发展的逻辑线（线性发展线或螺旋上升线）、认知发展的逻辑线、文化意识发展的逻辑线、学习能力发展的逻辑线等。教师只有先弄清楚这些知识、能力发展的逻辑线在各册教材中的具体分布，在教学中才可以在每一单元的教学准备中明确了解该单元所在的逻辑线上的位置，从而明确教学目标在发展过程中的合理性。

例如，外研社新标准版小学英语教材一年级下册的这个案例清楚地说明了教材的教学过程是在有关联的情境中以逐步加深难度的方式呈现新语言的，活动1让学生学习单词boys、girls，活动2让学生学习句子"I'm a boy."和"I'm a girl."，而不是在一个活动中既学习boy(s)、girl(s)，又学习"I'm a ..."的结构，这样的设计在该教材中被称为"小步快走"。分析教材，掌握这一特征，有助于教师更好地基于教材预设的教学过程进行教学。

（二）单元分析框架

教材是由一个一个的教学单元所构成的，每一单元都是教学进程中的一个环节。我们在整体把握教材之后，还需

选自：陈琳，（英）普里莎·爱丽斯（PRINTHA ELLIS）.英语（新标准）（一年级起点一年级上册）[M].北京：外语教学与研究出版社，2013：11.

选自：陈琳，（英）普里莎·爱丽斯（PRINTHA ELLIS）.英语（新标准）（三年级起点三年级下册）[M].北京：外语教学与研究出版社，2013：1.

要准确把握每一单元，从而促进有效教学。

1. 单元定位

基于教材整体分析，对单元进行定位，明确其在整个教材逻辑线上的定位，如：确定是属于线性发展的内容，还是螺旋上升的内容等；是第一次出现的新话题，还是已学话题的新语境等。例如：通过分析外研社新标准版小学英语教材（三年级起点）三年级下册的模块目录，我们可以了解每一模块在整套教材的语法结构线上的位置特性，第三模块呈现的是一般现在时的陈述句，第四模块为一般疑问句，第五模块为主语是第三人称单数的动词一般现在时陈述句、一般疑问句，第六模块是特殊疑问句，第七模块是各种句式的综合学习。

2. 单元内容

基于课程标准和教材体系，分析单元内容，从学科核心素养的维度对单元内容进行分析，确定其可以发展的学科核心素养内涵。单元教学内容分析不仅要关注语言知识、语言技能等内容，更要从学科核心素养整个体系中分析单元内容，关注语篇知识、语用知识、文化知识、文化意识、思维品质、学习能力。

3. 单元过程

基于课程标准和教材特性，分析单元教学过程的构成，确定教学过程的连贯性。教材单元过程是教材教学理念的具体呈现，具有内在的逻辑性，教师需准确把握某一单元与前后单元在教学过程链上的前后衔接的逻辑性，这样才不会破坏教材单元过程的逻辑性。例如，外研社新标准版小学英语教材（三年级起点）三年级上册第一单元的活动1到活动4构成了一个整体学习过程：活动1从听语句、指图片的理解活动开始，过渡到根据听和理解的内容模仿说。活动2，首先，听录音指出相应图片，形成理解。然后，进行活动3的内容，听录音学习语句。最后到活动4，练习运用所学语句。

（三）活动分析框架

小学英语教材的每一个单元都是由若干个活动组成的，分析活动是开展教学的基础。

1. 活动定位

明确每一教学活动所体现的课程标准目标、英语教育理念。每一活动都是教材的教学环节，是单元教学的组成部分。所以，应从单元定位确定活动定位，并把握每一活动在单元之中的定位。如前一案例所示，一个单元中每一活动都有其自身的内容与过程定位，教师应把握每一活动定位的不同。以前一案例的听为例，活动1、2、3都有听的要求，但听之后的具体要求有所不同，听的层次在逐渐加深，从而使学生最终可以达到 Listen and say

选自：陈琳，（英）普里莎·爱丽斯（PRINTHA ELLIS）.英语（新标准）（三年级起点三年级上册）[M].北京：外语教学与研究出版社，2013：2—4.

的要求。

2. 活动性质理解

教学活动在单元的教学环节中具有前后关联的逻辑性。教师在分析活动时，应从教材的教学过程理念入手，分析其在教学过程理念中的角色。若教材呈现的是任务推动的教学过程，则应从任务过程中把握每一活动的性质；若教材呈现的是情境推动的过程，则应从情境发展中把握每一活动的性质；若教材呈现的是学习推动的过程，则应从接触、理解、实践的过程中把握每一环节。准确理解教学活动性质，有助于教师按照教学活动本身的性质开展教学，有效避免出现教学活动性质与过程不一致的情况。

选自：陈琳，（英）普里莎·爱丽斯（PRINTHA ELLIS）.英语（新标准）（三年级起点三年级上册）[M].北京：外语教学与研究出版社，2013：7.

例如，外研社新标准版小学英语教材（三年级起点）三年级上册的这个案例是一个表演性活动，学生学习介绍姓名和问候语句之后，开展表演。这一活动之所以设计为表演而不是真实生活的活动，是因为作为同班同学，学生已经相互知道姓名，再介绍自己的真实姓名，已经毫无语言运用的真实性。而当学生戴上不同的面具或头饰，则需要互相介绍姓名了，从而使活动成为真实的语言运用活动。表演本身属于真实的语言运用，是语言运用的审美运用（aesthetic uses）形态（可参考本书第三章对于语言运用能力的介绍内容）。

3. 可学习性分析

可学习性（learnability）本是一个心理学、计算机科学的概念，[①]从语言教学而言，是指学习内容及其过程是否可以使学习者通过学习而掌握这一语言内容。教材是教材的作者为全国学生编写的，而在我们具体实施教学的班级中，不同地区、不同学校、不同班级的学生都存在差异。分析教学活动的可学习性，可以为教师针对本班学生开展教学而进行合理的决策。

教师应在单元分析、活动分析之后，基于任教班级的学生情况，分析活动是否具有充分的可学习性，即本班学生是否可以通过教材的教学活动而达到设定的教学目标。若活动的可学习性不足，教师则要采取增加、减少、替换教学活动等方式进行调整，改善教材活动的可学性，反之亦然。

教学活动的调整包括内容性调整（增加、减少、替换内容）和过程性调整（增加、减少、替换教学活动）。由于小学英语教材篇幅有限，教师通常都需要增加教学活动。增加

---

① 牛津参考书网（oxfordbibliographies）对此的解释为：Learnability deals with how any agent at all — human, animal, or machine — could in principle achieve such a thing as acquiring a language. The kinds of questions raised include what input data are needed and what procedures would work for acquiring mastery of what sorts of linguistic systems. 引自 http://www.oxfordbibliographies.com/view/document/obo-9780199772810/obo-9780199772810-0077.xml，2019 年 2 月 18 日析出。

Unit 2 It's a black dog.

1 Listen, point and say.

Look! A red cat!

A blue cat!

A green cat!

A black cat!

2 Listen and say.

It's a black dog.

Now it's a blue dog.

It's a red cat.

Now it's a green cat.

It's a yellow cap.

Now it's a red cap.

23

选自：陈琳，（英）普里莎·爱丽斯（PRINTHA ELLIS）.英语（新标准）（三年级起点三年级上册）[M].北京：外语教学与研究出版社，2013：23.

教学活动的方式可以是新增前后衔接的活动，也可以是将教材活动分解为若干个更小的活动，从而使学生更好地掌握学习内容。

例如，外研社新标准版小学英语教材（三年级起点）三年级上册的这个案例，由标题可知，这个单元是要学习"It's a black dog."，即句式和颜色词+名称的结构。为了使学习内容具有可学习性，教材设计了活动1和活动2两个步骤，活动1基于上一单元学生已学过的red、yellow、blue、black等单词，学习A red/yellow/blue/black cat；活动2再学习"It's a black dog."等语句，这种循序渐进的教学使得本单元的教学目标具有较好的可学习性。

教材分析是落实教育目标、推进课程实施、促进有效教学的基础。本书将在随后各章节中，从不同维度分析课程标准和小学英语教材，帮助教师更好地理解课程标准和教材，最终促进小学英语教育目标的实现。

第一章
小学英语课程与教学的基本理念

准　备

请你思考

坡寨村小学的学生是来自周边五个村寨的6—12岁的苗族儿童，学校离乡政府20多公里，离县城50多公里。自2011年起，坡寨村小学从三年级起开设英语课，每周两课时。英语课由本地从师范学院数学教育专业毕业、通过大学英语六级考试的吴老师执教。吴老师感到有效开展英语教学的困难很大，一是因为她同时担任五、六年级数学课的教学任务，二是她没有系统学习过小学英语教学的方法。吴老师认为，由于坡寨村小学大多数学生在上初中时还会重新学习英语，所以坡寨村小学不必开设英语课，让学生到初中再开始学习英语就可以。你认为吴老师的想法是否有道理？

学习目标

在学习本章之后，你能：

1. 了解小学英语课程的国家与社会的价值、个人的价值；
2. 了解小学英语课程的基本内容；
3. 理解小学英语课程教与学的主要形态与特点；
4. 了解小学英语教学评价的形式与特点。

本章结构

第一节 小学英语课程的价值

在我国，自1862年京师同文馆将英语作为学校课程开设以来，英语课程一直以校本课程、地方课程的形式存在。2001年，小学英语明确作为国家课程开设，从而成为小学教育的基础性课程，英语也因此成为我国国民教育体系中开设学年最多的课程之一，这是我国社会经济发展的需要，也是国民个人发展的需要。

对于小学英语课程的价值，《义教课标（2011）》中有相关阐述，原文如下。

课标选摘

当今世界正处在大发展和大调整的变革时期，呈现出世界多极化和经济全球化以及信息化的发展态势。作为一个和平发展的大国，中国承担着重要的历史使命和国际责任与义务。英语作为全球使用最广泛的语言之一，已经成为国际交往和科技、文化交流的重要工具。学习和使用英语对吸取人类文明成果、借鉴外国先进科学技术、增进中国和世界的相互理解具有重要的作用。在义务教育阶段开设英语课程能够为提高我国整体国民素养，培养具有创新能力和跨文化交际能力的人才，提高国家的国际竞争力和国民的国际交流能力奠定基础。

在义务教育阶段开设英语课程对青少年的未来发展具有重要意义。学习英语不仅有利于他们更好地了解世界，学习先进的科学文化知识，传播中国文化，增进他们与各国青少年的相互沟通和理解，还能为他们提供更多的接受教育和职业发展的机会。学习英语能帮助他们形成开放、包容的性格，发展跨文化交流的意识与能力，促进思维发展，形成正确的人生观、价值观和良好的人文素养。学习英语能够为学生未来参与知识创新和科技创新储备能力，也能为他们未来更好地适应世界多极化、经济全球化和信息化奠定基础。

选自：中华人民共和国教育部.义务教育英语课程标准（2011年版）[S].北京：北京师范大学出版社，2012：1.

一、小学英语课程对国家与社会的价值

基于《义教课标（2011）》的阐释可知，小学英语作为国家课程对我国社会经济发展具有不可或缺的价值，这是小学英语课程乃至整个国民教育体系中英语课程的价值基础。

英语课程的国家与社会价值，首先在于它能有效促进我国社会经济发展所需要的国际交往。英语是全球使用最广泛的语言之一，大量的科学与人文的文献以英文形式发表，大量的国际会议、国际学者等也通常使用英语进行国际交流。要促进我国科技、经济与

文化的发展，汲取人类文明成果，借鉴国外先进的科学技术，增进中国和世界的相互理解，就需要我国科学家、人文学者乃至社会各界人士具有运用英语阅读文献、进行国际交流的语言与跨文化能力。同时，随着我国综合国力的发展，"上海合作组织"、"金砖国家论坛"、"博鳌亚洲论坛"、"亚洲基础设施投资银行"、孔子学院等的开展与开设等，越来越需要我国青年一代具备进行国际传播的能力。在以英语作为国际传播主要语言的当代，"讲好中国故事"需要更强与更普遍的英语能力。

英语课程的国家与社会价值的第二个方面在于发展我国的国民素养。国民素养是国家实力的重要组成部分，也是国家实力中最具有可持续发展条件的方面，是国民开展国际交流的重要基础。中国学生核心素养中的诸多领域都需要英语课程的参与。例如：英语课程可以发展"文化底蕴"中的"人文积淀、人文情怀、审美情趣"；可以发展"责任担当"中的"社会责任、国家认同、国际理解"所需的跨文化能力；可以发展"科学精神"中的"理性思维、批判质疑、勇于探究"所需的批判性思维、探究能力；可以发展"社会参与"中的"实践创新"能力；还可以和其他课程共同促进其他核心素养的发展。

教材示例1-1中的第一个案例，要求中国小学生向外国小学生介绍中国的传统节日——端午节，旨在培养学生在国际交往中传播中华优秀文化的能力；第二个案例旨在培养学生用英语进行调查和介绍的综合素养。两个案例分别体现了小学英语课程促进国际交往、发展国民素养的价值，体现了小学英语课程的国家与社会价值。

📊 **教材示例 1-1**

6. Do and say.

Write about your favourite festival and talk about it.

I can do this ⭐⭐⭐

The Dragon Boat Festival is a very important festival for Chinese people. On this day, we...

选自：陈琳，（英）普里莎·爱丽斯（PRINTHA ELLIS）.英语（新标准）（一年级起点五年级上册）
［M］.北京：外语教学与研究出版社，2013：23.

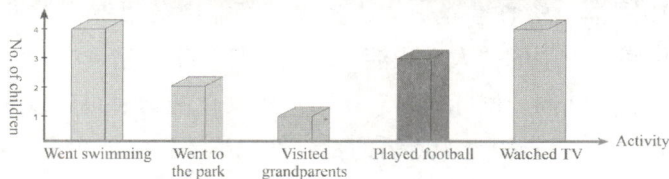

6. Ask and answer. Then report.

Make a survey and talk about it.

What did you do last weekend?

I...

Four children went swimming last weekend. Two...

选自：陈琳，（英）普里莎·爱丽斯（PRINTHA ELLIS）.英语（新标准）（一年级起点五年级下册）[M].
北京：外语教学与研究出版社，2013：37.

二、小学英语课程对个人的价值

　　《义教课标（2011）》同时指出，小学英语课程对小学生个人也具有很大的价值。小学英语课程的个人价值首先在于它能促进小学生的认知发展和学业发展。每一个个体都需要促进个人的认知发展，英语可以丰富我们个人的认知发展路径和方式，使我们不仅可以基于母语发展认知，也可以基于英语发展认知。同时，英语是学生未来学习的需要，有助于促进学生的学业发展。首先，英语是学生升学继续接受教育的需要，英语能力可以帮助学生升入初中、高中、大学接受继续教育。英语也有助于学生学习其他课程，因为无论什么专业，都需要，也可以运用英语进行学习，即使是在古代汉语、中医学等这些中国独有的学术领域中，也有着大量其他国家学者撰写的与该专业相关的英文文献需要这个专业的学生学习。这些专业的学生在学习时还必须放眼世界，关注国外的相关研究。例如，想要了解与甲骨文同时代的人类其他文明的文字；想要了解与中医学专业中的植物药物与辨证施治同原理相关的其他国家的医学。当然，在这些领域中进行的国际交流、弘扬中国智慧，更是需要学生学习英语。

　　小学英语课程还具有促进个人职业发展和生活幸福的个人价值。随着全球化的发展，我国各行各业需要进行国际交流的工作、参与国际组织和在外国企业工作的人员越来越多，从外交人员到交通警察，从五星级酒店经理到乡村农家乐店主，从外企白领到网店店主，英语都可以在不同程度上促进其更有效地开展工作。我国小学英语课程的个人价值还在于国民未来生活的需要，如国际交往、国际旅游与购物、欣赏英语文学与影视作品、个人兴趣性阅读等。

　　教材示例1—2中的第一个案例展现的是学生用英语学习时区知识，了解同一时间世界各地的人们的生活，旨在通过英语学习丰富学生的认知；第二个案例是学生运用英语说明自己喜欢

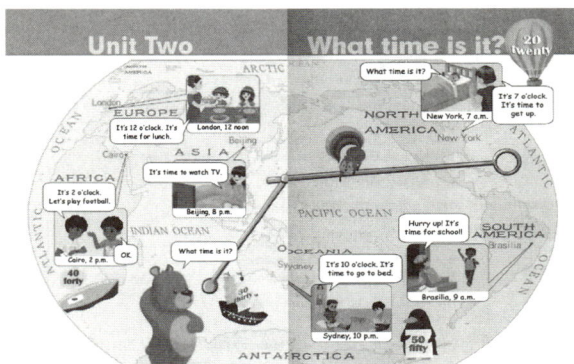

选自：人民教育出版社课程教材研究所英语课程教材研究开发中心.英语（PEP）（三年级起点四年级下册）[M].北京：人民教育出版社，2013：12—13.

选自：人民教育出版社课程教材研究所英语课程教材研究开发中心.英语（PEP）（三年级起点五年级下册）[M].北京：人民教育出版社，2013：18.

的季节及可以开展的活动，旨在培养学生表达个人喜好的能力。两个案例分别体现了小学英语课程促进学生认知发展、自我表达能力发展的价值，展示了小学英语课程的个人价值。

拓展阅读 1-1

　　好的教材会在教师用书中较为全面地展示英语课程的价值，不仅说明学习内容所包含的英语语言知识教学目标，还会介绍学习内容所包含的文化意识、情感态度、思维品质等。下面所展示的是外研社新标准版小学英语教材（一年级起点）二年级下册教师用书的教学目标说明。

Module 4

教学目标

语言知识目标	功能	谈论他人的喜好
	语法	全体学生能运用：Sam likes... He doesn't like...
	词汇	全体学生能理解：T-shirt, here's = here is, dress, too, one, doesn't = does not, trousers, party 全体学生能运用：T-shirt, dress, trousers 部分学生能运用：here's = here is, too, one, doesn't = does not, party
	语音	初步感知陈述语段的语调
语言技能目标	听	全体学生能听懂：Sam likes... He doesn't like...
	说	全体学生能说：Sam likes... He doesn't like...
	读	全体学生能认读：T-shirt, dress, trousers 部分学生能认读：here's = here is, too, one, doesn't = does not, party
	写	全体学生能拼写：he, she, it's, not 全体学生能书写字母：Hh, Ii
运用		全体学生能运用 "Sam likes... He doesn't like..." 谈论他人的喜好
学习策略		通过词汇联想的方式认知新学词汇 "T-shirt, dress, trousers"，巩固已学词汇 "clothes, hat, shirt, shoe, shorts, socks"
文化意识		初步了解英语国家正式宴会的着装要求，初步体会中外文化异同
情感态度		乐于接触英语国家文化，感知依照要求着装参加社会活动的文化习惯
任务		Unit 1：调查全班同学喜欢的服饰，汇报调查结果 Unit 2：调查学生对服饰颜色的喜好，为学校设计校服提供参考意见

选自：陈琳，（英）普里莎·爱丽斯（PRINTHA ELLIS）.英语（新标准）（一年级起点二年级下册教师用书）[M].北京：外语教学与研究出版社，2013：60.

作为教师，我们眼中的教材不应只是学生使用的教科书，而应包括教学所需的所有材料，例如教师用书。教师用书是教师理解教材的重要参考，教师在把握英语课程的教育目标之时，应认真研读教师用书。当然，由于多种原因，并不是所有教材的教师用书都有以上这样的说明，这就需要教师自己学习如何分析教材所体现的课程价值。若教师使用的教材没有案例中所示的课程价值体现，教师可以阅读有课程价值体现的相关教师用书，了解并掌握其分析方法，然后参照其中的分析，对自己使用的教材进行分析。

🎓 **教材示例 1-3**

2 Listen and say.

> Sam's at a party. He doesn't like it. He doesn't like these clothes. He doesn't like these trousers. He doesn't like this shirt. And he doesn't like these shoes.

选自：陈琳，（英）普里莎·爱丽斯（PRINTHA ELLIS）.英语（新标准）（一年级起点二年级下册）[M].北京：外语教学与研究出版社，2013：23.

教材示例1-3中的活动看起来很浅显，只是在说明Sam不喜欢什么，对小学英语课程价值似乎毫无体现。对于这样的内容，教师在分析教材时需要深入思考作者设计该活动的目的：为什么要介绍一个孩子不喜欢什么？原来作者是想要说明这个孩子尽管不喜欢但还是穿着这些衣服所表现出的"服饰得体"的社会意识。这篇介绍文字有一句非常重要的情景说明："Sam's at a party."，所以他需要穿着得体一些。在教学这样的材料时，教师可以通过引导学生思考："He doesn't like these clothes. But he wears them. Why? Because he's at a party. These clothes are for parties."，这既可以发展学生的思维品质，又可以发展学生的文化意识（了解英语国家这种聚会的服饰得体要求）；教师还可以通过引导学生思考和回答："Can we always wear as we like? Can we always do as we like?"从而发展学生的与"服饰得体"相关的文化意识与品格。

显然，发现教材的课程价值，是教师把握教材的课程价值、实现英语课程价值的关键。若教材有关于课程价值的直接说明，教师则可参考其说明；若教材没有相关说明，教师则应分析其课程价值，然后基于课程价值与学生的最近发展区[①]开展英语教育活动。

💡 **疑问与思考**

1. 选择小学英语教材中的一个活动，说明它是如何体现小学英语课程价值的。

2. 学习本节之后，反思你在本章"准备"阶段对坡寨村小学吴老师想法的回答，并再次进行回答。比较此时你的回答和最初回答的异同，分析产生异同的原因。

请扫描二维码
查看参考答案

第二节　小学英语课程的内容

课程是一种过程，无论是英文的"curriculum"，还是中文的"课程"，都表现为一种过程，课程是实现课程目标所需要学习的相关知识、能力、素养等内容的学习过程安排。由此可知，课程包括知识、能力、素养等内容和这些内容的顺序安排，亦即，课程既包括范围（scope），也包括顺序（sequence），二者形成的矩阵，才是课程内容。英语在我国是一门外语，语言知识及其相关的文化知识是课程内容不可缺少的组成部分，语言知识与文化知识的过程化设计，需要基于相关的语言教育与语言学习理念。语言的听、说、读、看、写技能与综合运用能力，构成了英语课程的能力体系，而知识与能力学习过程中发展形成的素养体系乃是英语课程的核心目标。

[①]　最近发展区（Zone of Proximate Development，简称ZPD）是苏联心理学家维果茨基提出的一个概念，指儿童在有指导的情况下，凭借成人的帮助所达到的解决问题的水平与在独立活动中所达到的解决问题的水平之间的差异。（全国十二所重点师范大学联合编写.教育学基础（第3版）［M］.北京：教育科学出版社，2014：191.）

一、小学英语课程的语言知识

小学英语课程内容最基础的是语言知识与文化知识①及其过程性安排。《义教课标（2011）》对语言知识有相关规定。

课标选摘

级别	知识	目　标　描　述
二级	语音	1. 正确读出26个英文字母。 2. 了解简单的拼读规律。 3. 了解单词有重音，句子有重读。 4. 了解英语语音包括连读、节奏、停顿、语调等现象。
	词汇	1. 知道单词是由字母构成的。 2. 知道要根据单词的音、义、形来学习词汇。 3. 学习有关本级话题范围的600～700个单词和50个左右的习惯用语，并能初步运用400个左右的单词表达二级规定的相应话题。
	语法	1. 在具体语境中理解以下语法项目的意义和用法： 　·名词的单复数形式和名词所有格； 　·人称代词和形容词性物主代词； 　·一般现在时，现在进行时，一般过去时和一般将来时； 　·表示时间、地点和位置的常用介词； 　·简单句的基本形式。 2. 在实际运用中体会以上语法项目的表意功能。
	功能	理解和运用有关下列功能的语言表达形式：问候、介绍、告别、请求、邀请、致谢、道歉、情感、喜好、建议、祝愿等。
	话题	理解和运用有关下列话题的语言表达形式：个人情况、家庭与朋友、身体与健康、学校与日常生活、文体活动、节假日、饮食、服装、季节与天气、颜色、动物等。

选自：中华人民共和国教育部.义务教育英语课程标准（2011年版）[S].北京：北京师范大学出版社，2012：18—19.

《义教课标（2011）》中的语言知识内容不仅仅包含语音、词汇、语法知识，还包括功能和话题等，与高中英语课程标准中的语篇知识、语用知识相衔接。由此可知，小学英语课程的教学不能只聚焦语音、词汇、语法等知识，还需要关注功能、话题知识。这就要求教师在教学中要将语音、词汇、语法与功能、话题相结合进行教学，而不应脱离功能、话题，只进行语音、词汇、语法教学。教师在基于所用教材进行教学时，一方面要深度分析和把握所用教材的语音、词汇、语法的相关功能、话题，另一方面也需要注意参考其他教材呈现的相同语音、词汇、语法的不同功能与话题。同时，教师要根据学生的最近发展区和学校、地区等选择与自己所教的语音、词汇、语法相关且恰当的功能、话题，并在需要时进行必要的拓展。

---

① 根据《义教课标（2011）》和《普高课标（2017）》中的相关论述，英语课程的文化知识指中外文化知识，是学生在语言学习活动中理解文化内涵、比较文化异同、汲取文化精华、坚定文化自信的基础。

📋 教材示例1-4

❸ **Listen and say.** 👂🗣

It's red.
It's blue.
It's yellow.

选自：陈琳，（英）普里莎·爱丽斯（PRINTHA ELLIS）.英语（新标准）（三年级起点三年级上册）[M].北京：外语教学与研究出版社，2013：22.

　　教材示例1-4中的活动既是一个真实的语言运用活动（看到不同颜色的气球升空而说出其颜色，并与他人分享自己在观察中的发现），也是一个游戏活动（教师可以在活动中展示不同颜色的气球，让学生说出颜色，看谁说得快、说得准）。这样可以通过真实的语言运用活动深化学生对语句的理解，同时通过游戏强化学生的兴趣，形成基于兴趣的语言强化。教师在教学时，首先可以让学生看图，观察发现空中飞的是什么，在学生明确是气球之后，让学生回忆自己看到不同颜色的气球时的语言和表情；然后，让学生听录音，并根据之前活动1、活动2已学的内容说出听到的语句的语义，在学生明确语句意义之后，让学生跟读。教师在课前可以把这个活动的图打印出来，把每一个"气球"剪开。在上课时，可通过逐渐加快从手里拿出"气球"的速度、打乱拿出的顺序等方式，让学生说出看到的"气球"的颜色。教师还可以鼓励学生代替教师展示"气球"，让其他同学说出看到的"气球"的颜色。

二、小学英语课程的文化知识

《义教课标（2011）》对文化知识有以下规定。

📖 课标选摘

级别	目　标　描　述
二级	1. 知道英语中最简单的称谓语、问候语和告别语。 2. 对一般的赞扬、请求、道歉等做出适当的反应。 3. 知道世界上主要的文娱和体育活动。

（续表）

级别	目 标 描 述
二级	4. 知道英语国家中典型的食品和饮料的名称。 5. 知道主要英语国家的首都和国旗。 6. 了解主要英语国家的重要标志物，如英国的大本钟等。 7. 了解英语国家中重要的节假日。 8. 在学习和日常交际中，能初步注意到中外文化异同。

选自：中华人民共和国教育部.义务教育英语课程标准（2011年版）[S].北京：北京师范大学出版社，2012：24.

《义教课标（2011）》中对文化的要求并不只是文化知识，还包括文化意识。这说明英语教育在文化层面的目标并不仅仅是让学生获得相应的文化知识，还包括养成文化意识，文化知识的学习服务于文化意识的养成。以上目标所列大多为知识，将其列在文化意识之中，则是要求教师基于文化意识这一目标进行文化知识的教学。《义教课标（2011）》中所界定的外语教学中的文化是指："所学语言国家的历史地理、风土人情、传统习俗、生活方式、行为规范、文学艺术、价值观念等。"在文化知识教学中，要做到有益于学生对英语的理解和使用，有益于加深学生对中华优秀传统文化的认识与热爱，有益于学生接受属于全人类的先进文化的熏陶，有益于培养学生的国际视野；提高他们对中外文化异同的敏感性和鉴别能力，同时不断建构学生对于中华文化的文化自信。在进行文化教育时，教师要从文化意识的高度，基于学生的最近发展区，设定文化知识教学的目标，不能只拘泥于文化知识本身。

教材示例 1-5

Read and write

Robin's play

Robin is in a play. He is Robinson Crusoe. Here is a letter from him.

My name is Robinson. I live on an island. I always get up early every day. I wash my face, and then I eat breakfast. Sometimes I clean my cave, too.

I often go swimming in the water. In the afternoon, I play sports with my friend. His name is Friday.

Friday is good at sports. He often wins.

选自：人民教育出版社课程教材研究所英语课程教材研究开发中心.英语（PEP）（三年级起点四年级下册）[M].北京：人民教育出版社，2013：9.

教材示例1-5介绍了《鲁滨逊漂流记》中的人物角色和情境，若我们只是提到这一文化知识，显然是不够的。教师首先应该分析教材内容中所体现的文化意识，然后基于学生的最近发展区确定文化意识的教学目标。

　　若学生的背景知识不足，教师可以只是让学生了解并介绍这部文学名著的简要信息，如作者、主要情节，并建议学生以后自主阅读。教师可以给学生准备一个图片加文字的阅读材料，让学生课前阅读，上课时让学生自主展示所学到的作品背景知识和相关文化知识，但不要对具体内容提出要求。

　　若学生文学阅读基础较扎实，语言基础也较好，教师可以让学生了解并介绍主人公鲁滨逊（Robinson）放弃医生工作而去航海的冒险精神（实际上小说主人公Crusoe的姓氏是cruise的谐音，作者以此作为主人公姓氏，暗示主人公航海历险的内在必然性），激发学生对这部文学作品的价值取向的了解和理解。教师应基于学生的最近发展区，选择这些文化意识相关内容中的一部分或全部作为教学目标，而不只是进行文化知识教学，从而促进学生文化意识的建构。在学生基础较好的班级中，教师可以准备一份与作品相关的文化知识阅读材料和Robinson Crusoe知识20问（如 "Why is the writer named the man Robinson Cruose? Why did he try again and again to take a crusie?"）让学生阅读，并让学生观看小说改编的动画片或者电影片段，然后请学生自己学习课文，最后开展相关知识竞赛和文化理解讲座，深化学生对作品的文化背景知识和跨文化价值取向的理解。

🎓 **教材示例 1-6**

1 Listen, point and say. 🔊🔊🔊

选自：陈琳，（英）普里莎·爱丽斯（PRINTHA ELLIS）.英语（新标准）（三年级起点三年级上册）[M].北京：外语教学与研究出版社，2013：26.

　　教材是课程的物化形式，课程内容理应体现在教材的每一个活动之中。在教材示例1-6中，我们首先可以看到：语言知识One、two、three、four四个词在这一活动中的功能是运动步骤的提醒，也就是我们在做身体运动时，比如做广播体操（radio calisthenics）时使用的口令的那种形式。案例中的"One, two, three, four."是兔妈妈为了让身后的小兔子锻炼协调一致地走路而给它们发出的整齐走路的口令，也就是说，在这里，One、two、three、four不是在数数。虽然广播体操这种大众体育文化活动目前在我国依然比较普遍，但在西方已经不多见了，不过在运动时使用数字作为口令，依然是很常见的。在能力层面，这一活动可以发展学生的听、说、看、读的能力，教师可以让学生听兔妈妈说口令，然后像小兔子一样跟随兔妈妈说口令，引导学生看图从情境中理解"One, two, three, four."的口令功能（不是数数），初步视觉识别认读"One, two, three, four."。在素养层面，这一活动首先可以发展学生协调一致的意识，学生跟着兔妈妈按照大家的步伐一起行走，按照要求形成整体协调一致的走路的形态；也可以讨论兔妈妈为什么要求小兔子和它一起一边走一边说口令（这样可以引导小兔子按照妈妈的步伐过马路，确保在一定的时间走过马路，既保证了安全，又不阻碍交通），以发展学生的思维品质；同时，还可以培养学生过马路走斑马线，有秩序、不拥挤的规则意识和良好的习惯。

以上只是简略地介绍了小学英语课程内容最基础的部分——知识。对于知识更为丰富的介绍，以及对于能力与素养的介绍，将在本书随后章节中展开。对课程内容更为全面的呈现，一般要将整套教材的这一部分内容综合起来，并补充可能没有在拓展阅读1-2中呈现的一些内容，如文化意识等。

优秀的教材是课程目标的有效体现。对于教材中的活动，教师要从课程内容层面进行全面分析，以此开展小学英语教育的教学活动，教师切勿只关注语言层面，而忽视了小学英语课程中文化、能力、素养等层面的内容。

💡 **疑问与思考**

请思考：在小学生刚刚开始学习英语时，教师应如何将发展学生核心素养的丰富的课程内容体现在课堂教学之中？

请扫描二维码
查看参考答案

📖 **拓展阅读 1-2**

教材的教师用书一般都会提供以下这样的表格，大致呈现每一册的教学内容与顺序，简略呈现教学内容在本册教科书中的基本形态。这些表格有助于教师全面把握课程内容，从课程层面把握教学目标。

内 容

目 次

Module	Theme	Function	Target Language	Vocabulary	Songs and Chants
1	Alphabet	Describing the alphabet; Talking about favourite things	Alphabet My favourite colour is yellow.	song, TV, favourite, colour, Here you are.	Song: The ABC Song Chant: What's your favourite colour?
2	Zoo	Identifying animals; Describing people and animals	What are they? They're monkeys. This man is tall. That man is short.	they, they're = they are, monkey, baby, all, zoo, tiger, lion, elephant, fat, man, short, tall, small, thin, big	Song: Old MacDonald Has a Zoo
3	Playground	Talking about sports; Talking about likes and dislikes	I like football. I don't like riding my bike.	like, football, them, basketball, table tennis, morning exercises, ride, bike, swim, skip	Chant: I Like Coffee
4	Food	Talking and asking about likes and dislikes	Do you like meat? Yes, I do / No, I don't Does Lingling like oranges? Yes, she does / No, she doesn't.	meat, pass, rice, mum, noodles, fish, but, milk, does, orange, apple, banana, pear, doesn't = does not	Chant: Noodles and Rice
5	Activities	Talking and asking about activities on weekdays and weekends	Amy goes to school on Mondays. Tom doesn't go to school on Mondays. Does your mum go to work on Saturdays? No, she doesn't.	goes, go to school, on, Monday, play, phone, on the phone, with, friend, at, home, who, only, year, work, go to work, Saturday, shopping, go shopping, dad	Chant: I Go to School on Mondays
6	Activities	Talking and asking about weekend activities and school life	What do you do on Sundays? I ride my bike on Sundays. What does Lingling have at school? She has ...	do, Sunday, swimming, go swimming, eat, in, sleep, watch, TV, have, class, today, music, has, Chinese, maths, art, PE = physical education, science	Song: We Like School
7	Seasons and Weather	Talking about activities in the four seasons and the weather	It's spring/summer/autumn/winter. We fly kites in spring. It's warm today, but it's raining.	we, fly, spring, summer, season, nice, warm, hot, autumn, cool, winter, cold, skating, go skating, play, snow, rain, sunny, windy, very	Song: Rain, Rain, Go Away
8	Position	Talking about position	It's on your desk. It's behind the door. It's under the chair. Daming flies a kite in the park.	toy, under, for, box, behind, bedroom, flies, park, lake, tree, fishing, go fishing, walk	Song: Ten Big Bananas
9	Possessions	Talking about possessions and means of transport	I've got a new book. Have you got a new sweater? Yes, I have. / No, I haven't. Has Amy got a bike? Yes, she has. She goes to school by bike.	have got, sweater, bed, line, about, animal, sport, haven't (got) = have not (got), dress, coat, T-shirt, has got, hasn't (got) = has not (got), by, bus, car	Chant: I Go to School by Bike
10	Clothes	Talking about clothes	Here's a red hat. Here's an orange shirt. She's got an orange sweater.	hat, come, back, come back, clothes, open, let's = let us, put on, funny, party, OK, brown, trousers, orange, shirt, look at, shoe, can't = cannot, turn, white, photo, skirt	Chant: Red, Blue, White, Black
Review	Review	Review	Review	Review	

选自：陈琳，（英）普里莎·爱丽斯（PRINTHA ELLIS）.英语（新标准）（三年级起点三年级下册教师用书）[M].北京：外语教学与研究出版社，2013：22—23.

第三节　小学英语课程的教与学

　　教学可以将教材所呈现的课程内容转化为课堂活动，促进学生的学习行为发展。虽然小学英语作为我国国家课程的时间不长，但我国以小学生作为教学对象的英语教学却已有100多年的历史了。全国数十万的小学英语教师形成了具有地方特色与个人特色的、较为丰富的小学英语教与学的经验，同时国外许多优秀的小学英语教学理论与实践也不断地被引进和介绍。可以说，小学英语课程教与学已积累了丰富的经验，当然也有不少教训。教师对此进行学习与反思，有助于提升小学英语教学的成效。

　　《义教课标（2011）》对整个义务教育阶段的英语教学有较多规定，大多适合小学英语教学。

> **课标选摘**
>
> 　　（二）面向全体学生，关注语言学习者的不同特点和个体差异
>
> 　　义务教育是全民教育的重要组成部分。义务教育阶段的英语课程应面向全体学生，体现以学生为主体的思想，在教学目标、教学内容、教学过程、教学评价和教学资源的利用与开发等方面都应考虑全体学生的发展需求。课程应成为学生在教师的指导下构建知识、发展技能、拓展视野、活跃思维、展现个性的过程。由于学生在年龄、性格、认知方式、生活环境等方面存在差异，他们具有不同的学习需求和学习特点。只有最大限度地满足个体需求才有可能获得最大化的整体教学效益。
>
> 　　（三）整体设计目标，充分考虑语言学习的渐进性和持续性
>
> 　　英语学习具有明显的渐进性和持续性特点。语言学习持续时间长，而且需要逐渐积累。《义务教育英语课程标准》（以下简称"本标准"）和与之相衔接的《普通高中英语课程标准》将基础教育阶段英语课程的目标设为九个级别，旨在体现小学、初中和高中各学段课程的有机衔接和各学段学生英语语言能力循序渐进的发展特点，保证英语课程的整体性、渐进性和持续性。英语课程应按照学生的语言水平及相应的等级要求组织教学和评价活动。
>
> 　　（四）强调学习过程，重视语言学习的实践性和应用性
>
> 　　现代外语教育注重语言学习的过程，强调语言学习的实践性，主张学生在语境中接触、体验和理解真实语言，并在此基础上学习和运用语言。英语课程提倡采用既强调语言学习过程又有利于提高学生学习成效的语言教学途径和方法，尽可能多地为学生创造在真实语境中运用语言的机会。鼓励学生在教师的指导下，通过体验、实践、参与、探究和合作等方式，发现语言规律，逐步掌握语言知识

和技能，不断调整情感态度，形成有效的学习策略，发展自主学习能力。

选自：中华人民共和国教育部.义务教育英语课程标准（2011年版）［S］.北京：北京师范大学出版社，
2012：2—3.

以上内容均是《义教课标（2011）》中"课程基本理念"部分的规定，对小学英语教学具有宏观性的指导作用。

理念（二）要求小学英语教学具有全体性。义务教育特性要求小学英语教学要面向全体学生。在教学目标、教学内容、教学过程、教学评价和教学资源的利用与开发等方面，都应从学生的主体性出发，考虑全体学生的发展需求，不能只是让优秀学生有展示的机会，还要让有学习困难的学生有机会展示他们的进步。当然，也不能因为照顾有学习困难的学生而拉低全班学生的学习水平，要让不同层次的学生均有适合于他们的学习内容、学习活动、评价标准等。小学生处在心理快速发展的阶段，在性格、认知方式等方面会出现比较快的变化，每一个学生的发展不同，从而有着不同的学习优势；他们的成长环境各有差异，英语学习目标与需求也不一样。小学英语教学要最大限度地发挥每一个学生的学习优势，满足每一个学生的学习需求，才有可能获得最大化的整体教学效益。全体性是对教的要求，即对教师的要求。如在评价学生看图写话时，不要求学生必须写出哪个语句，允许学生根据图片内容写出自己能写出的语句，从最简单的"A book."到非常复杂的"This is my favourite book that I bought yesterday in the new bookshop on the left of our school gate."，以此指向小学英语教学的全体性。

理念（三）要求小学英语教学要具有全面性、渐进性和持续性的特点。教育以促进人的发展为目的，小学英语课程是促进学生全面发展的一部分，要服务于全面发展这个总体目标。而且，小学语言学习本身强调"全语言"（whole language）学习。全语言教学观（whole language approach，也译作"整体语言教学观"）是一种从语音、语词、语义、语境、语篇、语用等语言整体，而不是音、字、词、短语等片段理解、设计和开展英语教育的教学方法，是一种从学习者、学习、语言学习、教学、教师角色、课程等全方位，而不是只从教材理解、设计和开展英语教育的教学方法。这一方法强调尊重学习者的好奇心、意愿和探究意识等，鼓励他们创造性地使用语言，主张语言学习应该是自然而真实的，学习的重点是真实的言语及语篇的"意义"而非语言本身。这是20世纪70年代出现在美国教育界并对美国的阅读教育产生极大影响的一种教学观。全语言作为语言教学中的一种教育理念，是一种关于学习的本性以及如何在课堂和学校中实现真正意义上的学习的理念；或是一种教学/学习环境，在这种教与学的环境中开展与全语言教学教育理念相符合的教学活动。[1]换言之，全语言是一种教育哲学观，而非某种具体的教学法。教师们在实

---

① 戴炜华.关于整体语言教学［J］.外语界，2011（1）：32—36.

施全语言教学时，所表现出来的形式可能是多种多样的，但这些实际的学习活动必须符合全语言的思想。全语言教学观的代表性学者古德曼（Goodman）指出，[①] 全语言教学是一种以学生为中心的教学观，是以"儿童本位"及"建构主义"为基础的语言教育理念，是基于学习观、语言及语言教学观、语言教学课程观等几种相关的重要理论进行充分研究后而提出的，具有坚实而科学的理论基础。全语言主张语言是整体的，由语义、语形、语用组成，不可分割；语言中的音、字、词、短语等，都只是语言片段。[②] 语言的学习并不是从片段开始的，而是先整体感知，然后才认识整体中的部分之间和部分与整体之间的关系。所谓"书读百遍，其义自见"，当读者整体感知后再去理解其中的只言片字，就不是很难了；而反过来，如果只懂得一个一个孤立的单词、短语或句子的意思，很容易"见木不见林"，并不能形成对文本整体意义的把握。我们可能也有过在读一段文字时，没有一个生词，但就是不知道所读这一段想要表达什么意思的经历。古德曼从心理语言学的观点出发指出，阅读并不是一个字母接一个字母或一字接一字的逐字编码的过程，而是一种"心理语言的猜谜游戏"，是读者自然地根据文字的字形、字音、语法及语意等线索来建构文章的意义，是读者从对该文字所要传达的预期信息中，以及从语言如何发生作用的常识中来推测，选择性地抓取文字，并同时运用字形与字音线索、语法线索、语义线索进行分析，最后建构文本的意义。[③] 也就是说，语言学习是先整体再局部的渐进过程。

全语言教学具有以下特点：[④]

首先，语言学习者是一个完整的人，应该得到尊重和爱护。语言学习必须以学习者为中心，学习的目的是体验完整使用的语言，表达自己的思想，而不是鹦鹉学舌，简单模仿。在教学中，教师要鼓励学生自己探究，大胆尝试运用语言，实现自己的交际目的，对学生在尝试交流过程中出现的错误给予宽容的态度，保护他们的自信心。

其次，语言是自然发展的人类活动，是为了交际目的而存在的社会现象。语言与学习者的真实生活密不可分，语言的发展是在自然真实的环境中，通过与他人展开交流而获得的，无法通过脱离语境、机械重复的练习来获得。

再次，语言学习的终点是真实话语或阅读文本的意义而非语言形式，这意味着把语言分割成听、说、读、写或分解为语音、词汇、语法进行单项训练是手段而非目的。全语言会为学习者创造完整的情境，为意义的生成提供背景，用有意义的学习让语言学习变得更加容易。

在小学英语教育中，教师不仅有必要把握全语言教学的理念，更要把握我国促进学生全面发展的教育理念，从核心素养视角促进学生的全面发展。将小学英语教学发展到小学英语教育的高度。小学英语教学应强调通过语言学习，促进学生全面发展的整体目标。这要求教师在进行任何语言项目的教学时，都不能只是针对语言项目进行教学，而要从促进

① K. Goodman. *What's whole in whole language?*[M]. Ontario: Scholastic-TAB Publications, 1986.
② 邢立君，任惠珍．整体语言法评介［J］．辽宁师范大学学报，1997（2）：42—44.
③ 同注①.
④ 安桂清．西方"整体语言教学流派"述评［J］．教师教育研究，2007（5）：69—74.

学生全面发展这个视角进行教学。例如，在教学字母a的发音时，我们要介绍英语字母a的发音/ei/的双元音特性，以及与汉语拼音的元音ei的发音的差异，并可以引导学生欣赏两种发音的各自之美（英语/ei/由/e/到/i/的滑变产生的变化美，汉语ei的整合特性表现出的整合美），引导学生从开始学英语时就做到发音标准，引导学生在学习一开始就注意到理解、尊重文化差异（双音读音的不同），并遵循英语语言的规范，由此发展学生的规范意识和自我约束的能力（努力做到发音规范、准确），提升学生英语学习的自信。

英语作为一门外语，需要小学生按照一定的顺序循序渐进并持之以恒地进行学习，才能达到较好的掌握。这要求小学英语教学要按照我国儿童学习英语的机制，渐进地、持续地促进学生学习。比如，对于"He likes football."这句话，看起来很简单，但其实我们可能在学习和运用英语很多年之后，还会出现行为动词第三人称单数为主语的行为动词一般现在时的错误，这说明对于这一项目的学习需要一个漫长的过程。小学英语教学的全面性、渐进性和持续性，既是对教师的教的要求，也是对学生的学的要求。

从理念（四）可知，小学英语学习是一个实践过程，这要求小学英语教学具有实践性。我们知道，英语不是学会的，而是用会的。理念（四）强调的是语言学习的实践性，教师应引导小学生为运用英语而学习英语，在学中用，在用中学，知行合一，发展自己的英语运用能力。理念（四）强调："现代外语教育注重语言学习的过程，强调语言学习的实践性，主张学生在语境中接触、体验和理解真实语言，并在此基础上学习和运用语言。"这应该成为我们促进小学生英语学习的重要原则。需要指出的是，不是所有的英语实践活动都能有效发展学生的英语运用能力，语义真实、语境真实、语用真实的实践活动，才能更好地发展英语运用能力。小学英语的实践性既是对学生的英语学习的要求，也是对教师的教的要求。

小学英语教学是教师在小学英语课堂内外引导学生开展英语学习、促进课程目标和学生发展目标实现的教育实践活动，而小学英语学习则是小学生在各种因素的引导下，通过接触英语、理解英语、开展英语实践活动，从而发展自己的英语语言能力、文化意识、思维品质、学习能力等核心素养并实现全面发展。小学英语的教与学只有从这一本质出发，才能把握小学英语教学的全体性、全面性、渐进性、持续性、实践性，真正促进小学生的发展，实现小学英语课程的目标。

教材示例1-7首先体现了小学英语教学的全体性要求。这一示例用了三种方式回答"Your name, please?"和"What's your name?"这个问题，回答分别是"Sam."、"My name's Daming."、"I'm Lingling."，这使得不同层次的学生可以根据自己的已有水平选择相应的一种方式进行问答。例如：直接说出自己的名字的这种回答方式对于学习有一定困难的学生来说也是能完成的，从而保证了全体学生都能参与到这一活动中，完成"回答说出自己的名字"的这一学习任务。第二，体现了全面性要求，鼓励小学一年级刚入学的学生像Lingling和Daming一样，认真、开朗地回答老师的问题，同时鼓励学生要像Daming和他的同学们一样，见到小鸟要友善，不要捕捉，要让小鸟自由自在地生活。第三，体现了渐进性要求。学生在一开始学习"What's your name?"时可能

选自：陈琳，（英）普里莎·爱丽斯（PRINTHA ELLIS）.英语（新标准）（一年级起点一年级上册）
[M].北京：外语教学与研究出版社，2013：8—9.

有一定困难，因此，活动1只是聚焦到"Your name?"，到活动2才扩展为"What's your name?"，逐步增加学习内容，保证每一个活动的内容具有完成学习任务的可行性。第四，体现了实践性要求。这一示例通过教室里发生的情境，引导学生在自己的英语课堂上像教材里的内容一样开展活动。我们也观察到很多老师的确是这样进行这一活动的教学的，使学生得以在运用英语的实践中学习英语。小学英语教学活动的其他特性，则可以在这一示例的具体教学中体现，如教师可以鼓励学生像Daming和Lingling那样尊重老师、积极参加课堂活动等，以此发展学生的文化意识和学习能力；还可以让学生分析"What's the name of the bird? Is it Tweet-tweet? Why or why not?"，以此发展学生的思维品质。

拓展阅读 1-3

　　在教育中，教学是一个非常基本又比较复杂的因素。

教学是一种教育活动。对教师而言，教学是教师引导学生学习的教育活动；对学生而言，教学是在教师的引导下进行的学习活动，学生是否得到发展是教学是否实现其目标的关键。教学是一个师生互动的过程，是教师教的过程，也是学生学习并在学习过程中全面发展的过程；是学生在教师引导下掌握知识和技能、发展能力、发展身心和形成相关的情感态度及价值观、建构核心素养的过程。教学需要师生共同参与，是师生双方教和学的共同活动，没有教师的有计划的教，就不可能有教学活动，但更为关键的是，没有学生积极主动的学，就更没有教学活动，教学是教和学相结合或相统一的活动。所以从师生互动来说，教学应该是学生主导、教师引导的互动活动。

　　教学是有目的的活动。教学是学校教育最主要的教育活动，具有明确的目的。不同学科的教学虽然具有共同的教学目的，但也有各自不同的教学目标。在不同学段、学年、学期、星期中，不同的教材、单元、课文、活动里，教学目的表现为不同的教学目标。教学目标可以分为不同的领域或层次。

　　教学需要具体的内容。教学是一定知识、技能的传递，是人类生存经验的传递，这些知识、技能、经验表现为具体的课程内容和教学内容。教学内容也具有不同的层次。

　　教学具有系统性和计划性。教学是学校教育中有计划的系统的活动，通常表现在课程计划、教学计划上。即使某一次的具体教学活动没有明确的系统性和计划性，但总体上是按照一定的系统和计划进行的。当然，这种系统的计划主要是由教育行政机构、学校和教师制定的。

　　教学需要采用一定的教学方法，借助一定的教育技术。教学有着深厚的历史积淀，形成了大量有效的方法。现代科学技术，尤其是信息技术的发展，为教学提供了可以借助的多种多样的教育技术。在大数据时代，基于有效数据的精准教学，为教学目标的实现提供了更加有效的可能支持。

　　由此可知，教学是教师在有计划的系统性的过程中，依据一定的内容，按照一定的目的，借助一定的方法和技术，引导学生认识世界、学习和掌握知识与技能、发展核心素养、促进全面发展的活动。

选自：鲁子问.英语教学论（第三版）[M].上海：华东师范大学出版社：第一章（即将出版）.

　　以上内容有助于我们从本质上理解和把握"教学"这一概念，从而把握小学英语的教与学。从以上分析可知，教学本质上是教师引导学生发展，所以教学的核心不是教师是否完成了教学任务，而是学生是否得到了发展，而学生是否得到了发展并非只是指向学生考试成绩的提升、语言知识的增加，而是学生核心素养的发展。同时，教师的作用不是教学生知识、能力、素养，能力与素养都是学生自主发展才能实现的，教师的职责在于引导学生发展。把握教学的这一本质，教师就能较为准确地开展小学英语教学，也就能较好地引导学生通过学习英语促进自己核心素养的全面发展。

🎓 **教材示例1-8**

选自：人民教育出版社课程教材研究所英语课程教材研究开发中心.英语（PEP）（三年级起点五年级下册）［M］.北京：人民教育出版社，2013：36—37.

教材示例1-8中的这一活动语言丰富，而且有着丰富的文化内容，非常适合引导学生的全面发展。首先，在教学中，教师可以从即将到来的节日引入，引导学生复习已学的"When's ...?"结构，然后扩展到"When's Mother's Day?"；若学生已经知道母亲节，教师可以让学生自主介绍，然后进行必要的补充，形成较为全面的介绍。接着，引导学生思考为什么要设立母亲节（还有其他有关家庭成员的节日，如父亲节），我们应该如何感恩母亲、理解母亲的辛苦等，培养学生的感恩之情。值得注意的是，对西方节日的理解和庆祝很容易产生学生喜欢"洋节"、否定中国传统节日等不良影响，教师的正面引导非常重要，要让学生感受到中华传统节日的文化与精髓。

💡 **疑问与思考**

如何在小学英语的具体课堂教学活动中实现全体性、全面性、渐进性、持续性和实践性的平衡？

请扫描二维码
查看参考答案

第四节　小学英语教学评价

任何学习都需要评价，对于不同目标、不同类型的学习活动，评价方式各有差异。小学英语教学强调过程性，因此，小学英语教学评价也应突出对学习过程的评价，开展对学习过程中的学习成就的评价，即形成性评价。同时，小学英语课程有着既定的目标，学生是否达到课程目标，需要进行阶段性的总结性评价（也称为终结性评价）。

《义教课标（2011）》对小学英语教学评价有着具体的规定，既包括对整个义务教育学段的评价，也有一部分对小学英语教学评价的具体要求，内容如下。

课标选摘

二、评价建议

评价是英语课程的重要组成部分。科学的评价体系是实现课程目标的重要保障。英语课程的评价应根据本标准规定的课程目标与要求，采用科学、合理的评价方式和方法，对教学的过程和结果加以及时、有效地监控，以起到对教学的积极导向作用。

英语课程的评价要尽可能做到评价主体的多元化，评价形式和内容的多样化，评价目标的多维化。评价应反映以人为本的教育理念，突出学生的主体地位，发挥学生在评价过程中的积极作用。评价应关注学生综合语言运用能力的发展过程以及学生在学习过程中情感态度、价值观念、学习策略等方面的发展和变化。评价应采用形成性评价与终结性评价相结合的方式，既关注过程，又关注结果，使对学生学习过程和学习结果的评价达到和谐统一。

……

（八）小学的评价应以激励学生学习为主

小学英语教学评价应以课程标准和平时的教学内容为依据，以激励学生的学习兴趣和自信心为主要目的，采用符合学生认知水平、具有多样性和可选择性的评价形式。小学阶段的评价应以形成性为主，重点评价学生平时参与各种教学活动的表现。小学中、低年级的终结性评价应采取与平时教学相近的、生动活泼的活动形式。小学高年级的终结性评价也应主要采用与平时教学活动相近的方式进行，合理采用口试、听力和笔试相结合的方式，考查学生基本的理解和表达能力，重点考查学生用英语做事情的能力。终结性评价的成绩评定可采用等级制或达标的方法，不宜采用百分制。

选自：中华人民共和国教育部.义务教育课程标准（2011年版）[S].北京：北京师范大学出版社，2012：33—38.

本质上，小学英语教学就是小学英语课程实施，小学英语教学评价是对小学英语课程实施的评价。《义教课标（2011）》中的"评价建议"在导言部分对义务教育阶段的评价建议进行了总体说明，这也包括对小学英语教学的评价。基于此我们知道，课程标准首先要求小学英语教学评价与课程目标和要求一致。

（1）课程标准要求小学英语教学评价应具有目标一致性。这也恰恰是当前评价中最为偏失的，当前评价中最主要的评价内容是语言知识与语言技能，而对于情感态度与价值观、文化意识、思维品质等，则可能没有进行评价，或者没有进行足够的评价。

（2）课程标准要求小学英语教学评价应具有积极性。积极的导向作用是小学英语教学评价的目的，即：通过评价积极地引导学生发展，实现积极导向。同时要求小学英语教学评价采用科学、合理的评价方式和方法，对学习过程和结果进行及时、有效地监控，发现问题，及时反馈，有效纠偏。

（3）课程标准要求小学英语教学评价应具有多元性。主要包括：评价目标的多维化（课程目标的各个维度、核心素养的各个维度、学生全面发展的各个维度），评价主体的多元化（学生自主评价与相互评价、教师评价、家长评价、社会评价等），评价内容的多样化（课程标准要求的各项内容），评价形式的多样化（口试、笔试、活动式评价、任务型评价等）。

（4）课程标准要求小学英语教学评价应具有发展性。主要表现为不只是评价学生的现有水平，还要评价学生在学习过程中已经形成的发展、取得的进步，以及未来可以实现的目标。

《义教课标（2011）》中的"评价建议"第八条对小学英语教学评价提出了具体要求。这一部分进一步解读了评价的总体要求，也提出了小学英语教学评价的具体要求——小学英语教学评价主要采用形成性评价，重点评价学生平时参与各种教学活动的表现。对于这些评价，课程标准有具体的内容，大家可以参考使用。小学中、低年级若需要进行总结性评价，也要按照与平时教学相近的、生动活泼的活动形式进行评价。小学高年级一般都需要进行总结性评价，试卷要采用口试、听力和笔试相结合的方式，不要聚焦于语言知识的考查，而要考查学生的语言能力，尤其是基本的理解和表达能力，以及用英语做事情的能力。

《义教课标（2011）》不仅提出了评价建议，还在第120—141页用了22页的篇幅介绍了小学英语教学评价的案例，这些案例具有启发性，是教师开展小学英语教学评价重要的参考依据，更是编制小学英语教学评价试题的重要依据，如案例分析1-1所示。

🎓 **案例分析1-1**

评价案例7（一、二级口语评价）

现在开始选拔奥运会志愿者了！你也想去参加选拔。现在请你说一说你喜欢的体育活动，或者你参加过的体育活动。你可以用"I like ..., I did ..."以及"... won, ... in this game."等表达形式。

评价案例7是一个有效的小学英语教学评价活动，既能评价学生运用英语的能力，又能促进学生社会责任这一文化意识的发展，而且不同层次学生的均可进行表达。

教材示例1-9是外研社新标准版小学英语教材（三年级起点）三年级上册的第四个学习活动，理论上也是学生开始学习英语的第四个活动，形成性评价从这里开始，而且这里的🐵是这一套教材中伴随学生小学英语整个学习历程的形成性评价活动，以"I can do this."的标题和可以自主评价的三个空白星星的形式，让学生对自己的学习行为进行评价。学生在自主评价之前或者之后，可以进行教师评价、同伴互评、家长评价，可以是教师、同伴、家长在学生呈现学习行为时进行评价，同时允许学生对他人评价进行修改，形成自主评价；也可以是在学生自主评价之后由教师、同伴、家长再进行评价，要允许他人评价与自主评价的结果不同。评价方式可以是在空白星星中涂上学生喜欢或者规定的颜色，达到什么级别涂几颗星星，也可以只在星星空白框里打"√"或做其他自己喜欢的标记，还可以在空白星星里贴上喜欢或规定的小贴纸，以及其他可行的形式。

教材示例 1-9

选自：陈琳，（英）普里莎·爱丽斯（PRINTHA ELLIS）.英语（新标准）（三年级起点三年级上册）［M］.北京：外语教学与研究出版社，2013：4.

教材示例1-10是适合小学生平时英语学习的一种活动，也是可以用于形成性评价（在课堂活动中检测学生对以上内容的掌握情况）、总结性评价（在期末考试时，赋予分值，检测学生对本学期所学的一般过去时运用的能力程度）的一种活动。这种评价活动要求学

📖 **Let's wrap it up**

Look at the pictures. Choose words to fill in the blanks.

| am/is → was | are → were | eat → ate | drink → drank | run → ran |

There _____ lots of dinosaurs many years ago.

Some of them _____ plants.

Some of them _____ faster, so they could eat other smaller dinosaurs.

But we can only see dinosaurs in museums now.

30

选自：人民教育出版社课程教材研究所英语课程教材研究开发中心.英语（PEP）（三年级起点六年级上册）[M].北京：人民教育出版社，2013：30.

生理解语篇，根据语义（主要是动作行为与状态的语义，以及对应的时间），使用恰当的语言形式，填入空格中。这一活动并不要求学生自己把动词原形变为动词过去式，而是提供了动词原形以及准确对应的动词过去式，这说明本活动只是考查学生对这一语篇的相关语句的意义的理解，而不是考查语言形式，体现了《义教课标（2011）》中对小学英语教学评价的基础性要求，与《义教课标（2011）》评价案例17（二级读写评价）"给出动词ing形式，要求学生根据语义选择恰当的动词填入语篇"的要求一致。

📖 **拓展阅读 1-4**

一、一至二级评价方法与案例

一级和二级课程目标主要在小学阶段完成。小学阶段的英语教学评价应充分考虑小学生的认知方式、认知水平和心理特点，以激发和保持小学生的英语学习兴趣和自信心为主要目的，采用以形成性评价为主的评价方式和方法，将评价有机渗透在日常教学活动之中。

在具体操作过程中，既可以在教学过程中对学生的学习情况进行即时的评价和反馈，也可以另外设计一些与平时课堂教学活动相近的评价活动，以便及时了解学生的学习进展情况，为学生提供个性化的反馈和指导，从而促进学生的学习，提高教师的教学效果。

小学阶段也可以适度进行终结性评价，其评价方式和方法与形成性评价有很多相似之处，但在评价目的、评价时机和对评价结果的解读和使用等方面有所不同。形成性评价的重点在于及时了解教与学的信息、为学生学习和教师教学提供反馈，用于促进教与学的改善，而不强调对学生学习结果的评估；而终结性评价则具有评估和验收的目的。

　　小学阶段的终结性评价同样应采取与平时教学相近的、生动活泼的活动方式进行。高年级的终结性评价还应合理使用口试、听力和笔试相结合的方式，重点考查学生用英语做事情的能力。

　　为了帮助教师更好地理解小学英语课程的评价理念和方法，特提供一些评价案例供参考。这些案例既可用于平时教学中的评价，也可用于期末或学年评价。教师在使用时，可以根据不同的教学和评价目标，考虑学生的学习需要和发展水平，灵活运用。

选自：中华人民共和国教育部.义务教育英语课程标准（2011年版）[S].北京：北京师范大学出版社，2012：120—121.

　　以上是《义教课标（2011）》中关于小学英语教学评价方法与案例部分的引导说明，随后的案例1至案例19（参见《义教课标（2011）第121—141页）分别介绍了听、说、读、写的单项与综合评价的具体方式与案例。

案例分析 1-2

案例一

评价案例15（一级读写评价）

　　1. 母亲节快到了，你到商店去选择一张母亲节的贺卡。碰巧你的一个同学要过生日了，你顺便选择一张生日卡。请阅读下面的贺卡，在你需要的贺卡下打"√"。

2. 选择恰当的祝贺语句，制作一张父亲节贺卡。

选自：中华人民共和国教育部.义务教育英语课程标准（2011年版）[S].北京：北京师范大学出版社，
2012：135—136.

案例二

④ Write your answers to the questions.

English and You

	Can you speak English?	
	Can you write an email in English?	
	Have you got a pen friend to practise your English?	
	Can you sing a song in English?	
	Have you got an English name?	

选自：陈琳，（英）普里莎·爱丽斯（PRINTHA ELLIS）.英语（新标准）（三年级起点六年级上册）[M].
北京：外语教学与研究出版社，2013：65.

　　案例一是《义教课标（2011）》中的第15个评价案例，为一级读写评价案例。这一案例非常好地将读写整合在了一起，而且读写都有非常合理的真实语用目的。阅读贺卡是为了买贺卡，写贺卡是为了表达节日祝福。当然，这两个节日可以都买贺卡，或者都写贺卡，这里是为了评价学生以读促写、基于阅读而写作的能力，而设计为读写整合评价的形式。

　　案例二这一评价活动要求学生对自己的英语学习真实情况进行回答，既是一个英语学习调查活动，也是一个评价活动，即对学生的回答进行评价，整个评价活动由此成为了一个真实的语言运用活动。教师可以根据评价目标对学生的答案进行赋分，使评价具有科学性。

疑问与思考

　　小学英语教学评价的题型是否需要与高考保持一致？若不一致，是否会影响小学生未来的高考？

请扫描二维码
查看参考答案

本章小结

章节小结

　　小学英语课程具有显著的国家与社会价值，主要表现为促进国际交往，传播中华优秀文化和发展国民素质。小学英语的个人价值在于促进小学生个人的认知发展、语言能力发展、素养发展，并有助于其以后接受继续教育，通过英语提升个人的生活幸福指数等。

　　小学英语课程的内容包括与小学英语课程相关的语言知识和文化知识，当然也包括能力与素养体系，各个维度均指向学生的发展，相关内容具有合理、科学的学习过程。

　　小学英语课程的教与学应该面向全体学生，形成全体性，同时应促进学生的全面发展，让学生渐进地、持续地学习英语，通过语言运用实践，达到英语学习的目标。

　　小学英语教学评价要与课程目标一致，比如不能偏离课程标准目标进行单纯的语言知识的机械记忆，不能脱离语境来考查知识点等。同时，要具有积极性、多元性，提供多元主体、多样方式、多维内容等评价学生的英语学习发展水平，通过评价促进学生的积极发展。

关键术语

　　小学英语课程价值：指开设小学英语课程对于国家与社会发展、个人发展的积极作用。

　　小学英语课程内容：指小学英语课程体系所包含的学生学习内容体系，主要包括知识体系、能力体系、素养体系的学习过程性安排。

　　小学英语教学：指教师在小学英语课堂内外引导学生开展英语学习、促进课程目标和学生发展目标实现的活动。

　　小学英语学习：指小学生在各种因素引导下，通过接触英语、理解英语、开展英语运用实践，从而发展英语语言能力、文化意识、思维品质、学习能力的活动。

小学英语教学评价：指小学英语教育过程中开展的对学生学习行为是否达到预设目标的评价活动，以形成性评价为主，辅之以总结性评价。

实践活动

1. 请设计一个小学英语第一节课的导入活动，让学生感知英语学习的价值与重要性。时间不超过五分钟。

2. 请选择一套小学英语评价试题，按照小学英语课程所要求的评价，对试卷进行分析。

请扫描二维码
查看参考答案

进一步阅读资源

1. 中华人民共和国教育部.义务教育英语课程标准（2011年版）[S].北京：北京师范大学出版社，2012.

2. 教育部基础教育课程教材专家工作委员会.义务教育英语课程标准（2011年版）解读[M].北京：北京师范大学出版社，2012.

3. 鲁子问.小学英语教学设计[M].上海：华东师范大学出版社，2018.

教学参考视频

内容：**激发学生学习兴趣活动课例**
　　　It's red.
选自：外研社《英语》（新标准·一年级起点）一年级上册
　　　第四模块第一单元
授课教师：鲁子问

第二章
小学英语课程核心素养内涵

请你思考

小明是一名小学六年级的学生，六年来他坚持背诵英语课文、参加英语戏剧表演与演讲活动，能够较为流利地运用英语进行所学话题的交谈和写作。但是，他的同学并不喜欢和他用英语进行交谈，因为他在用英语交谈时，总是会打断对方说出自己的观点，或者纠正对方的错误。你认为是什么原因导致同学们不喜欢和小明用英语进行交谈？

学习目标

在学习本章之后，你能：

1. 了解并总体把握英语课程核心素养中"语言能力"的基本内涵和小学阶段的要求；
2. 了解并总体把握英语课程核心素养中"文化意识"的基本内涵和小学阶段的要求；
3. 了解并总体把握英语课程核心素养中"思维品质"的基本内涵和小学阶段的要求；
4. 了解并总体把握英语课程核心素养中"学习能力"的基本内涵和小学阶段的要求。

本章结构

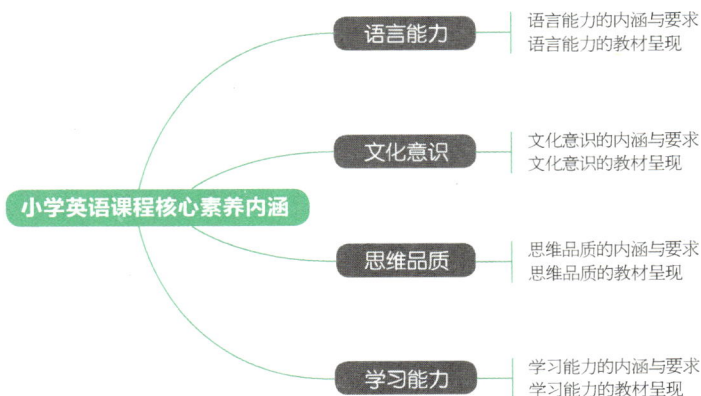

第一节 小学英语课程的语言能力内涵

如本书绪论部分所述，小学阶段英语教育既应顺应高中阶段的英语学科核心素养先行制定而形成的先行现实，亦应遵循小学教育的阶段性的规定性。此处对于小学英语课程的核心素养的探讨，基于高中英语学科核心素养的先行现实而展开，同时，又注意关照小学英语课程的自身特性而探索。

英语课程作为一门语言文化学科，发展学生的语言能力是其必然内涵，小学英语课程以发展小学生的英语语言能力为基本要求。正如本书第一章第一节所述，发展学生的英语语言能力并非单纯地为了让学生运用英语，还包括促进学生的认知发展，帮助学生为未来学业发展、幸福生活奠定基础等。

语言能力主要是指运用语言的能力，我们可以通过语言运用的内涵来把握语言能力的内涵和要求。语言运用（language use）的内涵可以从多角度进行界定，如：

In general, **language use** can be defined as the creation or interpretation of intended meanings in discourse by an individual, or as the dynamic and interactive negotiation of intended meanings between two or more individuals in a particular situation.[①]

这一界定从交际意义上来解释语言运用，突出语言运用是意义的表达与理解，或者交际双方为达成共识而进行的协商。显然这是从语言运用的目的（意义的理解与表达）的角度来界定语言运用的。

Language use, embracing language learning, comprises the actions performed by persons who as individuals and as social agents develop a range of **competences**, both **general** and in particular **communicative language competences**.[②]

这一界定首先将语言学习包括到语言运用之中，这说明语言运用包括语言学习，即：运用语言学习语言，因为学习语言本身需要运用语言，语言既是语言学习的对象，也是语言学习的工具与基础。作为社会的成员，人们在使用语言的过程中会运用各种能力（包括通用能力，特别是语言交际能力）实现交际目的。换言之，在使用语言的过程中不仅要运用语言交际能力，也需要运用一些通用能力，单凭语言交际能力无法确保可以顺利完成语言运用活动。这些通用能力可以是非交际的语言能力，也可能是非语言的能力，前者如识别文字符号的视觉能力、听辨语音的听觉能力；后者如感知说话人情绪变化的能力、共情能力与背景知识等。

对于语言运用行为的形式，一般认为可以分为以下三类：

（1）Acts of communication: acts in the personal domain, the public domain, the occupational

---

① Bachman, L. & Palmer, A. *Language Testing in Practice*[M]. London: Oxford University Press, 1996: 61–62.
② Council of Europe. *Common European Framework of reference for Languages: Learning, teaching, assessment*[D]. London: Cambridge University Press, 2001: 9.

domain, the educational domain ...

（2）Ludic uses: social language games, individual activities, verbal joking ...

（3）Aesthetic uses: singing, retelling and rewriting stories ...[①]

其中第一类是语言运用的基本功能，也是最常见的功能，第二、第三类语言运用活动都不是直接的交际形态，娱乐与审美的语言运用包含交际的功能，但不是以语言的语义自身实现交际功能，而是以语言为载体而实现的非语言的交际功能。如：一位6岁的学生在学校活动中演唱歌曲："Row, row, row your boat. Gently down the stream. Merrily, merrily, merrily. Life is but a dream.[②]"这一运用语言进行演唱的行为是向他人展示自己演唱英语歌曲的能力，而不是表达歌曲语言语义所呈现的"人生不过一场梦"这种消极的生活态度。我们不能说这位学生没有运用语言，也不能说这首歌曲没有语义，我们所能确定的是：这位学生演唱这首歌曲的目的是展示自己演唱英语歌曲的能力，而不是表达歌曲中的语义。由此可见，语言能力不仅仅是基于语言自身语义的交际语言能力，也包括运用语言可以实现的其他交际能力，以及非交际的语言能力（如诵读诗篇、练习书法的语言能力），还包括运用语言进行语言学习的能力。运用语言学习其他内容，也属于一种语言能力，因为我们需要理解语言学习材料，运用语言讨论所学内容，还需要运用语言进行表达。

基于以上分析可知，从语言学习视角来看，语言能力是运用语言的能力，具有综合性，包括运用语言进行交际、运用语言进行学习、运用语言进行自我愉悦与审美等的能力。教师应基于此把握小学英语课程的语言能力，尤其是后两种能力，它们在小学英语课程中具有更为显性的特征。小学英语学习中大量的游戏、歌曲、歌谣、短剧、诵读、记忆等活动，都不是直接的语言交际活动，但都是非常真实的小学生的语言运用活动。

语言能力是人的基本能力之一，关涉人的生存与发展。小学英语课程所发展的语言能力，是一种基础性的能力，既为学生未来发展奠定基础，也是初步运用语言的能力。《义教课标（2011）》对综合语言运用能力有详细说明，对语言能力也有一定说明；《普高课标（2017）》中对语言能力的界定更加详细，应该成为整个中小学阶段英语学科语言能力的界定。这里引用这一界定与相关说明，以帮助我们更加准确地把握语言能力的内涵。

课标选摘

语言能力指在社会情境中，以听、说、读、看、写等方式理解和表达意义的能力，

---

① Council of Europe. *Common European Framework of reference for Languages: Learning, teaching, assessment*[D]. London: Cambridge University Press, 2001: 53−56.

② Johnson, B. & Cloonan, M. *Dark Side of the Tune: Popular Music and Violence*[M]. Aldershot: Ashgate, 2009: 98.

　　从课程标准要求可知，对于英语课程的语言能力，我们首先应把握其意义本质，无论是理解还是表达，或者是听、说、读、看、写，其对象都是意义，即语言运用的能力是理解与表达意义的能力，社会情境是语言运用的语境，听、说、读、看、写是我们运用语言的形式，不指向意义，就不是真正的语言能力。这里的意义基础是语言本体的语义，归宿是语言的社会意义。对小学英语而言，前述的娱乐、自我愉悦与审美等层面的意义，也是小学英语课程的语言能力的应有之义。

　　在小学英语课程的语言能力的理解上，我们还需要把握其语境，即社会情境。对应于此处的社会情境的是书本情境，即小学英语课程不能只是在书本情境中发展学生的语言能力，而应让学生在自己的真实生活的社会情境之中开展语言实践。发展社会情境之中的语言运用能力，包括学生的课堂、校园、家庭、社会生活等的情境。

　　教材示例2-1展示的是两个初次见面的学生相互打招呼，向对方介绍自己的姓名的情境。在班级情境中，可能同班同学相互知道对方姓名，并不需要向对方介绍自己的姓名。不过，在日常生活情境中，比如在接待来学校访问的其他学校的同学时，在参加研学活动时，在随父母参与社会活动时，学生可能遇到不认识的同龄人，需要向对方介绍自己的姓名。显然，社会情境中语言运用的真实语境更有助于教师引导学生发展语言运用能力。

　　小学英语课程的语言运用能力不仅要关注意义，还应关注使用和学习语言中形成的语言意识和语感。这里的语言意识（language awareness）是语言学习、教学和运用过程中对语言的显性知识和有意识的感知，尤其是对语法、词汇、语音的感知[①]。在小学低年级阶段，由于学生的语言意识尚未完全形成，教师可以重点关注学生的语感；而到小学高年级时，教师则要侧重于对学生语言意识的发展，一是因为到了小学高年级，学生的抽象思维能力已有显著发展，二是因为经过多年的英语学习，学生的语言积累使他们可以发展形成

---

① Agneta M-L. Svalberg. Language awareness and language learning[J]. *Language Teaching,* 2007(40): 287–308.

教材示例 2-1

4 Practise.

Hello! — Hi!

I'm Tingting. — I'm Taotao.

Goodbye! — Bye!

选自：陈琳，（英）普里莎·爱丽斯（PRINTHA ELLIS）.英语（新标准）（一年级起点一年级上册）
［M］.北京：外语教学与研究出版社，2013：4.

语言意识。

对于小学英语课程的语言能力目标，《义教课标（2011）》中有一定的规定，结合《普高课标（2017）》语言能力一级目标倒推到小学阶段的可能，我们认为，小学英语课程的语言能力目标可以是：

能初步意识到英语和英语学习与个人发展、国家发展和社会进步的关系，能初步意识到语言和外在世界与文化之间的直接联系，对英语有好奇心和持续性兴趣，喜欢学习和运用英语，通过语言使用和学习，积累初步的英语语感；能在听到与所学语言难度相当的指令后，理解指令语义，按照要求做出相应动作等；能用已学英语表达相关语义，如互致问候，交换有关个人、家庭和朋友的简单信息，并能就日常生活话题做简短叙述；能基于情感、态度、行为等，演唱已学英文歌曲，说已学英语歌谣，在老师的帮助下表演故事或短剧；能在图片、视频等的帮助下，听懂、读懂并简要复述与已学语言难度相当的语篇；能基于意义表达需要，根据图片、词语或例句的提示，写出简短的描述。

当然，此处的表述是基于我们的分析与理解。随着义务教育阶段英语课程标准的发展，这一目标也会逐步变化与发展。

教材示例 2-2

选自：人民教育出版社课程教材研究所英语课程教材研究开发中心.英语（PEP）（三年级起点四年级下册）[M].北京：人民教育出版社，2013：4.

教材示例2-2中的这一活动首先是学生自己真实生活情境中的活动（向外国老师询问教师办公室位置），语言交际形态非常清晰（问路、指路、交作业、告别），而且具有较为积极的社会意义（礼貌问路、按照要求完成作业与交作业所表现出的认真学习的态度），清晰地体现了小学英语课程语言能力发展的要求。

拓展阅读 2-1

《普通高中英语课程标准（2017年版）》对语言能力的定义突出了社会情境。语言是在社会情境中传递信息的，一旦离开情境，语言只是一套符号，呈现的也只是一些语义上的表层意思。为此，《普通高中英语课程标准（2017年版）》通过对主题的界定，并根据学生的生活实际，提出"人与自我"、"人与社会"和"人与自然"三大主题语境，形成社会情境范围，改变了《普通高中英语课程标准（实验）》中24个分列话题所产生的碎片化现象。这说明，语言能力是基于具体社会情境的。

语言能力的具体表现为理解能力和表达能力，显性行为是听、说、读、看、写，其中听、读、看是信息的输入途径；说、写是信息的输出途径。《普通高中英语课程标准（实验）》将语言技能和语言知识并列，在层级上高于话题（语言知识下的内容），突出了单纯的技能，容易造成唯技能性训练和碎片化技能练习。而《普通高中英语课程标准（2017年版）》将语言技能纳入主题之下，强调要在语境下运用语言知识获取信息、吸收信息、综合信息和传递信息。同时提出多模态语篇概念，即口语、书面语、新媒体等多种语篇类型，也包括了各种文体。学生在特定语境中获取和传递有效信息，在口语语篇中是通过有效的听和说；在书面语篇中是通过有效的读和写；在新媒体语篇中（如图表、网页、视频等）是通过看（viewing）和视觉表述（visual representation）。视觉技能（visual skills）是在信息交流中普遍存在的，在信息技术时代，它的重要性显得越发突出。新时代的学生是在一个充满视觉形象的社会中成长起来的，在智能手机、平板终端、电脑和电视等媒体设备中，他们接触到各种图像。视觉技能的培养有助于学生解读这类图像的视觉信息，创建自己想法的视觉表现。[①]《普通高中英语课程标准(2017年版)》根据渐变的原则，先借用了其中的"看"的技能，使语言能力这一古老的命题增添了时代的元素。

语言能力与语言知识、语言技能和语篇类型是分不开的。

如果说在信息的输入与输出两端，语言能力通过语言技能表现出来的是显性的，那么在信息输入与信息输出之间，语言能力的表现则是隐性的。信息吸取和信息综合是理解能力和表达能力的关键，更多需要的是运用语言进行各种心智活动。《普通高中英语课程标准（2017年版）》在学科核心素养层面上提出思维品质，在课程内容层面上设计了学习策略，都与语言能力有着直接或间接的关联。通过回忆、总结、概括、分类等理解信息，通过归纳、演绎、应用等处理信息，通过比较、综合、建构、创新等生成信息。从这意义上讲，语言能力又是心智水平的表现。

无论是理解能力、表达能力还是心智活动，指向的都是语言行为，但要衡量理解能力或表达能力的强弱，还是需要看理解或表达的有效性，也就是内容的质量。《普通高中英语课程标准（2017年版）》在定义语言能力中，提到理解和表达"意义、意图和情感态度"三个层面的内容。获取或传递的信息有效性首先表现在语言表层结构（surface structure）上，是否合乎语言的语音、词汇和语法的规则；然后表现在基于语言的深层结构（deep structure）上，是否合乎语篇的逻辑结构和语用的功能特征；最终表现在文化层面上，是否合乎世界观和价值取向。语言能力只有在正确的文化品格前提下才是有意义的。

综上所述，语言能力的内涵是在主题情境中，基于语篇的语言知识、文化知识、语言技能、学习策略的综合能力表现，它的外延与文化品格、思维品质和学习能力紧密相关，英语语言能力构成英语学科核心素养的基础，是学生发展文化品格、思维品质和学习能力的依托。英语语言能力的提高有助于学生拓宽文化视野，丰富思维方式，在全球化背景下开展跨文化交流。

选自：夏谷鸣.作为英语学科核心素养的语言能力内涵分析［J］.兴义民族师范学院学报，2018（1）：103—109.

---

① Fresch, Mary Jo. *Engaging Minds in English Language Arts Classroom*[M]. NY: ASCD, 2014: 18.

以上是国家基础教育课程教材专家工作委员会委员夏谷鸣从英语学科的核心素养视角对语言能力的分析，有助于我们进一步把握语言能力的特性。当然，这里主要是从高中英语课程的视角进行的讨论，但所选部分是对语言能力本质的分析，对于把握小学英语课程的语言能力的内涵也很有启发。

教材示例 2-3

② Listen and say.

Can I come in?

Yes, please. This is my small library.

Can I read this book?

Yes, you can.

Don't worry! You can read all the books now. Ha ha...

Oh no! I'm sorry!

选自：陈琳，（英）普里莎·爱丽斯（PRINTHA ELLIS）.英语（新标准）（一年级起点三年级上册）[M].北京：外语教学与研究出版社，2013：29.

教材示例2-3展示的首先是一个学生自己真实生活情境中的活动（外国小学生到中国小学生家里做客，不小心把中国小学生的书碰到了地上），语言交际形态非常清晰（看书，书掉到了地上，一起重新摆放书），而且具有积极的社会意义（自己家里的小图书馆，喜欢阅读，分享阅读），还呈现了以幽默的话语方式帮助他人化解困境的语言运用形态（"Don't worry. You can read all the books now."这里并非真的告诉对方可以阅读所有书籍，而是因为对方需要把掉在地上的每一本书都捡起来，由此对每一本书都会有一个初步的了解。于是以此幽默的方式化解了对方的困境）形成娱乐性的运用，这是对小学英语课程语言能力的综合体现。

💡 **疑问与思考**

语感是小学英语课程的语言能力目标的组成部分，如何发展小学生的英语语感？

请扫描二维码
查看参考答案

第二节　小学英语课程的文化意识内涵

英语教育是语言教育，更是文化教育。英语教育对中国学生的意义首先在于养成开放而不是保守的文化心态，我国的英语教育正是伴随着中国与世界的交往而逐步发展起来的。英语课程属于语文类课程，而不是单纯的语言课程，其"文"按照夏谷鸣的界定，包括文字、文法、文学、文化、文明，把学生培育成为一个文明人，是英语（英文）教育的必然之义。

《义教课标（2011）》对小学英语的文化意识教育目标有着明确的规定，《普高课标（2017）》对此做了进一步的界定。

📖 课标选摘

文化意识（《义教课标（2011）》）

语言有丰富的文化内涵。在外语教学中，文化是指所学语言国家的历史地理、风土人情、传统习俗、生活方式、行为规范、文学艺术、价值观念等。在学习英语的过程中，接触和了解外国文化有益于对英语的理解和使用，有益于加深对中华民族优秀传统文化的认识与热爱，有益于接受属于全人类先进文化的熏陶，有益于培养国际意识。在教学中，教师应根据学生的年龄特点和认知能力，逐步扩展文化知识的内容和范围。在起始阶段应使学生对中外文化的异同有粗略的了解，教学中涉及的外国文化知识应与学生的学习和生活密切相关，并能激发学生学习英语的兴趣。在英语学习的较高阶段，要通过扩大学生接触外国文化的范围，帮助学生拓展视野，使他们提高对中外文化异同的敏感性和鉴别能力，进而提高跨文化交际能力。

选自：中华人民共和国教育部.义务教育英语课程标准（2011年版）[S].北京：北京师范大学出版社，
2012：23—24.

文化意识（《普高课标（2017）》）

文化意识指对中外文化的理解和对优秀文化的认同，是学生在全球化背景下表现出的跨文化认知、态度和行为取向。文化意识体现英语学科核心素养的价值取向。文化意识的培育有助于学生增强国家认同和家国情怀，坚定文化自信，树立人类命运共同体意识，学会做人做事，成长为有文明素养和社会责任感的人。

文化意识目标：获得文化知识，理解文化内涵，比较文化异同，汲取文化精华，形成正确的价值观，坚定文化自信，形成自尊、自信、自强的良好品格，具备一定的跨文化沟通和传播中华文化的能力。

选自：中华人民共和国教育部.普通高中英语课程标准（2017年版）[S].北京：人民教育出版社，2018：4—6.

《义教课标（2011）》界定了外语教育中的文化，《普高课标（2017）》界定了核心素养视野中的文化意识，强调了文化自信，将情感态度的内容融入文化意识之中，扩大了文化意识的内涵。

这一扩大的内涵对文化意识的内涵有一个非常明确的定位：文化意识体现英语学科核心素养的价值取向。这要求教师不仅要从文化的视角理解文化意识，更要从价值取向的高度把握文化意识，开展文化意识教育，既包括"学会做人做事"的个人要求，也包括"有文明素养和社会责任感"的社会要求。正确的价值观，文化自信，自尊，自信，自强等的良好品格，都使得英语课程的文化意识更具有品格教育的内涵。我们知道，品格教育的关键期在于小学阶段，因为处于小学阶段的学生具有较为显著的可塑性、向师性，更适合开展积极的品格教育。这要求小学英语课程的文化意识教育必须体现品格教育的本质。

基于扩大的内涵，小学英语课程的文化意识教育也是中外文化理解与优秀文化认同的教育。我国英语课程与教材具有非常显著的"世界性"（worldness），整个世界文化都在我国的英语课程与教材中得到体现，这有助于小学生通过英语课程形成对世界文化的理解，而不只是对英语国家文化，或者中西文化的理解。因此，教师在进行文化意识教育时，要坚持英语课程中文化的世界性，并从世界的视角深化学生对中华文化的理解，引导学生发展对中外文化的理解，以及对整个人类的优秀文化的认同。

小学英语课程的文化意识教育是一种跨文化教育，所以，教师要着力引导学生发展跨文化视角的认知、跨文化的态度与行为取向。跨文化视角的认知既包括对跨文化现象的认知，也包括跨文化地认知文化现象；跨文化的态度与行为取向则主要是指我们在跨文化交往中的态度与行为，尤其是对外国文化的态度与行为，我们既要避免保守、妄自尊大的态度与行为，也要克服崇洋媚外、妄自菲薄的态度与行为，这就涉及文化自信的适度。

基于《义教课标（2011）》、《普高课标（2017）》中对文化意识内涵的要求，我们认为，小学英语课程的文化意识教育的目标可以是：

能从跨文化的视角中理解所学与所接触的语言材料中的中外文化现象；有兴趣和意愿了解具有文化多样性的活动和事物，并感知其异同；感知简单的中外文化差异，如汉语与英语的称谓语、问候语和告别语的文化特征，能用英语对一般的赞扬、请求、道歉等做出适当的反应，并开始形成跨文化意识与文化自信；了解世界上主要的文娱和体育活动、英语国家中典型的食品和饮料的名称、主要英语国家的首都和国旗以及重要标志物等（如英国的大本钟等）和英语国家中重要的节假日等，理解其相应的价值内涵，并开始形成对文化多样性的尊重和包容态度；在学习活动中初步感知和体验所学与所接触的英语语言内容的语言美；能运用所学语言传播自己所能理解的中华优秀文化。

当然，此处的表述是基于我们的分析和理解。随着义务教育阶段英语课程标准的发展，这一目标也会逐步变化与发展。

教材示例 2-4

7 Do and say.

Chinese New Year is in...

In the UK, we have Christmas...

选自：陈琳，（英）普里莎·爱丽斯（PRINTHA ELLIS）.英语（新标准）（一年级起点二年级上册）[M].北京：外语教学与研究出版社，2013：61.

　　教材示例2-4中的这一活动的文化意识目的非常清晰，即让学生介绍各个国家的主要节日，这是课程标准所要求的内容，也是本模块学生所学的主要内容。学生在学习课文之后运用所学语言介绍相应的节日，能够对中外节日有着更多的了解，发展相应的文化传播能力。教材中没有只是要求学生介绍中国节日或只是介绍英语国家节日，而是各自介绍中外节日，呈现出各美其美的文化和谐氛围。若时间允许，教师可以让学生介绍更多的中外节日，比如将全班分组，每一组介绍一个节日，让学生在课前进行准备，制作张贴画或者PPT，上课时进行介绍。

　　教材示例2-5呈现了英语国家文化中接受食物时说"Yes, please."不接受时说"No, thank you."这一在此情境中礼貌地接受/不接受的表达方式，教师应让学生发现、体验和学习在自己英语表达时的恰当运用，同时，也应让学生观察这一礼貌表达方式与中国文化中的习惯性表达的相同点和不同点。在中国文化背景下，我们可能会说"好的，谢谢！""不用，谢谢！"让学生发现"Yes, please."这一用法与"好的，谢谢！"的差异，有助于学生在运用时恰当地进行礼貌表达。另外，若教师发现学生在日常生活中运用汉语进行交流时不大使用"请，谢谢"等礼貌表达方式，可引导鼓励学生使用这一类礼貌用语。

　　文化意识活动内容非常丰富，一个文化现象中可开展的教育内容也非常多样，我们无法全部展现，教师需要基于学生发展的具体要求，选择、确定文化意识教育目的和教育内容等。

选自：何锋，齐迅.英语（三年级起点三年级上册）[M].南京：译林出版社，2013：46.

拓展阅读 2-2

　　文化知识的教学应以促进学生文化意识的形成和发展为目标。文化学习不仅需要知识的积累，还需要深入理解其精神内涵，并将优秀文化进一步内化为个人的意识和品行。这是一个内化于心、外化于行的过程，涉及几个步骤的演进和融合：感知中外文化知识——分析与比较；认同优秀文化——赏析与汲取；深化文化理解——认知与内化；形成文明素养——行为与表征。

　　学生通过义务教育课程的学习，对中外文化知识已经有了诸多积累，进入高中后将进一步扩大对中外文化知识学习的范围，丰富学习的内容，学会用英文讲述好中国的故事。教师在中外文化知识的教学中，应通过创设有意义的语境，恰当利用信息技术，基于语篇所承载的文化知识，引导学生挖掘其意义和内涵，帮助学生在语言练习和运用的各种活动中学习和内化语言知识和文化知识；通过感知、比较、分析和鉴赏，加深对文化异同的理解，提高对文化差异的敏感度和处理文化差异的灵活性，帮助学生坚定文化自信，增强国家意识。

　　教师可采取多种措施，围绕文化知识开展教学：一是结合教材各单元内容，有意识地帮助学生了解英美等国家文化背景知识，理解、分析、讨论语篇所承载的文化内涵和价值取向；二是针对教材中出现的与文化习俗相关的习语和成语等，提供背景资料，设计相关情境进行巩固性、交际性操练；三是在学习中遇到英美等国家主要传统节日、著名人物的纪念日、重要事件纪念日、近期重要事件等时，可向学生推荐相关的专题阅读材料，并组织丰富多样的活动，让学生感受和体验有关的文化习俗，同时引导学生正确对待不同文化，防止盲目效仿；四是结合课外阅读，创造文化环境，开展主题演讲、文化专题作文比赛、英语诗歌朗诵比赛、知识竞赛、英语戏剧演出、英语歌曲演唱等活动；五是根据条件适当开展中外学校、学生之间的联系和联谊活动，一方面可从中外交流中直接获得文化知识，另一方面也能促进英语语言技能和跨文化沟通能力的有效发展。

除上述措施以外，学校和教师还可以通过开设校本课程，进行文化专题教学。

总之，教师在教学中要树立语言和文化相互促进、相互渗透的意识，引导学生通过探索、体验、比较、对比等多种方式学习中外文化知识，实现将文化知识内化为具体正确价值取向的认知、行为和品格。要关注中外文化的差异与融通，正确认识和对待他国文化，吸取中外文化精华，积极发展跨文化沟通策略和能力，增强国家认同，坚定文化自信，自觉传播和弘扬中国特色社会主义文化。

选自：中华人民共和国教育部.普通高中英语课程标准（2017年版）[S].北京：人民教育出版社，2018：34—35.

🎓 **教材示例 2-6**

选自：陈琳，（英）普里莎·爱丽斯（PRINTHA ELLIS）.英语（新标准）（一年级起点五年级上册）[M].北京：外语教学与研究出版社，2013：11.

教材示例2-6呈现的是一个非常巧妙的文化传播活动，活动语言没有文化意识的直接表述，但活动配图中则具有显著的文化知识内涵——中国戏曲，其语言具有潜在的文化意识特性，从different到cool的评价变化所表现出的文化意识，是文化意识教育的好内容，既有助于学生了解文化的不同（different），又有助于学生发现不同文化各有其美（cool）。在教学中，教师不仅要引导学生理解与传播中外文化，更要引导学生尊重中外文化的差异，发现差异中所表现出的价值与美。

> 💡 **疑问与思考**
>
> 如何基于小学生有限的英语语言能力对他们进行文化意识教育？
>
> 请扫描二维码
> 查看参考答案

第三节　小学英语课程的思维品质内涵

在人类个体的思维发展中，语言具有显著的促进作用，不同的语言对思维发展有着不同的促进作用。对于我国小学生来说，英语是一门外语，它可以从不同的角度促进其思维品质的发展。

思维是一个多学科的研究领域，哲学、心理学、神经科学等不同学科对思维有着不同的定义。"从广义上讲，思维就是人和动物能动地、连续性地获得各种环境信息，有特定的组织（大脑）或组织系统（神经回路）对获得的环境信息进行编码，产生应对环境变化的方案和行为。"[1]从教育心理学的视角看，思维是人的神经系统与环境互动中表现出的心理行为。

基于意识在思维中的作用这一视角，人的思维活动分为三类：（1）无意识思维，指人的神经系统在受到外界影响时本能反应所表现出的思维活动，如规避危险等。（2）潜意识思维，指人的神经系统在人没有主动开展有意识行为时，在受到外界影响时表现出的思维活动，相当部分是文化基因导致的思维活动，如听到《二泉映月》表现出悲伤的心情。（3）有意识思维，指人的神经系统在受到外界刺激后，主动进行思维的活动。有意识思维是人类思维的主要形态，也是思维品质可以提升的主要领域。基于思维的抽象性，人的有意识思维活动可以分为三种：直观行动思维、具体形象思维和抽象逻辑思维[2]。

《义教课标（2011）》中明确指出，"语言是交际的工具，也是思维的工具"，并在英语课程性质部分强调了发展思维能力的重要性。《普高课标（2017）》更是直接将思维品质列为英语学科核心素养之一，提出了发展思维品质的具体要求。

---

[1] 唐孝威，何洁，等.思维研究［M］.杭州：浙江大学出版社，2014：3.
[2] 同上注。

课标选摘

思维（《义教课标（2011）》）

就工具性而言，英语课程承担培养学生基本英语素养和发展学生思维能力的任务，即学生通过英语课程掌握基本的英语语言知识，发展基本的英语听、说、读、写技能，初步形成用英语与他人交流的能力，进一步促进思维能力的发展，为今后继续学习英语和用英语学习其他相关科学文化知识奠定基础。

选自：中华人民共和国教育部.义务教育课程标准（2011年版）[S].北京：北京师范大学出版社，2012：2.

思维品质（《普高课标（2017）》）

思维品质指思维在逻辑性、批判性、创新性等方面所表现的能力和水平。思维品质体现英语学科核心素养的心智特征。思维品质的发展有助于提升学生分析和解决问题的能力，使他们能够从跨文化视角观察和认识世界，对事物作出正确的价值判断。

思维品质的课程目标是：能辨析语言和文化中的具体现象，梳理、概括信息，建构新概念，分析、推断信息的逻辑关系，正确评判各种思想观点，创造性地表达自己的观点，具备初步运用英语进行独立思考、创新思维的能力。

选自：中华人民共和国教育部.普通高中英语课程标准[S].北京：人民教育出版社，2018：5—6.

发展小学生的思维品质，应把握小学英语课程发展学生思维品质的重点领域，即课程标准所规定的思维的逻辑性、批判性、创新性等。

小学生的逻辑思维发展有着其自身的规律，儿童发展心理学的研究成果是教师在小学英语课程的教学中发展学生逻辑思维能力的基础。小学三年级以前，学生基本上处于具体形象阶段，四至五年级处于从具体形象向抽象思维过渡的阶段，五年级开始，进入初步抽象思维阶段①。通常情况下，学生的逻辑思维需要到四年级之后才逐步发展起来。整体上，小学英语课程的教学在学生四年级之前也应以形象思维为主，到四年级时开始初步发展逻辑思维，五年级时则可进一步推进思维逻辑性的发展。

对于我国英语教育而言，批判性思维是一种基于不同层次、不同形态的跨文化视角，为自主建构对现象的尽可能准确的认知与个人和社会的美好生活，通过理性且开放、审慎且无偏见地理解、解释、分析、评价和推论，对英语教育相关对象材料中呈现的现象与本质、事实与价值等进行判断，并对判断所依据的证据、概念、方法、标准或语境做出符合

---

① 林崇德.发展心理学（第二版）[M].北京：人民教育出版社，2009：274—275.

逻辑的和合理解释的思维方式。小学英语课程发展学生的批判性思维，可结合跨文化视角，引导学生学习发展新的思维视角，从新的维度观察和认识世界。

在小学英语课程中发展学生的创新性思维品质，需要基于学生初步的英语语言运用能力、丰富的形象思维能力和快速发展的抽象思维能力，设计和开展相应的创造性、创新性思维活动。例如，poster制作、绘本故事创作、微电影创作、舞台剧创作与表演等基于初步的语言能力就可以开展的创新性思维活动。

小学英语课程发展学生思维品质教育的目标，目前尚无课程标准层面的表述，我们基于《普高课标（2017）》对思维品质目标的表述形式，以及小学生思维发展的特点，提出以下目标作为参考：

能开始注意观察语言和文化的简单现象，通过直接信息的比较，如观察图片、识别各种信息的异同（观察与比较）；能关注各种信息之间的直接关联和明显差异，通过观察分析关联与差异的原因（分析与推断）；能根据所获得的信息，尝试进行特征分析，形成新的初级概念，并使用新概念理解世界（归纳与建构）。

当然，此处的表述是基于我们的分析与理解。随着义务教育阶段英语课程标准的发展，这一目标也会逐步变化与发展。

教材示例 2-7

Colour and say

This is ...
It's ...
You

选自：何锋，齐迅.英语（三年级起点三年级上册）[M].南京：译林出版社，2013：43.

在教授教材示例2-7这一内容时，教师首先可以明确要求学生根据自己服饰的真实颜色涂色，学生说出自己所涂衣服的颜色后，教师可以对学生说"Show me."，要求学生展示自己的真实服饰，若颜色相符，能说出"我涂这个颜色是因为我的衣服就是这个颜色"的逻辑联系，则教师予以肯定和奖励，以此发展学生思维的逻辑性。然后，可以要求学生根据自己的喜好涂颜色，鼓励学生自己配色、调色，然后再涂色和介绍，以此发展学生思维的创新性。同时，教师可以让全部学生基于一定的标准（最好是全班事先讨论、经全班认可而制定的标准）评价同学们的涂色，选出五件最佳作品，以此发展学生思维的批判性（制定标准和基于标准而评价，均可发展学生思维的批判性）。

🎓 **教材示例 2-8**

选自：陈琳，（英）普里莎·爱丽斯（PRINTHA ELLIS）.英语（新标准）（一年级起点一年级上册）[M].北京：外语教学与研究出版社，2013：23.

在学生进行语言学习时，教师应分析语境，以帮助学生把握所学语言在什么样的真实语境下，为了什么真实的语用目的而运用，这些都有助于发展学生的思维品质，尤其是思维的逻辑性。教材示例2-8是教材小学一年级上册的第一个学习活动，教师可以让学生在学习英语时一开始就关注语境，明确语用目的。理解语境和语用，不仅可以发展学生的语言运用能力，还可以发展学生思维的逻辑性。

在这个教材示例中，教师可以让学生分析本活动的两张图：他们在哪儿相遇？谁说了第一句话？谁说了第二句话？为什么一开始有"Aah, Ooh"的声音？使学生明确理解其语境和语用目的：外国学生第一天到中国小学上学，在校门口遇到同学，高兴地打招呼，这两位中国小学生第一次和外国学生直接打交道，听到外国学生的英语之后，略有迟疑，然后才跟着外国小学生说同样的话。这一活动可以引导学生从小学一年级第一个活动开始时就学习如何分析语境，从而形成对所学内容的理解。

📖 **拓展阅读 2-3**

思维的分类与层次性

分类1	分类2	分类3	活　　　　动
被动思维	无意识思维		有机体自身的生理、生长发育，创伤修补，疾病抵抗，繁殖与变异等。

（续表）

分类 1	分类 2	分类 3	活　　　动
被动思维	潜意识思维	个人潜意识	灵感、梦、幻觉等（人的感情、性格、兴趣、习惯、心情、心理素质及某些技能都能受到潜意识的影响）。
		集体潜意识	民族文化等形成的潜意识思维，如颜色、庆典活动等文化内涵导致的思维活动等。
主动思维	有意识思维	直观行动思维	如扳手指头做加减法，通过全身反应教学法（TPR）回忆所学语言，通过运动加深理解等。
		具体形象思维	如用画图帮助理解，用表格说明数据，用舞蹈表达情感，用电影表达意义等。
		抽象逻辑思维	如分类、概括、归纳、推理等。

选自：唐孝威，何洁，等.思维研究［M］.杭州：浙江大学出版社，2014：3—4.

基于林崇德教授对思维品质的界定可知，思维品质指的是个体的思维质量，学生的思维发生和发展具有显著的个性差异，思维品质体现的便是个体思维水平和能力的差异。

每个人都能思维，都具有强有力的基于神经系统的天生的思维能力，那我们为什么还需要提高思维品质呢？第一，人类认知具有天然的认知缺陷，仅仅依靠天生的认知能力，无法形成准确认知，难以快捷地找到解决问题的方案。在生活中，人们需要准确地认知现象、解决问题。第二，每个人的神经系统发展的过程不同，思维能力发展的程度也不同，神经系统差异、思维发展差异导致个体对现象的认知准确度和速度存在差异，即：有人看问题看得比另一些人更准确，能更快捷地找出问题的解决方案。思维品质决定个体思维成果的质量，通过教育不断提高思维品质有助于我们更加准确地认知现象、更加快捷地形成问题解决的方案（当然，人类不可能绝对准确地认知现象，也不可能快捷地形成解决任何问题的终极方案）。所以，人类需要不断提升自己的思维品质。

思维品质的内涵丰富，各种思维方式有着各自的品质。思维的基础性品质包括准确性、深刻性、灵活性、批判性、开放性、创新性等。这些思维品质都可以通过语言学科教育（包括英语学科教育）来提升，其中，英语学科教育又具有其独特优势，有助于我国学生思维品质的发展。

基于对学生已有的汉语思维与英语学科可以发展的英语思维的显著异同点比较，英语教育可以着力发展学生的以下思维品质：

（1）准确性：如外语理解与表达有助于发展思维的准确性。

（2）深刻性：如英语语言的文化内涵有助于发展思维的深刻性。

（3）灵活性：如两种语言的相同与不同、英语本身的不同表达，有助于发展思维的灵活性。

（4）批判性：如英语文化的批判性传统有助于发展思维的批判性。

（5）开放性：如外语学习本身可以促进思维的开放性。

（6）创新性：如运用外语进行书面、口语表达，以及表演、展示等可发展思维的创新性。

当然，英语教育也可以发展其他思维品质，只是我们认为对于这六项品质的发展，英语教育具有相较于其他学科教育的显著优势。[①]

🎓 **教材示例 2-9**

2 **Listen, read and act out.** 🎧

Ms Smart: Lingling, look at your bag! It's broken. You can't take it to China. I'll buy you a new one.
Lingling: Thank you.

At the Department Store

Lingling: This black bag is nice. It's big!
Ms Smart: But it's heavy. This green one is light. And it's got two pockets. You can put your umbrella there.
Lingling: But it's small.

Ms Smart: Look at this blue one. It's big and light.
Lingling: Oh yes!
Sales assistant: And it's got four wheels. It'll be easy for you to carry.
Ms Smart: Great! We'll take it.
Lingling: Thank you very much.

选自：陈琳，（英）普里莎·爱丽斯（PRINTHA ELLIS）. 英语（新标准）（三年级起点五年级下册）[M]. 北京：外语教学与研究出版社，2013：26—27.

---

① 鲁子问. 英语教育促进思维品质发展的内涵与可能 [J]. 英语教师，2016（5）：6—12.

教材示例2-9呈现的这一活动的内容自身包含非常有价值的思维品质，Lingling需要一个大的箱子，但太重，Ms Smart为她选的箱子的确很轻，但太小，这时"大就重、轻但小"似乎是无法解决的矛盾，这时售货员提供了一个完全不在原来的思维框架之内的方法：一个带轮子的箱子，重但有滑轮，完全跳出"大小、轻重"的矛盾冲突之中，而是选择了一种新的解决问题的方法，即加上轮子，虽然"大且重"，但也具有"轻"的特质——便于携带。

这一活动具有发展学生思维品质的价值。教师应把握教材内容对学生思维品质培养的优势，基于学生的最近发展区设计和开展相关思维活动。比如，让学生分析课文中的矛盾是怎么解决的，然后让学生思考自己的现实生活，从而学习探索解决问题的方法。

> 💡 **疑问与思考**
>
> 在小学英语课时不足的情况下，如何帮助小学生在学习英语时发展他们的思维品质？

请扫描二维码
查看参考答案

第四节　小学英语课程的学习能力内涵

正如我们在讨论语言运用时所讲到的，语言学习属于广义的语言运用，小学英语的学习能力理论上也应与小学英语语言能力直接相关。所以，发展小学生英语的学习能力的同时也要发展小学生的英语运用能力。从严格意义上来说，学习能力是运用学习策略的能力，对于小学生而言，可能很多学习策略的使用，未必是有意为之，而更多可能是基于直接的感性决策。《义教课标（2011）》中没有使用"学习能力"这一英语课程维度概念，而是使用"学习策略"这一概念，到《普高课标（2017）》中才使用"学习能力"这一概念，并明确界定了其内涵。

> 📖 **课标选摘**
>
> 学习能力指学生积极运用和主动调适英语学习策略、拓宽英语学习渠道、努力提升英语学习效率的意识和能力。学习能力形成英语学科核心素养的发展条件。学习能力的培养有助于学生做好英语学习的自我管理，养成良好的学习习惯，拓宽学习渠道，提高学习效率。
>
> 学习能力的课程目标是：进一步树立正确的英语学习观，保持对英语学习的兴趣，具有明确的目标意识，能够多渠道获取学习资源，有效规划学习时间和学

英语课程的学习能力并非其他所有学科的学习能力的直接迁移或所有学科学习能力的简单叠加，而是对于英语学科的学习能力。发展英语学习能力，其实是发展学生学习如何使用学习策略提升自己英语学习成效的能力。这一能力首先是确定目标的能力，这包括确定合理的个人发展目标、学业目标、本学期英语学科目标，等等，以及基于实现这些目标所需要的学习策略的使用能力；然后是制定促进学习目标实现的计划的能力，以及随后的实施计划的能力、检测与评估计划达成度的能力，以及发展这些能力所需的学习策略。

《义教课标（2011）》中有明确的学习策略目标，《普高课标（2017）》中对英语课程的学习能力目标也有着明确规定，综合二者，我们认为，小学英语课程的学习能力教育的目标可以确定为：

初步了解英语学习的重要性、必要性；对英语学习有一定的兴趣；开始形成学习英语的内在动力；了解并具有一定的英语学习的有效方法和策略；遇到困难时，能认真学习并虚心求教，并有一定的意志力；积极参与自己喜欢的集体活动，认真参与课堂内外的英语活动，如课本剧表演等；能使用适合自己的纸质的与电子的英语词典，知道能找到自己喜欢的英语动画片、电影和绘本的渠道；能通过体验积累对自己有效的良好学习习惯。

当然，此处的表述是基于我们的分析与理解。随着义务教育阶段英语课程标准的发展，这一目标也会逐步变化与发展。

教材示例 2-10

选自：陈琳，（英）普里莎·爱丽斯（PRINTHA ELLIS）.英语（新标准）（一年级起点一年级下册）［M］.北京：外语教学与研究出版社，2013：24.

教材示例2-10是一个通过歌曲强化记忆学生所学身体部位单词以及名词单复数的活动，这一活动有助于学生体验歌曲帮助自己记忆单词读音与词义的有效性。这一曲调轻快的歌曲，只有八个身体部位的名词，学生通过一边做指出身体部位的动作一边记忆，既可以强化自己对身体部位的单词的读音（要唱出来）和词义（要做动作指出这些身体部位）的记忆，又能强化自己对单复数的理解与记忆（身体部位为单数的名词、身体部位为复数的名词）。

首先，教师可以让学生学习演唱这首歌曲；然后，让学生快速指出和读出相应的身体部位，或者在听到时快速指出相应的身体部位；之后，让学生在演唱或听到时选择单复数的身体部位；最后，引导学生反思：这种歌曲是否有助于自己掌握这些单词的读音与词义、名词单复数等。若有效，则可以坚持使用；若无效，则要认真分析无效的原因，再寻找其他有效的方法。

需要说明的是，每个学生的学习风格不同，多元智能优势不同，同一种学习策略对学生的有效性也不同。一种学习策略可能对一些人是有效的，而对另一些人是无效的；或者对于某些内容是有效的，而对于另一些内容是无效的。所以，学习策略的有效性可能因人而异、因内容而异。我们在发展学生学习能力时，特别需要采用个性化学习的原则与方法。在教学中，教师应为学生提供同一内容的多种学习策略，指导学生尝试、发现并掌握对自己有效的学习方法，从而形成相应的学习能力。

教材示例 2-11

选自：陈琳，（英）普里莎·爱丽斯（PRINTHA ELLIS）.英语（新标准）（一年级起点一年级上册）［M］.北京：外语教学与研究出版社，2013：20.

教材示例2-11中的大象在画画，调皮的小象把几种颜料桶弄翻了，把几种颜色混在了一起，熊猫惊讶地问："What colour?"。同学们对这些颜色混在一起会变成什么颜色非常好奇。

为激发学生进一步学习颜色的兴趣，教师专门设计了颜色变化的活动。首先，教师展示一杯蓝色水、一杯黄色水，并将两杯水倒在一起，请学生观察颜色的变化，结果水变成了绿色（如下图所示）。

blue + yellow = green

教师呈现blue + yellow = green 公式，并说出相应语句："Look, it's blue. It's yellow. Look! It's green now!"。

然后，教师让学生各自开展实验，观察颜色的变化，并说出语句（给出颜色变化表和多种颜色水，让学生自己开展实验）。教师允许那些不愿意做实验的同学观察他人实验，但要用"It's red. It's blue."等说出自己观察到的颜色。在活动结束后，教师应引导学生思考：是亲自做实验还是观察他人实验，更能帮助你学习英语？让学生找出适合自己的方法，并尝试以后也用这种方法帮助自己学习英语。这一反思有助于学生学会反思，成为反思性学习者，发现自己可能的学习风格（动觉型、视觉型、言语型等），以便基于个人风格进行更有效的学习。

拓展阅读 2-4

以下是在单词记忆的项目学习中可供学生选择的有效记忆单词的方法。

1. 基于口语积累记忆单词的读音

我国学生广泛存在英语单词读音记忆困难的问题，其根本原因是学生在没有英语语言积累时，就被要求在没有语境的情况下记忆单词的读音。而在以英语作为母语的国家中，刚出生的婴儿则是在一定的语境中通过长期的积累来了解、记忆单词的读音。比如从他们第一次真正意义上听到water（刚出生之时就可以形成真正意义上的听）到他们自己说出water的读音，可能需要一年，甚至更长时间的积累。当然，外语学习不需要这么长的积累，只要学生的听觉神经、口头发音器官已经完全发育形成即可，通常母语学习的第一个阶段主要是语言神经与语音器官的继续发育。

不过，语境总是非常重要的，它能帮助学生回忆起已经学习的语句，在表达语句时能自然而然地回忆起单词的读音。所以，教师应该让学生在有一定量的口语积累之后，再进行单词读音的记忆，利用语境记忆所运用的语句，强化单词读音的记忆与回忆，也就是在学生一开始学习英语时，不要求学生记住每个单词的读音，而是记住口语内容，如歌谣、歌曲等，在经过一段时间的积累后，再要求学生读出每个单词。

2. 在大量视觉识别之后进行单词的词形记忆

单词的词形的识别是视觉的识别，单词的词形记忆是视觉识别后的记忆。所以，如同单词读音记忆要经过一定的积累一样，单词的词形记忆也需要大量的视觉识别积累。教师首先应该让学生经常、长期地看到需要记忆的单词词形，并辅以口头表达活动，之后才能要求学生回忆起所记忆的词形。这就是为什么单词词形的学习总是从 crossword 中选择单词词形开始，然后才逐步过渡到单词的独立书写的原因。

3. 课中第一印象方式记忆词汇的语义和用法

以第一印象的方式来记忆单词不要求学生在课文之前接触词汇，而是教师在课文教学中通过强有力的第一印象进行词汇教学，让学生在强烈的第一印象的刺激下，获得正确的词汇语义及其用法和读音。当然，这种方法需要比较充裕的教学时间保证，同时需要教师不断变化词汇讲解的方法，以保证第一印象的刺激强度。

4. 基于直观学习和记忆单词的语义

直观的词汇教学能使学生较容易地直接掌握词汇的语义。直观的方式包括实物、图片或图表、动作或手势、表情、表演、幻灯投影、动画等。直观方式可以明确直观地表现语义，但无法直观地表现词汇的读音和用法，具有抽象意义的词更是难以表现。

5. 基于例句记忆词汇的语义和用法

教师在讲解词汇的语义和用法时，可以使用例句，让学生通过例句掌握词汇的语义和用法，这样能够保证学生比较准确地学习。例句方式需要一定的教学时间，而且例句最好符合动态真实的教育和教学因素，特别是符合学生的兴趣，这样才能使学生更有兴趣去学习例句。

6. 基于对比分析记忆词汇的语义和用法

对比分析的方法通常用于讲解用法比较容易混淆和用法难以掌握的词汇。教师在进行对比分析时要注意，不宜牵强附会或者随意延伸扩展，以免增加学习的难度，加重学生的英语学习焦虑。

7. 基于模糊控制记忆词汇的语义和用法

在英语词汇学习中，有的词汇要求学生学会使用，有的词汇只要求学生理解，这些只要求理解的词汇大多是为了呈现语言的语境。当然，在阅读中还要求学生具有一定的生词量。因此，在词汇教学中教师可以适当采用模糊控制技术，也就是说，对要求学生运用的词，教师要教会学生运用；对于只要求学生理解的词，则只需要进行必要的理解性讲解，而对于学生通过语境学习理解语义的词，则不再讲解词汇的语义和用法。

8. 基于课前预习记忆词汇的语义和用法

教师可以让学生在开始学习课文之前，先根据课文的词汇表朗读、记忆词汇，掌握词汇表中所给的词汇，然后在教学过程中直接讲析词汇用法。这种方法减少了在课文教学中处理词汇的时间，但学生若无教师指导自己根据词汇表学习，可能影响学生掌握词汇的语义、用法和准确读音，学生在自学时形成的对词汇的认知可能影响教师对词汇用法的讲解。因此，如何更好地进行词汇预习，应该根据动态真实的教育因素来把握。

9. 基于翻译记忆词汇的语义

翻译方式的词汇教学就是直接用汉语说明英语词汇的语义，翻译方式也是讲授语义的方式，不能讲授词汇用法（用汉语讲析词汇用法不是翻译法，而是汉语讲授法）和读音。翻译方式不宜广泛使用，只适合用于用英语讲授语义需要太多时间而且可能表达得可能不很清楚之时，如讲授chameleon（变色龙）、Christmas（圣诞节）等语义之时，如果教师用英语讲解，可能需要十分钟的时间，而且学生可能还是不能准确理解，这时我们就可以直接用汉语花较短的时间将这两个词的语义翻译给学生。

10. 集中记忆词汇

集中记忆词汇的方法将学生在一个学期，甚至整个小学阶段应该学习的词汇，集中在一起学习，要求学生在较短的一段集中的时间之内掌握这些词汇的词形和词汇表中呈现的语义。这种方法大多采用语音归类、词形归类、语义归类等分类记忆方法，有的也采用非逻辑记忆方法。这种词汇的教学方法需要学生具有比较强烈的词汇学习兴趣和比较顽强的词汇学习毅力，同时需要学生注意力较为集中。这种词汇教学方法在期末复习和毕业复习时可能会对学生有一定帮助，但在学生学习开始时使用则会增强学生学习英语的焦虑感，严重的可能导致学生形成英语学习的心理障碍。

集中记忆词汇的方法将词汇读音学习和词形记忆与课文长时间分开，如果将一学期的词汇在学期开始时集中教学，那么本学期最后一个单元才会学到的词汇就可能存在语义、词形记忆与课文学习分离一个学期之长的情况，因为教材编写者不可能将本学期需要学习的词汇全部编排在第一个单元的课文中，这样可能会影响学生掌握语义和词汇用法的准确性。词汇集中教学能有效帮助学生记忆词汇的语义和词形，如能合理使用，是可以帮助教师提高教学质量和教学效率的，但如果使用不当，反而会增加教学难度，影响教学质量和教学效率，影响学生运用英语能力的形成。

11. 基于语音关联记忆词汇

英语只有44个基本语音，因此词汇总存在与其他词汇的语音关联的情况。这种关联对于词形记忆教学有一定的帮助。教师在教学中也已广泛使用。不过，语音关联只能帮助教师进行词形记忆教学，对于语义和词汇用法的教学则无帮助。

12. 基于字母关联记忆词汇

同语音一样，英语的字母很少，每个单词都与其他单词存在字母关联，这种关联也已被教师广泛运用于词形记忆教学当中。同样，词形关联只能帮助教师进行词形记忆教学，无法帮助教师进行语义和词汇用法的教学。

13. 基于非逻辑关联记忆词汇

词汇的逻辑关联记忆方法是从语音、字母等关联点进行记忆，也有些人提出一些非逻辑关联的词汇记忆方法。教师在使用非逻辑关联方法进行词形记忆教学时一定要注意：词形记忆不是词汇学习的主要目的，词汇学习最主要的目的是掌握词汇用法，我们不应该为了记忆词形而不顾词汇用法的教学，否则学生虽然记住了词形，但却没有掌握词汇的用法。

词形记忆很重要，但对于小学生来说有一定的难度；词形记忆对英语学习也有好处，但词形记忆不是英语学习的主要目的，也不是小学英语学习最重要的目的之一。教师在选择词形记忆的教学方法时应该考虑这种方法是否有利于提高教学质量和教学效率，而不应仅仅考虑其是否有利于学生记忆词形。

14. 运用词汇图记忆词汇语义

根据认知心理学的研究，人们对词汇的记忆和提取都是以词汇的心智图（lexical mind map）的形式进行的。所以，用词汇图学习词汇，有助于学生记忆和运用词汇。下图就是一个以school为中心的词汇图：

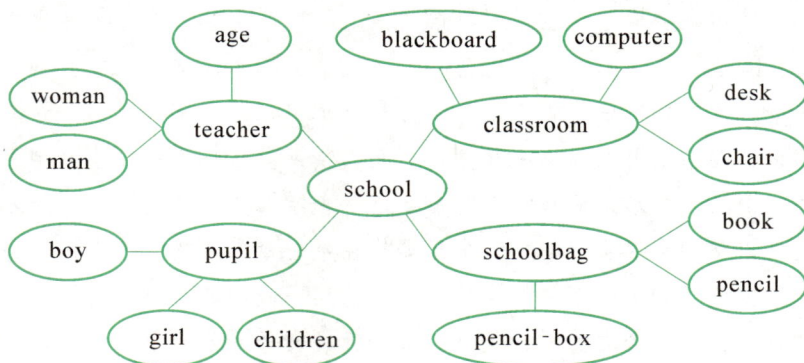

词汇图案例

15. 基于熟知内容记忆词汇

我们在英语教育实践中发现，让学生采用非常熟知和感兴趣的英文材料的内容记忆单词非常有效。我们长期和广泛采取让学生选出最喜欢的 10 篇语文课文并为其提供这些课文的英文材料，以帮助学生记忆单词的方法，发现这对学生记忆单词语义、掌握词汇用法，效果非常显著。

选自：鲁子问,陈晓云.英语项目学习理论与实践［M］.太原：山西教育出版社，2019：64—67.

以上 15 种单词记忆的方法都是可以供学生参考使用的方法。任何学习都是学习者的个人行为，有效的学习需要个人的学习能力。仅就词汇学习而言，我们就可以为学生提供如此丰富的学习方法，教师可以引导学生尝试体验，发现对他们自己最有效的学习方法，从而形成相应的学习能力。

🎓 **教材示例 2-12** [①]

教学目标

语言知识目标	功能	使用行为动词一般过去时讲故事
	语法	全体学生能运用：It didn't become gold. He didn't come back.
	词汇	全体学生能理解：become, gold, ago, long ago, magic, paintbrush, woman, became, real, bad, took, away, leaves, only, painting, angry, said 全体学生能运用：woman, real, bad, took, angry, said 部分学生能运用：become, gold, ago, long ago, magic, paintbrush, became, away, leaves, only, painting
	语音	感知用英语讲故事时的语音语调
语言技能目标	听	全体学生能听懂：It didn't become gold. He didn't come back.
	说	全体学生能说：It didn't become gold. He didn't come back.
	读	全体学生能认读：woman, real, bad, took, angry, said 部分学生能认读：become, gold, ago, long ago, magic, paintbrush, became, away, leaves, only, painting
	写	全体学生能拼写 2-3 个自选单词
运 用		全体学生能运用行为动词一般过去时讲故事
学习策略		尝试阅读英语故事及其他英语课外读物
文化意识		通过读民间故事进一步注意到中外文化异同
情感态度		在小组活动中能与其他同学积极配合与合作，进一步增强祖国意识
任 务		Unit 1：用英语讲述《神笔马良》故事的第一部分 Unit 2：用英语表演《神笔马良》的故事或其他故事

① 此处教学目标为直接引用原书，具体的教学目标可根据英语教育理念的发展和学生学习的实际需要而设计。

教学内容分析

◟ 本模块的主要内容是使用行为动词一般过去时讲故事。

◟ Unit 1 和 Unit 2 的课文是根据中国学生非常熟悉的中国古代民间故事《神笔马良》改编的，包括马良用神笔帮助穷人、坏人用神笔画金子却变成了蛇、马良画海和船使坏人葬身大海等几个部分。如果学生感兴趣，教师可以找出更完整的版本，用英语讲给学生听。用英语讲述学生已经熟悉的故事，是英语故事教学的一种较为有效的方法，因为学生已经能够准确理解故事内容，只需要学习如何用英语讲述，而不需要记忆故事内容。我们建议教师通过这个故事的学习引导学生开展讲故事的活动，还可以组织讲故事比赛。如果学生独立用英语叙述故事有困难，可以组织以小组为单位的讲故事表演。

选自：陈琳，（英）普里莎·爱丽斯（PRINTHA ELLIS）.英语（新标准）（一年级起点四年级上册教师用书）［M］.北京：外语教学与研究出版社，2013：75.

教材示例2-12要求学生通过学习用英语讲述自己非常熟知的故事，来发展英语运用能力、文化意识和学习能力，教师用书有详细建议，值得尝试。在这个活动中，教师的教学目标不应仅仅停留在让学生能够把这个故事讲出来，而要从学习能力入手，在学生讲出故事之后，引导学生去思考：讲述故事的几个核心要素是哪些，讲述这个故事的方法与手段是什么，用了哪些衔接语让故事听起来更加连贯，用哪些词汇让故事听起来更加生动有趣，等等。这样，学生才能逐渐将讲述故事的能力、基于熟知故事学习和记忆单词的能力迁移到其他故事的学习和讲述以及词汇学习中去，形成良好的学习迁移能力。

💡 **疑问与思考**

很多英语老师总是让学生背诵课文，但发现这并没有促进学生英语学习成效的提升。难道背诵真的无效吗？

请扫描二维码
查看参考答案

本章小结

📑 **章节小结**

随着《中国学生发展核心素养》的颁布，我国教育进入核心素养时代。《普高课标（2017）》中也对英语学科核心素养提出了相关规定。小学英语教育阶段的核心素养内涵尚待《义教课标（2011）》的修订。本章基于《普高课标（2017）》对英语学科核心素养的概念的界定，结合两项课程标准对英语核心素养相关内容的规定，尝试提出小学阶段英语课程促进学生发展核心素养的可能目标。

我们认为，小学英语课程的语言能力目标可以是：学生能初步意识到英语和英语学习与个人发展、国家发展和社会进步的关系，能初步意识到语言和外在世界与文化之间的直接联系，对英语有好奇心和持续性兴趣，喜欢学习和运用英语，通过语言使用和学习，积累初步的英语语感；能在听到与所学语言难度相当的指令后，理解指令语义，按照要求做出相应动作等；能用已学英语表达相关语义，如互致问候，交换有关个人、家庭和朋友的简单信息，并能就日常生活话题做简短叙述；能基于情感、态度、行为等，演唱已学英文歌曲、说已学英语歌谣、在老师的帮助下表演故事或短剧；能在图片、视频等的帮助下，听懂、读懂并简要复述与已学语言难度相当的语篇；能基于意义表达需要，根据图片、词语或例句的提示，写出简短的描述。

我们认为，小学英语课程的文化意识教育的目标可以是：学生能从跨文化的视角中理解所学与所接触的语言材料中的中外文化现象；有兴趣和意愿了解具有文化多样性的活动和事物，并感知其异同；感知简单的中外文化差异，如汉语与英语的称谓语、问候语和告别语的文化特征，能用英语对一般的赞扬、请求、道歉等做出适当的反应，并开始形成跨文化意识与文化自信；了解世界上主要的文娱和体育活动、英语国家中典型的食品和饮料的名称、主要英语国家的首都和国旗以及重要标志物等（如英国的大本钟）和英语国家中重要的节假日等，理解其相应的价值内涵，并开始形成对文化多样性的尊重和包容态度；在学习活动中初步感知和体验所学与所接触的英语语言内容的语言美；能运用所学语言传播自己所能理解的中华优秀文化。

我们认为，小学英语课程的思维品质教育的目标可以是：学生能开始注意观察语言和文化的简单现象，通过直接信息的比较，如观察图片、识别各种信息的异同（观察与比较）；能关注各种信息之间的直接关联和明显差异，通过观察分析关联与差异的原因（分析与推断）；能根据所获得的信息，尝试进行特征分析，形成新的初级概念，并使用新概念理解世界（归纳与建构）。

我们认为，小学英语课程的学习能力教育的目标可以是：学生能初步了解英语学习的重要性、必要性；对英语学习有一定的兴趣；开始形成学习英语的内在动力；了解并具有一定的英语学习的有效方法和策略；遇到困难时，能认真学习并虚心求教，并有一定的意志力；积极参与自己喜欢的集体活动，认真参与课堂内外的英语活动，如课本剧表演等；能使用适合自己的纸质的与电子的英语词典，知道能找到自己喜欢的英语动画片、电影和绘本的渠道；能通过体验积累对自己有效的良好学习习惯。

☒ 关键术语

语言能力：指在社会情境中，以听、说、读、看、写等方式理解和表达意义的能力，以及在学习和使用语言的过程中形成的语言意识和语感。英语语言能力构成英语学科核心素养的基础要素。

文化意识：指对中外文化的理解和对优秀文化的认同，是学生在全球化背景下表现出的跨文化认知、态度和行为取向。文化意识体现英语学科核心素养的价值取向。

思维品质：指思维在逻辑性、批判性、创新性等方面所表现的能力和水平。思维品质体现英语学科核心素养的心智特征。

学习能力：指学生积极运用和主动调适英语学习策略、拓宽英语学习渠道、努力提升英语学习效率的意识和能力。学习能力形成英语学科核心素养的发展条件。

📍 实践活动

请设计一个能够促进学生核心素养整合发展的课堂教学活动。

请扫描二维码
查看参考答案

进一步阅读资源

1. 中华人民共和国教育部.义务教育英语课程标准（2011年版）[S].北京：北京师范大学出版社，2012.

2. 中华人民共和国教育部.普通高中英语课程标准（2017年版）[S].北京：人民教育出版社，2018.

3. 梅德明，王蔷.普通高中英语课程标准（2017年版）解读[M].北京：高等教育出版社，2018.

教学参考视频

内容：**核心素养整合发展活动课例**
Smarty Pants at the circus.
授课教师：鲁子问

第三章
小学英语课程目标与教学设计

准　备

请你思考

郑老师在东山镇初中教英语10多年之后调入东山镇中心小学。她参加小学教材培训时，培训专家提出小学英语不仅要培养学生初步的英语运用能力，更要促进学生心智和综合人文素养的发展，培训活动的课例上也有很多活动不是教师在教学生读单词、做语法训练，而是在帮助学生理解课文故事中的背景、文化，虽然学生已经正确地回答了问题，但是老师仍在问学生："Why? How did you get the answer?"。郑老师对此很不理解。她认为英语课就应该教英语，心智、文化素养不是英语课应承担的内容。对于郑老师的观点，你怎么看？

学习目标

在学习本章之后，你能：

1. 了解小学英语课程的总体目标；

2. 了解小学英语课程的分项与分级目标；

3. 初步了解基于课程目标的小学英语教学设计要点。

本章结构

学　习

第一节　小学英语课程总体目标分析

将小学英语作为我国国家课程开设，起源于2001年教育部"教基〔2001〕2号"文件《教育部关于积极推进小学开设英语课程的指导意见》。该文件不仅要求"把小学开设英语课程作为21世纪初基础教育课程改革的重要内容"，而且明确要求"2001年秋季始，全国城市和县城小学逐步开设英语课程；2002年秋季，乡镇所在地小学逐步开设英语课程。小学开设英语课程的起始年级一般为三年级。各省、自治区、直辖市教育行政部门可结合实际，确定本地区小学开设英语课程的工作目标和步骤"。文件同时明确规定，小学英语教学要依据《小学英语课程教学基本要求（试行）》，重视激发和培养学生学习英语的兴趣，培养一定的语感和良好的语音、语调基础，引导学生乐于用英语进行简单的交流。防止和纠正以教授语音和语法等语言知识为主的做法，把教学重点放在培养学生用英语进行交流的能力和兴趣上。

2011年完成修订的《义教课标（2011）》第一次以课程标准的形式制定了义务教育英语课程目标，之前的《全日制义务教育 普通高级中学 英语课程标准（实验稿）》中没有单独的义务教育英语课程目标，而是统一规定了整个基础教育阶段的英语课程目标。《义教课标（2011）》规定的英语课程总体目标如下。

课标选摘

义务教育阶段英语课程的总体目标是：通过英语学习使学生形成初步的综合语言运用能力，促进心智发展，提高综合人文素养。综合语言运用能力的形成建立在语言技能、语言知识、情感态度、学习策略和文化意识等方面整体发展的基础之上。语言知识和语言技能是综合语言运用能力的基础；文化意识有利于正确地理解语言和得体地使用语言；有效的学习策略有利于提高学习效率和发展自主学习能力；积极的情感态度有利于促进主动学习和持续发展。这五个方面相辅相成，共同促进学生综合语言运用能力的形成与发展。

选自：中华人民共和国教育部.义务教育英语课程标准（2011年版）[S].北京：北京师范大学出版社，2012：8.

《中国学生发展核心素养》是对我国整个国民教育体系的要求，义务教育英语课程的目标理应符合这一核心素养体系以及基于此形成的英语课程核心素养目标。

相对于英语学科的语言能力、文化意识、思维品质、学习能力四项核心素养而言，《义教课标（2011）》规定的"初步的综合语言运用能力、心智发展、综合人文素养"具有义务教育的现实意义。

一、形成初步的综合语言运用能力

语言运用能力（ability for language use）就是运用语言完成语言活动的能力。语言是人类区别于动物的基本特征之一。研究者不仅从语言学的视角对语言运用能力进行探讨，也从哲学、逻辑学、人类学、社会学、生理学、病理学、神经科学、认知科学等多个不同的视角对语言运用能力进行了研究。对于语言运用的探讨，已经形成了丰富的成果，本书第二章第一节已有相关介绍。

对于英语教师而言，英国学者威多森（H. G. Widdowson）对语言用法与语言运用的区分，具有非常显著的启发性。

We are generally required to use our knowledge of the language system in order to achieve some kind of communicative purpose. That is to say, we are generally called upon to produce instances of language use: we do not simply manifest the abstract system of the language, we at the same time realize it as meaningful communicative behaviour.

Usage, then, is one aspect of performance, that aspect which makes evident the extent to which the language user demonstrates his knowledge of linguistic rules.

Use is another aspect of performance: that which makes evident the extent to which the language user demonstrates his ability to use his knowledge of linguistic rules for effective communication.[①]

显然，语言运用是一种运用语言的行为表现（performance），其目的是有效交际，而运用语言规则本身只是实现有效交际的手段。

基于我国小学生英语学习的现实与未来需求，我们认为，我国小学英语课程的语言运用能力应强调学生运用所学英语进行与其认知水平一致的自然和社会文化认知活动（如科学认知、社会现象认知、文化现象和价值与意义认知、情感与审美认知等），就日常社会生活与学习内容开展初步交际，进行跨文化理解与传播等活动的能力。

教材示例 3-1

1 Listen, point and say.

Oh, so many legs. One, two, three… eight. Eight hands! Or eight feet?!

选自：陈琳，（英）普里莎·爱丽斯（PRINTHA ELLIS）.英语（新标准）（一年级起点一年级下册）[M].北京：外语教学与研究出版社，2013：23.

---

① Widdowson, H. G. *Teaching English as Communication*[M]. London: Oxford University Press, 1978: 3.

教材示例3-1中的这一案例使小学一年级学生可以在运用英语的活动中认知自然现象，发现蜘蛛有多少肢体，同时思考：蜘蛛的肢体是手还是腿？这是与一年级学生认知水平一致的语言运用活动。

教材示例 3-2

选自：人民教育出版社课程教材研究所英语课程教材研究开发中心.英语（PEP）（三年级起点四年级下册）[M].北京：人民教育出版社，2013：12—13.

教材示例3-2发展了学生运用英语认识世界时区的认知能力，教师在教学中可以通过对时区的人为规定性、时区概念建立的作用等引导学生形成全球认知，发展全球意识。

教材示例 3-3

选自：陈琳，（英）普里莎·爱丽斯（PRINTHA ELLIS）.英语（新标准）（一年级起点一年级上册）[M].北京：外语教学与研究出版社，2013：5.

教材示例3—3让学生直接学习运用英语进行交际的方法：（1）问候新朋友的方法；（2）如果出现了认识错误的情况，如认错了人，或是没有看清名字的拼写，出现错误之后应如何纠正、如何道歉的方法；（3）如何相互问候。这个示例的内容就是这一系列的日常交际目的的语言运用活动。

二、促进心智发展

《义教课标（2011）》同时指出，小学英语课程的总体目标之一是促进学生的心智发展。教育的重要目标之一就是促进学生的心智发展。鲁洁指出，教育的过程"是一个受教育者在教育的指引下不断建构他自身心智结构的过程"，"一切自在的客体为主体所掌握都要经过主体已有的心智结构(包括已经内化了的知识、观念及思维模式等)的筛选转换"，"教育虽然存在一种外部施加影响的过程，但是其主题却应是促进、改善受教育者主体自我建构、自我改建的实践活动的过程。作为教育学细胞的教学过程其本质也不在于认识而在于内在心智结构的建构"。①

在学生的心智发展中，语言起着关键的作用。程晓堂等人指出："语言是促进人的心智发展的重要工具。心智发展既是生物性也是社会文化性的发展过程。其社会文化性的发展过程主要是通过语言来实现的。不同的语言在促进心智发展方面有着不同的作用。学习母语以外的语言能够促进人的心智的进一步发展。比如，作为母语之外的符号工具，外语能够调节学习者与客观世界之间的互动关系，有助于学习者从多角度深入理解世界的多样性，提高分析能力与认知水平，从而扩展心理空间，丰富概念系统。"②

一般认为，"心智是指人的智力与心理模式的总和"③，心智"泛指人的知觉、注意、记忆学习、思维、理解、创新等各种心理能力"④，"包括情感、意志和感觉、知觉、表象、思维等在内的人的全部精神活动"⑤。

关于英语课程促进学生发展的心智的具体内容，《义教课标（2011）》有多处解释与说明，涉及语言知识的认知、思维能力的发展、语言技能学习中的心智发展、文化意识与情感态度以及学习策略中的心智发展等多个方面。对于心智发展，语言学习在促进认知能力和思维能力发展方面具有独特作用。《义教课标（2011）》也在认知能力和思维能力发展方面有清晰的规定。如提到教学要基于学生的认知水平、认知能力，而且在学习策略部分专门设定了"认知策略"的发展目标，说明了如何引导学生掌握认知策略，在教学建议部分也特别提出要"促进学生认知能力……综合发展"。

在思维能力发展方面，《义教课标（2011）》在"课程性质"部分指出，"就工具性而

① 鲁洁.教育：人之自我建构的实践活动［J］.教育研究，1998（9）：13—18.
② 程晓堂，潘颖.语言作为心智发展的工具——兼论外语学习的意义［J］.中国外语，2011（1）：51—57.
③ 胡君辰，潘晓云.心智管理导论［M］.上海：复旦大学出版社，2008：5.
④ Churchland, P. *Matter and Consciousness: a contemporary introduction to the philosophy of mind* [M]. Boston: MIT Press, 1988: 231–235. 转引自：高进.心智问题的哲学、科学探讨及反思［D］.济南：山东大学，2006：5.
⑤ 张绍宏.心智学论纲［J］.求索，2000（5）：70.

言，英语课程承担培养学生基本英语素养和发展学生思维能力的任务，即学生通过英语课程掌握基本的英语语言知识……进一步促进思维能力的发展"；在"课程基本理念"部分指出"语言既是交流的工具，也是思维的工具。学习一门外语能够促进人的心智发展"；在"前言"部分，明确要求英语课程"促进思维发展"；在"教学建议"部分，明确要求英语教学活动"应有利于英语学科与其他学科的相互渗透与联系，以促进学生的认知能力、思维能力、审美情趣、想象力和创造力等素质的综合发展"。[①] 显然，《义教课标（2011）》对英语教学要促进学生的心智发展有明确要求。严格意义上说，思维属于心智发展的一个领域。我们可以根据学生的发展需要，聚焦思维品质，或者定位于学生的心智发展。

教材示例 3-4

1 Listen and point.

Your name, please?
Sam!

Your name, please?
Amy!

Your name, please?
Ha ha...

选自：陈琳，（英）普里莎·爱丽斯（PRINTHA ELLIS）.英语（新标准）（一年级起点一年级上册）
[M].北京：外语教学与研究出版社，2013：8.

教材示例3-4是小学一年级学生的学习内容，教师可以让学生观察：警察为什么去问邮筒的名字（邮筒及其位置的文化内涵此处不讨论）？Sam和Amy是穿了和邮筒花色一样的衣服还是把邮筒涂成和他们衣服一样的花色？警察是真的没有发现邮筒不是另一位小朋友，还是故意假装没有发现，让孩子们获得快乐？这些讨论不仅可以促进学生的心智发展，更可以让学生喜欢这个小故事，乐于表演这个小故事，从而记住和掌握所学的内容。

[①] 中华人民共和国教育部.义务教育英语课程标准（2011年版）[S].北京：北京师范大学出版社，2012：1，2，27.

教材示例 3-5

选自：何锋，齐迅.英语（三年级起点三年级上册）[M].南京：译林出版社，2013：9.

教材示例3-5中角色的表情变化对学生来说具有很好的心智发展的作用。首先，对于图3、图4显示出的Bobby的两位小老鼠朋友的害怕与逃跑，学生可以通过观察发现并理解其合理性——小老鼠害怕小猫；同时，对于小老鼠Bobby为什么敢于走向小猫Sam而且打招呼并介绍自己，学生可以展开丰富的想象。在教学过程中，教师可以通过要求学生说明想象的合理性而促进学生的心智发展。

三、提高综合人文素养

综合人文素养是《义教课标（2011）》中规定的总体目标之一。英语教育是语言教育，更是文化教育。英语不仅仅是一种语言，也是以英语为母语、官方语言和工作语言的人类群体的文化的重要内容和载体，甚至是世界文化的重要载体。因此，英语教育也是文化教育，甚至可以说，更是文化教育。

对于我国小学生来说，英语国家文化是不同于中华文化的外在文化。因此，英语教育作为文化教育对于中国中小学生来说应该是一种跨文化的教育。跨文化教育的目的是通过认知和理解外在文化建构开放且合理的认知、理解、借鉴和吸取外在文化，树立文化自信。发展学生综合人文素养也就必然成为我国小学英语课程的总体目标之一。

选自：何锋，齐迅.英语（三年级起点一年级上册）[M].南京：译林出版社，2013：44—45.

教材示例3-6展示了人类饮食文化的共性，如鸡蛋是全世界人民广泛食用的食物；也展示了英语国家饮食文化中特有的食品，如hot dog。学生可以在学习中发展跨文化认知（对人类共同的食物的认知，对人类不同民族的不同食物的认知，对存在相同与不同食物的原因的认知），形成跨文化态度（理解相同，尊重差异），理解跨文化的价值与意义（如对食物的自然特性和文化特性的理解，从而理解其自然与文化的价值和意义）。

Look! I'm six.

Six? You're nine! Oh! I'm six.

51

选自：陈琳，（英）普里莎·爱丽斯（PRINTHA ELLIS）. 英语（新标准）（一年级起点一年级上册）[M]. 北京：外语教学与研究出版社，2013：51.

在教材示例3-7中，中国学生Daming、Lingling等学着像英国学生Sam一样制作自己过生日佩戴的年龄牌（age badge），这有助于学生了解英语国家学生的生日庆祝活动。同时，通过制作年龄牌，学生可以在年龄牌上贴上或画上自己向往的职业或崇拜的英雄，如保护环境的地球卫士、救死扶伤的医生、诲人不倦的老师等，表达自己的人生理想，从而把生日庆祝与人生理想相结合，丰富对生日庆祝价值和意义的理解。

拓展阅读 3-1

2010年美国制定了跨州共同核心标准（Common Core State Standards）作为美国各州的课程标准参考文件，其中英语的课程标准的总体目标如下：

Students Who are College and Career Ready in Reading, Writing, Speaking, Listening, and Language

The descriptions that follow are not standards themselves but instead offer a portrait of students who meet the standards set out in this document. As students advance through the grades and master the standards in reading, writing, speaking, listening, and language, they are able to exhibit with increasing fullness and regularity these capacities of the literate individual.

They demonstrate independence.

Students can, without significant scaffolding, comprehend and evaluate complex texts across a range of types and disciplines, and they can construct effective arguments and convey intricate or multifaceted information. Likewise, students are able independently to discern a speaker's key points, request clarification, and ask relevant questions. They build on others' ideas, articulate their own ideas, and confirm they have been understood. Without prompting, they demonstrate command of standard English and acquire and use a wide-ranging vocabulary. More broadly, they become self-directed learners, effectively seeking out and using resources to assist them, including teachers, peers, and print and digital reference materials.

They build strong content knowledge.

Students establish a base of knowledge across a wide range of subject matter by engaging with works of quality and substance. They become proficient in new areas through research and study. They read purposefully and listen attentively to gain both general knowledge and discipline-specific expertise. They refine and share their knowledge through writing and speaking.

They respond to the varying demands of audience, task, purpose, and discipline.

Students adapt their communication in relation to audience, task, purpose, and discipline. They set and adjust purpose for reading, writing, speaking, listening, and language use as warranted by the task. They appreciate nuances, such as how the composition of an audience should affect tone when speaking and how the connotations of words affect meaning. They also know that different disciplines call for different types of evidence (e.g., documentary evidence in history, experimental evidence in science).

They comprehend as well as critique.

Students are engaged and open-minded—but discerning—readers and listeners. They work diligently to understand precisely what an author or speaker is saying, but they also question an author's or speaker's assumptions and premises and assess the veracity of claims and the soundness of reasoning.

They value evidence.

Students cite specific evidence when offering an oral or written interpretation of a text. They use relevant evidence when supporting their own points in writing and speaking, making their reasoning clear to the reader or listener, and they constructively evaluate others' use of evidence.

They use technology and digital media strategically and capably.

Students employ technology thoughtfully to enhance their reading, writing, speaking, listening, and language use. They tailor their searches online to acquire useful information efficiently, and they integrate what they learn using technology with what they learn offline. They are familiar with the strengths and limitations of various technological tools and mediums and can select and use those best suited to their communication goals.

They come to understand other perspectives and cultures.

Students appreciate that the twenty-first-century classroom and workplace are settings in which people from often widely divergent cultures and who represent diverse experiences and perspectives must learn and work together. Students actively seek to understand other perspectives and cultures through reading and listening, and they are able to communicate effectively with people of varied backgrounds. They evaluate other points of view critically and constructively. Through reading great classic and contemporary works of literature representative of a variety of periods, cultures, and worldviews, students can vicariously inhabit worlds and have experiences much different than their own.

选自：*The Common Core State Standards for English Language Arts & Literacy in History/Social Studies, Science, and Technical Subjects*. 2010: 4.

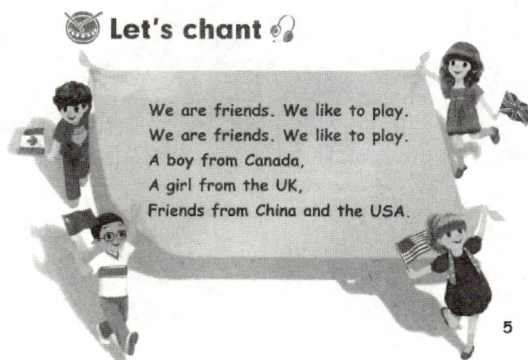

教材示例 3-8

Let's chant

We are friends. We like to play.
We are friends. We like to play.
A boy from Canada,
A girl from the UK,
Friends from China and the USA.

选自：人民教育出版社课程教材研究所英语课程教材研究开发中心.英语（PEP）（三年级起点三年级下册）[M].北京：人民教育出版社，2013：5.

　　教材示例3-8是一个简单的韵句活动，不仅强化了学生所学的语句、词汇，发展学生的语言运用能力，而且通过了解不同国家的国名和不同国家的人相互成为朋友而发展学生的文化意识，同时通过分析为什么他们成为朋友（因为有共同的爱好）而促进学生的心智发展。

　　学习这一内容之前，学生已经学习过相关词汇和语句。教师可以让学生先看国旗，说出相应的国家，熟悉韵句中的国家名词，以增进学生对不同国家国名、国旗的了解，以此开展文化意识教育。同时，让学生观察并找出四个国家国名的两种规律：China, Canada不需要the，the USA, the UK都需要the，了解其中的原因是首字母缩写词前要加the，而China、Canada不是缩写词，以此发展学生的思维品质。

　　若学生基础较好，教师可以让学生自己尝试读出韵句的每一句，基于语义将图与句连线（可增加图），只要求读音准确即可，不强调节奏。然后再播放录音，让学生发现自己读音需要完善之处，并进行强化。若学生基础有待强化，教师可先播放录音，让学生逐句认真听，基于语义将图与句连线（可增加图），在学生理解每一语句的语义后，再播放录音让学生模仿，同时要求学生相互听同伴模仿的是否准确，哪里还需要改进。这一阶段重点发展学生的语言能力和学习能力。

疑问与思考

　　小学生英语水平还很有限，教师在促进学生的心智发展的过程中，如在一些教学环节中，可能需要使用汉语向学生提问，这是否会影响学生的英语学习？

请扫描二维码查看参考答案

第二节　小学英语课程分项与分级目标分析

课程目标是教育目标在具体课程中的体现，课程不是一项内容的一次教学就可以完成的，所以课程目标往往分为若干项目、若干级别。如下图所示[①]：

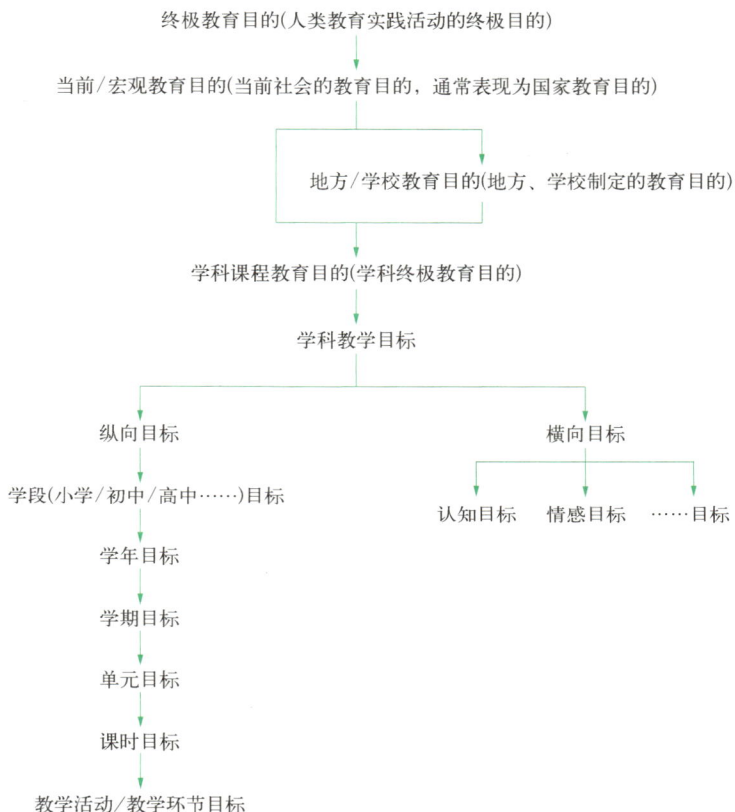

终极教育目的(人类教育实践活动的终极目的)

当前/宏观教育目的(当前社会的教育目的，通常表现为国家教育目的)

地方/学校教育目的(地方、学校制定的教育目的)

学科课程教育目的(学科终极教育目的)

学科教学目标

纵向目标　　　　　　　　　　横向目标

学段(小学/初中/高中……)目标　　　认知目标　情感目标　……目标

学年目标

学期目标

单元目标

课时目标

教学活动/教学环节目标

从教育目的到教学目标

《义教课标（2011）》对小学英语课程的分项分级目标进行了详细规定。

---

⑫ **课标选摘**

级别	知识	目　标　描　述
语言技能目标一级	听做	1. 能根据听到的词语识别或指认图片或实物。 2. 能听懂课堂简短的指令并做出相应的反应。 3. 能根据指令做事情，如指图片、涂颜色、画图、做动作等。 4. 能在图片和动作的提示下听懂简单的小故事并做出适当的反应。

---

① 鲁子问.小学英语教学设计［M］.上海：华东师范大学出版社，2018：90.

（续表）

级别	知识	目　标　描　述
语言技能目标一级	说唱	1. 能根据录音模仿说话。 2. 能相互致以简单的问候。 3. 能相互交流简单的个人信息，如姓名、年龄等。 4. 能表达简单的情感和感觉，如喜欢和不喜欢。 5. 能够根据表演猜测意思、说出词语。 6. 能学唱英语儿童歌曲和歌谣15首左右。 7. 能根据图、文说出单词或短句。
	演玩	1. 能在教师的指导下用英语做游戏并在游戏中进行简单的交际。 2. 能做简单的角色表演。
	读写	1. 能看图识词。 2. 能在指认物体的前提下认读所学词语。 3. 能在图片的帮助下读懂简单的小故事。 4. 能正确书写字母和单词。 5. 能模仿范例写词句。
	视听	能看懂语言简单的英语动画片或程度相当的英语教学节目，课堂视听时间每学年不少于10小时（平均每周20～25分钟）。

选自：中华人民共和国教育部.义务教育英语课程标准（2011年版）［S］.北京：北京师范大学出版社，2012：13.

　　语言技能一级目标没有进行听、说、读、写这种技能的分项，而是按照听做、说唱、演玩、读写、视听进行分项，这充分说明小学英语一级（三年级起点的三、四年级）的教学在语言技能上不要求过于追求技能本身，而是要开展相应的语言活动。

📖 课标选摘

级别	知识	目　标　描　述
语言技能目标二级	听	1. 能借助图片、图像、手势听懂简单的话语或录音材料。 2. 能听懂简单的配图小故事。 3. 能听懂课堂活动中简单的提问。 4. 能听懂常用指令和要求并做出适当反应。
	说	1. 能在口头表达中做到发音清楚，语调基本达意。 2. 能就所熟悉的个人和家庭情况进行简短对话。 3. 能运用一些最常用的日常用语（如问候、告别、致谢、道歉等）。 4. 能就日常生活话题作简短叙述。 5. 能在教师的帮助和图片的提示下描述或讲述简单的小故事。

（续表）

级别	知识	目　标　描　述
语言技能目标二级	读	1. 能认读所学词语。 2. 能根据拼读的规律，读出简单的单词。 3. 能读懂教材中简短的要求或指令。 4. 能看懂贺卡等所表达的简单信息。 5. 能借助图片读懂简单的故事或小短文，并养成按意群阅读的习惯。 6. 能正确朗读所学故事或短文。
	写	1. 能正确地使用大小写字母和常用的标点符号。 2. 能写出简单的问候语和祝福语。 3. 能根据图片、词语或例句的提示，写出简短的语句。
	玩演视听	1. 能按要求用简单的英语做游戏。 2. 能在教师的帮助下表演小故事或小短剧。 3. 能学唱简单的英语歌曲和歌谣 30 首左右（含一级要求）。 4. 能看懂程度相当的英语动画片和英语教学节目，课堂视听时间每学年不少于 10 小时（平均每周 20 ~ 25 分钟）。

选自：中华人民共和国教育部.义务教育英语课程标准（2011年版）[S].北京：北京师范大学出版社，2012：14.

　　语言技能的二级目标和一级相比有了显著变化，突出了对听、说、读、写等技能的要求。对于小学英语课程，"看"也非常重要。同时，一级和二级目标有着内在逻辑联系，如一级要求"能模仿范例写词句"，二级则要求"能写出简单的问候语和祝福语；能根据图片、词语或例句的提示，写出简短的语句"，而不再只是要求仿写词句，进一步提高了对学生的要求。

课标选摘

级别	知识	目　标　描　述
语言知识目标二级	语音	1. 正确读出 26 个英文字母。 2. 了解简单的拼读规律。 3. 了解单词有重音，句子有重读。 4. 了解英语语音包括连读、节奏、停顿、语调等现象。
	词汇	1. 知道单词是由字母构成的。 2. 知道要根据单词的音、义、形来学习词汇。 3. 学习有关本级话题范围的 600 ~ 700 个单词和 50 个左右的习惯用语，并能初步运用 400 个左右的单词表达二级规定的相应话题。

级别	知识	目 标 描 述
语言知识目标二级	语法	1. 在具体语境中理解以下语法项目的意义和用法： · 名词的单复数形式和名词所有格； · 人称代词和形容词性物主代词； · 一般现在时，现在进行时，一般过去时和一般将来时； · 表示时间、地点和位置的常用介词； · 简单句的基本形式。 2. 在实际运用中体会以上语法项目的表意功能。
	功能	理解和运用有关下列功能的语言表达形式：问候、介绍、告别、请求、邀请、致谢、道歉、情感、喜好、建议、祝愿等。
	话题	理解和运用有关下列话题的语言表达形式：个人情况、家庭与朋友、身体与健康、学校与日常生活、文体活动、节假日、饮食、服装、季节与天气、颜色、动物等。

选自：中华人民共和国教育部.义务教育英语课程标准（2011年版）[S].北京：北京师范大学出版社，2012：19.

    《义教课标（2011）》对小学阶段英语的语言知识目标没有明确地分为一级、二级，而是统一地规定为二级目标，这有利于英语语言知识的逐渐巩固，而不要求学生在哪一年级必须掌握哪一项语言知识。教师在基于课程标准进行教学时，不要过早地要求学生系统地掌握语言知识，尊重学生的英语学习规律和特征，循序渐进地进行教学。此外，需要关注的是，这些语言技能与语言知识目标会随着小学英语教育的发展而调整。

课标选摘

级别	目 标 描 述
情感态度目标二级	1. 能体会到英语学习的乐趣。 2. 敢于开口，表达中不怕出错误。 3. 乐于感知并积极尝试使用英语。 4. 积极参与各种课堂学习活动。 5. 在小组活动中能与其他同学积极配合和合作。 6. 遇到困难时能大胆求助。 7. 乐于接触外国文化，增强祖国意识。

选自：中华人民共和国教育部.义务教育英语课程标准（2011年版）[S].北京：北京师范大学出版社，2012：20.

小学英语需要发展学生的以上情感态度，这些既是英语教育的心智发展与文化素养目标的体现，也是促进学生语言能力发展的要求。

　　《义教课标（2011）》没有列出学习能力这一素养，而是采用了学习策略的表述方式。学习策略这一概念可能会在随后调整为学习能力。以上所示内容本身既可以促进学生语言能力（尤其是语言学习能力）的发展，同时，学习策略中的自主学习、反思等也可以促进学生的心智发展。

以上内容清楚地规定了小学英语课程的文化意识目标。这里的文化意识与核心素养意义上的文化意识有些不同，作为英语学科核心素养的文化意识包括了这里的文化意识和情感态度的相关内容。

由此可以看出，小学英语课程中的语言技能目标有着分项、分级目标，其他都是小学阶段的统一目标。这既要求教师在小学英语课程实施中关注每一项目的目标，又要关注课程标准、教材本身的分级的目标。同时需要注意的是，尽管《义教课标（2011）》对小学英语课程目标进行了分项与分级的规定，但在课堂教学中，这些目标都是整合的，通常形成"语言能力+"的课堂教学目标结构，也就是小学英语课堂中的每一项活动都必须以发展学生的语言能力为基础，然后根据学生的最近发展区以及学习内容优势而增加其他可能目标。

教材示例 3-9

选自：陈琳，（英）普里莎·爱丽斯（PRINTHA ELLIS）.英语（新标准）（一年级起点一年级上册）
[M].北京：外语教学与研究出版社，2013：2.

教材示例3-9是小学一年级上册的第一个英语学习活动。在这个活动中，既有发展学生语言能力的"Hello! Hi!"的语言知识、语言技能的目标，也有发展学生大胆开口的情感态度、学习策略的目标，还有大胆与外国小朋友进行交往的文化意识目标。从严格意义上来说，小学英语课程的每一个活动都不是单一目标的活动，而是基于发展语言能力的多目标的活动。

教材示例3-10中的前一个活动是第一单元的学习活动，后一个活动是第二单元的学习活动。显然，第一单元只是学习了"Hello, Mike."等向他人打招呼的内容，而到第二单元则要求学生从已学的"Hello, Mike."拓展学习"Hi, Mike."，然后进一步学习"Are you Su Hai? Yes, I am."的内容。

教材示例3-11中的前一个示例是小学一年级第一学期的教学内容——韵句，主要是让学生感受到o在dog中的读音，而到五年级第一学期学生才在第二个案例中显性地总结归纳o的读音，而且不是学习音标符号（根据《义教课标（2011）》规定，学生进入初中才学习音标符号）。

选自：何锋，齐迅.英语（三年级起点三年级上册）[M].南京：译林出版社，2013：6，12.

教材示例 3-11

选自：陈琳，（英）普里莎·爱丽斯（PRINTHA ELLIS）.英语（新标准）（一年级起点一年级上册）[M].北京：外语教学与研究出版社，2013：24.

ar, a	o	or, al	oo	ou, oo
arm	dog	morning	book	soup
class	box	walk	football	food

选自：陈琳，（英）普里莎·爱丽斯（PRINTHA ELLIS）.英语（新标准）（一年级起点五年级上册）
[M].北京：外语教学与研究出版社，2013：18.

这是课程标准分项、分级目标在教材中的体现。教师可以整体把握一套教材中各年级的内容，了解其分项、分级目标的呈现形式，然后进行教学。教师应把握教材对于语音教学目标的总体设计，在学生开始学习的阶段，帮助学生用韵句感知语音，而不是显性地学习语音。在教学中，教师可以让学生看图，基于已学的is、an、orange、dog理解韵句语义，若学生尚不能理解Bob是小狗的名字，教师可以给教材中的小狗图片加上已学过的介绍名字的语句，如下图所示：

教材示图

学生明确Bob是小狗的名字之后，教师要导入"Bob is an orange dog."的语义，然后播放录音，让学生反复听，模仿Bob、orange、dog的读音，待学生熟悉后，再模仿韵句的节奏。当学生能准确说出韵句以后，教师可让学生把韵句大声连说三遍，然后询问学生说时嘴角、下巴的感受，让学生形成对Bob、orange、dog中o的读音的感知。

在随后的学习中，教师可以多次让学生说这个韵句或类似韵句，感知Bob、orange、dog中o的读音。学生在五年级时，其抽象思维逐步形成，这时适合让学生对语音进行归纳总结，发现其中的拼读规律。如在五年级的这个活动中，首先，教师可让学生读出单词，说说这些单词中单独标注颜色的字母和字母组合的读音；然后，让学生听录音，进一步改进自己的读音；之后，教师让学生说出一些相同规律的词，若学生有困难，教师可以呈现学生已学词汇并从中找出具有相同读音规律的词；最后，教师给出一些具有相同拼读规律但学生尚未学过的单词，鼓励学生根据拼读规律大胆推测这些单词的读音，再播放录音，让学生检查自己的推测是否符合规律，从而达到《义教课标（2011）》中"根据拼读规律读出单词"的要求。

显然，这是一个从感知读音规律到发现拼读规律的过程，是小学英语语言知识学习目标在整个小学阶段设计的基本形态。教师应基于教材的设计把握不同阶段的语言知识学习目标，合理地基于目标开展教学，从而使学生有效学习，最终实现课程目标。

拓展阅读 3-2

教育部、国家语言文字工作委员会于2018年发布的国家语言文字规范《中国英语能力等级量表》对语言运用能力的相关术语进行了解释，以下为该量表所给出的部分术语的解释。（其中2.5为"话题"与本章节无关，故省略）

……

2.2　语言能力（language ability）

语言学习者和使用者运用自己的语言知识、非语言知识以及各种策略，参与特定情境下某一话题的语言活动时表现出来的语言理解能力和语言表达能力。

2.3　语言知识（linguistic knowledge）

在各种语言活动中有效使用语言需具备的知识，包括组构知识（语法知识和篇章知识）和语用知识（功能知识和社会语言知识）。

2.4　语言使用策略（language use strategy）

完成某项语言行为所采取的有组织、有计划、目标明确的行动步骤和方法。

……

2.6　语言活动（language activity）

在特定情境中有目的的语言交际行为。

2.7　语言理解能力（language comprehension ability）

语言学习者和使用者理解话语意义的能力，包括听力理解能力和阅读理解能力。

2.8　语言表达能力（language production ability）

语言学习者和使用者运用语言表达意义的能力，包括口头表达能力和书面表达能力。

2.9　组构能力（organisational competence）

指语言学习者和使用者结合具体语境，运用组构知识和策略，理解和表达意义的能力。组构知识由语法知识和篇章知识构成。

2.10　语用能力（pragmatic ability）

语言学习者和使用者结合具体语境，运用各种知识和策略，理解和表达特定交际意图的能力，包括语用理解能力和语用表达能力。

……

选自：中华人民共和国教育部，国家语言文字工作委员会.中国英语能力等级量表［S］.2018：1—2.

疑问与思考

很多小学生现在都会利用课外时间学习英语，教材内容对这些学生来说有些过于简单。这时，如果教师仍然基于课程标准的目标进行教学，容易造成学生学习英语教材内容"吃不饱"的现象。针对这种现象，你认为应该怎么办？

请扫描二维码
查看参考答案

第三节　基于课程目标的小学英语教学设计

课程目标的实现需要通过课程实施，课堂教学是课程实施的最主要形式。而课堂教学要实现课程目标，就需要基于课程目标进行教学设计。

《义教课标（2011）》对基于课程目标的课堂教学设计有具体的建议。

课标选摘

二、课程基本理念

……

（三）整体设计目标，充分考虑语言学习的渐进性和持续性

英语学习具有明显的渐进性和持续性特点。语言学习持续时间长，而且需要逐渐积累。《义务教育英语课程标准》（以下简称"本标准"）和与之相衔接的《普通高中英语课程标准》将基础教育阶段英语课程的目标设为九个级别，旨在体现小学、初中和高中各学段课程的有机衔接和各学段学生英语语言能力循序渐进的发展特点，保证英语课程的整体性、渐进性和持续性。英语课程应按照学生的语言水平及相应的等级要求组织教学和评价活动。

（四）强调学习过程，重视语言学习的实践性和应用性

现代外语教育注重语言学习的过程，强调语言学习的实践性，主张学生在语境中接触、体验和理解真实语言，并在此基础上学习和运用语言。英语课程提倡采用既强调语言学习过程又有利于提高学生学习成效的语言教学途径和方法，尽可能多地为学生创造在真实语境中运用语言的机会。鼓励学生在教师的指导下，通过体验、实践、参与、探究和合作等方式，发现语言规律，逐步掌握语言知识和技能，不断调整情感态度，形成有效的学习策略，发展自主学习能力。

　　课程通过教学实现课程目标，因此只有教学设计指向课程目标时教学才能促进目标的实现。

教材示例 3-12 [①]

选自：陈琳，（英）普里莎·爱丽斯（PRINTHA ELLIS）.英语（新标准）（一年级起点一年级上册教师用书）[M].北京：外语教学与研究出版社，2013：33.

---

① 此处教学目标为直接引用原书，具体的教学目标可根据英语教育理念的发展和学生学习实际需要而设计。

教学旨在促进学生发生变化，而设计是人们为了改变现状，依据已知原理、方法和技术而制定计划方案的一种活动。设计的方案是为了制造新事物或解决某些问题，其形式可能是行动方案、计划、设计图等。教学设计也是这样一种为了提高教学有效性，依据已知原理、方法和技术而制定的行动计划。小学英语教学设计就是教师在小学生的认知和心理特征、学习需求等教学背景分析的基础上，设计小学英语教学目标、小学英语教学策略、小学英语教学过程，选定小学英语教学媒体，设计评价反馈内容及方式，有理有序地进行小学英语教学准备的过程。实现课程目标是教学设计的出发点。

教材示例3-12是外研社新标准版小学英语教材教师用书一年级上册第一模块的教学目标。由此可知，小学英语课程目标可以从第一节课开始就落实到小学英语课堂教学之中。这也说明，只要教师有小学英语课程目标的意识，就可以在每一节课、每一活动之中落实小学英语课程目标，使每一节课、每一个教学活动都成为促进小学英语课程目标实现的教学活动。

📖 **拓展阅读 3-3**

教学目标设计

教育是人类有目的的社会实践，目标设计是教学设计的关键，因为若目标迷失甚至错误，教学分析做得再全面，教学策略、过程、技术与评价设计得再合理，反馈修正再认真，也没有意义，甚至会有很大的负面作用，因为方向已经错误。教学目标要基于教育目标、课程目标设计，小学英语教学目标设计要充分考虑学生的认知能力，因为他们的心智还在发展之中。

核心素养是我国教育目标的重要内容，小学英语教学设计要将教学目标首先定位在发展学生的核心素养上。课程标准是核心素养在英语课程领域要求的具体体现，课程标准所规定的课程目标、教学要求、评价要求、教学案例、评价案例等，均是小学英语教学目标设计的基本依据。

核心素养与课程标准的规定是面向我国全体学生的规定，而课堂教学则是面向我们自己的学生的教学实践。所以我们在设计英语教学目标时，还需非常充分地分析学生的发展需求，这些需求可能高于面向全面学生的要求，也可能等于或低于这些要求。

选自：鲁子问.小学英语教学设计［M］.上海：华东师范大学出版社，2018：52—53.

选自：陈琳，（英）普里莎·爱丽斯（PRINTHA ELLIS）.英语（新标准）（一年级起点五年级上册）[M].北京：外语教学与研究出版社，2013：32—34.

教材示例3-13展示的是一个单元的学习内容，由导入活动（Listen and chant）、学习活动（Listen, read and act out）、巩固活动（Listen and say）、实践活动（Practise）四个活动

组成，主题是学生日常生活，渗透了语言能力、心智发展、人文素养三项目标，教师也可以基于英语课程的语言能力、文化意识、思维品质、学习能力设定教学目标。下面是一个基于此教学目标进行的教学设计案例。

案例分析 3-1

外研社《英语》（新标准·一年级起点）五年级上册
Module 6 Unit 1教学设计

一、教学内容分析

教学内容分析	这是外研社《英语》（新标准·一年级起点）五年级上册Module 6 Unit 1的课文。 本模块要让学生了解和学习用can评价他人能力、给予肯定和鼓励，这是对以前学过的关于能力的相关知识的拓展和延伸。 本单元具体内容是Sam 和Amy通过评价Lingling的能力，邀请她加入篮球队，Lingling在比赛中为球队赢得了很多比分，帮助球队最终赢得比赛。 教学内容自身的目标要求是让学生学会简单的自我评价、肯定与鼓励他人，进一步学会询问别人会做什么事情"Can you ...?"，并回答"Yes, I can./ No, I can't."，以及表达"I can ... well, You can ... well."。	
学习对象分析	本班学生为小学五年级的学生，他们已有了四年的英语学习基础，且在三年级就学习过"I can run fast."的语句结构。 经课前检查，（1）本班47名学生中有41名学生（87%）能运用已学过的"I can ... Can you ...?"的结构，6名学生（13%）还存在运用困难。（2）38名学生（80%）能熟练运用本单元体育名词、动词，9名学生（20%）还存在一定困难。（3）25名学生（53%）能运用一至四年级所学体育名词与动词，22名学生（47%）还存在一定困难。 所有学生（100%）喜欢体育，但喜欢的体育项目不同，学生喜欢的主要体育项目有：游泳、足球、篮球、乒乓球、羽毛球、艺术体操等。 41名学生（91%）的综合型学习风格比分析型学习风格更为显著，6名学生（9%）的分析型学习风格略显著于综合型学习风格。所有学生（100%）的自主学习能力弱于合作学习能力。 所有学生均有条件，并乐于参加网上模仿秀周冠军、月冠军、学期冠军积分赛。 学生英语口语能力显著高于写的能力。	
教学项目	语词	进一步理解和应用本单元语词的词义：well, high, true, got, eighty, point, fan。
	句型结构	Can you ...? Yes, I can./ No, I can't. I can ... well. You can ... well.
	语篇课文	对话语篇。
教学目标	语言能力	1. 全体学生能听懂和读出：well, high, true, got, eighty, point, fan。 2. 全体学生能听懂和运用： 　Can you run fast? No, I can't. You can jump really high. You can play basketball well. 3. 全体学生能理解课文并回答以下问题： 　(1) Does Lingling want to play basketball? 　(2) Can Lingling run fast? Can she jump high? 　(3) Can Lingling play basketball well? 4. 全体学生能运用以下语句进行对话： 　Can you ...? Yes, I can./ No, I can't. 5. 全体学生能运用以下语句结构说明自己或他人的能力优势： 　I can ... well. You can ... well.

（续表）

教学目标	文化意识	全体学生能感知到每个人都有能力优势，同时都对自己的能力更有自信。
教学目标	思维品质	全体学生都能感知到篮球比赛获胜的要素：跑的速度、跳的高度、控球能力等。部分学生能进一步发展高阶思维能力。
	学习能力	全体学生能进一步强化can的学习和运用，能进一步强化五年级综合复习巩固能力。
教学重点		1. 学习运用"Can you ...? Yes, I can./ No, I can't."，以及"I can ... well. You can ... well."。 2. 促进学生自信心的发展。
教学难点		对can的运用尚存在困难的学生的进一步巩固。

	学习技能				学习层次			教学媒体			
	听	说	读	写	知道	理解	运用	黑板	光盘	课件	微课
语词	√	√	√	√	√	√			√	√	√
结构	√	√	√		√	√	√		√	√	√
课文	√	√	√		√	√			√	√	√

二、课堂教学过程设计

时间	教学步骤	教学流程		活动目的
		教师活动	学生活动	
课前5分钟	课前学习	上一节课下课时布置作业，参加网上模仿秀积分赛： 1. 复习三年级上学期Module 4歌曲"Can you throw it very high in the sky?"与Module 5歌曲"I can't do it." 2. 复习四年级下学期Module 8 Unit 2与Module 9 Unit 2课文动画（均为复现can的课文）。	1. 跟随歌曲视频复习演唱已学过的歌曲。 2. 看动画，复习巩固已学内容，跟读，进行录音比对训练，为参加模仿秀做准备。	鉴于新学can的时间到此次复习巩固已相隔将近2年，此次学习之前，需要复现已学内容。 基于学生兴趣，将此次复习活动计入模仿秀积分赛，歌曲总分10分，课文模仿总分20分，计入周成绩。
4—6分钟	检查课前学习	打开积分赛榜单，请本次歌曲第一名与第二名对决，本次课文第一名与第二名对决。 请全班打分，告诉学生重点关注can的语句。 邀请4名有困难的学生分别说出打分理由。	本次歌曲第一名与第二名对决。全班听演唱，打分。被老师邀请的学生说出打分理由。 本次课文第一名与第二名对决。全班听课文模仿，打分。被老师邀请的学生说出打分理由。	检查课前学习，从而使学生强化课前自主学习意识，发展学生尚存在不足的自主学习能力。 4名学生展示，全班学生打分，并重点检查有困难的学生是否通过复习得到提升。若该4名学生已经掌握，则不再重点关注。若仍未掌握，则继续关注。

时间	教学步骤	教学流程		活动目的
		教师活动	学生活动	
2—3 分钟	导入，呈现任务	用"He/She/Name/You can …"评价刚才的竞赛与打分，然后用"I can …"说自己参加学校运动队的选择，询问学生参加什么运动队。	听老师评价同学们的表现，进一步感知can的表达能力。 听老师介绍自己的选择，把握基于能力做出选择。 听老师介绍任务，了解任务。	通过评价语言让学生进一步接触can在真实语境中的运用，通过任务呈现，让学生理解can的语用形态（说明能力，基于能力做出选择），而且将这一设计贯穿整节课。
6—8 分钟	课文学习活动1	让学生学习课文，了解如何说明能力，做出参加运动队的选择。 让学生看课文动画，选择一个问题回答： (1) What is the story about? (2) How many points did Lingling get in the match?	看课文动画，理解课文语境，弄清课文主旨大意或感兴趣的具体信息。	基于全班学生大多主要表现为综合型学习风格，让学生完整看动画片，回答主旨大意信息。 同时基于少部分学生的分析型学习风格更加显著，在问题中专门设计具体信息问题，供这些学生选择回答。
10—15 分钟	课文学习活动2	让学生再看动画，跟读，然后小组讨论以下问题答案： (1) What game did Sam and Amy ask Lingling to play? (2) Does Lingling want to play basketball? (3) Can Lingling run fast? (4) Can she jump high? (5) Did they win? (6) How many points did the team get? (7) Who is Lingling's first fan? 让学生归纳出课文词汇图、课文思维图。 选择两组学生回答问题，要求每个学生独自回答一个问题，若有困难，小组同伴可以帮助。	看课文动画，进一步理解课文内容。 跟读语句，获取具体信息。 在老师的引导下，尝试完成课文内容思维图、课文词汇思维图，感知思维图的作用和成效。 小组讨论问题。 小组回答问题，每个人独自回答。 帮助其他同学回答问题。	鉴于本班学生自主学习能力尚需发展，特设计小组讨论答案后，所选小组每个人独立回答问题的方式，通过小组合作，促进个人自主能力的发展。 鉴于有少数学生尚存在一定运用困难，通过小组讨论答案，帮助有困难的学生进一步训练can。 教师在巡回帮助时，重点关注6名有困难的学生，帮助他们尽可能掌握can的运用。 鉴于本班综合型学习风格学生较多，特呈现课文词汇图、课文思维图，帮助学生基于课文整体而回答具体问题、强化本单元体育词汇。
5—6 分钟	课文学习活动3	让学生根据思维图表演课文对话。	根据思维图，小组表演课文对话主要内容。	鉴于本班综合型学习风格学生较多，特设计看体育词汇图、课文思维图复述课文主要内容的活动。

（续表）

时间	教学步骤	教学流程		活动目的
		教师活动	学生活动	
8—10分钟	完成任务	让学生进行小组讨论，根据学生的能力，选择适合自己的运动队，要求小组每个人必须说明自己能力与相应的选择。建构已学体育词汇图。	随老师引导，建构已学体育词汇图。小组讨论，相互帮助，确保每个人都能说明能力与相应的选择。每个小组向全班说明选择。	鉴于有少数学生的运用尚存在一定的困难，通过小组互动，帮助有困难的学生基本掌握can的运用。鉴于较多学生对已学体育词汇还存在一定困难，通过建构词汇图进行归纳、复习和强化。
1分钟	总结	布置作业：完成自己选择参加某一学校运动队的申请书，说明自己的能力、所选择运动队。	课后完成申请书。	引导学生将口头运用能力发展为写的能力。

教学设计简评：

（1）这一案例设计了要求全体学生能听懂和读出相关目标词汇、全体学生能听懂和运用can表达能力的语句、全体学生能阅读理解故事、全体学生能运用目标语句结构说明自己或他人的能力优势等语言能力目标。

（2）这一案例设计了能通过课文学习感知每个人都有能力优势，同时树立对自身能力更有自信的文化意识，尤其是肯定他人的优势，这对小学生特别具有现实意义。

（3）这一案例设计了全体学生都能感知到篮球比赛的能力要素（课文内容所谈论的跑的速度、跳的高度、控球能力等），有助于发展学生的分析、评价层次的思维能力。

（4）这一案例还设计了进一步强化can的学习和运用、进一步强化五年级综合复习巩固能力的学习能力目标，而且这一案例的教学过程也促进了这些目标的实现。

显然，这一教学设计不仅发展了学生的语言运用能力，同时发展了学生的文化意识、思维品质、学习能力，亦即促进学生语言运用能力的发展、心智的发展和综合人文素养的提升，指向课程标准设定的小学英语课程的总体目标。

疑问与思考

教师需要在每一节课、每一个活动中都落实小学英语课程目标吗？

请扫描二维码查看参考答案

章节小结

《义教课标（2011）》规定义务教育阶段英语课程的总体目标为"通过英语学习使学生形成初步的综合语言运用能力，促进心智发展，提高综合人文素养"。《普高课标（2017）》提出了语言能力、文化意识、思维品质、学习能力四项英语学科核心素养。语言能力是小学英语课程总体目标的基础，其他目标是总体目标的组成部分。

《义教课标（2011）》对课程总体目标进行了分项、分级，小学英语语言技能目标分为一级、二级两级，语言知识、情感态度、学习策略、文化意识则统一为二级目标，不再分解出一级目标。小学英语课程目标应落实到小学英语的课堂教学中，每一节课、每一个教学活动的设计都应指向小学英语课程目标。

关键术语

小学英语课程总体目标：指《义教课标（2011）》中所规定的义务教育阶段英语课程的总体目标，即"通过英语学习使学生形成初步的综合语言运用能力，促进心智发展，提高综合人文素养"。

小学英语课程分项目标：指《义教课标（2011）》中所规定的语言技能一级、二级目标，以及语言知识、情感态度、学习策略、文化意识的二级目标。

小学英语教学设计：指教师在小学生的认知和心理特征、学习需求等教学背景分析的基础上，设计小学英语教学目标、小学英语教学策略、小学英语教学过程，选定小学英语教学媒体，设计评价反馈内容及方式，有理有序地进行小学英语教学准备的过程。

实践活动

1. 请选择小学英语教材中的任一活动，分析其所体现的小学英语课程总体目标。

2. 请选择一个小学英语课例，分析其教学设计是如何指向小学英语课程目标的，以及其可能存在的缺失。

请扫描二维码
查看参考答案

进一步阅读资源

1. 中华人民共和国教育部.义务教育英语课程标准（2011年版）[S].北京：北京师范大学出版社，2012.

2. 教育部基础教育课程教材专家工作委员会.义务教育英语课程标准（2011年版）解读［M］.北京：北京师范大学出版社，2012.

教学参考视频

内容：**品德教育发展活动课例**
Whose banana?
授课教师：鲁子问

第四章
小学英语教材综合分析

请你思考

　　王老师是一名已经有10年教龄的小学英语教师。通过10年的教学，她已经非常熟悉自己所使用的教材，也储备了很多的教学素材。可是从今年秋季学期开始，学校换了一套新的教材，王老师一下子有些难以适应。首先，她不是很理解教材中有些板块设计的意图，不知道如何处理；其次，她觉得有一些内容的顺序似乎不大符合她的教学习惯，她不知道是按照教材设计的顺序教，还是按照自己习惯的顺序教。你能给王老师提供一些好的建议和帮助吗？

学习目标

在学习本章之后，你能：

1. 熟悉小学英语教材的主要学习内容；
2. 熟悉小学英语教材的主要学习资源；
3. 了解国内主要小学英语教材的主要特色、教学资源和结构体例。

本章结构

第一节　小学英语教材学习内容分析

教学活动离不开教学材料，教材是实现课程目标的重要材料和手段，对教学起着非常重要的作用。在我国小学英语教学中，教材的指导作用尤其重要。这是因为，首先，对我国小学生而言，英语不是母语，在他们的日常生活中缺少使用英语的语言环境和真实语料；其次，大多数小学英语教师受时间、精力和语言能力等的制约，要想设计出达到教材水准的英语学习材料耗时、耗力太多。所以，高品质的小学英语教材是小学英语课程目标得以实现的重要保障。

根据《义教课标（2011）》的规定，英语教材是指英语教学中使用的教科书以及与之配套使用的练习册、活动册、读物、自学手册、录音带、录像带、挂图、卡片、教学实物、计算机软件等。对于教材的使用，《义教课标（2011）》中也有具体的要求与建议。

课标选摘

义务教育阶段英语课程使用的教材是学生学习和教师教学的重要内容和手段。教材要以本标准规定的课程目标和教学要求为编写依据。在满足课程标准基本要求的前提下，教材应尽可能灵活多样，满足不同学生的需求。同时，教材还应融入先进的英语学习和教学的理念和方法。

……

英语教材是英语课程资源的核心部分。深入开展教材分析、把握教材的设计理念、熟悉教材的编排特点、了解教材所提供的资源是教师有效利用和开发教材的前提。教师只有深入地研读教材，才能在教学中根据学生的水平和教学的需求，对教材进行合理的开发与利用，也才能通过教材更好地激发学生的学习兴趣，开阔学生视野，拓展学生思维，以满足不同学生的学习需求。

选自：中华人民共和国教育部.义务教育英语课程标准（2011年版）[S].北京：北京师范大学出版社，2012：39，42.

《义教课标（2011）》中的上述内容，为我们了解教材的基本含义、教材与课程的关系以及教材在教学中的重要作用提供了重要依据。

英语教材是实现英语课程目标的重要手段。教材为学生提供的语言材料以及语言实践活动和练习是学生学习语言知识、发展语言技能和思维品质、提升文化意识的重要依托与途径。合理选择、恰当使用教材是完成教学内容与实现课程目标的前提和保障。高质量的教材对教师与学生、教学过程、教学效果都起着重要的作用。

根据《义教课标（2011）》的界定，英语教材包括国家审查通过的教科书，以及与之配套使用的练习册、活动册、读物、自学手册、录音带、录像带、挂图、卡片、教学实物、计算机软件等教学材料，前者为学习内容，后者为学习资源。显然，教科书是教材的核心部分，教材则是包括教科书和相关配套的整个体系。需要说明的是，当本章单独分析教科书时，使用"教科书"这一概念；当泛指整个教材体系或者其中几项内容时，则使用"教材"这一概念。

随着时代的发展，教材和教学资源的内涵和外延也在不断发展变化。在英语学习中，各种类型的音像制品和网络多媒体数字资源日益成为英语教学资源的重要组成部分。教科书是课程标准中所规定的各项教学内容的具体表现，教科书的学习内容是课程标准中的语言知识、语言技能、文化意识、学习策略和情感态度等目标的具体呈现。儿童外语学习的特点决定了小学英语教科书不适合直接按知识、技能、文化、学习策略和情感态度板块组织编写。自2001年教育部推进小学英语课程以来，教育部先后审查通过了30多套小学英语教科书。这些审查通过的各版本小学英语教科书，编写体系虽各有特点，但总体遵循了一定的编写原则。从单元和课次的栏目设计上看，基本都设计了课文语篇和相关学习巩固活动，部分教科书专门编写了文化教学、学习策略等栏目。下面分别介绍教科书中的课文语篇、语言知识与语言技能学习活动和录音。

一、课文语篇

小学英语教科书最核心的学习内容是呈现语言运用形态的课文语篇，主要为对话课文语篇和短文课文语篇。语篇呈现真实的英语运用示例，体现小学英语课程的综合目标。

课文语篇是教科书中承载英语课程教学目标最集中、最全面的一个部分，因此课文

教材示例 4-1

Sunday, 20th September

It was sunny in the morning. Su Hai, Mike, Liu Tao and I went to the park by bike.

There was a parrot show in the park. We saw some interesting parrots.

Then, the weather became windy and cloudy. We flew kites high in the sky.

选自：何锋，齐迅.英语（三年级起点六年级上册）[M].南京：译林出版社，2014：16.

语篇一般被看作是教科书的核心内容，也是教学中的重点。小学英语课文语篇教学应该突出语言的整体性和应用性特征，强调形式与意义的统一而不是孤立地呈现词汇和语法。要在帮助学生发展综合语言运用能力的同时，促进学生的心智发展，提高学生的综合人文素养，培养学生积极的情感态度与价值观，形成合适的学习策略，提高跨文化交际能力。教师应该从课程目标的高度分析课文语篇，把握课文语篇的设计理念，充分利用课文语篇所提供的丰富语境进行教学。

教材示例4-1是一篇日记，教师在教学中要引导学生学习语篇的语言，包括语法、词汇，还需要引导学生关注日记写作的格式要求，如开篇要有date、weather等要素；在日记中，可以用一般过去时记载当天发生的事情（注意：这里是"可以用"，不是"只能用、一定要用"），也可以运用现在完成时记载当天发生但形成后续影响的事情，用过去进行时记载过去某一时刻正在发生的事情等；在日记写作中，通常要按照时间顺序记载当天发生的事情。这个活动还可以发展学生的语言能力，以及写日记的能力。同时，引导学生发展心智和综合人文素养，如："Can Liu Tao ride a bike? Why did they fly kites? Were they happy that day? Will this help them become better friends? Why or why not?"，引导学生讨论：如何和朋友们共同度过周末？除了上培训班还可以做什么？如何说服父母允许自己和朋友一起去公园玩？这些延伸讨论在发展学生综合语言运用能力的同时，也会促进其心智发展和综合人文素养的提升。

小学英语教科书中的语篇体裁丰富，对话、故事、小诗、书信等均有涉及。教师应掌握体裁分析理论，自觉地把它应用到课堂教学中去，在教授语言知识的同时，帮助学生了解不同体裁语篇具有的不同交际目的和篇章结构，关注学生综合人文素养的提升。

二、语言知识与语言技能学习活动

教育部审查通过的小学英语教科书，基本都是以话题为纲进行单元整体设计的。教科书中每个单元集中一个话题，课程标准中要求学生掌握的语音、词汇、语法、功能等语言知识和听、说、读、写、演唱玩等语言技能，一般都围绕单元话题的课文语篇，通过相关语言知识与语言技能的学习、训练活动来展开。

如教材示例4-2中引用的教科书内容目次，清晰地说明了各模块（单元）的主题、话题、功能、目标语言结构、词汇、语音等教学目标。各单元正文分别针对以上各项教学目标设计练习和综合活动。

课文语篇作为教科书的主要内容，需要有相应的学习活动与之呼应，共同促进教学目标的实现。课文语篇相关的活动，从教学过程分析通常包括课文语篇之前的导入活动、课文语篇内容的学习活动、课文语篇之后的训练活动；从语言技能分析则包括听、说、读、看、写以及演唱、表演等多种活动。根据《义教课标（2011）》的规定，语言技能二级标准除了"听、说、读、写"四项技能，还包括"玩演视听"的标准，这是其他分级标准和高中段的课程标准中所没有的。"玩演视听"的标准要求学生能用简单的英语做游戏、表

Module	Theme	Topic Sentence	Function
1	Greetings	Unit 1 Hello! Unit 2 How are you?	Greeting and saying farewell
2	Introductions	Unit 1 What's your name? Unit 2 I'm a boy.	Introducing oneself
3	Classroom activities	Unit 1 Sit down! Unit 2 Point to the window!	Responding to instructions
4	Colours	Unit 1 It's red. Unit 2 It's a red dog.	Describing colours
5	Classroom	Unit 1 This is our teacher. Unit 2 That is a yellow cat.	Describing a place

Target Language	Vocabulary	Songs and Chants
Hello! Hi! I'm… Goodbye! Bye! How are you? I'm fine, thank you.	hello (hi), I, am (I'm = I am), goodbye (bye), no, yes, sorry, fine, thank, you	**Song:** Hello, Hello
What's your name? My name's… Good morning. Good afternoon. I'm a boy. I'm a girl.	what, is (what's = what is), your, name, please, good, morning, Ms, my, bird, a(n), boy, girl, afternoon, panda	**Song:** Good Morning, Sam
Stand up, please! Please sit down! Open… Point to…	sit, down, stand, up, open, the, window, door, point, to, desk, chair	**Song:** Stand Up
What colour is it? It's… It's a red dog.	it, it's = it is, red, blue, yellow, colour, green, now, black, white, dog, cat, and, look, orange	**Chant:** Bob Is an Orange Dog
This is my… This is our… This is a white cat. That is a black dog.	this, our, teacher, school, classroom, child, that, bag	**Chant:** I'm a Cat in a Cap

选自：陈琳，（英）普里莎·爱丽斯（PRINTHA ELLIS）.英语（新标准）（一年级起点一年级上册教师用书）[M].北京：外语教学与研究出版社，2013：22—23.

演小故事或小短剧，学唱简单的英语歌曲和歌谣等。同时，英语教学应该注重语言学习的过程，注重语言的实践性，强调学生在语境中接触、体验与理解真实的语言，并在此基础上学习与运用语言。

不同类型的语言知识与语言技能学习活动在学生英语学习过程中有不同的作用。下面是几个案例，更多的活动分析可参阅本章之后的有关内容。

MODULE 4

Unit 2 Our favourite festival is the Spring Festival.

1 Look, listen and say.

Daming: We eat moon cakes at the Mid-Autumn Festival.
Simon: Do you eat dragon cakes at the Dragon Boat Festival?
Daming: No, we eat *zongzi*.

2 Listen and read.

The Dragon Boat Festival
I love this festival. We all go to see the dragon boat race. We eat *zongzi*. It's very delicious.

The Mid-Autumn Festival
My mother loves this festival. She makes delicious moon cakes. My father likes this festival too. He sings songs about the moon. He sings very well.

The Spring Festival
This is my family. Our favourite festival is the Spring Festival. We have a special family dinner. And we eat dumplings.

The Lantern Festival
My favourite festival is the Lantern Festival. It is after the Spring Festival. People eat *yuanxiao*, hang lanterns and do dragon dances.

Unit 2 MODULE 4

3 Act and say.

Let's eat some *yuanxiao*.

Oh, I like *yuanxiao*.

4 Listen and learn to say.

Can you tell me more about American festivals, Simon?
Well, Thanksgiving is my favourite festival.
We always have a special meal. It's a big family dinner.
We say "thank you" for our food, family and friends.

5 Listen and say. Then chant.

I am me (*clap, clap*)
and you are you. (*clap, clap*)
I am me and you are you.
Now let's see what we can do.

We can jump (*clap, clap*)
and we can run. (*clap, clap*)
We can jump and we can run.
We're having lots of fun.

We look at them. (*clap, clap*)
They look at us. (*clap, clap*)

We look at them. They look at us.
We're all looking for the school bus.

MODULE 4 2

6 Guess and say.

Is it in winter?
No, it isn't.

Is it in autumn?
Yes, it is.

Is it the Mid-Autumn Festival?
Yes, it is.

Can you tell me more about the Mid-Autumn Festival?
Yes,...

7 Write and talk.
Write about your favourite festival and talk about it.

The Dragon Boat Festival is a special day for Chinese people. On this day we...

选自：陈琳，（英）普里莎·爱丽斯（PRINTHA ELLIS）.英语（新标准）（三年级起点六年级上册）[M].北京：外语教学与研究出版社，2013：23—25.

教材示例4-3中的活动2是课文语篇，采用图文结合的形式介绍了中国四个传统的节日，让学生学习如何传播中华文化，其他内容则是基于课文学习展开的活动。活动1是课文的导入活动，为活动2课文语篇的学习搭支架，这一示例主要是就中国节日的相关知识进行准备，激活学生的相关经验。活动3是对活动2课文语篇中目标语句的学习，教师引导学生将活动2中与活动3相同的语句找出，集中学习，以达到能够运用的目标。活动4则是在活动3语句结构学习之后对课文中相关语句的语音（本活动的学习目标为重音）的学习，学生可以结合课文语境理解重音的表意功能，然后听课文录音跟读练习。随后的活动5和活动6是通过歌谣、游戏这类趣味活动，进一步巩固学生在活动2中所学的语言，为活动7运用语言做准备。活动3与活动4是完全基于课文语篇的学习活动，活动5与活动6属于拓展新语境的学习活动，目的是通过趣味性的活动巩固学生在活动2所学的目标语句。活动7是运用活动2所学的语句进行综合实践运用——让学生自主介绍一个中国传统节日。可见，这一组包含语音、词汇、句子学习的活动都是围绕课文语篇设计的，从模仿到自主运用，在技能要求上也逐步提高了。

教材示例 4-4

Let's try
Where are Zhang Peng and Pedro? Listen and tick.

Let's talk

Zhang Peng: When do you finish class in the morning?
Pedro: We finish class at 1 o'clock. Then we eat lunch at home.
Zhang Peng: Wow! When do you go back to school after lunch?
Pedro: At 2:30. Classes start at 3 o'clock.
Zhang Peng: When do you usually eat dinner in Spain?
Pedro: Usually at 9:30 or 10 o'clock.
Zhang Peng: Wow! That's too late!

Role-play.

When do you get up? — I get up at 5 o'clock.
When do you go to bed? — At 6 o'clock in the morning. I work at night.

选自：人民教育出版社课程教材研究所英语课程教材研究开发中心.英语（PEP）（三年级起点五年级下册）[M].北京：人民教育出版社，2013：4.

教材示例4-4属于结合语境的听说综合运用练习活动。这类教学活动一般在学生基本掌握了本单元或本课所学的话题词汇和核心句子的情况下才能顺利进行。教师首先可以通过"Let's try."活动进行导入，为语篇学习进行语言准备，这里需要运用的语言技能是看图说话。随后是语篇学习训练活动——学生戴上不同头饰，扮演相应的角色展开对话。

🔊 Rhyme time 🎧

Don't be late again

One, two, three, four,
Come in, please, and close the door.
Five, six, seven, eight,
Time for class, but you're late.
Nine, ten, nine, ten,
Don't be late for class again.

选自：何锋，齐迅.英语（三年级起点三年级下册）[M].南京:译林出版社，2012：36.

教材示例4-5运用rhyme帮助学生巩固数字与相关词汇。学生听着节奏明快、朗朗上口的歌谣，在模仿说唱的过程中，感受英语诗歌的韵律美，从有意注意转向无意注意，并在愉悦的体验中巩固单词和句型。

Unit **1** Cinderella

🔊 Story time 🎧

1 There is a party at the prince's house, but Cinderella cannot go.

: Cinderella, come and help me!

: Cinderella, where are my gloves?

2 A fairy comes.

: Why are you so sad, dear?

: Because I can't go to the party.

: Why?

: Because I don't have any nice clothes or shoes.

: Let me help you.

put on   take off

6

选自：何锋，齐迅.英语（三年级起点五年级下册）[M].南京：译林出版社，2014：6.

教材示例4-6可以实现两种不同的教学功能，一是作为语言输入和理解的附加语篇，让学生通过自主阅读和小组阅读积累阅读体验，不断提高阅读技能。二是可以作为一种语境提示，让学生听故事，在理解内容后进行角色扮演。

如果用作角色扮演活动，教师可以基于教学目标、教学内容和学情来创设教学情境，让学生承担文本中的一个"角色"，通过小组合作的形式，让学生在表演的同时，充分揣摩角色的心理活动，以强化教学效果。开展角色扮演活动首先要分析教材中角色的特点，并让学生充分理解语篇，反复阅读和听录音，模仿其中的语音语调。只有熟读语篇，才可能运用得体的语言、动作进行模仿和表演。在这一示例中，扮演灰姑娘两个姐姐的同学不仅要熟知自己的台词，更要能通过教师的提问体会将灰姑娘当作仆人一般"指手画脚"的傲慢神情，通过"喊叫"、"叉腰"、"皱眉"等动作神情将角色的"刻薄"体现出来。角色扮演不用受限于教科书内容，教师可以对文本进行"二次开发"，让学生能将在角色扮演中用到的词句运用到生活中去；也可以鼓励学生在课后对故事进行改编，与合作伙伴一起编一编、演一演、练一练，进一步提高自己的语言能力。同时，学生在角色扮演的过程中，教师不要因为纠错去打断他们的表演，而应该仔细观察、记录学生在表演中的长处和不足。在纠正学生小问题的时候要讲究策略，多采用赞扬、鼓励等正面强化手段，这也符合课程标准中"小学阶段的评价应以形成性为主，重点评价学生平时参与各种教学活动的表现"的要求。

教材示例 4-7

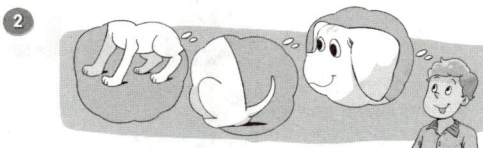

I have two animal friends. One is red and the other is black. They have big eyes and big bodies. They have no legs or arms, but they have big tails. They can swim.

I have an animal friend. It is white. It has four legs and a short tail. It has big ears. It can run and jump.

| an arm | a body | a foot |

选自：何锋，齐迅.英语（三年级起点五年级下册）[M].南京：译林出版社，2014：6.

教材示例4-7是课文语篇的学习活动，也是一个游戏活动。游戏是小学生非常喜欢的一种活动形式，是提高学生参与积极性的得力助手，也是提高课堂教学趣味性的有效途径。因此，在小学英语课堂教学中，教师要充分利用教材中的游戏素材，激发学生课堂学习的热情，引发学生积极思考，让学生通过亲身体验和感悟，进行有意义的语言训练。这一教材示例通过文字描述和拼图游戏来认识身体部位的词语，以激发学生的好奇心，帮助他们理解和学习语言。如 "Does it have ...? Yes, it does. /No, it doesn't." 这一语篇在形式上是谜语，能有效激发学生的学习兴趣；而且通过引导学生找出谜底，可以培养学生的思维能力，尤其是解决问题的能力。对于语篇特性的理解，有助于教师更好地把握语篇课文发展学生核心素养的优势。

三、录音

录音文本不是纸质教材中的显性内容，但录音内容却是英语教材中不可或缺的有机组成部分。外语学习的特点决定着课文语篇教学和相关语言知识、语言技能的学习活动离不开录音。

录音对我国小学英语教学尤其重要，因为我国小学生在日常生活中很少有机会接触真实的英语口语环境，这就需要通过教材中的录音，了解、学习和掌握英语的口头表达形式。而且，从语言学习的规律来说，低龄阶段或初级阶段的教学要重视对学生语音基础和听说能力的培养，只有积累足够的"听、说"接触，才有"读、写"产出的可能。小学英语教材中有大量的录音材料，包括词汇和语篇朗读、活动录音，尤其是歌曲、歌谣录音等。教师应利用录音材料有效帮助学生学习语音，进行听说训练。

教材录音，尤其是教科书中课文语篇的录音，具有很强的语言运用特性。上课前，教师应认真、反复听语篇录音，发现其语言运用特点，如语调、重音、停顿等，在教学时引导学生注意模仿和学习。对于活动的录音，教师应在备课时事先试听，了解学生可能存在的困难，有针对性地进行教学，尤其是连读、弱读等。

教材录音一般以音频文件方式呈现，可以在电子白板、计算机等终端使用，也可以在手机、点读笔等移动终端使用。教师可以根据需要选择合适的终端在课堂教学中使用，如让学生在课堂上听录音跟读单词、语句、课文、歌曲、歌谣、故事等，也可以让学生在课后回家自己听录音跟读。

⬚ **拓展阅读 4-1**

谈到语言学习，我们经常提到语言的四项技能：听、说、读、写。我们可以进一步区分这四项技能：听、说是口头技能，而读、写是书面技能。我们还可以区分四种技能和它们的方向：听和读是接受性（receptive）技能，重点是接受外界信息；读和写是产出性（productive）技能，重点是产出信息。

有些人认为听是被动的，因为儿童听的时候并不需要发出声音，但事实并非如此。学习者能够并应该积极主动地参与到听力任务与听力活动中。儿童通过"听"为"说"做准备，并能运用听力技能为阅读理解技能的形成做准备。以下内容总结了其他技能是如何建立在听力技能的基础上的。

在"说"一个单词之前，你首先要听过这个单词；

在"读"一个单词之前，你首先能说出这个单词；

在"写"一个单词之前，你首先要读过这个单词。

不同听力技能的发展还能帮助儿童为阅读做准备，如下表所示：

听力阅读技能整合

听力技能	如何为阅读做准备
1. 能听懂并执行指令，如："Take out your pencil and your green activity book."。	为儿童完成学习上的各种任务做准备。
2. 能听懂口述的一连串事件，如："Lucy went to the refrigerator and took out some milk."。	为儿童理解故事做准备。
3. 能集中精神听故事。	为儿童理解故事做准备。
4. 能理解他人读过或讲过的故事。	为儿童理解故事做准备。
5. 能区分语音，如：/b/ 和 /p/。	为解码单词和语音教学做准备。
6. 能识别韵脚。	为解码单词和语音教学做准备。
7. 能把单词按音节划分，如：ap-ple 或 din-ner。	为解码单词和语音教学做准备。

教师在带领学生听录音、听故事或给学生讲故事时，不仅能发展学生的听力理解能力，也在为他们阅读技能的形成做准备。如果学生能够按音节划分单词并且能听懂单个的语音，那么说明他已经形成了音位意识（phonological awareness）；如果学生已经能认真听语音，他们就能更容易地把语音和对应的字母或符号联系起来。同时，听出音位结构可以为识别单词做准备。和其他语言不同，英语有许多单音节的押韵词。韵脚是许多英语歌曲、手指游戏、童谣的重要组成部分。通过学习韵词，儿童能更好地识别和朗读同一音节结构的单词。

有若干教学方式可以帮助儿童将单词分解为音节，就是一边有节奏地读单词，一边按音节拍手。例如，双音节词 happy，读到 hap- 时，拍一下手，读到 -py 时，再拍一下手；再比如，传统的图片方式可以帮助学生有效进行最小对比对（minimal pairs）的练习。

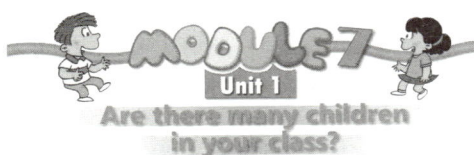

sheep /iː/   ship /ɪ/

选自：Caroline T. Linse. 儿童英语教学实用技巧［M］.郭艾青，译.南京：译林出版社，2007.

sheep和ship这两个单词的发音容易混淆，但上述两幅图具有很大的视觉差异，图片的较大差异有助于学生记忆这两个词读音的差异。

教材示例 4-8

MODULE 7

Unit 1

3 Listen and say.

A: Are there many children in your class?
B: Yes, there are forty-one.

20

B: Are there many children in a class in the UK?
A: No, there aren't. There are about twenty.

4 Practise.

School A

School B

Are there many apples at School A?

Yes, there are.

How many?

There are...

选自：陈琳，（英）普里莎·爱丽斯（PRINTHA ELLIS）.英语（新标准）（三年级起点五年级下册）
［M］.北京：外语教学与研究出版社，2013：38—40.

教材示例4-8的这一组活动是基于活动2课文语篇展开的。活动1为活动2做准备，让学生在之前学过"there are"结构的基础上了解"Are there ...?"结构。这一导入活动很有趣，而且结构单一，容易进行聚焦学习，学生基本掌握后进入活动2课文语篇的学习。活动2的内容具有思维张力，通过理解班级人数多的好处，加深学生对课文的兴趣和理解，促进学生更好地掌握所学内容。活动3对活动2课文语篇中的目标语句进行聚焦学习，为活动4做准备。活动4在新的语境中运用目标语句结构，用"there be"结构问答展现两所学校的异同。

疑问与思考

若教师对教材的理解与教材中的设计意图不同，教师是应该基于自己的理解进行教学，还是应该基于教材的设计进行教学？

请扫描二维码
查看参考答案

第二节　小学英语教材学习资源分析

除前一节介绍的教科书外，小学英语教材还包括教科书之外的所有辅助拓展的教学资源。常见的拓展教学资源除活动册、练习册以外，还有图画、动画和网络资源。

一、图画

图画是小学英语教学的重要学习资源，如教科书中的插图、与教科书配套的单词卡、教学挂图，以及教师自己选择使用的图画等资源。

小学生的语言能力和理解能力都不足以支撑他们读懂大量的文字介绍，而且，小学生的注意力容易分散，集中精神听讲的时间较短，抽象逻辑思维能力也有限。图画作为一种直观、实用的资源，能为教学过程提供真实可靠的形象语言环境，激发学生的学习兴趣，充分调动学生思维的积极性。

图画是小学英语教学中必要的教学资源。教师在教学中一方面应该充分利用图画资源，激发学生学习英语的兴趣；另一方面，要善于带领学生看图、读图、解图，开发学生"看"的潜能，引导学生通过观察、理解图画意义，理解文本，让学生尝试自主完成知识建构，培养他们学习英语的习惯和能力。

教材示例4-9是课文配套的教学挂图，即没有对话文本的图画，有助于引导学生理解对话语境和交际目的。对话语境是两个小女孩Su Hai和Su Yang进行义卖的故事，主要目标语言是学会使用"How much is it?/Are they?/It's/They're … yuan."，以及相关物品名、数字词汇。首先，教师应带领学生观察挂图，让学生根据图1的中文提示"义卖"和带有"LOVE"字样的箱子这些细节，判断图中人物在干什么（"Look at this picture. What are Su Hai and Su Yang doing? How do you know?"）；然后，根据图2中Su Yang和顾客的手势，引导学生猜测她们的对话内

教材示例 4-9

选自：何锋，齐迅.英语（三年级起点四年级上册）[M].南京:译林出版社，2013：44—45（配套挂图）.

容（"Look at picture 2. Who bought the socks? Can you guess what she asked?"），以及在第4幅图中，李老师的表情和手势意味着什么（"Look at picture 4. How did Miss Li feel? Can you guess what she said?"）。同时，教师也可以利用教学挂图或卡片清晰地呈现出义卖的物品。在学生理解语境之后，再看有对话内容的教材中的图画，然后请学生跟读并学习。

二、动画

我国的英语教学是在非母语环境下进行的，是一种非自然的、与实际语言交际方式存在距离的教学。充分利用动画资源可以有效减少这种差距。《义教课标（2011）》中强调了通过动画资源进行"视听"的重要性，明确规定小学生要能看懂程度相当的英语动画片和英语教学节目，课堂视听时间每学年不少于10小时（平均每周20—25分钟）。教材出版机构和其他教育机构，通过光盘、App、网站等方式开发了很多配套视听资源或者供学生课外学习的动画资源。这些制作精良的动画是小学英语教学中十分重要的学习资源，能为学生提供真实的语境和原汁原味的语音材料，帮助学生在反复的视听和语言"浸泡"中，潜移默化地习得具体情境中的语言表达。

教师在挑选动画资源的时候，要考虑到学生的兴趣、语言和认知水平以及理解能力，尽量挑选通俗易懂、语言难度恰当的动画。在初步观看动画的基础上，教师还可以引导学生分析人物特征、角色性格以及经典句子，帮助学生扫除学习语言的障碍。同时，利用学生喜爱模仿的天性，教师可以根据学生的爱好、声音特点将他们分组，开展动画配音练习活动。教师要关注学生在发音、语速、语调、情感表达等方面的不足，并指导小组成员互相评价。

教材示例 4-10

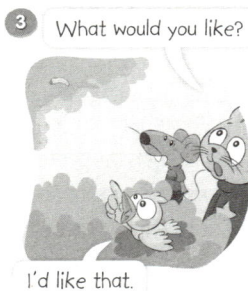

选自：何锋，齐迅.英语（三年级起点四年级上册）[M].南京：译林出版社，2013：35.

教材示例4-10"互动课堂"中的动画是根据Cartoon time内容制作的。通过1分钟的动画，把Sam、Bobby帮助小鸟找食的故事生动地演绎了出来。教师可以先引导学生反复观看动画，让学生先通过剧情理解语言，然后再进行语言讲解，帮助他们进行有意义的语言输入；在此基础上，再通过音频让学生边听边在大脑中还原动画场景，关注语音语调。通过这样分层渗透的步骤，可以将视、听训练很好地结合起来，为学生后续的配音或者角色扮演活动打下基础。

三、网络资源

随着现代教育技术的发展，网络资源已经成为学习资源的重要组成部分。网络资源有素材丰富、能实现跨时空沟通（教材作者、任何地方的教师均可在同一网站发言，交流对教材的理解和教材使用心得等）等显著特点。《义教课标（2011）》强调，教师要积极利用音像、多媒体以及网络等现代教育资源，丰富教学内容和形式，提供有利于学生观察、模仿、尝试、体验真实语言的语境，使英语学习更好地体现真实性和交际性特征。同时，计算机和网络技术也为学生的个性化学习和自主学习创造了有利条件，为学生提供了适应信息时代的新的学习模式。通过计算机和互联网，学生可以根据自己的需要选择学习内容和学习方式，也可以更有效地与他人相互帮助，分享学习资源。

教师可以利用网络资源丰富教学内容和形式。例如，flash动画、PPT课件等素材，将画面由静变动。丰富的语境有助于加深学生对语言的理解，也可以使学习变得轻松有趣。教师同时可以利用网络资源加强师生之间的有效互动，例如，视频对话、博客微博、电子邮件、微信群、QQ群、家校通等，师生可以通过这些平台进行留言、作业点评、资源共享、合作学习、情感交流等。教师还可以利用网络资源，指导学生自主学习，启发

网络资源示例 www.njyyjyw.com

学生自主进行意义建构。例如，鼓励学生通过上网浏览、搜索资料等方式，开拓自己的视野；在网上提前完成阅读预习；班级分组进行分主题的PPT汇报等。

教材出版机构及其他教育机构都很重视网络资源的建设。例如，上图所示的网站有教研新闻、教材资料、教材培训、教学研究、资源中心、名校名师、教师博客、教研论坛、视频点播、教研直播、听说活动等多个板块，包含丰富的教研信息、教学方法、音频、视频、课件、教辅等资源，也是教师之间交流互动的平台。

网络资源共享为大家提供了多种信息化的平台与渠道，对促进教育信息化建设，提高教育水平与效率，提高教师的英语教学水平发挥着积极的作用。合理利用网络资源要以教学目标、学习内容、学校条件和学生实际情况为前提，不能脱离学生的学习经验和水平，要注意目的性、恰当性、合理性。值得注意的是，多媒体的使用不能替代师生课堂上真实的语言交流、思维碰撞、情感互动和人际交往等活动。

📖 **拓展阅读 4-2**

语言是文化的载体。《义务教育课程标准（2011年版）》要求英语课程应"注重素质教育，体现语言学习对学生发展的价值"，因为"学习一门外语能够促进人的心智发展，有助于学生认识世界的多样性，在体验中外文化的异同中形成跨文化意识，增进国际理解，弘扬爱国主义精神"。英语学科中文化教育可以渗透到中小学日常课堂教学中。方法主要有：基于语篇开展跨文化教育，基于活动开展跨文化教育，在日常教学中渗透跨文化教育，在课外活动中开展跨文化教育。

现行中小学英语教材内容广泛，涉及英语国家社会生活的各个方面，如语篇中的图片文化资源，词汇板块的词汇文化资源，对话、阅读和活动板块的文化内涵资源等。教材所涵盖的文化内容教学是课本知识的扩展与深化，能增加课堂教学的知识性和趣味性，调动学生的学习主动性和积极性。教师在备课时要充分考虑学生的语言水平、认知能力和生活经验，创设尽可能真实的跨文化交际情境，让学生在体验跨文化交际的过程中，逐步形成跨文化交际能力。在教学实践中，教师要主动、有意识地将文化内容自然地渗透给学生，使之与课堂教学有机结合起来。在教语言的同时结合语境的文化背景和内涵，让学生了解英语国家文化习俗，注意中外文化异同的比较。作为课堂教学的补充，教师可以利用影视片段和网络资源引导学生注意观察英语国家的社会文化等方面的情况，如衣食住行、人际交往、娱乐休闲与节日习俗、价值观念、文学典故、文化词汇和非语言交际等诸多方面的内容。

选自：何锋，章玉芳.中小学英语教学实证研究［M］.北京：外语教学与研究出版社，2017.

以上是教材编写专家对如何充分利用教材的学习内容和学习资源，培养学生跨文化交际意识的建议与指导，说明了教材分析的基础性和重要性。由此可知，英语教材是英语课程资源的核心部分，深入开展教材分析，把握教材的设计理念，熟悉教材的编排特点，了解教材所提供的资源，能帮助教师更有效地实施教学。

教材示例 4–11

选自：陈琳，（英）普里莎·爱丽斯（PRINTHA ELLIS）.英语（新标准）（三年级起点四年级下册）教学光盘 Module 3 Unit 1 活动 1 动画［CD–Rom］.北京：外语教学与研究出版社，2013.

教材示例 4–11 是教科书配套的教学光盘中的动画片资源，这一资源将教科书的静态内容变成了动态的活动过程，教师可以逐句播放录音。在教学中教师可让学生：（1）看教科书图片，尝试用英语说出图片中的内容；（2）尝试自己朗读歌谣，对不会朗读的词进行标注；（3）播放动画，让学生关注活动过程，检测自己对图片活动的理解是否准确；（4）播放动画，让学生关注歌谣朗读，注意听自己不会读的词，当动画片中读到学生还不会朗读的新词时，教师要按下"暂停"键，让学生反复跟读，直到学会朗读；（5）教师播放整个歌谣动画，让学生逐句跟读；（6）让学生模仿在动画片中看到的动作和所说歌谣进行表演。

可见，教科书配套的动画片资源可以帮助教师更好地开展教学，使纸质教科书"活"起来，并可以帮助学生跟着规范的英语录音朗读歌谣。合理使用教科书配套的学习资源进行教学，不仅可以使学习活动更有趣，而且有助于发展学生的语言能力。

疑问与思考

合理开发与积极利用课程资源是有效实施英语课程的重要组成部分。在最近几年的教学实践中，小学英语课程资源的开发与利用日益受到重视，所开发与利用的课程资源出现了多样化的特点。但是，课程资源的开发是不是越丰富就一定越有利于教学呢？

请扫描二维码
查看参考答案

第三节　我国小学英语主要教材分析

教材是课程目标得以实现的重要载体。《义教课标（2011）》中对教材的编写提出了明确的建议。

课标选摘

三、教材编写建议

教材编写应体现以下原则。[①]

（一）思想性原则

英语教材既是英语教学的主要内容和手段，也是对学生开展思想品德教育的重要媒介。教材选材要从学生的实际出发，深入浅出，寓教于乐，既要有利于学生了解外国文化的精华和中外文化的异同，还要有利于引导学生提高文化鉴别能力，树立民族自尊心、自信心和自豪感，促进学生形成正确的人生观和价值观。

（二）科学性原则

英语教材的编写要依据语言学习的规律，充分体现不同年龄段和不同语言水平学生的学习特点和学习需要。教材的编排要体现循序渐进的原则，精选有利于学生长远发展和终身学习的语言材料，注意加强与其他学科的联系。教材内容的编排要遵循由易到难、从简单到复杂逐步过渡的原则，教材应根据不同阶段英语学习的特点，在教学内容和要求等方面各有侧重。

---

① 以下内容略有删节。

（三）趣味性原则

教材不仅要符合学生的知识、认知和心理发展水平，还要充分考虑不同年龄段学生的兴趣、爱好、愿望等学习需求。

（四）灵活性原则

教材的编写应注意城乡和地区差异，内容的编排和采用的教学方法应具有灵活性。

选自：中华人民共和国教育部.义务教育英语课程标准（2011年版）[S].北京：北京师范大学出版社，2012：39—41.

教材编写机构都是依据课程标准所规定的课程理念、课程目标、分级标准和实施建议编写教科书和相关材料的。目前，只有通过国家教材审定机构审定，并由教育部履行行政审定程序的教材，才能列入全国中小学教学用书目录。整体来看，所有通过教材审查的不同版本教材，在教学目标和教学内容两方面都具备高度的统一性。同时，由于编写人员、编写模式、编写体例等各不相同，不同版本的教材从内容安排到编排体系等方面，又具有各自的特色，表现出一定程度的差异性。统一性是确保使用不同版本教材的师生在学科育人目标和核心教学内容方面保持一致的基础；差异性能为不同地区、不同学校的师生根据自身条件选用更适合自己需求的教材提供更多样的选择，可以更好地体现教育教学因地制宜、因材施教的原则。

以下分别简要介绍目前我国使用范围较广、使用人数较多的三套小学英语教材，以帮助教师更好地把握教材，理解和运用教材优势。需要注意的是，本节所指教材包括国家审定通过的教科书，以及出版社出版的与教科书配套的教学材料，尤其是录音、活动手册、卡片、挂图、网络资源等教学材料，而不是单指教科书。

一、人民教育出版社《英语》（PEP）教材简析

《义务教育教科书英语（PEP）（三年级起点）》（以下简称《英语》（PEP））由人民教育出版社课程教材研究所英语课程教材研究开发中心与加拿大灵通教育有限公司（Lingo Learning）依据《义教课标（2011）》中的各项要求编写，2012年通过教育部教材审查委员会审查，之后在全国使用。该教材的前一版本自2001年经教育部审查后在全国使用，2012年审查通过的版本是在2001年版本基础上修订而成的。

《英语》（PEP）教材为三年级起点，全套教材共8册，供小学三至六年级使用。教材坚持全面的、协调的、可持续的发展观，全面贯彻党和国家的教育方针，贯彻教育要面向现代化、面向世界、面向未来的战略思想，为实现建设人力资源强国的战略部署服务。在课程理念方面，《英语》（PEP）全面体现义务教育的性质、任务和要求，体现英语课程工具性和人

文性的双重属性，面向全体学生，促进学生综合素质的全面发展。语言技能、语言知识、情感态度、学习策略和文化意识五个方面共同构成的课程总目标贯穿整套教材，形成该套教材完整课程体系的基础。在内容选择和活动设计上，教材体现以学生的发展为本的教学观，在为学生学习英语打好基础的同时，提高他们的语言运用能力和综合素养，特别是培养学生良好的意志品质、正确的价值观、自主学习意识和能力以及良好的学习习惯，为学生的终身发展奠定基础。

（一）教材特色

1. 知识与能力并重

《英语》（PEP）教材编排体系的整体设计框架为"话题（主题）—功能—结构—任务"，以课程标准规定的话题（主题）统领各册的单元内容，将交际功能和语言结构与单元话题（主题）匹配，通过分层次的练习活动巩固语言知识，逐步培养学生的语言运用能力。教材在整体构思、内容安排、活动设计和教学方法选择上，一方面体现语言交际教学思想，紧密贴合学生的生活实际，贯穿语言交际和运用的基本原则；另一方面也注重基础知识和基本技能的学习掌握，将知识和能力目标融于完成各种练习活动的过程中。

在语音教学方面，根据《义教课标（2011）》的要求，《英语》（PEP）在必学部分编写了循序渐进的语音学习内容。语音教学板块的设计遵循"呈现—操练—运用"的逻辑顺序，与单词认读训练有机结合，逐步培养小学生的语音意识和单词拼读能力的发展，为学生顺利过渡到阅读语篇奠定基础。三年级重点学习辅音字母在单词中的发音，五个元音字母的短音；四、五年级学习五个元音字母的长音、常见元音字母组合和辅音字母组合的发音；六年级上册学习重音、连读、升降调等句子层面的语音规律；六年级下册全面复习归纳。

在读写教学方面，首先是读的设计。三年级强化字母、单词的认读；四年级注重阅读句子、小短文；五、六年级围绕故事线展开趣味阅读，其他语篇的形式还包括信件、日记、便笺、广告、邀请函等。写的设计遵循"重复—替换—仿写—创新"的顺序，三年级主要是写字母；四年级训练对照语境抄写单词、句子；五、六年级更多的是阅读后回答书面问题和完成语篇填空等。

2. 注重兴趣激发

《英语》（PEP）教材立足小学生的年龄特点和认知特征，在低年级学段采用"全部动作反应法"（Total Physical Response,简称TPR），让学生在节奏明快的歌谣中体验和理解语言，结合图片和指令活动，在听、做、唱、玩中学习语言。单元话题（主题）内容选择学校、家庭、饮食、玩具、动物、颜色、数字、周末活动等常见主题情境，力求贴近小学生的日常生活场景，增加学生的学习兴趣，也便于学生在实际中运用所学语言。练习活动的设计丰富多样，包括对话、歌谣、歌曲、游戏、绘画、做手工等，要求学生以个人、结对活动或小组活动的形式完成，体现小学生外语学习的规律和特点。

　　例如，教材示例4-12（1）是该套教材三年级上册第一单元Let's learn和Let's chant的教学内容，学习目标是文具类单词和"I have ..."句型。两个活动相互支持，先学后练，练习活动用的是小学低年级学生很喜欢的配乐节奏歌谣，学生可以听录音模仿，同时与录音内容同步举起相对应的文具。熟练之后，学生可以边听音乐节拍边说歌谣，同时用对应的文具做自己喜欢的动作。

　　教材示例4-12（2）是该套教材三年级上册第二单元Let's learn和Let's do的教学内容，本单元的核心学习目标是颜色词。本页两个活动一个是学生结对或小组活动，学生一个说，一个做，一起给图画涂颜色。第二个活动是TPR的一种形式，听录音做动作，复习巩固颜色词，这个活动也可以拓展为一个学生说其他学生做动作和小组竞赛等多种变式活动。

教材示例 4-12

（1）

Let's learn

ruler

I have an eraser.

eraser

I have a ruler.

pencil　　crayon

Let's chant

I have a ▭ . Me too!

I have a ✎ . Me too!

I have a ✐ . Me too!

I have an ▱ . Me too!

（2）

Let's learn

OK!

Colour it brown!

■ black　　white　　orange　　■ brown

Let's do

Black, black.
Stand up.

Orange, orange.
Sit down.

White, white.
Touch the ground.

Brown, brown.
Turn around.

5　　18

选自：人民教育出版社课程教材研究所英语课程教材研究开发中心.英语（PEP）（三年级起点三年级上册）[M].北京：人民教育出版社，2013：5，18.

3. 重视双向交流

　　文化教育是外语教育的重要部分，《英语》（PEP）教材不仅重视学生对英语国家文化的学习，同时关注学生对中华优秀传统文化和当代先进文化的学习，适当了解非英语国家的文化，以实现学生在外语学习中通过提高多元文化理解力，增强文化自信，弘扬民族精神，培养跨文化交流能力的课程目标。

教材示例4-13

Read and write
How many ways can you think of to go to school?
Talk with your partner.

Different ways to go to school

In Alaska, USA, it snows a lot. Some kids go to school by sled. It's fast.

Some children go to school on foot in Munich, Germany.

Some children in Jiangxi, China, go to school by ferry every day.

In Papa Westray, Scotland, the children go to school by ferry, too. But in 2009, they went to school by plane because the ferry didn't work.

Grandpa, let me read this for you.

Thanks, Robin.

I don't go to school. I learn at home.

18

选自：人民教育出版社课程教材研究所英语课程教材研究开发中心.英语（PEP）（三年级起点六年级上册）［M］.北京：人民教育出版社，2013：18.

教材示例4-14

When is the art show?

When is Mid-Autumn Day this year?

September 27th.

What do you usually do on Mid-Autumn Day?

We eat mooncakes. My family will also eat a birthday cake.

A birthday cake for Mid-Autumn Day?!

My cousin's birthday is on Mid-Autumn Day this year!

Cool!

37

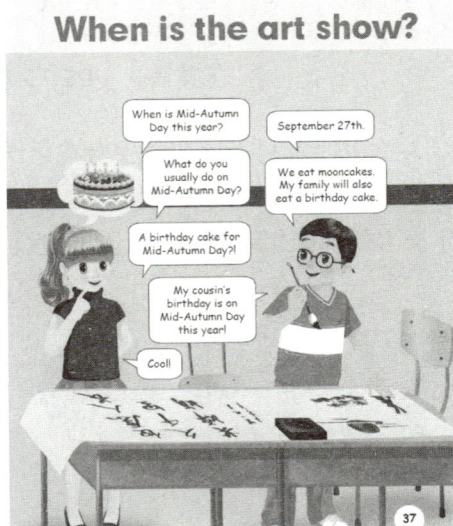

选自：人民教育出版社课程教材研究所英语课程教材研究开发中心.英语（PEP）（三年级起点五年级下册）［M］.北京：人民教育出版社，2013：37.

教材示例4-13是《英语》（PEP）教材六年级上册第二单元的读写教学板块，该单元的话题是交通工具，教材内容设计了世界不同地方小学生上学可能采用的交通方式，阅读内容和随后的任务活动能帮助学生开阔视野，了解世界各地不同的生活习惯。

教材示例4-14是《英语》（PEP）教材五年级下册第四单元的主题情境图，这个单元介绍了中外节日文化习俗，引导学生学习了解中国传统节日的内涵以及英语国家节日文化相关的知识，旨在增强学生的文化理解力，培养其爱国情怀。

4. 主线人物设计

结合小学生的学习特点，《英语》（PEP）教材专门设计了不同国籍、年龄和性格特征的中外主线人物。

以下四个人物从三年级上学期到六年级下学期始终贯穿于教材之中，还有一些人物在各册教科书中交叉循环出现，多数主线人物都会贯穿整套教材的故事和会话。每册集中出现的人物彩图排列在该册教科书的扉页，教师可在学生学习之前就让学生先认识熟悉。这

中国小学生陈洁
Chen Jie

中国小学生吴一凡
Wu Yifan

英国小学生
Amy

美国小学生
John

《英语》（PEP）教材中的中外主线人物示例

种主线人物设计有利于增加学生对英语学习的亲近感，吸引和保持他们的英语学习兴趣，同时也能帮助学生更好地在情境中理解和运用语言。下面两张图分别是《英语》（PEP）教材三年级上册和四年级上册扉页上的主线人物。

《英语》（PEP）教材（三年级起点）三年级上册人物图

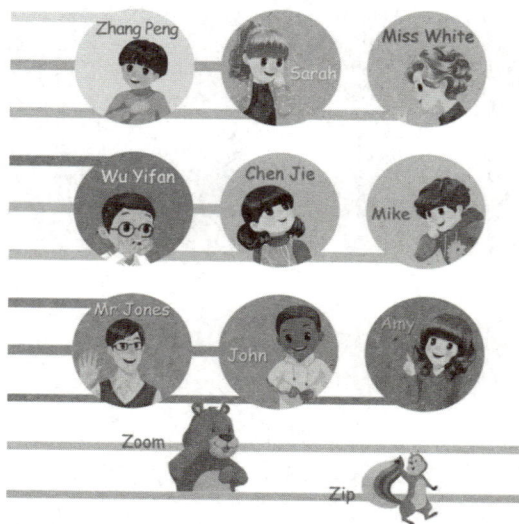

《英语》（PEP）教材（三年级起点）四年级上册人物图

5. 体现学科育人的理念

英语学习不仅仅需要学习英语语言文化知识，同时也需要在语言学习的过程中通过理解和运用语言工具，了解和学习其他学科的相关知识。《英语》（PEP）教材结合单元话题（主题）内容，精选小学生需要了解的、感兴趣的和具有成长价值的自然科学、社会科学、文化艺术等方面的百科知识，结合单元话题（主题）融入各单元的语篇教学和练习任务中，帮助学生在学习英语的同时，提高认识自我、认识自然、认识社会的综合能力。通过学习英语，学生不仅要掌握语言文化知识，同时还要增加对知识的储备，促进自身的人格发展。

选自：人民教育出版社课程教材研究所英语课程教材研究开发中心.英语（PEP）（三年级起点六年级下册）[M].北京:人民教育出版社，2013：12.

教材示例4-15是《英语》（PEP）教材六年级下册第二单元的主情境图，该单元话题为Weekend activities，主情境图的内容设计中包含的家务劳动、体育运动等要素，利于教师在教授学生语言学习的过程中随时引导他们了解和学习关注健康、热爱劳动、感恩父母、友爱同学等良好品格。

6. 内容弹性设计

考虑到国内不同地区和学校之间在师资、课时、学生基础以及软硬件条件方面尚存在较大差异，《英语》（PEP）教材在单元教学内容设计上特别采用了具有一定弹性的灵活设计方案。每单元教学内容均按A、B、C三个部分编写。其中C部分的内容，主要供课时充足、师资条件相对较好的学校选教、选学，教师可以在确保完成A、B两个部分基本教学目标的前提下，根据当地情况和学生需求，灵活地选择C部分的内容进行课堂教学。

选自：人民教育出版社课程教材研究所英语课程教材研究开发中心.英语（PEP）（三年级起点三年级下册）［M］.北京：人民教育出版社，2013：4，7，11.

教材示例4-16是《英语》（PEP）教材三年级下册第一单元A、B、C三部分的首页，页面左上角有彩色大写字母A、B、C提示。A部分3页，B部分4页，A、B两部分为必学内容，共7页。该套教材各册各单元均统一按这个体例进行编写。

7. 配套资源丰富多样

《英语》（PEP）教材除学生用书（教科书）之外，还研发编制了丰富多样的同步配套资源，供教师和学生选用。

（1）教师教学用书。内容包括前言（教材指导思想、编写依据、教学目的、主要特点、教材概述、课时安排、教学方法建议、教学评价建议）、单元教学目标、单元教学内容分析与建议、分课时教学目标和教学建议、补充教学资源、单元检测和复习单元教学建议、活动手册录音文本和练习答案、单元教学案例参考、常用教学游戏、教师参考词汇表、常见英美人名表、常用英语教学用语、活动头饰图等丰富、实用的内容。每册教师用书后均附两张多媒体教学参考光盘，内容包括教材语篇录音、动画，核心词汇和句子图片、录音动画，歌曲、歌谣和会话练习活动录音，以及供教师备课参考的主题图片等素材。教师教学用书是教师深入、细致地了解教材内容和编写体系，了解各年级、各单元教学目标和重点难点的重要参考，其中收录的各种教学案例和素材资源也是教师备课、上课的好帮手。教师应重视对教学用书的学习和使用，切勿只是简单翻阅，更勿将之束之高阁。实际上，与教科书配套的教师教学用书是教师快速熟悉、了解教材的首选参考资料，尤其是年轻的新教师，很有必要结合教科书认真阅读。

（2）教师词语卡片。包括字母卡片和各单元核心词语的词汇卡片，开本为16开，供教师课堂教学使用。教师词语卡片的开本格式有助于展示以图为主的小学英语教学内容，而且符合学生的视觉阅读习惯。

（3）学生词语卡片。包括字母卡片和各单元核心词语的词汇卡片，开本为128开，供学生课堂活动和课下使用。这种大小的单词卡片便于学生随时随地拿出来进行学习和复习，也便于在空间有限的课桌上摊开放置多张卡片开展课堂活动。

（4）教学挂图。包括各单元主题情境图，A、B两部分的Let's talk和Let's learn板块的情境图，C部分的故事图，复习单元综合活动图以及各单元语音专题的情境图。供课堂教学使用，也可根据教学进度张贴在教室墙壁上。

（5）录音磁带。学生用书每册配两盒录音磁带，内容包括对话、单词、字母、歌曲、歌谣、故事录音和听力测试录音等。活动手册每册配一盒录音磁带，内容包括听听圈圈、听听标标、听听画画、听听练练等活动。需要说明的是，现在磁带使用越来越少，不过还是有一些地方需要使用，出版社通常会根据学校需要提供。

（6）多媒体CD-ROM。主要内容包括教科书各教学栏目的情境动画，有跟读和角色扮演等互动功能，备课资源中有动画、图片等素材。

（7）"人教畅读"点读笔。内容包括教科书语篇、核心词汇、歌曲、歌谣的录音，通常与点读挂图配套使用。

（8）数字教材。网络在线电子教科书，网址为：http://www.pep.com.cn/products/sz/rjszjc/。

人教数字教材界面

（9）活动手册。供学生巩固知识、提高技能用的配套活动，建议在课堂上使用。

（10）同步解析与测评。包括学习目标、同步活动与解析、单元测试、文化知识拓展、学生自我评价，以及单元综合检测等内容。这是供学生巩固知识、提高技能用的配套练习，教师在课堂教学时或课后作业都可使用。

（11）人教数字校园。这是与教材同步的网络在线拓展教学资源，内容包括微课、优质示范课、教学案例、课件素材、学生同步测试等，网址为：https://szxy.mypep.cn。

（12）教师培训手册。这是帮助教师深入了解教材、用好教材的专门参考书。

人教数字校园界面

（13）课例光盘。包括各年级多种课型的示范课例录像，课例录像后附录教学设计和课后反思。

（14）综合网络资源。人民教育出版社官网（http://www.pep.com.cn）中有专门的小学英语栏目，内容包括教材培训视频专题讲座、师生问答、教学设计等丰富的免费教学资源，官网的旧版链接中也可以搜索到大量的实用教学参考资料。

人民教育出版社官网小学英语首页界面和其中的旧版内容链接界面

（二）教材整体框架和单元编写体系

1. 教材整体框架

《英语》（PEP）教材共8册，每册书包括8个单元（6个教学单元，2个复习单元），每个学习单元分A、B、C三个部分，共10页，每个复习单元4页。该套教材以每周3课时为基础进行设计。学习单元的课时建议为：第1—2页，情境呈现单元教学内容，可以不占课时；第3—8页为重点教学内容，每页1课时，共6课时完成；第9页为检测内容；第10页为选学内容（可不占课时）。

2. 单元编写体系

每个单元共10页。其中主情境图2页，A部分3页，B部分4页，C部分1页。各页的教学板块和主要功能分别介绍如下。

页　码	板　块　名　称	板块主要功能
第1—2页	单元主情境图	在情境中综合呈现本单元的话题词汇和主要句式。
第3页	Let's talk Let's play/act ...	结合情景和句式呈现单元话题词汇主要句式，教学情景对话。 活动中练习巩固和运用话题词和句式。
第4页	Let's learn Let's do/chant ...	词汇学习板块，专题教学和运用上一页的话题词。 通过各种形式的练习活动，学习巩固上面所学内容。
第5页	Letters and sounds	字母和语音学习。
第6页	Let's talk Let's paly/do/ ...	在复习第4页内容的基础上拓展新的话题词汇。 通过各种形式的练习活动，学习巩固A部分所学内容。
第7页	Let's learn Let's do/chant ...	在A部分学习的基础上，继续学习4—5个生词。 通过各种形式的练习活动，学习巩固本页所学内容。
第8页	Let's read	通过阅读为主的综合活动，复习运用所学语言。
第9页	Let's check Let's sing/do/draw ...	通过听力和阅读互动，评价学生的学习效果。 在多样的综合任务活动中，复习、巩固和灵活运用本单元所学语言，进一步提高综合运用能力。
第10页	Story time	运用本单元所学的话题词汇和主要句式听、读、讲故事，拓展语言学习内容，提高阅读能力。

每册有两个复习单元，各4页。通过听、说、读、写和综合运用活动，复习运用全面学习单元的重点内容。复习单元Ⅰ主要复习前三单元内容，复习单元Ⅱ重点复习后三单元学习内容，兼顾前三单元。五、六年级的复习单元增加了情景故事线，把语言复习运用与主线人物用故事串联起来，目的是提高学生语言学习和运用的语篇意识。

二、外语教学与研究出版社《英语》（新标准）教材简介

外语教学与研究出版社是北京外国语大学直属出版社，编写出版了多种小学英语教材，其中《英语》（新标准）自2000年出版，已在全国使用近20年。目前在小学使用的是2012年教育部审定通过的版本（以下简称《英语（新标准）》），并延续至初中、高中、大学，形成"一条龙"的体系，其小学阶段教材分为一年级起点和三年级起点两个系列，各地可根据英语学习的起始年级选择。

（一）教材特色

《英语》（新标准）具有以下显著特性。

1. 以素质教育思想为根本指导思想

素质教育是教育的基本内涵，也是国家的教育方针。《英语》（新标准）正是依据以素质教育为根本的指导思想而编写的。素质教育要求培养学生的创新精神和实践能力，实现

全面发展。为此，《英语》（新标准）并不是单纯的英语语言教材，而是一套有利于促进学生全面发展、培养学生创新精神和实践能力、具有丰富的文化内涵的教材。这套教材在培养学生的英语语言能力的同时，以素质教育为核心，以提高学生的全面素质为根本目的，促进学生在德、智、体、美、劳等方面的全面发展，开发学生的潜力，培养他们的创新精神，引导他们形成开放的、合理的跨文化认知与理解的态度和能力。

教材示例 4-17

3 Listen and say.

Yesterday, I cleaned my room.

I washed my trousers.

Then I helped my mum.

选自：陈琳，（英）普里莎·爱丽斯（PRINTHA ELLIS）.英语（新标准）（一年级起点四年级上册）.北京：外语教学与研究出版社，2013：10.

教材示例 4-17 的这一活动不仅教学生学习一般过去时，而且鼓励学生帮助父母做力所能及的家务劳动。

教材示例 4-18

3 Listen and match the letters to the photos.

Dear friends,
My name is Anita. I like dancing.
What about you?
Love,
Anita

Hi friends,
My name is Indrani. I am nine years old.
I like music.
Love,
Indrani

Dear Chinese friends,
I like basketball. I love computer games, too. I am ten.
Love,
John

选自：陈琳，（英）普里莎·爱丽斯（PRINTHA ELLIS）.英语（新标准）（一年级起点四年级上册）.北京：外语教学与研究出版社，2013：6.

"面向世界，面向现代化，面向未来"是素质教育的重要内涵。《英语》（新标准）坚持体现这一教育思想，使学生学会在一个不断变化的、多元化的人类社会中生存与发展，并为人类的持续发展做出应有的贡献。

　　教材示例4-18的这一活动不仅让学生阅读理解外国小朋友为了结识中国小朋友而写的自我介绍，而且呈现了我国教材中出现不多的一些国家背景，如第一张图的仙人掌和女孩服饰所呈现的墨西哥场景；第二张图的美国场景呈现的是非洲裔美国人，引导学生了解美国的多元文化特性；第三张图的泰姬陵背景和女孩额头上的吉祥痣所呈现的印度场景，引导学生了解印度文化，学生可以通过英语的学习更广泛地了解世界。

　　学会学习和终身发展是素质教育的要求。英语是中小学阶段的一门重要学科，而中小学阶段的教育属于基础教育，基础教育阶段是人的终身教育和终身发展最重要的阶段，它将决定人终身发展的基础。因此，《英语》（新标准）努力为学生的终身发展奠定坚实的语言基础，从而使学生获得实现人的可持续发展和人的主体精神的自我完善和发展所必需的英语语言能力和文化素质。因此，这套教材始终注意培养学生的学习方法、创新能力、主体意识、独立工作能力、逻辑思维能力、观察判断能力等。练习的设计尽可能按照运用任务设计，避免单纯的模仿和机械的重复或脱离上下文的孤立的猜选；练习题的内容尽可能激发学生的兴趣、好奇心以及求知欲；同时，全套教材一直坚持努力做到有利于儿童和青少年身心的可持续发展和终身学习能力的形成。

教材示例 4-19

6 **Do and say.**
Do a survey about last weekend and report back to your friends.

Where did you go last weekend?

I went to the park.

Wang Xin went to the park last weekend. He went skating.

What did you do?

I went skating.

I can do this

选自：陈琳，（英）普里莎·爱丽斯（PRINTHA ELLIS）.英语（新标准）（一年级起点四年级上册）.北京：外语教学与研究出版社，2013：49.

　　教材示例4-19中的活动引导学生在真实的活动中运用英语，以此发展学生运用英语开展调查的能力，引导学生形成基于真实生活学习和运用英语的学习能力。

教材示例 4-20

选自：陈琳，（英）普里莎·爱丽斯（PRINTHA ELLIS）.英语（新标准）（一年级起点二年级下册）[M].北京：外语教学与研究出版社，2013：37.

教材示例 4-20 的这一活动不仅旨在发展学生运用英语介绍自己日常生活的能力，更引导学生要像示范活动中的小学生一样，帮助妈妈做家务劳动，实现德、智、劳的综合发展。

2. 以《义教课标（2011）》为基本依据，确定"题材—功能—结构—任务"教材编写大纲

《英语》（新标准）全面贯彻《义教课标（2011）》的要求，在教学目标上既体现课程总体目标，同时又体现各项具体目标，而且充分体现了课程标准所倡导的先进、科学的外语教育理念，坚持"题材—功能—结构—任务"的多元编写大纲，并以落实素质教育为出发点，确保教材的先进性。

学习语言的基本目的是运用语言，因此中小学英语教学的基本目的是培养学生运用英语的能力。这套教材从第一册第一课起就体现"学用结合、学以致用"的原则，以培养学生运用英语的能力为基本。在教材内容和语言材料的取舍和安排上，教材完全以学生生活（包括个人生活、学校课内外生活、家庭生活、社会生活以及与外国人的相处等）的题材为主要内容，并随着学生年龄的增长，适当增加社会活动题材，同时安排一些文学性的题材。

《英语》（新标准）每册内容以题材（theme）为纲，以功能、结构、运用任务（task of using English）为目。同一题材在全套教材中重复出现，但其内容逐步扩展加深，螺旋上升。词汇、语法项目和功能用语的选择与安排，均以题材为出发点，以运用英语的任务为载体。

教材有系统的人物设计，主要人物有中国学生 Daming、Lingling 和来自英国的学生

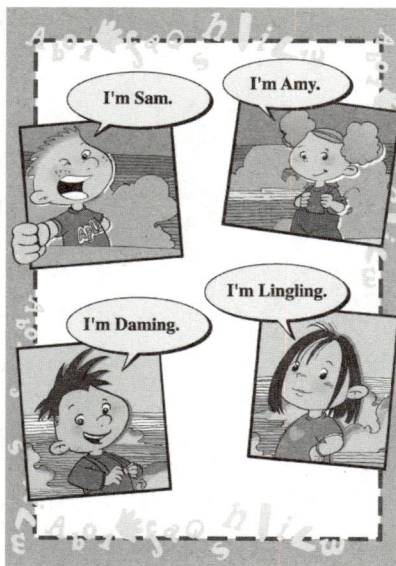

《英语》（新标准）教材中的人物

Amy、Sam，以及他们的家人、同学、朋友等，而且每个人物有着较为鲜明的性格，如Daming积极、热情，但不时犯错；Lingling好学、学业突出、乐于助人等。这种鲜明的性格有助于学生对人物形成认知，同时也会发现原来教材中的人物与身边同学的性格也非常相似，从而拉近教材与学生生活的距离，使学生形成对教材内容的亲切感和高认可度，降低学习焦虑，促进英语学习。

3. 突出跨文化教育

跨文化教育是外语教育的本质之一，《英语》（新标准）坚持全面体现跨文化教育的思想。

英语教学要使学生学会与来自不同文化背景的各国人民友好相处，发展开放的跨文化意识。这套教材在介绍外国文化时，努力做到了让学生放眼世界，扩大视野：从介绍英语国家人民的日常生活开始，逐渐更多地涉及他们的文化背景、历史传统、人文地理等，并在适当时间安排必要的表达不同观点的篇章。

跨文化教育的一个重要方面是形成对待外来文化和本国文化的合理的跨文化心态，既不可妄自尊大、封闭，也不可崇洋媚外、妄自菲薄。因此，这套教材在介绍英语国家文化的同时，注重介绍中华文化，以培养学生对中华文化的了解与热爱，养成合理的跨文化心态，并形成运用英语向外国朋友介绍中华文化的初步能力。

教材示例 4-21

选自：陈琳，（英）普里莎·爱丽斯（PRINTHA ELLIS）.英语（新标准）（一年级起点一年级上册）[M].北京：外语教学与研究出版社，2013：2.

教材示例4-21是《英语》（新标准）教材中的第一个活动，教材从一开始就引导学生积极与外国学生进行交流，旨在促进学生形成积极、开放的跨文化交往的态度。教师可以引导学生看图，通过头发颜色分析学生国籍，然后鼓励学生像中国学生一样，大胆、积极地进行跨文化交往。

4. 突出心智发展

促进学生心智发展是教育的根本任务，也是《义教课标（2011）》确定的义务教育阶段英语课程的总体目标之一。《英语》（新标准）设计了大量的促进学生心智发展的活动。

教材示例 4-22

1 Listen and point.

How are you?
How are you?
How are you?
Woof!

选自：陈琳，（英）普里莎·爱丽斯（PRINTHA ELLIS）.英语（新标准）（一年级起点一年级上册）[M].北京：外语教学与研究出版社，2013：5.

教材示例4-22是小学一年级第一学期开始阶段的一个学习活动，教材设计了让第三只狗叫，那么第一、第二只狗为什么不叫？这显然会引发学生的兴趣。教师可以引导学生观察图片发现，第一、第二幅图的基座有标识和价格牌，显然这应该是商品，教材预设为小狗雕塑，而第三幅图没有标识、价格牌，狗也不是蹲在基座上的，极有可能不是小狗雕塑，通过狗的吠叫可以确定这一判断，进而可知这可能是一只真狗，或者具有吠叫功能的AI狗。这一分析过程可以显著发展学生的观察能力、分析能力，从而促进学生的心智发展。

5. 坚持"学得"与"习得"相结合

儿童可以通过"学得"与"习得"相结合的方法学习语言。在小学英语课堂中，学生要参加很多英语学习活动，教师要为学生创造尽可能真实的语境，为学生采用"学得"与"习得"相结合的方法学习英语创造必要的条件。在小学起始年级，教师应尽可能多地创造充足的"学得"与"习得"相结合的机会，多采用TPR方法，通过听听做做、唱唱玩玩，让学生尽可能多地习得英语，积累一定的英语语言材料，然后逐步增加学得英语的活动，帮助学生从不自觉、无意识地习得英语逐步过渡到自觉、有意识地学得英语，为学生创造一个在听懂与会说之间、在看懂与会读之间、在会读与能写之间的语言自我发展过程。

6. 以学生兴趣为基础

在学习的起始阶段，兴趣是最好的老师，更是最基础的学习动力和源泉。因此，教儿童英语，首先要培养他们的学习兴趣。教师可以以各种游戏和其他生动活泼的形式，让儿童在兴趣盎然的活动中学习英语。为此，这套教材在教学内容上大量采用了儿童喜欢的内容，编制了大量儿童喜欢的教学活动，运用了歌曲、诗歌、韵句等儿童乐于参与的活动形式和大量的 TPR 活动。同时，在教材设计上也全面体现了儿童的兴趣特征，夸张的美术设计、精美的画面、有趣的人物设计等都使得教材非常符合儿童的兴趣偏好。

教材示例 4-23

1 Listen, point and say.

Where are you, Tom?
I'm behind the tree.
Where are you now?
I'm on your left.
I'm on your right now.

选自：陈琳，（英）普里莎·爱丽斯（PRINTHA ELLIS）. 英语（新标准）（三年级起点四年级上册）[M]. 北京：外语教学与研究出版社，2013：2.

教材示例 4-23 是基于学生最喜欢的活动之一"捉迷藏"而改编形成的"蒙眼抓人"游戏，图中人物为哥哥和弟弟，两人处于空旷处，无法真正玩"捉迷藏"，于是决定一起做"蒙眼抓人"的游戏。这样的活动容易开展，学生在活动中所需运用语句也较为简单，可以现学现用。

7. 坚持现实与未来相结合

在这个社会飞速发展的时代，教育必须面向未来。因此，本教材不仅按照英语教材最基本的要求，做到语言准确、地道、真实，还选用了反映当前现实生活和未来语言发展趋势的语言材料。题材和语言的选择及释义都反映了当今世界科技和文化的发展，做到了现实与未来的结合。

教材示例 4-24

❷ Listen, point and find "will".

What's that, Daming?
It's a robot.
Wow! It can walk!
Yes, it can.
And it can talk!
Hello!
Wow!
One day, robots will do everything.
Everything?

Yes. They will do the housework.
And they will help children learn.
Oh, they will do our homework too!
No, they won't.

选自：陈琳，（英）普里莎·爱丽斯（PRINTHA ELLIS）．英语（新标准）（三年级起点四年级下册）．北京：外语教学与研究出版社，2013：14—15.

教材示例4-24的内容立足今天，但面向未来，Daming得到了一个机器人，于是Sam和Daming一起讨论未来机器人的功能，并确定机器人不会为学生做作业。机器人既是当前科技发展的前沿，也是学生非常喜欢的一个话题，更是一个立足现实、面向未来的主题。在课堂教学中，首先，教师可以让学生带来自己的"机器人"（包括各种具有机器人特性的玩具）进行介绍，或者介绍自己家里的"机器人"，从全自动洗衣机到扫地机器人等，教师引导学生形成关于机器人的定义："a machine to do something by itself."（可自动工作的机器）；然后，让学生看Daming的机器人，猜测这个机器人可以做的事情；之后，让学生阅读课文、听课文录音，看自己的预测是否正确，分析为什么Daming说机器人不会为自己做作业（做作业是学生自己的责任，不能由机器代替）；最后，让学生说说自己的预测，并让同学们分析这些预测是否合理，是否符合前面讨论的原则。教师可鼓励学生通过材料、形式、软件等的发展合理地预测机器人的功能，以此实现现实与未来的结合。

（二）教学材料

《英语》（新标准）每个年级的教材均包括学生用书、课堂活动用书、录音材料、教师用书资源包、学生/教师卡片、教学挂图、头饰，还有CD-ROM、网络教材、点读笔与点读材料以及网站等。

1. 学生用书

学生用书是整套教材的主体，按学期分册。这套教材小学部分的每个分册有10个教学模块（module）和一个复习模块（review module）。在教学模块和复习模块中，每一个模块包括两个单元（unit），第一单元是语言呈现（language presentation）单元，第二单元是语言扩展（language development）和语言练习（language practice）单元。

2. 课堂活动用书

课堂活动用书是教材核心配套资源的重要组成部分，编有许多形式活泼、内容新颖、任务真实的活动练习项目。每个分册包括与学生用书对应的10个学习模块（module）和1个复习模块（review module）；此外还包括一个综合评价（assessment）和一个综合运用实践项目（project）。11个模块中的每个模块均分为两个单元（unit），复习模块之后的综合评价可供学生在学期学习结束后用于自测。全书最后的综合运用实践项目可供学生根据兴趣自由选择使用。

3. 录音材料

录音材料与教材内容完全配套，包括导入、课文、重点语言结构、歌曲歌谣、单词表以及其他听力练习的录音。全部内容在英国伦敦的专业录音棚中录制，朗读和制作人员均为专业人士和受过专业训练的学生，语音纯正、地道，语调生动、活泼，音效丰富、到位，能够有效提高学生听录音的兴趣，有助于学生形成良好的听力和口语基础。课文部分的录音共计播放三遍：第一遍和第三遍为正常语速，第二遍逐句停顿，留出足够时间供学生跟读模仿，把教师或家长从反复中断录音以帮助孩子模仿的机械操作中解放出来。此外，歌曲、歌谣和韵句的录音也有三遍，第一遍为歌词的朗读版，第二遍为带有伴奏的演唱或朗诵版，第三遍仅提供伴奏。

4. 教师用书资源包

2012年修订版配套的教师用书资源包为教师提供了丰富的教学资源，具体内容包括：

（1）纸质教师用书。由教材副主编组织编委团队编写完成，包括中文和英文两部分。中文部分包括详尽的教材分析、分层教学目标分析、教学过程讲解和示例以及大量的教学活动设计等；英文部分包括文化知识、补充活动建议及补充词汇等内容。此外，教师用书附有多页小贴纸，可供教师在开展教学活动时用作奖励学生的小礼物。

（2）备课指导光盘（两张DVD）。备课指导光盘共录制了修订版教材每学期涵盖的10个模块和1个复习模块。每个模块分为第一单元和第二单元两讲，每一讲的讲解时间约为20分钟。这是专门为使用该套教材的小学英语教师设计的一套科学实用、操作性强的多媒体备课指导光盘，既可帮助教师拓展教学思路，同时又可作为小学英语教师的培训资源，在一定程度上能够帮助教师进一步提高专业与教学水平。

（3）示范课光盘（一张DVD）。示范课光盘包括教材副主编对于修订版教材的分析及教学指导，收录了修订版教材一个模块的两节示范课，其中每节课都包括课堂实录、教师说课和专家评课。

5. 学生/教师卡片

学生卡片是基于教材单词表（即学习词表——分模块按单词在文中的出现顺序收录的要求学生掌握的词汇）开发的学习卡片。每张卡片正面是图片或中文，背面是对应的英文单词。卡片的大小为扑克牌尺寸，便于学生携带、使用。教师卡片与学生卡片内容相同，A4尺寸，便于教师在课堂上演示或在开展活动时使用。

6. 教学挂图

教学挂图基于教材，每个模块均制作了教学挂图，选取与每个模块核心教学内容对应的图片，重新设计组合而成。便于教师开展听录音指图、看图说话等教学活动。教学挂图适合挂在黑板上，或者张贴在教室里使用，保证全班学生能看清图上的内容。

7. 头饰

头饰基于教材主人公形象制作而成，采用EVA材料，无味无毒。头饰颜色鲜艳，形象活泼可爱，便于教师开展角色扮演和课本剧表演等活动。

8. CD-ROM（网络教材单机版）

CD-ROM是与教材完全配套的教学辅助光盘。可以安装在计算机上使用，即不需要上网就可以使用，可帮助不便使用网络的教师在教学中使用光盘将主教材与丰富的多媒体教学资源、课后练习等进行全方位的有机结合。同时，该光盘还提供专业的教学工具支持，如语法库、词典、辅助翻译等，使教师的教学变得更轻松。此外，光盘支持联网更新，在教材改版或光盘更新后，教师与学生无须重新购买便可使用。

9. 网络教材

网络教材是需要在线使用的教学资源，是光盘的在线升级产品，网络教材倡导"个性化教学"的理念，除了光盘中的核心教学功能之外，还提供更多强大的在线功能，包括：语音评测、虚拟班级、作业布置等，增强了人机交互和师生互动体验，为广大师生的教与学提供更多便利。用户只需登录www.unischool.cn查找网络教材网站并注册即可使用。

10. 点读笔与点读材料

《英语》（新标准）提供搭配"外研通"点读笔使用的点读版教材。点读笔提供即点即读、跟读对比、翻译、MP3播放、U盘存储、点读查词、游戏、录音等八项核心功能。搭配点读笔使用的教材能够为教师的教学提供便利，同时提升学生模仿跟读的效果。

11. 网站

外语教学与研究出版社的网站www.unischool.cn为教材使用提供了丰富资源，读者在eshare板块中可以搜索所需资源。

www.unischool.cn

（三）教材结构

《英语》（新标准）总体结构基本一致，每一册由10个学习模块、一个复习模块组成，并有绘本故事、综合实践活动等。每一学习模块由两个单元构成，具体结构如下表所示。

单元	活动	教学功能
第一单元	活动1：导入活动	这是为活动2的学习搭支架的活动，具有"小步快走"的特性，为课文学习做好语句结构或词汇等语言知识准备，或者做好文化知识等准备。 导入活动有的是趣味性的对话，有的是短小韵句。
	活动2：课文学习活动	这是呈现课文语篇的活动，通过呈现学习目标语言在真实语境下的真实语用形态，让学生感知、发现、学习课文目标语句的运用。
	活动3：学习目标语言的学习活动	这是课文中对学习目标语言进行学习的活动，语境和课文基本相同，但有一些变化，语用目的完全相同。
	活动4：学习目标语言的训练活动	这是让学生运用课文中的学习目标语言的实践训练活动。这与第二单元的运用实践活动不同，是一个实践训练活动。
第二单元	活动1：导入活动	这与第一单元的活动1一样，是一个导入活动，只是导入的对象是第二单元的活动2的语篇课文。
	活动2：课文学习活动	这与第一单元的活动2一样，是呈现课文语篇的活动，通过呈现学习目标语言在真实语境下的真实语用形态，让学生感知、发现、学习课文目标语句的语言运用。不过第二单元的课文语篇比第一单元的课文语篇短，基本是第一单元课文语篇的补充。
	活动3：学习目标语言的学习活动（部分学期增加课文目标语句的语音学习活动）	这与第一单元的活动3一样，是课文中的学习目标语言的实践训练活动，但有些学期是对课文语篇的理解活动。 有些学期还会在学习目标训练之后增加一个语音训练活动。

单元	活 动	教 学 功 能
第二单元	活动4：学习目标语言歌曲、歌谣形式的训练活动（部分学期为字母歌谣学习活动）	这是一个兴趣活动，形式为歌曲或者歌谣，用于对学习目标语言进行训练巩固，促进学生基本掌握学习目标语言。
	活动5：学习目标语言游戏形式的训练活动	这也是一个兴趣活动，形式为游戏，也是用于对学习目标语言进行训练巩固，促进学生基本掌握学习目标语言。
	活动6：学习目标语言运用的实践活动	这是一个运用学习目标语言的实践活动，主要是学生学校活动或者社会活动，都具有真实生活的语言运用特性。

三、译林出版社《英语》（小学）教材简介

由译林出版社出版的小学英语教材（以下简称《英语》（译林版））是由译林出版社、牛津大学出版社和江苏省中小学教研室合作编写的一套"语言好、理念新、方法活"的教材，全部经由全国中小学教材审定委员会审查通过。《英语》（译林版）自2001年9月起在全国使用，2012年，基于《义教课标（2011）》修订，经审查通过，继续在全国使用。全套教材共8册，每学期1册，供小学三至六年级的学生使用。

（一）教材特色

1. 教学容量适当，难易适度，具备开放性

本套教材按照《义教课标（2011）》的要求，提炼和精选适合小学生年龄特点和认知发展的学习内容，做到了容量适当、难易适度。在控制总容量的同时，也注重体现教材的开放性，并特别强调学习策略和学习方法的指导。例如：趣味阅读板块（Cartoon time）既可以作为阅读材料，也可以作为学生们表演的生动剧本，增强了教材的开放性。Ticking time 和 Learning tip 两个板块可以帮助学生了解自己的学习状况并提供学习策略、学习方法的指导。

2. 突出"在玩中学、学中玩"和"用英语做事情"的教学理念

"在玩中学、学中玩"和"用英语做事情"是《英语》（译林版）教材的编写理念和主要特色，这主要体现在板块内容设计上。例如：

Fun time，突出了"在玩中学、学中玩"的编写理念，形式多样，包括游戏、手工、模仿、调查等，并鼓励学生两两合作或多人合作，为学生提供了动手动脑的学习机会和丰富多样的语言实践活动。

Project，语言综合实践项目，使"用英语做事情"的教学理念在教材中得到切实有效的落实。每册的 Project 都综合前面四个单元所学的语言知识和语言技能，编排科学、新颖，操作性强，既能很好地融合学习内容，又能激发学生有效使用语言和发展创造性思维。这两个特色鲜明的板块贯彻了让学生通过体验、发现、合作、探究等方式学习语言的理念，符合课程标准的精神。

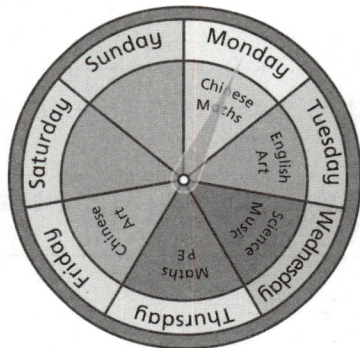

教材示例4-25

Fun time

Play a game

What day is it today?

It's Monday.

What lessons do you have?

I have Chinese and Maths.

选自：何锋，齐迅.英语（三年级起点四年级下册）[M].南京：译林出版社，2014：14.

教材示例4-25就是用一个转盘游戏进行语句结构训练的游戏活动，显然比单纯进行语句结构训练更能激发学生的兴趣。

3. 教材题材和体裁丰富，富有时代气息

教材按照《义教课标（2011）》规定的话题确定内容和题材，包括《义教课标（2011）》二级目标规定的所有话题：个人情况、家庭与朋友、身体与健康、学校与日常生活、文体活动、节假日、饮食、服装、季节与天气、颜色、动物等。在教材中，学生既能看到熟悉的童话和寓言故事，如《金发姑娘和三只熊》、《皇帝的新装》、《灰姑娘》等，也能看到小学生最感兴趣的话题，如"度假旅行"、"动物和农场"等。教材还包括贴近学生生活的各类话题，如"帮助父母做事情"等；也有富有时代气息的"潮"话题，如"环保"、"健康饮食"、"科技发展"等。

4. 教材内容和呈现形式富有趣味

小学生具有好玩好动、想象力丰富、注意力持续时间短等特点。小学英语教学的重要任务就是要激发学生兴趣、培养积极的态度和帮助学生建立学习英语的自信心。因此，教材应该创编贴近学生生活实际、具有时代气息的语言材料，设计生动活泼、互动性强的语言学习活动，并尽量用丰富多彩、表现力强的方式呈现给学生。趣味性原则贯穿于整个教材的设计过程，包括对话题的筛选、对语篇情节的设计、对人物表情和姿态的生动刻画和对语言实践活动的编排等。趣味性是《英语》（译林版）教材的一大特色。

最集中体现趣味性的是Cartoon time板块。这个板块的主角是一群性格鲜明的卡通人物：小老鼠Bobby机智勇敢，小猫Sam憨厚老实……每个故事都有着设计精巧的情节，在

故事末尾一般都能"甩"出个"包袱"，以增强故事的趣味性，达到更富戏剧性的效果。

而 Story time、Fun time、Sound time 等板块也都在发挥其板块功能的基础上，处处体现着趣味的元素。Project 板块的设计则把趣味性和实践性巧妙地结合起来。

教材示例 4-26

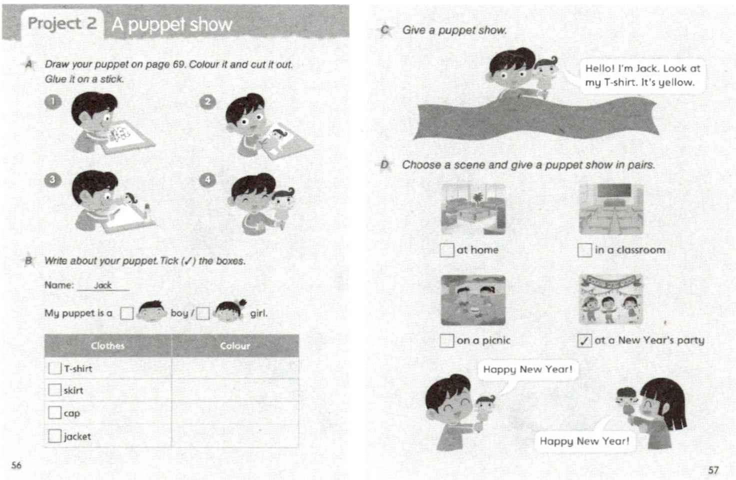

选自：何锋，齐迅.英语（三年级起点三年级上册）[M].南京：译林出版社，2014：56—57.

教材示例4-26的这一活动采用学生非常喜欢的手偶游戏形式，指导学生自己制作手偶，并运用所学语言开展手偶表演游戏。此活动既能发展学生的劳动技能，还能发展学生的艺术表现能力（表演能力）、语言运用能力，内容也比较符合学生兴趣。

开展这一活动需要一定时间，首先教师可以自己制作一个手偶，在此过程中发现学生可能遇到的困难和需要教师指导之处，然后引导学生按照活动A制作手偶。完成制作之后，教师可以引导学生开展活动B——给手偶取名、画上或者穿上衣服，再选择自己熟知的语言活动开展手偶活动（活动C），并向同伴展示（活动D），或者进行全班表演。教师还可鼓励学生回家向家人、朋友表演。

该套教材配备了大量精美、形象、直观的插图，能有效激发学生的学习兴趣，提升教学的趣味性。绘画风格立体感强，线条精细，颜色活泼、明快、鲜亮，能很好地表现故事情节和人物性格，有利于学生对语篇内容的理解和学习。如四年级上册第六单元Cartoon time中Bobby和Sam向大猩猩点餐的对话，不仅内容充满童趣，还为下一单元的学习做了铺垫。其中大猩猩一句"Can I help you?"以及Bobby的一句"What a big egg！"，配合插图中人物在神态表情上的变化，很容易让学生理解故事的诙谐与幽默。整个故事中Bobby机灵可爱；Sam时而憨态可掬，时而满脸疑惑，时而哈哈大笑，尤其是最后的惊愕表情，都被刻画得入木三分。这些插图能帮助学生更深刻地理解文本，感受故事的幽默，体会英语学习的乐趣。

教材示例 4-27

选自：何锋，齐迅.英语（三年级起点四年级下册）[M].南京：译林出版社，2014：21.

教材示例4-27是教材每一单元都有的卡通故事板块，该示例用一个小老鼠Bobby梦中饿了吃蛋糕的趣味故事帮助学生巩固本单元所学语句。有趣的故事情节可以降低学生的学习焦虑，提升学习效果。

5. 依据儿童特性，体现教育改革方向

《英语》（译林版）依据儿童认知的特点，在教学要求和教学模式等方面坚持做到三个"主要"：

（1）以培养学生学习兴趣、初步语感和语言交流能力为教学的主要目标。教材充分考虑到小学生的兴趣、爱好等学习和心理需求，设计了60多个卡通小故事、30多个游戏、20多首歌曲和20多首歌谣等内容，有利于学生在轻松愉悦的氛围中学习，激发学生学习英语的乐趣。

（2）以活动为上课的主要形式。教材根据小学生好动爱玩的特点，设计了游戏、制作、表演、调查等60多个教学活动，为学生提供了"用英语做事情"的机会，让学生在玩中

学、在学中玩；通过多种多样的实践，使学生逐步形成主动参与、大胆实践、乐于探索、勤于动手的学习态度。

（3）以听说为训练的主要项目。教材按照"以听带说、以说助听、听说结合、相互促进"的思路，设计了100多个情景对话以及大量的听说练习，有利于学生在听说训练中学到生动的语言。到高年级阶段，在继续注重听说的同时，教材有目的、有计划地逐步增加了读写内容，提高对学生的读写要求。

6. 丰富、广泛的中外文化介绍

教材中对中外文化和习俗的介绍内容丰富、范围广泛。在三、四年级，文化内容的介绍主要隐含在单元相关板块中，而到了五、六年级，则在各单元中设立了独立的文化知识板块（Culture time），将对学生跨文化意识和能力的培养放在了更加突出的位置，有助于学生对中外文化和习俗的理解，进一步拓展了学生的视野。

7. 教材编排体现了对教和学的引导

教材在设计和编排上体现了对整个教学过程的引导。Learning tip 板块体现了对学生学习策略的培养和学习方法的指导；Ticking time 板块体现了自我评价的评价方式；Grammar time 板块的设计有助于学生学会归纳与比较；教材练习或活动的编排遵循学生的认知发展规律，由易到难，采用分层设计；五、六年级Story time 部分的阅读理解活动从对语篇的理解入手，Checkout time 则注重对整个单元的复习和检测。这些编排和设计既能导教导学，也体现了教材的实用性。

《英语》（译林版）在设计上突破了传统模式，突出了语言教学的整体性、综合性和实践性。在编写过程中，力求做到语言技能、语言知识、情感态度、学习策略及文化意识等五个方面的有机结合、紧密联系、相互渗透、相互补充，强调整合优化，突出整体感悟。

（二）教材人物

《英语》（译林版）有系统的人物设计，例如：

教材根据《义教课标（2011）》对学习内容的规

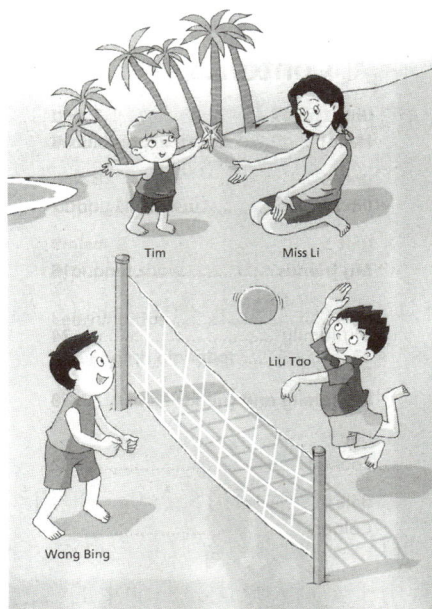

Characters

译林版《英语》教材中的主线人物示例

定，基于小学生的兴趣，设计了以中国小学生和外国小学生为主，包括学生家人等的人物群体，这样既可以展现学生学习与生活的真实情境，又可以呈现与外国学生的真实的语言和文化交流，同时还可以开展一定的社会活动，使学生可以在真实语境中学习英语。为了呈现语言运用的真实情形，教材还对人物进行了一定的性格设计，当学生发现这些教材中的人物和自己身边的人有相同或相似的个性时，会增加其对教材的亲近感，也能让学生更好地体验语言运用的真实性。

（三）教学资源

1. 牛津英语教研网 http://www.njyyjy.com

牛津英语教研网创建于2006年，旨在为使用译林版英语教材的师生提供学习、交流和查询的平台。网站有多个功能板块：教研新闻、教材资料、教材培训、教学研究、资源中心、名校名师、视频点播、教研直播、听说活动。目前汇集了19万个课件、教案、试卷、素材、练习等各个类型的相关教学资源，是目前国内《英语》（译林版）配套资源最全、最丰富的学科网站，所有教师都可以通过资源共享，免费使用。牛津英语教研网为使用《英语》（译林版）教材的地区和师生做出了突出贡献。

2. 译林教育网 http://edu.yilin.com

译林出版社为了配合英语教学，在译林教育官方网站上提供了大量可下载的资源，包括：译林英语小助手手机App（教师或家长使用后，可在手机端实现播放录音等功能）、教学配套资源下载（如助学图书的配套录音、答案）等。

3. 译林助教资源库

为了帮助教材使用者更方便和快捷地找到优质教学资源，译林出版社于2014年启动了"助教资源库"的数字化助教项目，由教材编写组牵头，邀请了众多优秀骨干教师，打造"精品助教资源"。2015年上线的资源内容包括：精品微课、精品示范课、精品教案、精品课件、同步检测卷、教师发展资源等。助教资源库直接服务教材使用地区，实现对教师"零距离"的教材培训，帮助教师更好地使用该教材。

4. 教师教学用书

教师教学用书由中外专家和一线教师按照《义教课标（2011）》的教学理念、课程目标以及教科书的主要内容和目标编写，旨在帮助教师更好地了解教科书的编写理念，掌握各单元的教学内容、教学目标、教学过程和教学方法等。每本书配套有两张教学光盘，提供大量相关教学资源。

5. 教具包

为方便教师形象、生动地组织课堂，该套教材还配备了能适应各种课堂教学需要的"教具包"产品。教具包里既有方便师生在课堂上开展角色扮演使用的教材人物头饰，也有用于奖励表现优秀的学生的特色徽章；既有教师用的大号角色手偶，也有给学生们互动使用的小号指偶；既有刻有教材人物图案的印章，也有方便教师进行课堂板书的磁性四线格；还有教材中Fun time 的游戏道具等，内容丰富，可以让课堂充满乐趣。

6. 其他配套教学资源

除了以上提及的各项支撑资源，《英语》（译林版）教材还配套有学生光盘、录音磁带、教学挂图、图字卡、补充习题、培训光盘、示范课光盘等。

（四）教材结构

1. 教材单元设置

《英语》（译林版）教材以三年级为起始年级，每学期1册，共8册。每册教材均由8个新授单元和2个综合语言实践项目（Project）构成。如下图所示：

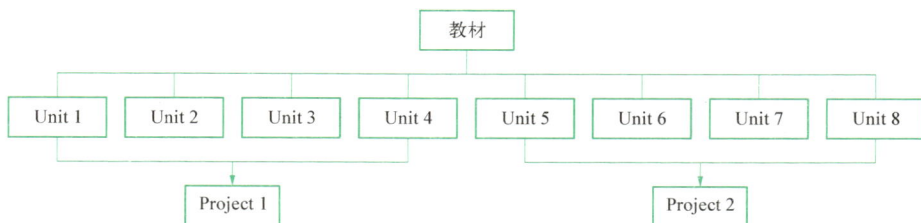

《英语》（译林版）教材单元设置

2. 单元板块设置

《英语》（译林版）三年级上册至四年级下册的每个单元都由7个板块组成，五年级上册至六年级下册的每个单元都由8个板块组成。在这些板块中，Story time、Fun time、Cartoon time、Checkout time、Ticking time 这5个板块是固定的，另外的 Letter time、Sound time、Song/Rhyme time、Grammar time、Culture time 等6个板块是根据不同年段的学习需要而设置的。教材单元板块构成如下图所示：

《英语》（译林版）教材单元板块设置

在每个单元的相应板块中，还设置有Learning tip（学习小贴士）栏目，通过简要的提示和说明，引导学生逐步掌握有效的学习方法，帮助学生养成良好的学习习惯，提高学习效率；同时帮助学生了解一些英语基础知识和在英语学习中需要注意的问题。

📖 **拓展阅读 4-3**

《英语》（新标准）的教师用书对于每一模块的教学内容都有较为详细的分析，教师应认真阅读这一分析，从而把握教材预设的语言特性、思维特性、文化特性等，然后基于教材的这些优势，结合学生最近发展区，设定合理的教学目标。

教学内容分析

本模块的话题是谈论他人的喜好。

第一单元的课文是，Sam和Amy随爸爸、妈妈去商场购物，Sam和爸爸走在前面，Amy陪着妈妈走在后面。Amy看到T恤衫，想着Sam肯定喜欢，就告诉妈妈自己的看法，妈妈于是让Sam试一试，果然Sam很喜欢；Sam和爸爸看到了裙子，想着Amy一定喜欢，叫来Amy一试，结果太小了，还是妈妈了解Amy穿多大的裙子，选了一件，Amy穿着非常合适也非常喜欢。这说明我们在为他人选购物品时，要了解他人的喜好，这样才能选择到他人喜欢的物品。当然，选择合适的物品也是非常重要的。

第二单元的课文则是Amy在就Sam参加一次晚会的照片进行陈述说明，介绍Sam——Sam穿着非常正式的西装、打着小领带，参加晚会。可是，Sam感到很不高兴，因为他不喜欢这么正式的服装，只是因为这是在参加正式的晚会，这样的晚会对男士的要求就是要着正装，在西方则只能是西装（女士的正装则往往是适合正式场合的裙子），这是西方文化对于正式晚会活动的基本要求，是对活动、活动参加者表示尊重的一种表现。所以，Sam也得像小大人一样，服从规定，按照要求着装。这说明我们不能总是完全按照自己的喜好着装，需要根据规定、按照要求着装，这样才能参加正式活动。

本模块的学习重点是"He likes/doesn't like ..."语句结构，是学生第一次学习行为动词一般现在时第三人称单数的结构，具有一定难度。为了降低难度，本课不学习这一结构的一般疑问句、特殊疑问句，要在继续学习更多行为动词一般现在时、基本巩固之后，到第八、第九模块才会学习"Does he ...? What does she ...?"的结构。所以，我们建议：在本模块教学中，应尽量避免出现"Does he ...? What does she ...?"这样的结构，以免增加学生的认知负荷和学习负担。

选自：陈琳，（英）普里莎·爱丽斯（PRINTHA ELLIS）.英语（新标准）（一年级起点二年级上册，教师用书）[M].北京：外语教学与研究出版社，2013：60—61.

请扫描二维码
查看参考答案

疑问与思考

教师和学生对于同一套英语教科书中的同一内容的理解和使用角度可能不同,这会如何影响教学?

本章小结

章节小结

小学英语教材的核心学习内容是指教科书中的课文语篇、练习活动以及语篇与练习活动的录音。小学英语教材的拓展学习资源是指除教科书之外,由教师或学生自主选择使用的、符合小学英语课程目标的、符合学生水平和实际需求的卡片、挂图、绘本、读本、纸质或多媒体数字化资源。

教材和拓展教学资源是教学活动得以实现的重要载体。《义教课标(2011)》对教科书编写提出了思想性原则、科学性原则、趣味性原则和灵活性原则的要求,规定了具体的课程目标和教学要求,并对各阶段学生应该对应掌握的英语语言基础知识(语音、词汇、语法)以及常见话题和功能的语言形式等进行了明确的规定。本章简要介绍了目前国内使用较广的人教版(PEP)、外研版(新标准)和译林版三套小学英语教材,重点介绍了三套教材的主要特色、教学资源和结构体例。

在教学过程中充分合理地用好教材,是顺利实现课程目标的重要基础。用好教材的前提是熟悉所使用教材的编写体系、栏目功能,了解教材分册和单元内容与课程标准各级目标的对应关系,以及教科书不同单元、不同功能板块内容对学生的知识学习和能力发展的不同价值。

除教科书之外,教师还需要根据学生的实际需求,结合当地条件,适当拓展学习资源,使得教科书与其他拓展资源相互补充。只有熟悉了解所使用的教科书,教师才能更好地引导学生通过教科书和其他拓展资源的合理使用,使学生掌握英语语言知识和文化知识,提高综合运用英语的技能,增强对中外文化的理解,发展思维品质,不断提高综合人文素养,从而顺利实现英语课程标准中提出的各项学科育人目标。

关键术语

英语教材:是指英语教学中使用的教科书以及与之配套使用的练习册、活动册、读物、自学手册、录音带、录像带、挂图、卡片、教学实物、计算机软件等。

实践活动

1. 请选择一套你所在地区目前使用的小学英语教材，以其一年级（三年级）到六年级所有册次为对象，分析其中你认为最具特色的一个板块。

2. 从你所任教的教材中选择一个文化教学板块的内容，设计一堂包含中西文化双向交流的课。

请扫描二维码
查看参考答案

进一步阅读资源

1. 程晓堂，孙晓慧.英语教材分析与设计（修订版）［M］.北京：外语教学与研究出版社，2011.

2. 何锋，章玉芳.中小学英语教学实证研究［M］.北京：外语教学与研究出版社，2017.

3. 刘道义.改革开放30年的中小学英语教材 [J].英语教师，2008（10）：4—9.

4. Brian Tomlinson & Hitomi Masuhara.语言教材的开发、利用与评价［M］.北京：人民教育出版社，2007.

教学参考视频

内容：**外研社新标准版小学英语教材教学课例**
Linging is skipping.
选自：外研社（新标准·一年级起点）二年级上册第五模块第一单元
授课教师：北京市中古友谊小学　白宇

第五章
小学英语教材语言能力发展活动分析

准　备

? 请你思考

　　张老师是一名新入职的小学英语老师。她从师范大学英语教育专业本科毕业后，踌躇满志地来到工作岗位上，准备好好做一番事业。可是她发现教材的内容看上去过于简单，课文就是几张插图配上几句简短的对话，没几个单词，翻来覆去就那么一两个语法点，而且几乎没有课后练习，张老师对于"这么少的语言知识，教什么？怎么教？"感到十分困惑。对于张老师的困惑，你怎么看？

学习目标

　　在学习本章之后，你能：

　　1. 了解并初步分析小学英语教材中语音、词汇、语法、语篇、语用等语言知识运用能力发展的活动设计；

　　2. 了解并初步分析小学英语教材中听、说、看、读、写等语言技能发展的活动设计；

　　3. 了解并初步设计小学英语语言能力发展的教材补充活动。

🏛 本章结构

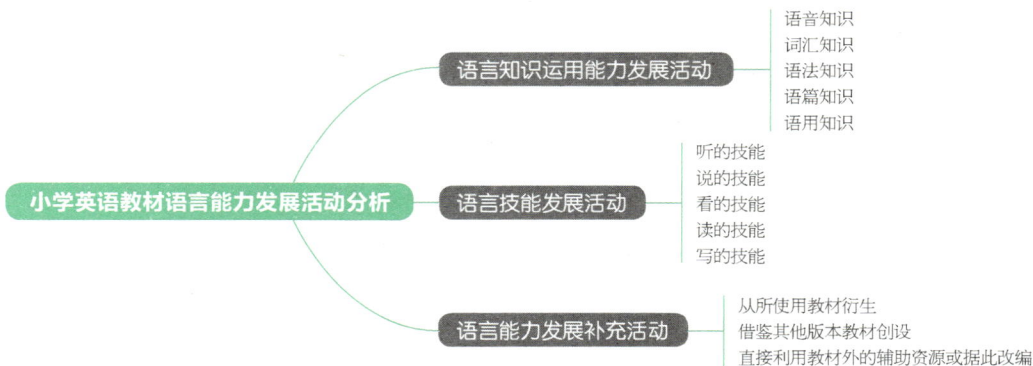

第一节　小学英语教材语言知识运用能力发展活动分析

英语作为一门语言和所有语言一样，具有共有性、稳定性和符号性的特征。[①]

（1）共有性。语言是一个使用这一语言的人类群体所共有的抽象的符号系统。使用同一语言的人类群体的成员都遵守语言的一整套规则。这就构成了语言系统的共有性或社会性特征。

（2）稳定性。语言总体上是不断发展的，正如著名语言学家索绪尔所言，"语言是一条川流不息的长河"[②]。语言系统中的语音、语义和语法形式等都会随着时代的发展而变化。同时，语言又是相对稳定的一个体系，同一语言群体各成员之间运用语言进行交际时，要求语言系统必须相对稳定，这样才能确保成员之间互相理解，进行有效交际。

（3）符号性。语言是人类特有的一种符号系统，由语音、词汇、语义、语法等复杂的子系统构成。在这个系统里，符号和符号之间的关系不是任意的，而是受规则制约的，以此构成符号体系。不同的语言，通常采用不同的符号体系。语言在这些符号体系中起着交流感情、传递信息、认知和描写世界以及记录和传播文化的作用。

掌握一定的英语语言基础知识是义务教育阶段英语课程所规定的基本学习目标之一。《义教课标（2011）》规定，小学阶段学生应该学习和掌握的英语语言基础知识包括语音、语法、词汇、话题和功能。《普高课标（2017）》的语言知识部分将《义教课标（2011）》的话题列入语篇知识内，将功能列入语用知识内，形成语音、词汇、语法、语篇、语用知识五个方面，显然，这有利于指向语言运用的语言知识系统整合，本节基于此探讨小学英语教材语言知识运用能力发展活动。《普高课标（2017）》《义务课标（2011）》对语言知识作出以下明确的规定。

> **课标选摘**
>
> 　　语言知识包括语音、词汇、语法、语篇和语用知识。学习语言知识的目的是发展语言运用能力，因此要特别关注语言知识的表意功能。（《普高课标（2017）》）
>
> 　　学生在义务教育阶段应该学习和掌握的英语语言基础知识包括语音、词汇、语法以及用于表达常见话题和功能的语言形式等。语言知识是语言运用能力的重要组成部分，是发展语言技能的重要基础。（《义教课标（2017）》）
>
> 选自：中华人民共和国教育部.普通高中课程标准（2017年版）.北京：人民教育出版社，2018：19；
> 　　　中华人民共和国教育部.义务教育课程标准（2011年版）.北京：北京师范大学出版社，2012：18.

---

① 胡壮麟.语言学教程［M］.北京：北京大学出版社，2001：1—3.
② 许国璋.许国璋论语言［M］.北京：外语教学与研究出版社，1991：119.

《义教课标（2011）》要求发展学生的综合语言运用能力，语言知识和语言技能是综合语言运用能力的基础。学习语言知识的目的是发展语言运用能力，同时，语言知识，尤其是语言知识的运用形态、规则要求，又是语言运用能力的有机组成部分。对于语言知识，尤其是语音、词汇和语法知识的学习不能脱离具体的语境，不能为了学习语言知识而学习。这就要求教师在具体教学中注意为学生创设真实和有意义的语言知识运用的情境，包括学生熟悉的真实生活中的语言运用情境和各种接近真实的活动，如游戏、歌曲、韵文、亲身经历的活动、角色扮演、讲故事等，让学生有机会真实地、创造性地用英语去做事情。

一、语音知识运用能力发展活动分析

《义教课标（2011）》指出："语音教学是语言教学的重要内容之一。自然规范的语音、语调将为有效的口语交际打下良好的基础。"[①]语音知识的学习对听、说、读、写能力都有着直接的影响。英语的语音不仅指发音，更指重音、语调、节奏、停顿、连读等其他因素。说话者通过语音的变化不仅可以表达观点和意义，而且可以表达自己的情绪和态度等。语音知识是语音学习的重要组成部分。语音知识教学的目的是帮助学生了解英语语音的特点和规律，帮助学生更好地感知英语语音，更有效地模仿英语的语音、语调，更准确地接受英语语音信息。

《义教课标（2011）》对小学阶段语音知识的标准规定如下：

级别	知识	标　准　描　述
二级	语音	1. 正确读出26个英文字母。 2. 了解简单的拼读规律。 3. 了解单词有重音，句子有重读。 4. 了解英语语音包括连读、节奏、停顿、语调等现象。

选自：中华人民共和国教育部.义务教育英语课程标准（2011年版）[S].北京：北京师范大学出版社，2012：18.

从以上标准可以看出：第一，通过小学阶段的学习，学生应初步了解英语字母、字母组合和单词的基本发音，形成语音意识；了解一些简单的语音知识，如重音、重读、连读、语调、节奏等。第二，语音教学应依据相应级别的语音知识目标设计和实施。比如，对于单词的重音，以及句子的重读、连读、节奏、语调等语音知识的学习，在教学上应定

---

① 中华人民共和国教育部.义务教育英语课程标准（2011年版）[S].北京：北京师范大学出版社，2012：45.

位为"了解";对于拼读规律，在教学上应定位为对"简单"的拼读规律的"了解"。《义务教育英语课程标准解读（2011年版）》进一步说明"了解"是指通过某种方式获得信息或知识，一般需要通过询问他人、查询相关材料、进行简单的观察和推理等过程，强调知识获得的过程。如以上"了解简单的拼读规律"，就不仅是知道这些规律，而且还包括通过观察和推理获得这些规律的过程。这就要求教师在进行语音教学时，要注重语义与语境、语调与语流相结合，而不能单纯追求语音的准确性。

不同教材基于不同的理念和教学内容编排顺序而对语音知识的学习有着不同的设计。人教社《英语》（PEP）从第一册（三年级起点）开始让学生学习26个英文字母，学唱字母歌。通过Start to read活动循序渐进地帮助学生辨认各种图案，熟悉26个英文字母，感知句子节奏；通过Letters and sounds将语音学习与听、说、读、看、写能力的培养结合起来，发展学生对语音的了解和感知能力。外研社《英语》（新标准）从第三册（一年级起点）开始让学生学习英文字母，学唱英文歌，学做字母操。在各册教材中都安排了大量的chant（韵句），通过对这些chant的反复吟诵，让学生感知音韵和节奏。

另外一个重要的语音输入渠道就是教材的配套音频和视频资源，学生通过听录音、跟读、模仿等方式感知和了解重音、重读、停顿、语气、音调等语音知识。译林版《英语》在第一册（三年级起点）专门留出字母教学板块Letter time，通过插图的形象展示以及字体、笔画笔顺的示范，帮助学生从音、形两个方面熟练掌握26个字母的大小写书写形式；从第二学期开始，通过专门的语音教学板块Sound time，以及含有目标字母或字母组合的范例单词和歌谣，帮助学生了解字母在单词中的发音。

这就需要教师在使用不同版本教材时，系统研读教材，结合课标要求，对相关内容进行整合、加工和设计。

📊 **教材示例 5-1**

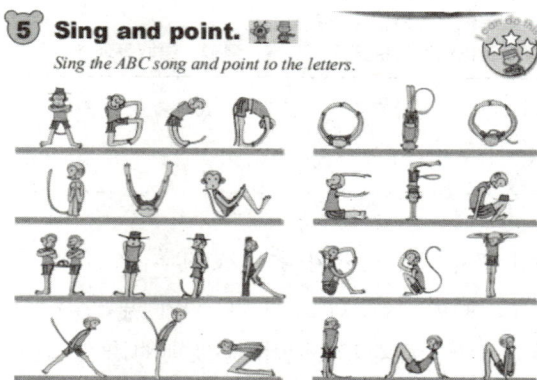

5 Sing and point.

Sing the ABC song and point to the letters.

选自：陈琳，（英）普里莎·爱丽斯（PRINTHA ELLIS）.英语（新标准）（一年级起点二年级上册）
［M］.北京：外语教学与研究出版社，2013：7.

教材示例5-1中的活动是26个英文字母的字母操，是在学习字母歌之后的巩固性活动。教材没有把26个字母完全按照顺序排列，而是略有错位地几个一组地呈现，这样安排的目的是为了让学生能够真正辨认出每个字母的形状，并在字母的发音和形状之间建立起联系，实现字母学习的音形结合。在教学实施中，教师可以要求学生先观察每一组字母，发现其顺序，然后学生边唱字母歌边指认相对应的字母，最后可以鼓励学生边唱边用身体摆出字母的形象。这个活动被安排在二年级上册第一单元，单元主题就是alphabet（字母表），功能是记忆字母表。用动物的肢体语言来表现字母的形状，符合这个年龄阶段学生的认知和心理特点，非常有趣而且能够激起学生"动一动、做一做"的好奇心，锻炼学生的模仿能力、协调能力和想象力。由于字母的形状特点，学生很难像肢体瘦长、动作灵敏的猴子这般表现得惟妙惟肖。在具体实施中，学生一个人通常无法模仿猴子的动作，但两个人一起就很容易完成。所以，在学生模仿时教师可以鼓励学生两人一组合作进行模仿。当然，也可以鼓励学生使用道具创造性地开展这一活动。

教材示例 5-2

Let's spell
Read, listen and chant.

happy　　　sunny

baby　　windy　　sorry

Listen, number and say.

happy　candy　many　windy　sunny

baby　sorry　family　party

Listen, write and say.

The ＿＿＿ is　　I like　　I am ＿＿＿.

Choose one sentence from above and write.

选自：人民教育出版社课程教材研究所英语课程教材研究开发中心.英语（PEP）（三年级起点五年级上册）[M].北京：人民教育出版社，2014：6.

教材示例5-2的这一活动是针对拼读规律而设计的，让学生通过听、跟读、圈出所听到的单词等一系列活动，辨别出所听到的单词；将单词按照听到的先后顺序排列，感知并了解字母y在不同单词里所发的尾音，同时进一步强化学生"英语单词读音是有一定规律的"这一意识。这个环节的三个活动分别是"Read, listen and chant"、"Listen, number and say"、"Listen, write and say"。其中，第一个活动聚焦在字母的发音上。为了帮助学生准确把握词义，编者给每一个单词都配上了相对应的图片，同时将目标字母y标成红色字体，使其变得醒目而更容易辨识。第二个活动聚焦在对语音的感知上。对语音的正确感知，对于发展学生的听说能力非常重要。这一类练习还可以设计成辨识不同起始辅音的odd man out、辨识相似语音的same or different等活动。如从apple、hand、want、pan中找出want，因为want中的a和其他单词中的a读音不同，属于"odd"的词，应该"out"。第三个活动则是结合语境，兼顾听、写技能的语音产出活动，这就使得语音知识的学习可以达到语用的层次。类似的练习还有sentence making，以及在对话练习中关注单词重音及句子语调等。在随后的单元中，这样的语音活动从单个字母到字母组合，逐步推进，体现了教材设计的循序渐进性和对语言学习规律的运用。

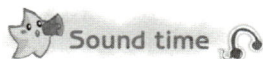

教材示例 5-3

Sound time

Intonation

Hey! Please pick an orange for me.
I want an orange from the tree.
Hey! Please catch a fish for me.
I want a fish from the sea.

选自：何锋，齐迅．英语（三年级起点五年级上册）[M]．南京：译林出版社，2014：31.

教材示例5-3中的活动标有显著的语调符号，显然是有关语调的语音训练。分析语句可以发现，除了语调以外，这个活动还巧妙地融合了拼读规律和韵律的语音知识，并且增加了符合文字内容的配图，将语音知识的渗透放置在语境中，使学习更有意义。语调是说话音调的上升或下降等，即声音的抑扬顿挫或高低起伏。不同语调的话语有着不同的含义，会产生不同的效果。掌握正确语调不仅可以准确表达说话者的意思，也可以使所说的话产生美感，悦耳动听。英语有两种基本语调，升调和降调。升调在英语中一般表示不肯定的语气和不完整的意思，通常用在一般疑问句以及列举相同结构的陈述句（最后一个用降调）中。降调在英语中一般表示肯定的语气和完整的意思。降调通常用在陈述句、祈使句、感叹句以及祝贺语、问候语等句式中。歌谣中分别在表示问候的"Hey!"和祈使句"Please pick an orange for me./ Please catch a fish for me."以及陈述句"I want an orange from the tree./ I want a fish from the sea." 的尾音上标注出降调。学生在听和读的过程中，感知并意识到音调的下降。歌谣每句话结尾的单词，都以元音 /iː/ 结尾，形成韵律。关于字母 e 和字母组合 ee、ea 的拼读规则在前面几册教材的语音板块中，学生都已经循序渐进地学习过。通过有体系的拼读规则渗透，学生可以了解到英语单词的拼写形式与其读音之间是有一定规律的，这个规律就是读音规则。英文是拼音文字，掌握读音规则对于英语学习，特别是记忆单词有很大帮助。除了读音规则、语调之外，教材中还设计了有关句子重音以及连读等方面的内容。

从以上示例可以看出，对语音知识的学习要在一定的语境下进行，这个语境可以是语词、语句或歌谣等语篇。要基于语音知识，考虑词汇、句子、语义、语用等其他相关层面的知识；要整合听、说、读、看、写等语言技能，通过游戏、歌曲、歌谣等方式来进行学习。

📖 拓展阅读 5-1

关于儿童语音意识的发展，心理语言学家有以下研究及发现：

史坦诺维奇（Stanovich）等人让幼儿园的小朋友做了如下表所示的作业，发现这几个作业的难易程度不一样，为一个词"提供韵"是最容易的，其次是第二项"辨认不同的起始辅音"，表中的任务从上到下难度依次上升。史坦诺维奇等人认为，语音意识的发展也是按照这个顺序进行的，韵的意识首先发展起来，然后是起始辅音的意识，等等。

从易到难排列的 5 种语音意识作业

作　　业	做　　法
提供韵	给出 1 个词（如 fish），提供相同的韵。
辨认不同的起始辅音	给出 4 个词（如 bag、nine、beach、bike），找出起始辅音不一样的词。
提供起始辅音	给出 2 个词（如 cat、at），找出在一个词里有而在另一个词里没有的声音。
辨认不同的终止辅音	给出 4 个词（如 rat、dime、boat、mitt），找出终止辅音不一样的词。
拿去起始的辅音	给出 1 个词（如 task），念出去掉第一个辅音后的词。

选自：董燕萍. 心理语言学与外语教学［M］. 北京：外语教学与研究出版社，2005：168.

这是一项关于将英语视为母语的儿童的语音教学的研究发现，一定程度上揭示了儿童母语习得过程中语音意识的发展规律，在为将英语作为外语学习的我国学生设计英语语音意识活动时，也同样具有参考作用。在语音意识的教学中，教师应按照这一过程循序渐进地设计相应的语音学习活动，帮助学生逐步发展语音意识。

二、词汇知识运用能力发展活动分析

对于语言知识的学习和语言技能的发展而言，词汇的基石作用是不言而喻的。王蔷指出："If language structures make up the skeleton of language, then it is vocabulary that provides the vital organs and the flesh. An ability to manipulate grammatical structure does not have any potential for expressing meaning unless words are used." [①]

《义教课标（2011）》对小学阶段词汇知识的标准描述如下：

🔲 **课标选摘**

级别	知识	标 准 描 述
二级	词汇	1. 知道单词是由字母构成的。 2. 知道要根据单词的音、义、形来学习词汇。 3. 学习有关本级话题范围的 600 ～ 700 个单词和50个左右的习惯用语，并能初步运用400个左右的单词表达二级规定的相应话题。

选自：中华人民共和国教育部.义务教育课程标准（2011年版）[S].北京：北京师范大学出版社，2012：18.

根据《义教课标（2011）》中的语言知识目标的要求，二级应该学习600至700个单词。需要指出的是，《义教课标（2011）》所提供的小学阶段核心词表，共计423词，这其中不包括数词、星期、月份等单词，不含词组和短语。这样做的原因主要是考虑到我国地域辽阔，地区经济、文化、自然和人文都有较大差异，所以给不同地区自主选择提供了一定的空间，教师可以根据本地区的情况和学生的需求，自主补充一部分教材之外的词汇，确定词汇教学内容。换句话说，《义教课标（2011）》参考词表中列出的单词基本是反映各地有共性的以及学生生活中常见的或有所体验的内容。这些词汇能在多种场合使用，应用范围比较广，但这仅仅是一个基准要求，各地可以在二级词汇目标所规定的额度内适度补充。同时，需要注意的是，《义教课标（2011）》将短语列入词汇教学目标，所以教师在进行词汇教学时，应包含相应的短语教学。本节对词汇教学的讨论，也包含短语教学。

教师在实际教学中选择增补词汇时，可以参考以下建议：[②]

（1）立足所选用的教材，参考其他版本的教材。如果能把几种版本教材的词表进行统计对比，可发现在《义教课标（2011）》的二级词表之外，还有相当数量的不同版本都选

---

① 王蔷.小学英语教学法教程［M］.北京：高等教育出版社，2009：129.
② 陈力.小学英语词汇教学问答——以新修订的《英语课程标准》为例［J］.小学教学设计：英语，2012（3）：4—5.

用的共核词。这些共核词通常也都是中国小学生学英语较常用的词汇，可以作为词汇增补的参考。增补词汇同样应该遵循结合语境和实际表达进行的大原则，不宜孤立地教学。以教材为依据选择增补词汇，不但简便易行，而且教材中的词多是在一定上下文语境中呈现的，利于学生学习和掌握。

（2）拓展学生实际表达需要的词汇。小学英语教材的词汇毕竟有限，而学生学习和生活中经常会用到的词汇如果教材中没有出现，教师就可以自己补充，这也是"以学生为本"的教育理念在词汇教学中的具体体现。学校所在地区的特色词汇，比如小吃、水果、动物、特产、名胜古迹、旅游景点等，只要学生想知道，教师都可以适当补充。因为这些地方特色的词汇跟学生的实际生活联系紧密，他们会更感兴趣，用到的机会也更多，因而往往更容易掌握。

（3）参考各种视觉词词表或标注词频的词典。学术界已研发出很多种视觉词表，其中有些国际上认可度比较大。不少权威词典，如《朗文英语学习词典》也有专门的视觉词表。教师都可以将这些现成的词表作为参考，结合自己的需要进行取舍。

从二级词汇表中还可以看出，我们要根据单词的音、形、义、用学习词汇。起始阶段的词汇学习，可以借助图片、实物、触觉等直观方式来呈现，以减少词汇理解的障碍，而把注意力集中到词汇的整体识别和读音上。随着学生词汇量的增加和理解能力的增强，教师就可以通过单词释义、根据上下文猜测词义、给出单词的背景知识等方法呈现词汇的意义。无论以何种方式呈现词汇，教师都要有意识地将单词放置在一个学生熟悉的环境中，让学生进行有意义的学习。

需要注意的是，词汇的学习不应该是教一次、学一次就可以完成的任务，而应该是一个分阶段进行的系统性工程。在教师的指导下，学生一般经历以下5个主要阶段学习新单词，并将新单词和他们已经知道的单词相联系，建立起自己的词汇网络。①

阶段1：理解和学习新单词的意思。

阶段2：学习单词形式。

阶段3：词汇练习、记忆和检查活动。

阶段4：巩固、循环、扩展、组织、记录和个性化词汇。

阶段5：发展词汇学习的策略。

因此，学习单词的音、形、义、用，只是构建词汇知识体系的基本条件，还需要通过其他的活动来巩固和扩展，构建词汇网络，发展词汇学习策略。经验表明，有规律的复习巩固在词汇知识学习过程中起着非常重要的作用，小学生要真正掌握一个词的用法需要接触该词5—10次。教师要有意识地为学生提供使用新学词汇的机会，并不断激活学生的已

---

① Jean Brewster, Gail Ellis, Denis Girar. 小学英语教师教学指南［M］. 王晓阳，等，译. 北京：高等教育出版社，2005：78—82.

知词汇，例如给单词归类或写出同类别的词。另外，还需要在活动中运用词汇进行产出性练习，如用所给单词造句、看图说话、讲故事等。

对于小学阶段的英语词汇教学，更适合基于"词不离句、句不离用"的原则进行，即不脱离语境进行孤零零的词汇教学，而是在真实语境的语句、语篇中进行教学。

对于词汇知识的学习，不同教材有着不同的安排。有的教材会直观呈现词汇，如译林版《英语》在每个单元的核心板块story time下面以"图片+语词"的形式呈现词汇，学生通过图片可以直接获得词义，通过下面的语词可以辨别词形，通过听录音可以识别单词的读音，有利于核心词汇的学习和复习。有的教材则是将词汇糅合在听力或阅读语篇中呈现，让学生在语境中理解词汇的意义。有关词汇知识的练习，大部分教材将词汇的练习和巩固融合在语法项目的操练活动中，如人教版《英语》（PEP）中的Let's learn板块，外研社《英语》（新标准）中的Practise部分。无论教材对于词汇知识的学习如何安排，教师在教学过程中都应帮助学生建立起词汇意识并形成属于自己的词汇建构策略。

教材示例 5-4

选自：何锋，齐迅.英语（三年级起点四年级上册）[M].南京：译林出版社，2014：11.

教材示例5-4是有关动物词汇知识的复习和巩固练习。在前面的Story time中，通过对话的形式，学生们学习了有关动物名称的单词cat、dog、elephant、horse、lion、monkey、panda、tiger。值得一提的是，这些单词在教材6—7页本单元对话中以图片加单词的形式单独列出，不仅让学生在动物的形象和单词之间建立起联系，而且以a cat、an elephant、a horse的形式呈现，帮助学生建立起可数名词"数"的概念，进一步将单词的音、形、义结合起来，加深了学生对单词的理解。在这个练习中，单词的复习被放置在有意义的情境中，通过两个孩子的问答"What's that?""It's a/an …"，在句子情境中运用所学单词，达到复习和巩固的效果。之所以说这是有意义的情境，是因为所提供的图片并不是动物形象的直观显示，而是用比较抽象的剪影式图形表示，因为其不明确性，才使"What's that?"这个提问变得有意义，而不是明知故问。在实际教学中，教师可以引导学生注意变换问答的角色，即第一轮A问B答，下一轮则B问A答，这样可以使参与双方都能够有相对完整的词汇学习过程：视觉刺激—视觉分析—词汇激活—词汇提取—词汇语用。

教材示例 5-5

Talk about yourself.

play basketball well　　run fast

play football well　　jump high

I can play basketball well.

I can run fast.

选自：陈琳，（英）普里莎·爱丽斯（PRINTHA ELLIS）.英语（新标准）（一年级起点五年级上册）[M].北京：外语教学与研究出版社，2013：34.

教材示例5-5从表面上看是运用"I can + 动词+ 副词/ 形容词"结构描述自己体育能力的口语练习，但实际上却涉及语言知识学习过程中的词汇处理。在外研社《英语》（新标准）教材中，各个模块的第一单元均呈现了本模块所要学习的语言内容，但并没有专门列出词汇项目，而是将词汇学习与语法练习相结合，使学生在语法练习中运用和拓展词汇，在词汇运用中巩固新授语法知识。这就需要教师根据具体情况来把握教学侧重点，如果所练习的语法结构是之前学过的，在这里不用做新知处理，则需要关注语词（单词和短语）；如果所训练的语法项目是本模块的教学重点，则需要关注语言结构。这个示例中的"I can …"句型学生在三年级时已经学习过，而且是相同语言功能的运用，如："I can run fast. I can jump far. I can swim. I can sing."等。不同的是，此处侧重表达自己的运动能力，且运用副词well，或形容词high、fast等对运动能力进行进一步的修饰，凸显了语词的准确表达和运用的重要性，因此需要在对话中聚焦语词。教材中将play basketball well、run fast、play football well和jump high作为词块另列出来，不仅可以帮助学生更顺利地进行口语练习，而且可以帮助他们整体输入、存储以及在必要时整体输出这些词块，是一种更高效的词汇学习手段。语言本身就是"有语法的词汇"，而不是"有词汇的语法"，因此在课堂上，教师应该投入更多的时间引导学生学习语言的词块，而不是脱离词汇的语法内容。

📖 **拓展阅读 5-2**

　　词汇的学习包括许多不同种类的知识。以下内容改编自埃利斯（Ellis）和辛克莱尔（Sinclair）以及卡梅伦（Cameron）的书，其中列出各种元认知意识。我们可以发现，对于"了解"一个单词而言，各种知识可能并不同样重要。例如，我们可以假设在学习的较早阶段，单词形式方面（单词拼写、语法描述和单词的语法变化等）的重要性较小，我们应更关注一个单词如何发音，其含义是什么，以及如何使用。另外，单词的重要性也依赖于是否要求积极地或可被理解地运用单词，以及将来对单词的运用。

了解一个单词

元认知意识	包　括	例　子
语言——可接受意识	当说或写出单词时，理解这个单词。	
认知——有效记忆和回忆策略的认知意识	记忆单词并在需要时使用。	
语言——概念意识	使用单词的正确意义。	不要把桌子说成是椅子。
语言——语法意识	以正确的语法方式使用单词。	She danced very well.（不要说成She danced very good.）
语言——语音意识	正确地发音，使其他人能够理解。	
语言——词语搭配意识	知道该单词可以和哪些单词搭配使用。	"A fast bike"不要说成"A quick bike"。
语言——拼写正确性意识	正确地拼写。	Medal（不是medle）。
语言/社会——实际的意识（风格和记录）	在合适的场合使用。	"Wiggle your bum"（埃利斯，1997）中的bum可用在游戏的环境中，但不能用于和教师的谈话中。
语言/文化/社会——内涵意识	知道单词是否会使人有积极的或者消极的联想。	smarty有消极的内涵，如某人聪明但自以为是，而clever有积极的内涵。
语言——元语言意识	知道如何描述一个单词。	medal是一个名词。fast是一个形容词。

选自：Jean Brewster, Gail Ellis, Denis Girar.小学英语教师教学指南［M］.王晓阳，等，译.北京：高等教育出版社，2005：73.

三、语法知识运用能力发展活动分析

从结构而言，英语语法知识包括词法知识和句法知识，词法关注词的形态变化，如名词的数、格，动词的时、态（体）等；句法关注句子结构，如句子的成分、语序、种类等。词法和句法之间的关系非常紧密。在语言使用中，语法知识是"形式—意义—使用"（form-meaning-use）的统一体，与语音、词汇、语篇和语用知识紧密相连，直接影响语言理解和表达的准确性、得体性。在语法教学活动中，教师常常会遇到学生的疑问：为什么go的过去式是went而不是goed？为什么knife的复数形式是knives而不是knifes？等等。这就要求教师准确把握语法教学的深度。

根据刘易斯（Lewis）对语法类型的分解，布鲁斯特（Jean Brewster）建议，在小学阶段，教师能够提供的最大支持就是帮助学生首先学习事实和模式两大类语法知识。[①]

（1）事实。这些语法是非生成的，而且不能够被普遍使用。例如：foot的复数形式是feet。一旦学生们了解了这种类型，应该鼓励他们只要接受这些事实并加以学习即可。

（2）模式。该分类可以通过帮助学生寻找模式而充分使用，一旦模式被注意到了，学生就能产生新的语言。例如："My favourite (colour/ desert) is (blue/ ice-cream)." 等，这能增加学生的自信并有激发动机的作用。

这个建议一定程度上可以解决教师对语法教学深度的困惑：对于非生成的事实性的语法知识，比如特殊变化的动词过去式、特殊的名词复数形式等，要让学生了解，同时鼓励他们接受并加以学习和运用到一定阶段后，再根据需求探究其里；而对于有一定模式，可以部分替换而产生新的语言的语法结构，则要创造机会让学生以真实社交为目的使用这些语法结构，使语言学习更有意义和激励性。

Ⓤ 课标选摘

《义教课标（2011）》对小学阶段语法知识的标准描述如下：

级别	知识	标 准 描 述
二级	语法	1. 在具体语境中理解以下语法项目的意义和用法： · 名词的单复数形式和名词所有格； · 人称代词和形容词性物主代词； · 一般现在时，现在进行时，一般过去时和一般将来时； · 表示时间、地点和位置的常用介词； · 简单句的基本形式。 2. 在实际运用中体会以上语法项目的表意功能。

选自：中华人民共和国教育部.义务教育英语课程标准（2011年版）［S］.北京：北京师范大学出版社，2012：18.

---

① Jean Brewster, Gail Ellis, Denis Girar. 小学英语教师教学指南［M］.王晓阳，等，译.北京：高等教育出版社，2005：84.

基于《义务教育英语课程标准解读（2011年版）》可知：第一，语法学习应该结合语境并与语法项目的意义相结合，这样更有利于学生记忆有意义的形式。"在具体语境中理解以下语法项目的意义和用法"，这里的"理解"是指通过思维活动来认识规律、获得他人传达的意义等。与"知道"和"了解"相比较，"理解"更强调思维的过程，它既可以指思维的过程，也可以指思维的能力，与英语中的"understand"的意思最为接近。理解是语法学习的第一个层面，是语言学习的重要基础。教师应让学生多在语境中接触语法现象，提高对语法现象的识别力和理解力，为今后的运用奠定基础。第二，语法教学应强调在语言实践中运用语法知识，理解语法项目的意义和用法。"在实际运用中体会以上语法项目的表意功能"说明对语法的表意功能的了解不能依靠教师的讲解，而是靠学生在运用实践中亲自体验领悟出来的。因此，在语法的学习上，教师要为学生创设简单且典型的情景，让学生通过实际运用体会语法项目的表意功能，通过大量接触去理解语法项目的意义和用法，了解语法规则。

　　人教版《英语》（PEP）对语法教学特别提出建议：要引导学生体会和感受语言的使用，尽量使语言现象自然出现，不要求学生对语法知识透彻理解与掌握。因此，这套教材有关语法知识的内容在各个不同板块多有呈现，如主情景图在真实情景中呈现本单元的主要句型，A部分的Let's try环节通过真实自然的情景对话呈现核心语句，Let's talk环节通过游戏或语言任务活动巩固核心语句；B部分的Let's try环节在复习A部分句型的基础上适当扩展新的语言，并在随后的Let's talk环节巩固；C部分的Let's wrap it up环节则是本单元的语法小结。

　　外研社《英语》（新标准·一年级起点）对语法的整体设计是：第一至八册在课文语境下渐次学习课标中所要求的语法项目，第九至十二册则是语法知识复现。因此在第一至八册中，每个单元的课文是在这样的要求下呈现的"Listen, point and find ..."，这里学生在听课文录音、指认课文文字材料的基础上需要发现的项目就是语法知识点，包括本单元的重点词法和句法，随之是语法训练和实践运用活动，如"Listen, point and find 'goes, watches, reads'"（一年级起点二年级上册，第44页），"Listen, point and find 'This is ...'"（一年级起点一年级上册，第26页），"Listen, point and find 'Did you ...'"（一年级起点四年级上册，第50页）。我们可以清楚地看到以上这三项任务中所涉及的语法项目分别为动词时态（单数第三人称主语一般现在时）、简单句、动词时态（过去时一般疑问句）。学生在课文情境下理解这些语法项目的意义之后，在随后的Practise环节，在图片和句型支架的提示下进行语言训练，进一步体会其表意功能。

　　译林版《英语》前四册，有关语法知识的内容见于课文Fun time和Checkout time板块中。Fun time是词汇和句型的练习板块，通过趣味性、互动性较强的语言实践活动，帮助学生掌握课文中所呈现的词汇、句型和日常用语，以提高他们用英语对话的能力。Checkout time是检测板块，根据单元词汇、句型和日常用语等方面的教学目标，以形式多样的综合性语言应用活动，帮助学生复习巩固所学的语言知识。以第三册（四年级上册）第六单元为例，Story time板块的课文在ordering food的主题下，呈现了目标句型"—What would you like? — I'd like ..."，在接下来的Fun time中，则给出一份菜单（menu）和句型提示，要求学生根据菜单进行对话交流，练习目标句型。Checkout time提供了一段语音材料，要求学生做Listen and match的练习，将听到的人物和他们所点的食物进行连线，以检测学生对相关语境下包含词汇、语言结构、语用等语言知识的掌握情况。在第五、六册教材中，每个单元专门设计了语法板块Grammar time，列出主体课文中出现的语法知识，以进行复习巩固练习。

语法练习是语法知识学习非常重要的一个步骤，语法练习一般分为机械练习和有意义的练习两种形式，也称之为受控练习和创造性语言使用。

教材示例 5-6

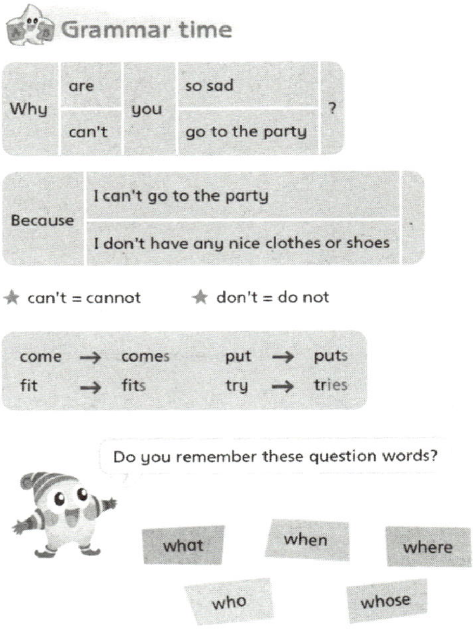

Grammar time

| Why | are | you | so sad | ? |
| | can't | | go to the party | |

| Because | I can't go to the party |
| | I don't have any nice clothes or shoes |

★ can't = cannot   ★ don't = do not

come → comes   put → puts
fit → fits   try → tries

Do you remember these question words?

what   when   where

who   whose

选自：何锋，齐迅.英语（三年级起点五年级下册）[M].南京：译林出版社，2014：9.

教材示例5-6显性呈现有关语法项目。首先，教师可让学生回顾课文，找出询问因果关系的特殊疑问句及其回答："— Why are you so sad? — Because I can't go to the party. / Why can't you go to the party? — Because I don't have any nice clothes or shoes."，让学生进一步熟悉主体课文中的目标句型；然后以"Do you remember these question words?"为引子，列出在前面几册中学生学习过的其他特殊疑问词what、when、who、where、whose，作为特殊疑问词的汇总和回顾。

按照教材图示的这种方式将目标句型根据句子结构列出，意在让学生直观感知特殊疑问句的句法规则，这是语法学习的一种演绎呈现形式，让学生通过直接阅读语法规则或听教师直接讲解，然后进行语法练习的学习方式。这种教学方法虽然语境不够充分，但对于比较复杂的语法项目或者对于部分学生来说，还是有一定优势的，它可以让学生在较短时间内比较清楚地了解语法项目，提高自信，提升学习效果。开展有语境的语法学习和实际运用语法项目的语法知识教学时，需要将归纳法和演绎法结合起来。

归纳法是让学生接触观察分析，通过足够多的例子自己归纳总结出语法规则。小学英语语法教学更适合采用归纳的方法进行教学。让学生归纳语法规则，是学生主动的语法学习行为，也符合小学生乐于探究的兴趣特性，而教师讲解语法规则，则是以教为主导的行为。对于小学生而言，语法规则难度不大，可以通过归纳而发现。"归纳法更有利于鼓励学习者积极探索，发现规则，以满足他们探求知识的欲望，形成学习的内在动机。"[1] 小学英语语法学习中的演绎法，适合在五、六年级进行语法总结之时进行，教师引导学生从一个语法规则演绎形成不同运用形态下的语句，或者从一个情境，演绎出不同的语句结构、时态等。演绎法不仅可以帮助高年级学生系统复习和掌握英语语法，而且有助于发展学生的逻辑思维能力。但演绎法不适合在低年级使用，因为低年级学生尚不具备抽象思维能力。

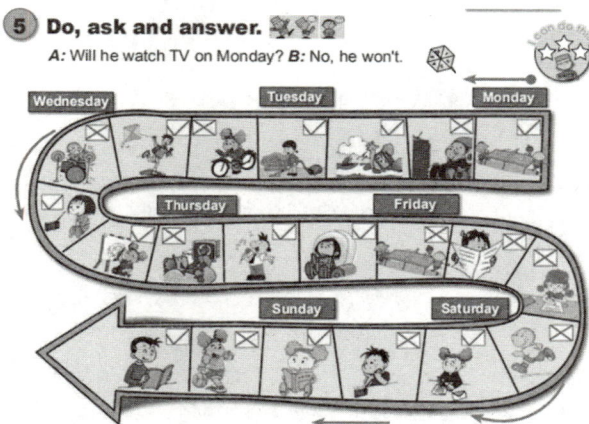

📊 教材示例 5-7

5 Do, ask and answer.

A: Will he watch TV on Monday? B: No, he won't.

选自：陈琳，（英）普里莎·爱丽斯（PRINTHA ELLIS）.英语（新标准）（一年级起点三年级下册）[M].北京：外语教学与研究出版社，2013：31.

教材示例5-7是根据教材主人公已经制定的活动意向做游戏，通过游戏活动进行语法规则的巩固练习，要求学生对教材里的几位主人公未来一周有意向做的事情进行询问和信息获取，关联的语法项目是will在一般将来时和一般疑问句及其回答中的运用。虽然这个

---

[1] 鲁子问.小学英语教学设计［M］.上海：华东师范大学出版社，2018：111.

语法项目的练习是以游戏的形式呈现的，但能综合发展学生各方面的能力，尤其是对视觉材料的解析能力。这是因为，要想提出问题或正确回答，学生不仅要关注图片中的人物及其所要做的事情，还要关注到具体的日期，并对图片附属方框里的"√"或"×"作出判断。更为重要的是，为了达到语言与信息的准确，学生需特别关注动词的形式。从操作性而言，由于所选用的人物和他们所做的事情都是学生所熟悉的，一方面学生很有兴趣，另一方面也在一定程度上降低了难度。学生可以利用经常开展的掷骰子游戏，以游戏的方式随机选择要练习的人物、日期和事件；也可以按照箭头所指示的方向，依次进行口语练习。由于这是第五模块第二单元的内容，将这个练习放置在整个模块的教学安排上来看，可以看出它其实是本模块的目标语法结构"— Will you take your kite to the picnic tomorrow? — No, I won't."的拓展，主语从you拓展到单数第三人称he/ she，而语法结构的其他部分不需要变动，只做内容替换即可，所以是对学生的语言和思维能力的适当延展。

教材示例 5-8

选自：人民教育出版社课程教材研究所英语课程教材研究开发中心.英语（PEP）（三年级起点五年级下册）[M].北京：人民教育出版社，2014：39.

在教材示例5-8中，Let's learn部分是对语法知识的巩固练习，为了给学生提供支架，在主要句型下面提供了"图片+语词"的语言支持。同时，为了帮助学生感知在表示兴趣爱好的like doing结构里谓语动词like后面宾语在词法上的变化，教材提供的作为图片说明的语词都是变化后的doing结构：dancing、singing、reading stories、playing football、doing kung fu。这部分替换练习之后，Do a survey部分要求学生开展有关同学们兴趣爱好的调查并进行汇报，以此让学生在完成受控制的语法练习之后，开展在交流中利用所学的语言结构的活动，使练习变得更有意义，也更符合语言用于交流的最终目的。这项练习并不仅限于对目标语言的运用，在最后的汇报中，学生还要运用简单的统计知识，将调查得到的结果进行总结统计，得出 "Two students like dancing. One student likes singing ..." 这类结论，不仅将所学句法结构进行综合语用，而且为可能据此进一步设计的活动提供了数据支撑。

> ### ▢ 拓展阅读 5-3
>
> How should grammar be practised, mechanical or meaningful?
>
> Mechanical practices are largely used in language classroom both for grammar and vocabulary practice. This kind of activities can reinforce pupil's accuracy in using certain grammatical items. Pupils can remember the rules easily after lots of practice. But this kind of practice cannot enhance the use of grammar in the real situations. So if we want children to use a certain grammar rule naturally in real life, only mechanical practice is not enough. We need to create situations that are similar in real life and involve children to use grammar rules for communicative purpose. Mechanical practice can be used as a preparation stage for meaningful practice.
>
> For mechanical practice, teachers can ask pupils to do the following:
>
> 1. Filling in the blanks
>
> 2. Doing substitution drills
>
> 3. Changing the sentence structure
>
> 4. Translating sentences
>
> 5. Repeating after the teacher
>
> 6. ...
>
> For meaningful practice, we suggest the following activities:
>
> 1. Identifying pictures with descriptions/ paragraphs
>
> 2. Discovering identical pairs
>
> 3. Finding and describing differences
>
> 4. Following directions
>
> 5. Using rhymes and songs
>
> 6. Retelling stories
>
> 7. Role-playing

以上材料说明有效的语法知识学习不仅需要有意义练习，同时也需要结构巩固练习。这里所提出的有关语法学习的有意义练习和结构巩固练习的建议，对于教师组织课堂活动有着实际的指导意义。

四、语篇知识运用能力发展活动分析

语篇是表达意义的语言单位，包括口头语篇和书面语篇。人们为了表达某个主题，可以用短到一个单词、一个句子，长到一篇文章、一整本书甚至若干本书，这些都是语篇。语篇是语言学习材料的主要组织形式。从前面对语音、词汇、语法知识的学习分析可知，语音、词汇、语法都是语篇的有机组成部分，语言学习者主要是在真实且相对完整的语篇中接触、理解、学习和使用语言的。因此，在小学英语教学中，教师要注意处理好语音、词汇、语法和语篇的关系，要以语篇为单位设计和实施教学，避免单纯地讲授语篇知识。

语篇知识主要包括语篇是如何构成的、语篇是如何表达意义的、人们在交流过程中是如何使用语篇的等知识，涉及语篇的结构、类型和形式等内容。小学英语教材语篇以对话语篇、短文语篇为主，对话语篇有话轮结构，短文语篇有篇章段落结构，话轮之间、之内的结构，段落之间、之内的结构，以及这些结构所表达的意义，皆应作为语篇知识进行学习。语篇有各种各样的类型，包括记叙文、议论文、说明文、应用文等不同的文体，语篇也有不同的形式，包括口头、书面语中的多模态形式，如语言、图示、图表、歌曲、音频、视频等。在把语言作为整体的教学思路指导下，语篇知识对于语言学习和语言运用有着至关重要的作用。学习一定的语篇知识，可以帮助学生更有效地理解口头或书面语篇，比如，在阅读时关注情境提示语可以帮助他们更好地理解课文内容；在做听力练习时，充分理解所提供的图片、图表等多模态语篇内容，可以大大提高学生的听力理解能力。学习一定的语篇知识，也可以让学生在交流时能够有意识地根据需要选择恰当的语篇形式，安排语篇内容，组织语篇结构。比如，在交流简短信息时可以根据需要写便条而不是长信；写作文时能够更好地运用语篇知识来组织语篇结构，使行文逻辑清楚、语句连贯、表达清晰。

小学英语教材中常见的语篇有对话、故事、书信等类型，以及由此衍生出的打电话、剧本、便条、日记、电子邮件、投诉信等其他语篇类型。随着时代的发展，教材中也越来越多地出现其他类型的语篇或两种及以上模态相结合的语篇类型，如微博+对话、日志+对话等。参照《普高课标（2017）》中列出的英语语篇类型，我们可以对小学英语教材中现有和未来可能增加的语篇类型做如下总结：

（1）对话、访谈、打电话等；

（2）记叙文：个人故事、人物传记、短篇小说、童话、剧本、科幻故事、幽默故事等；

（3）说明文：地点、事物、产品介绍、操作指南、使用手册等；

（4）应用文：日记、书信、E-mail、便条、毕业留言、问卷、提议、建议、日程安排、服务评价等；

（5）新媒体语篇：一般网络信息、电子邮件、手机短信、博客、知识类或科普类网页等；

（6）其他语篇类型：目录或指南、表格和图示、日程表、告示牌、地图和图例、菜单和烹饪食谱、规则、操作指令、天气预报、歌曲和诗歌、笑话、散文、戏剧、影视、广告等。

小学英语教材中选用的语篇，无论什么类型，基本都是围绕某一个主题或话题而展开。正如厄尔（Penny Ur）指出，"Language has traditionally been segmented into sounds, vocabulary and grammatical structures, but it may equally well be taught through larger meaningful segments based on whole 'chunks' of discourse. It would seem logical to group such chunks round a common topic and many courses are planned in such a way. Unit 1 of a course book might, for example, deal with the home, Unit 2 with the family, and so on."[1] 因此，了解二级话题标准，有助于增进对于语篇知识的了解和教学实施。

课标选摘

《义教课标（2011）》对小学阶段话题知识的标准描述如下：

级别	知识	标　准　描　述
二级	话题	理解和运用有关下列话题的语言表达形式：个人情况、家庭和朋友、身体与健康、学校与日常生活、文体活动、节假日、饮食、服装、季节与天气、颜色、动物等。

选自：中华人民共和国教育部.义务教育英语课程标准（2011年版）[S].北京：北京师范大学出版社，2012：19.

---

① Penny Ur. *A Course in Language Teaching: Practice and Theory* [M].北京：外语教学与研究出版社，2000：90.

把握教材学习内容的语篇知识，首先应把握其话题，因为话题是语篇的基础性知识内涵。

教材示例 5-9

Unit **6** In the kitchen

🔖 Story time 🎧

1 It is six o'clock in the evening. Liu Tao comes home from a football game. His parents are cooking dinner in the kitchen.

Liu Tao: That smells nice, Mum. Are you cooking meat?
Mrs Liu: No, I'm not. I'm washing some vegetables. I want to cook some tomato soup.
Mr Liu: I'm cooking meat with potatoes, Taotao.
Liu Tao: Great! I can't wait, Dad!

bread　　meat　　potatoes

2 Liu Tao is looking for some juice in the fridge.

Liu Tao: Mum, is there any apple juice in the fridge?
Mrs Liu: No, but there's some orange juice.
Liu Tao: OK, thank you.

3 Dinner is ready. Liu Tao is eating the meat.

Mr Liu: How's the meat, Taotao?
Liu Tao: It's yummy, Dad. I love it! You're a great cook!
Mrs Liu: How's my soup, Taotao?
Liu Tao: It's nice, Mum. I love it too!

soup　　tomatoes　　vegetables

选自：何锋，齐迅.英语（三年级起点五年级下册）[M].南京：译林出版社，2014：58—59.

教材示例5-9呈现的是目前各类小学英语教材中最为典型的语篇类型：对话。对话参与者一般都是贯穿整个教材系列相对固定的人物及其身边的朋友及家人，如外研社版《英语》（新标准）教材中的Daming、Lingling、Amy、Sam、Mrs. Smart等，人教版《英语》（PEP）教材中的Wu Yifan、Sarah、Chen Jie、Robin等，译林版《英语》教材中的Liu Tao、Yang Lin、Miss Li等。这些人物形象在每册教材的开始都会专门介绍，因此是学生所熟悉的角色。本案例中的对话就发生在Liu Tao和他的父母之间，发生的地点是Liu Tao家的厨房，对话是和晚餐有关的话题。对话根据内容的聚焦，自然而然地分成三个小部分：（1）爸爸妈妈正在厨房准备晚餐，Liu Tao问晚上吃什么。（2）Liu Tao想喝苹果汁但冰箱里没有，妈妈告诉他有橙汁。（3）Liu Tao对爸爸妈妈的饭菜赞不绝口。从内容上可以看出，虽然对话发生的地点没有改变，但对话发生的情境略有不同，整个语篇并不是一个持续进行的完整对话，有可能会引起学生理解上的困难。所以，教材在对话前面分别加上了情境介绍："It is six o'clock in the evening. Liu Tao comes home from a football game. His parents are cooking dinner in the kitchen. / Liu Tao is looking for some juice in the fridge./ Dinner is ready. Liu Tao is eating the meat"。这几句说明性文字虽然不是对话的一部分，却非常明确地交代了几段对话发生的背景，使几段对话衔接得更为流畅，对话内容更加连贯，整个语篇也更容易让人理解。

类似这样的语篇背景知识处理，在其他版本的教材中也时有出现，如外研社《英语》（新标准·一年级起点）五年级下册第四模块第一单元 Did you read them? 的课文语篇呈现之前，就加了一句背景说明文字："Daming's grandma lives in the US."，简单交代了之前从未出现过的 Daming's grandma 的情况，使课文对话变得更加真实和有意义。译林版《英语》（三年级起点）六年级上册第三单元 Story time 用一句"The students came back to school after the National Day holiday."交代了 Holiday fun 主题下课文语篇发生的背景，使对话更加自然。有时候，背景知识的介绍只需要通过简单的场景介绍即可实现。如外研社《英语》（新标准·一年级起点）五年级下册的第三模块，在有关图书馆借书的对话语篇中加上文本框 At the Library，用来简单交代对话发生的场景，一目了然。

除了话题，语篇结构也是语篇知识的重要内容，论说文、说明文、应用文等都具有显性的语篇的结构性知识特征。

教材示例 5-10

MODULE 1
Unit 1

Dear Amy,

How are you? I'm very well. London is a bit cold now. Is it cold in Beijing, too?

It was my birthday on Saturday. Now I'm nine. Here is a photo of my birthday party.

The girl in red is my new friend, Zara. She's got long, black hair. She's very nice. Here is another photo of Zara and me. We were at Buckingham Palace. We were very happy.

Write to me soon. Tell me about your friends.

Love,
Lucy

3

选自：陈琳，（英）普里莎·爱丽斯（PRINTHA ELLIS）.英语（新标准）（一年级起点四年级上册）[M].北京：外语教学与研究出版社，2013：3.

教材示例 5-10 的语篇是应用文：书信。在教学过程中，教师不仅要将教学重点落在书信不同于其他语篇形式的格式问题上，还需要帮助学生了解在这封书信中意义是如何表达的。教师可以通过背景知识回顾，和学生共同回忆Amy正在中国学习，Lucy是她在英国的好朋友，她们有较长时间没有见面了。这就决定了Lucy在信件的开头先用"How are you?"打招呼并询问北京的气候如何："London is a bit cold now. Is it cold in Beijing, too?"信件以"Write to me soon. Tell me about your friends."结尾，表明了Lucy对于Amy在中国的生活感到好奇，想要了解更多信息。而这封信的主体部分，Lucy通过两张照片分享了上个周末她过生日的一些场景以及她的新朋友Zara，因为叙述内容的变化，引起了时态的变化。如此一来，书信中语义的连贯性被很好地发掘出来，书信的语篇结构也就显而易见了。

教材示例 5-11

选自：人民教育出版社课程教材研究所英语课程教材研究开发中心.英语（PEP）（三年级起点五年级下册）[M].北京：人民教育出版社，2014：12—13.

随着语言运用形态的发展，各种新的语篇形态不断出现，新媒体语篇就是其中之一。教材示例5-11是一个和新媒体语篇相关的案例，严格意义上来说，是新媒体语篇和对话相结合的多模态语篇。语篇的前半部分展示了Mike和John发布的部分微博内容。微博（微型博客），是一种分享即时简短信息的网络平台。从有限的文字内容可以看出这是周六、周日两天的微博，从图片内容可以看出Mike和John上个周末都做了哪些事情。语篇后半部分的对话正是基于这两天的微博发布进行的。传统语篇类型，不论以对话、故事，还是书信的形式出现，都以文字为主，辅以和文字内容相关的图画（低年级文字内容有时会相对较少，以插图为主）。这个语篇突破传统，采用文字和非文字表意形式相结合的方式，与时俱进地将新媒体时代的事物引入课堂，学生在学习语言的过程中也提升了自己的视觉素养和认知能力。

有效的教学设计是有效教学的前提和基础。在进行教学设计之前，教师除了要进行学情分析外，一定要仔细研读教材，准确把握教学内容在整个教材体系中的作用，从课程、语篇、教学几方面分析教学内容，设定教学目标，制定出适合学生的教学活动，对课堂生成进行充分预设。在课堂教学之前，教师可以根据拓展阅读5-4中的内容进行课文语篇的话语分析。

拓展阅读 5-4

语篇是教学的基础，任何教学内容严格意义上都是语篇。我们要把握语篇的结构、内容、语境、语用目的等，基于此进行教学。从教学需求而言，对教学内容进行教学性的话语分析应包括以下内容：

教学内容作者是谁？有无显著的写作背景？作者的写作意图是什么？

教学内容的语言内容是什么？教学内容介绍对象是谁？具有什么特征？说明了谁与谁的关系？说明了什么内容？教学内容呈现的时间、地点、方式、原因、结果、逻辑关联特征分别是什么？教学内容本身的真实语义功能是什么？

作者为什么介绍这些内容/人？为什么如此描述？

教学内容作为非教学内容语篇，是否可能出现在真实语境中？若是，会出现在什么语境中？具有什么语用特征和语用目的？

教学内容作为非教学内容语篇，具有什么价值取向、文化特性（尤其是文化偏向、文化歧视、刻板印象等）、政治特性、社会特性（尤其是职业歧视、财富歧视、性别歧视、地域歧视等）？教学内容作为教学内容语篇，具有什么价值取向、文化特性、政治特性、社会特性、教育意义？

教学内容表述是否符合逻辑？是否符合科学精神？是否符合科学事实（必要的文学描述除外）？请根据需要具体描述。

教学内容结构是什么？内容是如何发展的？为什么如此发展？

教学内容主要的语言结构是什么？作者/主人公为什么选择这一/这些结构进行表达？教学内容特色是什么？

教师作为读者对教学内容有什么读后感受或收获？学生作为读者可能对教学内容有什么读后感受或收获？

选自：鲁子问.小学英语教学设计［M］.上海：华东师范大学出版社，2018：81—82.

五、语用知识运用能力发展活动分析

在真实交际中，即便掌握了标准的语音、丰富的词汇、规范的语法，有时候我们也会发现在交流上存在着一些困难和障碍。比如，说同样一句话，说的场合不同，听的对象不同，就可能表现出不同甚至相反的意义。例如："Is this your book?" 这句话在不同语境中就可能有这样几种意义或解读：（1）学生A发现找不着英语书了，同学们帮着一起找，这时候有人发现地上有一本英语书，就拿起那本书问："这是你的书吗?"此处强调"this"的所指。（2）学生B认为学生C拿了自己的书，争执不下时，老师过来调解，为了确认，问学生C："这是你的书吗?"此处强调"your"的所指。（3）学期将结束，在复习课上，老师要求同学们打开书后的单词表一起复习。这时候老师发现学生D的课本损毁严重，单词表已经不见了，于是拿起他的课本，问道："Is this your book?"此处强调"book"的所指。从以上示例可知，在特定语境中准确理解他人和得体表达自己，才是有效的交流，此时需要运用相关语用知识。语用学的以下比较有代表性的定义有助于我们理解语用的内涵[①]：

Pragmatics is the study of linguistic acts and the contexts in which they are performed. (Stalnaker)

Pragmatics is the study of language use and linguistic communication. (Akmajian)

Pragmatics can be defined as the study of how utterances have meanings in situations. (Leech)

由分析可知，不论对语用学如何定义，有两个概念不可或缺："意义"（meaning）和"语境"（context），语用学研究的是语言在一定的语境中使用时所体现出来的具体的意义。

从下图可知，语境的内涵非常丰富，主要涉及交际的时间、地点、情境、参与人员等环境因素，也涉及参与人的交际目的、交际身份、所处处境及心情等个体因素。教师应加强语用意识，在教学中尽量创设接近真实的交际语境，通过课堂语用活动帮助学生学会辨识各种语境因素，并使他们认识到需要根据具体交际情境选择语言形式。换个角度来说，掌握了一定的语用知识，"有助于学生根据交际的目的，交际场合的正式程度，参与人的身份和角色，选择正式或非正式、直接或委婉、口头或书面语等语

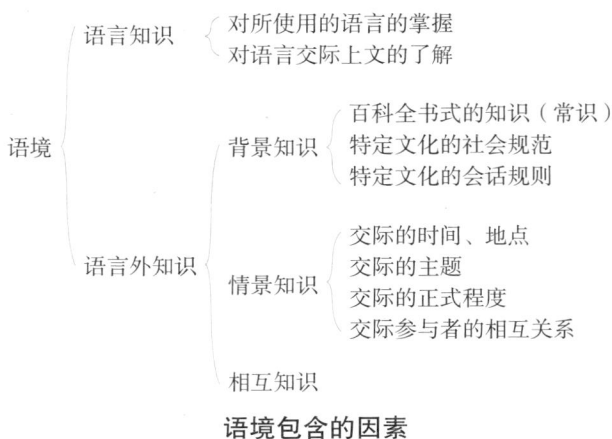

```
                    ┌ 对所使用的语言的掌握
         语言知识 ┤
                    └ 对语言交际上文的了解

                                        ┌ 百科全书式的知识（常识）
                          背景知识 ┤ 特定文化的社会规范
语境 ┤                                └ 特定文化的会话规则

                                        ┌ 交际的时间、地点
         语言外知识 ┤ 情景知识 ┤ 交际的主题
                                        ├ 交际的正式程度
                                        └ 交际参与者的相互关系

                    └ 相互知识
```

语境包含的因素

---

① 何兆熊.新编语用学概要［M］.上海：上海外语教育出版社，2000：8—9.

言形式，得体且恰当地与他人沟通和交流，达到交际的目的"。[①] 小学阶段语言知识部分的"功能"和语用知识如下。

📖 **课标选摘**

《义教课标（2011）》对小学阶段功能知识的标准描述如下：

级别	知识	标　准　描　述
二级	功能	理解和运用有关下列功能的语言表达形式：问候、介绍、告别、请求、邀请、致谢、道歉、情感、喜好、建议、祝愿等。

选自：中华人民共和国教育部.义务教育英语课程标准（2011年版）[S].北京：北京师范大学出版社，2012：19.

从二级标准可知，在小学阶段的语言学习中，语用知识在一定程度上覆盖了语言功能的表达形式，这是对语言能力的运用提出更高要求的一个必然结果和努力目标。

分析课文语篇的功能，明确其语境和语用知识，有助于教师开展发展学生语用能力的教学活动。如教材示例5-12中的these、those和naughty的语用特征。

📋 **教材示例 5-12**

选自：陈琳，（英）普里莎·爱丽斯（PRINTHA ELLIS）.英语（新标准）（一年级起点三年级上册）[M].北京：外语教学与研究出版社，2013：14—15.

---

① 中华人民共和国教育部.普通高中英语课程标准（2017年版）[S].北京：人民教育出版社，2018：29.

教材示例5-12讲述的是Amy、Sam和妈妈一起去公园游玩，在公园划船和喂鸭子的经历。仔细研读语篇，我们会发现两个很有趣的语用现象：（1）当孩子们见到湖面上有人在划龙舟后也非常想划船，这时候Sam对妈妈说："Please, Mum?"明明是表示请求，但Sam没有用祈使句，而是运用了省略句加疑问语气的方式，间接地提出请求，带有撒娇的口气。这非常符合Sam年龄小、和妈妈关系亲密的人物身份设定。（2）孩子们在喂鸭子时，Sam说了句："The ducks are coming now. They're naughty."但当鸭子们游近小船，试图抢夺Sam手里的食物时，妈妈又说了一句："Oh no! These ducks are very naughty!"显然，这里的两个naughty表达的并不是相同的意思。第一次Sam说的naughty，有"可爱、活泼"的含义，这从图中几个人物轻松、愉悦的表情可以看出。第二次妈妈说的naughty，仅表达了"调皮"的含义，没有指责的成分，虽然Sam有些害怕，大叫："Get out! Get out!"但妈妈和Amy都觉得这一幕非常有趣，Amy甚至发出"Ha ha ..."的大笑声。这个案例很好地诠释了naughty一词在语义层面和语用层面的不同意义。

准确把握语用的语境，有助于学生准确理解课文中的语言运用形态，从而学会准确运用语言，如示例5-13中的Don't语句。

教材示例 5-13

选自：陈琳，（英）普里莎·爱丽斯（PRINTHA ELLIS）．英语（新标准）（一年级起点四年级下册）[M]．北京：外语教学与研究出版社，2013：2-3.

教材示例5-13中呈现的是同学们去参观生产薯片的工厂的情景，同学们看到有的机器可以清洗土豆、有的机器可以切土豆片，感到非常新鲜和好奇。当其中一位孩子试图伸出手去触摸身边的机器时，工厂负责接待的人立刻用"Don't touch the machines, please! They are dangerous."加以制止。这种表示警告、制止、命令的祈使句与语用知识中有关会话的礼貌原则相冲突。说话人之所以用"Do X"这样的基本模式尽可能直接地、清楚明了地向听话人表明自己的意图，往往出于这样几种情形：[1]

---

[1] 何兆熊．新编语用学概要［M］．上海：上海外语教育出版社，2000：231.

（1）情况紧急或交际效率占据首位，面子需求退居次要地位。如："Watch out!"。

（2）对听话人的面子威胁相当小，或可能没有威胁，如提供建议等显然有利于听话人的言语行为。如：Don't feed the ducks!

（3）说话人的地位显然高于听话人，或说话人能赢得第三者的支持，在损伤听话人面子的同时不必担心丢自己的面子。如："Go to bed right now!"。

需要指出的是，英语中"Don't touch ...!"这样的警示语只有在读者或听话者明确什么东西会带来危险而不能触摸的情况下才能起到实际作用，因此读者或听话者往往会通过图片或警示语出现的周围环境来对语境作出判断。这种语言技能在后面"看"的部分将重点讨论。

拓展阅读 5-5

　　语言教材中使用的语言素材多数是教材编写者为了某一特定的教学目的而编写的材料，这些语言材料一般要特意包含某些词汇或语法结构。控制语言材料的难度并使语言材料包含目标语言项目固然重要，但学习者也必须接触现实中的语言，这样才能培养语言的实际运用能力。于是，语言教育研究者开始区分真实语言材料（authentic language）和非真实语言材料（non-authentic/contrived language）。真实语言材料指那些在现实生活中出现的语言素材，如报纸、杂志、广播电视节目、广告、通知、产品说明书、书信中的语言素材。非真实语言材料则是教材编写者或教师为了某种教学目的而专门编写的语言素材。真实语言材料与非真实语言材料其他方面的差异归纳如下：

	真实语言材料	非真实语言材料
语境	• 有真实语境，而且语境对正确理解材料起着重要作用。 • 说话者与听话者（作者与读者）都了解材料产生的语境。	• 语言材料无真实语境。 • 听话者或读者不能根据语境来理解材料。
规范性、完整性	• 有些真实材料（特别是口语材料）不太规范、完整。 • 可能使用一些新出现的词语或表达法。	• 总是力求规范、完整。 • 较少使用新出现的词语或表达法。
词汇、语法结构	• 一般不会有意识地控制词汇和结构的使用。 • 可能使用俚语或非正式用语。	• 有意识地根据学习者的水平控制词汇和结构的使用。 • 有意识地包含某些目标语言项目。 • 避免俚语和非正式语言。
篇幅	• 根据实际交际需要控制篇幅。	• 根据教学目的或教材的要求控制篇幅。
体裁	• 根据语言使用目的选择体裁。 • 体裁丰富多样。	• 一般选择常用体裁，如小故事、简短的议论文、科普文章。 • 体裁相对比较单一。

选自：程晓堂.任务型语言教学［M］.北京：高等教育出版社，2004：61—62.

以上材料对真实语言材料和非真实语言材料从语境、规范性及完整性、词汇及语法结构等方面进行了比较。虽然在小学英语课堂教学中很难完全使用真实的语言材料，但教师仍然可以尽量选用或创设接近真实的语言材料，引导学生进行语用。

🎓 **案例分析 5-1**

活动名称：我是小记者

适用范围：二级（小学中高年级）

活动目标：

1. 巩固和运用"be going to"来表示一般将来时。

2. 在真实的情境中运用已学的表示运动项目的单词，如：run、relay race、high jump、long jump等。

3. 培养学生的听说能力，运用语言进行交际的能力以及简单的写的能力。

活动要求：学生已经掌握了用"be going to"来表示一般将来时的用法和一些表示运动项目的单词。

活动材料：教师课前设计好的采访记录表和报名表若干份。

活动步骤：

1. 教师向学生介绍活动内容："我们学校的秋季运动会就要开始了，校广播站的'Sports Day'节目想在运动会之前了解一下同学们都想报名参加哪些运动项目。因此，老师想请班上的每一位同学都尝试着来当一次小记者，采访其他同学想在校运会上报哪些项目。每人至少采访5位同学，每一位同学最多只能报3项。"教师把复印好的采访记录表发给学生，让学生开始进行采访，要求学生用"What are you going to do for Sports Day?"来提问。接受采访的同学要用"I'm going to ..."来回答。

采访记录表

Name	Event

每位学生需要用英语记录被采访对象的姓名及参赛的项目名称，教师可以把学过的运动项目名称写在黑板上。

　　2. 学生采访结束后，教师让学生两人一个小组进行信息交流和汇总，形成一个较全面的采访报告。

　　3. 教师请每个小组的两个成员到教室前面进行采访汇报，报告自己采访了几个同学，他们都想报哪些项目。两名同学可交替汇报，也可互相帮助、提醒。

　　4. 教师将每个小组采访的人数情况记录在黑板上，最后进行评比，采访人数最多的小组可以获得最佳采访奖，口语表达效果最好的小组可以获得最佳汇报奖。

　　5. 汇报结束后，教师给每位学生发一张英文运动会报名表，让学生用英文来填写。

运动会报名表

Name : ＿＿＿＿＿＿＿＿　　　Sex: ＿＿＿＿＿＿＿＿

Class: ＿＿＿＿＿＿＿＿　　Age: ＿＿＿＿＿＿＿＿

I'm going to ＿＿＿＿＿＿＿ for the Sports Day, because ＿＿＿＿＿＿.

I'm going to ＿＿＿＿＿＿＿ for the Sports Day, because ＿＿＿＿＿＿.

I'm going to ＿＿＿＿＿＿＿ for the Sports Day, because ＿＿＿＿＿＿.

Date: ＿＿＿＿＿＿＿＿＿＿＿

　　评析：

　　1. 这个任务有利于学生发展以下几个方面的语言能力：

　　（1）讨论自身机会和想法的能力。

　　（2）听说能力、运用语言进行交际的能力，以及简单的写的能力。

　　（3）思考力、注意力和自我判断能力，以及良好的人际关系的协调能力。

　　（4）搜集信息、处理信息和汇总信息的能力，以及在真实生活中填写表格的能力。

　　（5）在完成这个任务的过程中，学生可能接触到以下语言项目：使用 like 等动词来表示喜爱或不喜爱，如："I like running."；使用动词和情态动词来表示能力，如："I can run fast."；使用 because 来表示理由。

　　2. 在这个活动中，学生们在较真实的情境中，运用所学的语言进行真实的交际，大大调动了他们学习英语的兴趣，也沟通了学生之间的感情，提高了学生人际交往的能力。同时，由听说的活动自由过渡到了读写的活动，对学生听说读写的综合能力也非常有帮助。

3.这个活动的全体参与性很强，学生可以全面地参与到采访、交流、汇总信息的活动中去，但是在最后汇报的环节可能无法做到让所有的两人小组都到教室前面来汇报。教师可以将学生分成两部分，一部分学生到前面来汇报，另一部分学生充当评委的角色，进行统计和评判，选出他们认为比较好的小组。这样既激发了学生的兴趣，又避免了部分学生无法参与活动的情况产生。

4.活动最后的填写运动会报名表的环节，将前面的听说活动升华到了读写活动，发展了学生读图表和进行简单信息填写的能力。教师可以通过观察学生报名表的完成情况来检测学生是否真正掌握了这节课的内容，同时又可以作为一个形成性评价依据计入平时的成绩。

选自：鲁子问.小学英语活动设计与教学［M］.北京：高等教育出版社，2008：138.

💡 疑问与思考

《义教课标（2011）》语言知识分级标准中要求"在具体语境中理解以下语法项目的意义和用法"，因此对于具体语法项目的机械练习是不合适的，应该摒弃。对于这个看法，你的观点是什么？

请扫描二维码
查看参考答案

第二节　小学英语教材语言技能发展活动分析

语言知识和语言技能都是语言能力的组成部分，它们之间相互影响、相互促进。语言知识是语言理解和表达的基础，与语言技能相结合，共同成为理解和表达的工具。只有综合地运用语言知识和技能，学生才有可能交流和表达他们所希望和所能够表达的情感、思想、话题和观点。

《义务教育英语课程标准解读（2011年版）》对于语言技能目标做了非常详尽的进一步解读。[①]针对小学生的身心发展特点，语言技能的目标要求有以下特点：

（1）侧重把听、说作为英语学习的主要手段和英语理解与表达的形式。

---

① 教育部基础教育课程教材专家委员会.义务教育英语课程标准（2011年版）解读［M］.北京：北京师范大学出版社，2012：54.

语言技能是语言运用能力的重要组成部分，主要包括听、说、看、读、写等方面的技能。听、读、看是理解性技能，说和写是表达性技能。理解性技能和表达性技能在语言学习过程中相辅相成、相互促进。学生应通过大量的专项和综合性语言实践活动，发展语言技能，为真实语言交际打基础。

……

发展学生英语语言技能，就是使学生能够通过听、说、看、读、写等活动，理解口头和书面语等语篇所传递的信息、观点、情感和态度等；并能利用所学语言知识、文化知识等，根据不同目的和受众，通过口头和书面等形式参与创造新语篇。这些活动是学生发展语言能力、文化意识、思维品质和学习能力的重要途径。

选自：中华人民共和国教育部.普通高中英语课程标准（2017年版）［S］.北京：人民教育出版社，2017：35—36.

语言技能标准以学生在某个级别"能做什么"为主要内容，这不仅有利于调动学生的学习积极性，促进学生语言运用能力的提高，也有利于科学、合理地评价学生的学习结果。

选自：中华人民共和国教育部.义务教育英语课程标准（2011年版）［S］.北京：北京师范大学出版社，2012：12.

（2）采用听、说、看、读、写、玩、演、做、唱、视听等形式，表现语言习得和综合语言运用能力培养的效果。

（3）遵循综合语言能力形成的心理和生理发展过程。如：采用做动作等体态语和唱、玩、演、做手工等多种外显形式促进语言技能的发展；设计"听懂—模仿—比较（在图画或动作的提示下听懂某些内容并做出反应）—发展（能表达简单的情感和感受等）"的技能发展过程等。

（4）注重充分调动学生的智力因素和非智力因素。如：在听、说、看、读、写等语言技能活动中，促使学生的注意力、观察力、记忆力、联想力等智力因素充分参与进来；用唱、演、玩、画画涂色、做手偶等形式，充分调动学生情感、兴趣、态度等非智力因素。

（5）科学描述各项语言技能的目标。如：用"做动作、指图片、涂颜色、画图"等方式，反映学生听的技能目标；用"模仿说、认读、朗读、看懂（阅读）、书写、模仿范例写"和"玩、演、视听"等方式，准确描述综合语言能力的目标。

在真实交际中，通常并不存在孤立地运用某一项语言技能的现象，听、说、看、读、写，常常都是交互进行、相辅相成的。所以在语言教学中，教师既要关注具体技能的训练，也要关注技能的综合运用。鉴于小学阶段学生的年龄特点，语言学习的重要任务是要激发他们对于英语的兴趣和爱好。教师要从学生的已有知识和经验出发，尽可能设计丰富有趣的语言实践活动，激发学生参与学习和体验语言的兴趣，让学生在参与活动的过程中，学习语言、运用语言知识、提升语言能力。《义教课标（2011）》以"学生能用英语做事情"的描述方式设定各级目标要求，这要求教师着力培养学生的综合语言运用能力，让学生在做事情的过程中发展思维能力、交流与合作的能力。

小学英语教材在课标的指导下编写的活动一般都结合了两项及以上的语言技能，如听、读和表演结合，听、指读和说结合，看、听和读结合，听、写和说结合等综合性语言实践活动。同时，考虑到语言学习的渐进性，教材在侧重某一项语言技能的活动设计上也是由易到难、由浅及深。以外研社《英语》（新标准）为例，在课文的呈现上，如本章第一节语法知识部分的分析，一年级至四年级的活动指令是Listen, point and find，要求学生听录音、指读并找出课文语篇中出现的具体词法和句法，倾向于词汇和语法项目的视觉和听觉辨识，更侧重在整体语篇中听和看的技能培养。而在五年级至六年级中，该项活动的指令根据具体语篇的不同而略有差异，对于故事语篇和书信语篇是Listen and read，对话语篇则是Listen, read and act out，注重学生听、读和表演的技能发展。如此安排，既符合学生的认知发展规律，也符合语言学习的渐进性和持续性，为学生语言能力的培养提供了一个循序渐进的过程。

一、听的技能发展活动分析

课标选摘

《义教课标（2011）》对小学阶段听的技能标准描述如下：

级别	技能	标 准 描 述
二级	听	1. 能借助图片、图像、手势听懂简单的话语或录音材料。 2. 能听懂简单的配图小故事。 3. 能听懂课堂活动中简单的提问。 4. 能听懂常用指令和要求并做出适当的反应。

选自：中华人民共和国教育部.义务教育英语课程标准（2011年版）[S].北京：北京师范大学出版社，2012：14.

从课标规定中可以看出，小学阶段对学生听力技能的要求主要定位于"听懂"上，也就是理解层面上。作为一项理解性技能（也称接受性技能或输入性技能），听和读、看一样，都需要大量接触语言材料，如歌曲、歌谣、故事、课文录音、动画片等，这样才有可能为说和写的输出提供基础。同样，理解性技能的发展，也需要说、写这样的表达性技能反过来的促进。换言之，学习者只有主动在语言实践中尝试输出，输入的语言才有可能内化并最终构建学习者自身的语言系统。因此，在英语课堂上，教师不仅要创设愉悦的、贴近真实的语境，为学生提供大量可理解性语言输入（初期可借助教具、手势、图片等辅助手段），还要根据语言学习渐进性的特点，给学生提供输出的机会。这种输出最初因为学生语言能力所限，不一定以语言形式出现，可以是对教师指令的反应，如各种 TPR 活动。TPR 教学法通过听力训练和肢体活动进行语言教学，已经成为教授新语言的一种常用方式。这种教学法在语言学习的初期阶段尤为有效。以下是美国中小学课堂上的一些 TPR 活动词汇及范例。

初级 TPR 教学的实用词汇[①]

动　　词		形容词 / 副词		名　　词
stand up	turn around	fast	low	body parts
sit down	clap	slow	backwards	classroom objects
lift/ raise (hand, etc.)	open	_____ times	forwards	parts of the room
lower	shut	(to the)	sideways	colors
point to	wave	left	above/over	numbers
lay/place	draw	right	below/under	
take	write	front	in	
jump		back	on	
		high	next to	

步　　骤	例　　子
1. 发布指令，示范动作： 　a. 以肢体动作作为开始 　b. 指令中涉及具体实物 　c. 指令与图画、地图、图表等有关	a. "Raise your hand." "Put your hand on your foot (knee/head/elbow)." "Turn around." 　"Put your hand on the floor." b. "Pick up your pencil and lay it on the floor." c. "Go to the whiteboard and draw a dress." 　"Go to the (picture of the) bedroom and comb your hair."

---

① 海伦娜·柯顿（Helena Curtain），卡罗尔·安·达尔伯格（Carol Ann Dahlberg）. 美国中小学外语课堂教学指南（第四版）[M]. 北京：外语教学与研究出版社，2013：64—67.

步　　骤	例　　子
2. 重复几次示范动作后，教师停止示范。如果学生可以在没有示范的情况下做出动作，那么再如此多做几次。将单个指令按不同顺序排列。	"Put your hand on your elbow." "Raise our knee." "Turn around." "Jump backwards three times."
3. 当学生可以顺利并自信地回应一系列单个指令时，教师可将这些指令以新颖的、令人意想不到的方式组合在一起。惊喜和幽默使该活动新鲜有趣。	"Put your elbow on your knee and turn around."（新组合）
4. 增加指令的长度和难度，让学生自愿表演。将熟悉的语言用在新的组合当中。	"谁能做这个动作: Raise your hand. Walk backwards to the map, put your left hand on your head and put your right elbow on South America. 好的，玛丽来做。"
5. 将指令串在一起，形成一个故事或是有开头、主体和结尾的连续体。	"Angie, hold the (stuffed animal) monkey with your right hand. Mario, put your right elbow on the monkey's head. Kim, put your elbow on the monkey's nose (and so on, using body parts of class and the monkey and finally creating a kind of silly picture). Class, take out your (imaginary) cameras and take a picture of the monkey and his friends. Smile!"
6. 让学生自愿扮演教师，向其余同学发布指令（角色互换）。在这一步，让学生自愿做教师非常重要，而不是随意点名。	"今天谁愿意当教师?"
7.（可选择的步骤）完成第6步之后，TPR活动可以延伸到读或写的练习中。	"玛丽发布的最难的指令是什么? 让我们把它写在黑板上。""谁能完成刚才我写在黑板上的指令?"

随着学生语言能力的发展以及其在头脑中建立的接受性词汇，听力练习就可以逐步与口语练习、写作练习结合起来，开展听和说、听和诵读、听和交流、听和写等活动。总体而言，小学生年龄比较小，认读能力有限，对视觉材料的理解比对文字材料的理解更容易，因此在设计听力任务时，文字材料和视觉材料（比如图画）相结合的方法能够降低任务的难度。小学英语教材中的听力活动，基本就是遵循这种循序渐进的原则来进行设计的，教学亦应如此。

因为听力输入的重要性，一般教材的听力活动都会贯穿整个小学阶段的学习。外研社《英语》（新标准）中相关活动有：Listen and say/ chant; Listen, point and say; Then sing; Listen and read; Listen, read and act out；等等。人教社《英语》（PEP）在Let's spell活动中安排了 Read, listen and chant；在复习活动Let's check中安排了Listen and number；在高年级的教材中安排了 Look, listen and write等。译林版《英语》则设计了Listen and choose 和 Listen, number and say等活动。

4 Listen and say. Then chant.

You speak English.
We speak Chinese.
We use chopsticks.
Try them, please.

We speak English.
You speak Chinese.
We use a knife and fork.
Try them, please.

选自：陈琳，（英）普里莎·爱丽斯（PRINTHA ELLIS）. 英语（新标准）（一年级起点三年级上册）
［M］. 北京：外语教学与研究出版社，2013：6.

教材示例5-14是一个看似非常简单的听说任务：听录音、跟读、反复咏唱，不同版本的小学英语教材里都有许多这样的活动。结合这个单元的主题和课文分析可知，这个听力活动承载着多重任务。这个单元的主题是饮食习俗，功能是比较不同的饮食习俗，渗透的文化意识是"感知中国人使用筷子、英国人使用刀叉的饮食差异"，词汇有use、chopsticks、knife and folk等。由此可知，这个听力活动不仅渗透文化意识，还承载了一定的单词听辨能力训练任务。

心理语言学家发现："人们的听辨是参照他们的发音来进行的，所以听辨的好坏一定程度上依赖发音的好坏。"[1] 他们认为青春期以前的学习者可能存在一个语音敏感期。因此，在小学阶段，进行一些发音和听辨相结合的活动会有助于学生良好语音的养成和听辨能力的发展。词汇听辨是语言听说过程的第一步，教师可以在提高词汇的听辨能力上进行尝试，包括：（1）在新单词的学习过程中模仿标准发音，注意发音器官的变化，仔细体会发音效果。（2）对于已经学习过的单词，体会他们在上下文中的变化，包括因速度的快慢而引起的发音变化、语调的变化等。这种相关的词汇听辨活动在小学英语教材中多设计有专项学习，并且多与语音知识的渗透相结合。

---

[1] 董燕萍. 心理语言学与外语教学 ［M］. 北京：外语教学与研究出版社，2004：29.

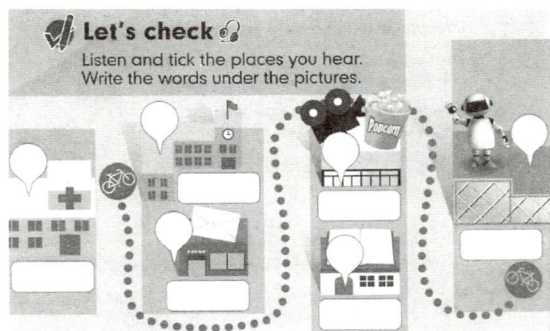

选自：人民教育出版社课程教材研究所英语课程教材研究开发中心　英语（PEP）（三年级起点六年级上册）[M].北京：人民教育出版社，2014：10.

教材示例5-15是复习环节的听力技能相关活动。第一遍听的要求是将听到的地点勾出来，并在图片下写出相应的单词。第二遍听的要求是听并回答问题。可以看出，这是将听和看（看图片、辨地点）、读（读指令、读问题）、写（画勾、写单词、写问题答案）几项技能结合起来的综合语言运用活动。这里既有需要简短回应的任务，如画勾、简单单词拼写，也有需要做出较长回应的任务，如复杂单词拼写、回答问题。即便是对于六年级的学生，这项任务也有一定的难度。这就要求教师根据学生实际情况，创造性地运用教材内容。教师可以将听力任务分阶段进行，给学生搭建支架。听前：看图片，做到对熟悉的地点图标心中有数，提高听辨准确率和单词拼写准确率；听中：暂停录音，给学生时间拼写单词；听后：核对答案，分析要点，渗透策略。如果学生水平较弱，教师也可以将任务做一些调整和修改，比如说在听之前，鼓励学生根据图片预测两个问题的答案，在听之后，将写的任务变成相对较容易的口语活动。

拓展阅读 5-6

评价案例2（二级听力评价）

听录音，涂颜色。根据听到的内容，给下面的图画涂上正确的颜色。

录音材料

This is Mary. She wears a red cap and a yellow coat. Her trousers are green. Her shoes are brown. Look at her schoolbag. It's blue.

评析

本案例考查学生通过听音和看图辨识服装和颜色词汇的意义，再通过动手涂颜色展示听的能力。符合二级目标对听力技能的要求，且形式活泼，与日常活动接近，是孩子喜闻乐见的评价形式之一。

选自：中华人民共和国教育部.义务教育英语课程标准（2011年版）〔S〕.北京：北京师范大学出版社，2011：122—123.

这一试题考查学生在语段中辨别服装和颜色信息的能力，要求学生能听懂并识别不同的颜色和服装的名称。从信息量来讲，既涉及服装，又涉及服装的颜色，共有十个信息点，内容多且要求学生单位时间反应要快，因此适合二级使用。

在使用过程中，要淡化涂色的过程，不要让学生因为涂色耽误时间，要等到所有考题都做完之后再回来涂完整。考试中还经常会遇到学生忘记带彩笔的情况，可以让学生用汉字写出服装对应的颜色，因为考查目的是学生是否能听懂内容，不是单词拼写。

如果考虑到测试对时间的要求，认为涂颜色费时、操作比较麻烦的话，这一试题可以做如下改编：

（1）听音连线，做服装和颜色匹配。听力材料不变，而把现有的插图分解成小图。把cap、coat、trousers、shoes、schoolbag的小图列一栏，五种颜色列一栏，要求学生根据听到的英语把服装和颜色连线匹配。这样的操作方式可以节省时间。

（2）听音选择，给每件服装选择正确颜色。听力材料不变，把cap、coat、trousers、shoes、schoolbag的小图列一栏，每件衣服提供三种颜色，另列一栏供选择。

（3）听音写编号。把听力材料改成三段话，分别描述三个女孩的相同服装的不同颜色，学生根据听到的英语给三幅图标出序号。但是如果试卷不能印成彩色，就还用涂色的方式。

选自：教育部基础教育课程教材专家委员会.义务教育英语课程标准（2011年版）解读〔M〕.北京：高等教育出版社，2012：116—117.

二、说的技能发展活动分析

"说"是一项基本的交际能力，人们通过"说"来表达思想、传递信息。一般情况下，"说"和"听"在真实交际中是难以割裂的。对儿童母语习得过程的观察表明，在学习语言的最初阶段，儿童更乐意用听说而不是读写的方式来和别人交流，这对外语学习具有借鉴作用。同时，相较成人而言，儿童更乐于展示、交流、参与，更不怕犯错。因此这个阶段的英语学习，教师应创造条件，让学生积极参与到听说活动中，帮助他们在感知目的语的同时，鼓励他们创造性地运用语言，以获得交际的成功体验。"说"是"学会说"的必要手段，因为在说的时候，我们会：[①]

- Use different part of the mouth and body from those needed in your own language.
- Make individual sound and combine them.
- Produce correct stress on individual words and on longer stretches depending.
- Use intonation (including tones across discourse).
- Work with appropriate rhythm and pace.
- Express your own meaning and your own personality by choosing from a range of physical and verbal expressions.
- Interact with people appropriately, repairing breakdown of messages, taking turns and speaking alone for short and long periods.
- Describe, agree, beg, plead, insult ... and all as naturally as possible.

"说"能够使我们注意自己的发音、语气、音调等语音因素，注意所运用的词汇、所表达的语言形式，有助于发展对话的技巧、控制话题走向，等等。

《义教课标（2011）》对小学阶段"说"的技能标准描述如下：

课标选摘

级别	技能	标 准 描 述
二级	说	1. 能在口头表达中做到发音清楚，语调基本达意。 2. 能就所熟悉的个人和家庭情况进行简短对话。 3. 能运用一些最常见的日常用语（如问候、告别、致谢、道歉等）。 4. 能就日常生活话题作简短叙述。 5. 能在教师的帮助和图片的提示下描述或讲述简单的小故事。

选自：中华人民共和国教育部.义务教育英语课程标准（2011年版）[S].北京：北京师范大学出版社，2012：14.

参照这一要求，《义教课标（2011）》对一至二级口语评价的形式建议如下：模仿听到的话语，朗读学生自选的或教师指定的课文，表演所学歌曲、歌谣或短剧，教师与学生就个人信息、熟悉的话题等进行问答，学生在教师指导下看图讲故事。该建议为

[①] Tessa Woodward. *Planning lessons and courses*[M]. London: Cambridge University Press, 2001：93.

小学英语教材"说"的技能发展活动编写及教师有关口语活动的教学设计提供了参考。

在学习语言的过程中，模仿是语言内化的第一步，内化则是语言顺利产出的保障。语感亦是从不断模仿、朗读、听说中培养和形成的。模仿听到的话语，能够帮助学生感知语音、语调，强化语音意识，同时能够帮助他们在还没有建立起足够的表达性词汇之前，进行简单的交流。但是需要注意的是，在语言发展过程中，每个学生的情况不一样，所谓"沉默期"的长短也不一样，教师要意识到沉默期问题，给学生足够的耐心和等待，采取正确的评价方式，激励学生不断接触可理解性、有意义的语言，为后期的语言产出做充分的积淀。

教师与学生就个人信息、熟悉的话题等进行问答是口语输出的初级阶段，学生可以用简单的、程式化的表达回答问题，做简单交流。为了激励学生在这个过程中积极思考，更有创造性地运用语言，教师可以多设计一些开放性问题和发散性问题，同时给学生足够的思考时间，给他们留出提问、讨论的时间，将回答问题变成学生真正能够积极参与的活动，而不只是被动参与。对话交流是问答活动的延伸活动。对话中的技巧，如怎么开头和结尾、怎么控制话题的走向等，皆非与生俱来，需要在一定的语言实践中逐步感受、调整、掌握。观察儿童的交流会发现，儿童之间的会话常常是没头没尾的，在多人交流的时候甚至会有同时开口说话而发生"撞车"的现象。只有在不断的会话实践中，他们才能逐步掌握一些对话的技巧、得体交际。[①] 为了给学生尽可能多地提供会话实践的机会，针对课堂时间有限的问题，教师可以多设计一些两人或小组的问答活动，让每个学生都能参与到口语活动中，有开口说的机会。

小学英语教材在口语活动的设计上也比较丰富，一般都有 Ask and answer、Let's talk、Let's sing 这样比较侧重口语的活动，也有 Look and say、Point and say、Listen and say、Do and say 这样和其他技能相结合的活动。

教材示例 5-16

---

① 董燕萍.心理语言学与外语教学［M］.北京：外语教学与研究出版社，2004：132.

选自：人民教育出版社课程教材研究所英语课程教材研究开发中心.英语（PEP）（三年级起点三年级上册）[M].北京：人民教育出版社，2014：51—52.

教材示例5-16是小学英语起始阶段的一个典型的口语活动。在Let's talk环节，学生单纯重复课文中出现的表示请求的表达"Can I have some water, please? Here you are."；在Let's play环节，学生以游戏的形式抽取卡片，根据卡片上的信息进行语言结构的巩固训练："Can I have some ...? Here you are."；而在Let's learn环节中，学生在模拟的就餐环境下进行语言运用，通常可以采取pair work的形式进行。类似于这样表示请求的日常用语，在语言学习的初级阶段常常是作为整体输入，学生将其作为整体记忆，又当作一个整体来提取、交流，提高了交际的效率。这类语言还包括：

（1）简单的问候：Hello! How are you?/ I'm fine, thank you. And you?

（2）课堂用语：Stand up!/ Sit down. Listen. Work in pairs. Excellent!

（3）社会交往：How do you go to school? I go to school by bus.

（4）常规用语：What date is it today? What's the weather like today?

（5）交流策略：How can I get to ...? Pardon? Excuse me, can you ...?

教材示例 5-17

Do a survey

选自：何锋，齐迅.英语（三年级起点五年级下册）［M］.南京：译林出版社，2014：82.

教材示例5-17是译林版《英语》三年级起点五年级下册的内容，也是一个比较典型的以小组形式进行的、基于对话基础的调查活动。学生首先通过"When is your birthday?"这样的问题，调查同学的生日具体日期并记录在调查表中。考虑到课堂时间有限，这个活动不一定要在全班范围内进行，可以采用分组的形式，在一个10人或更小的组内进行，这样可以节约时间，提高效率。此活动的综合性体现在调查后的统计和汇报上，根据调查结果，学生运用简单的统计学知识，统计出自己班级或小组内生日在同一个月份的都有几位，并做出相应的口语汇报，使对话"Four students have their birthday in January."变得更有意义。这样的口语活动还可以和实际生活联系得更密切一些，如调查同学或朋友的生日/最喜欢的节日，获取更为详细的信息（日期、活动等），把这些信息以表格加配图的形式记录下来，再进行组内或班级内汇报。在这样的活动过程中，学生的注意力会更集中在意义而不是形式上。同时，在完成任务的过程中，学生综合运用并发展了听、说、看、写等方面的能力，使口语活动更富有交际意义。

📖 **拓展阅读 5-7**

根据活动内容和目标，口语活动可以分为以形式训练为主的活动和以信息交流或解决问题为主的活动。前者注重语言的准确性，后者注重语言的流畅性和交际目的的达成，但只有后者才是交际活动。在交际活动中说话双方要有交际的需求与目的，活动要有信息沟通，要有某种程度上的不可预测性。活动要具有真实性，否则就只能是语言训练，而非以信息为主的交际。根据利特伍德（Littlewood）的观点，交际活动口语分为两种，一种是功能交际活动，一种是社会交互活动。

交际活动	示　　　例
功能交际活动（functional communication activities）	识别活动：通过询问识别不同的图片或匹配图片； 发现活动：通过询问寻找故事（图片）序列、寻找遗失信息等； 重组活动：A通过询问B重组自己的图片、模型、故事序列； 问题解决：A/B根据各自手中的列车信息表确定去某一处的最佳路线； 调查班中同学们的饮食爱好并拟定一个菜单。
社会交互活动（social interaction activities）	模拟语境角色扮演、辩论、问卷调查、采访、信息卡对话、即席演讲。

　　口语教学以培养学生的交际能力为主，但是鉴于交际能力中语言能力的基础作用以及其他一些陈述性知识的重要性，课堂教学中除了交际活动以外，还应该设计一些语言训练活动，以便学生掌握一些与交际有关的文化知识、策略知识以及话题背景知识；同时，还必须设计一些功能意识激活活动，培养学生对交际功能的敏感性。教师可以采用发现性活动，让学生分析对话中的交际功能、所使用的语言形式、话语的内涵以及所包含的文化规则，等等。

选自：鲁子问，王笃勤.新编英语教学论［M］.上海：华东师范大学出版社，2006：116—117.

　　拓展阅读5-7以示例的形式说明了交际口语活动的两种主要形式：功能交际活动和社会交互活动。教师可以参考表格中所给出的示例设计以交际为目的的课堂口语活动。

三、读的技能发展活动分析

　　读和听、看一样都是接受性技能，需要大量的语言接触。即便是把英语当成外语来学习，有一部分"读"的能力也往往早在第一次拿起英文读物之前就已经建立，因为读在一定程度上需要借助我们的已有知识、经验、想象力，以及母语阅读技能。大多数学生在开始学习外语之前，已经通过自己的母语学习建立起了阅读理解的技能，这种通过母语习得的技能可以正向迁移到外语学习中去。克劳德（Cloud）、杰尼斯（Cenesee）和哈马耶（Hamayan）描述和归纳了以下重要的阅读技能。[1]

解码技能：理解词语
- 发出单词的声音
- 认出看见的单词
- 运用上下文

处理文本
- 文本的方向性
- 句首字母的大写
- 略读、浏览并使用其他的预览技巧
- 通过标题和注释来理解文章

---

[1]　海伦娜·柯顿（Helena Curtain），卡罗尔·安·达尔伯格（Carol Ann Dahlberg）.美国中小学外语课堂教学指南（第四版）［M］.北京：外语教学与研究出版社，2013：134—135.

阅读理解

- 识别出主旨和重要细节
- 识别故事顺序
- 预测结果／期待事件
- 总结和释义

评判性阅读技能

- 区别事实和观点
- 识别原因和结果

文学研究

- 区分角色的重要感受和动机
- 发现矛盾冲突

可以看出，对词汇的认知是阅读理解必须经过的第一步，是语言学习的基础性任务。在语言学习的初期，教师可以侧重培养学生对词汇的视觉认知，如看图识词、看字读音、看词识义等。当学生有一定的词汇积累、一定的语言学习经验后，教师可以帮助他们建立对视觉词（sight words）的视觉认知。视觉词指的是那些最常见的单词，如 the、he、she、is、are 等。有研究表明，视觉词的提取比非常见词的提取平均快 71 毫秒[①]。如果学生能够将熟悉的视觉词当成一个整体或一个单位来看待，在阅读时，对它的认知往往是无意识的，这样可以大大提高学生的阅读速度。随后，教师可以逐步帮助学生建立"意群"的概念，使学生在阅读中养成按照意群来认知的习惯，提高阅读效率。在更高水平的阅读教学中，教师可以在阅读策略渗透上做更多的努力，如帮助学生掌握一些略读、扫读技巧，预测内容和结尾，理解语句的"言外之意"，识别主旨和细节信息，把握语篇结构的起承转合，等等。

《义教课标（2011）》对小学阶段读的技能标准描述如下：

📖 课标选摘

级别	技能	标 准 描 述
二级	读	1. 能认读所学词语。 2. 能根据拼读的规律，读出简单的单词。 3. 能读懂教材中简短的要求或指令。 4. 能看懂贺卡等所表达的简单信息。 5. 能借助图片读懂简单的故事或小短文，并养成按意群阅读的习惯。 6. 能正确朗读所学故事或短文。

选自：中华人民共和国教育部.义务教育英语课程标准（2011年版）[S].北京：北京师范大学出版社，2012：14.

---

① 董燕萍.心理语言学与外语教学［M］.北京：外语教学与研究出版社，2004：36.

从课标描述可知：小学阶段的"读"包括：语音层面的读——正确朗读所学故事或短文；词汇层面的读——认读词语，读出单词；语义层面的读——读懂简短的要求或指令；语用层面的读——看懂贺卡等表达的简单信息；语篇层面的读——借助图片读懂简单的故事或小短文，并养成按意群阅读的习惯。遵循这个标准，教师需要根据学生语言能力发展的规律，有层次地设计和开展一些阅读活动。

最初阶段的阅读活动，可以借助游戏、歌曲以及视觉手段来支持学生对字母、单词和图片展开联想，比如利用大字版的图书或者手绘简笔画来给学生讲故事，这在前面有关词汇知识的学习和"听"、"看"的技能培养部分都有所涉及。这一阶段尤其需要注意：一应保证学生的阅读体验是有目的且令人愉悦的，这对于学生对阅读产生兴趣，养成阅读习惯非常重要；二应尽量和学生的生活体验结合起来，让他们多接触生活中的阅读素材，比如路标、标签、识字卡片、有趣的故事书等，这可以让阅读成为有意义的活动。

当学生有了一定的语言积累和阅读体验之后，课堂阅读活动更多应基于语篇展开。学生需要阅读对话、故事、说明文、应用文体等各类阅读材料，理解内容，并通过阅读活动反馈理解程度及阅读效果。教师的任务主要为：（1）挑选或改编阅读材料。用来阅读的材料既要符合学生的阅读和认知水平，又要具有趣味性和一定的挑战性。（2）设计阅读任务。阅读任务既要充分考虑学生的已有知识和经验，又要能够激发学生主动地阅读，使他们在阅读中整合已知信息和新信息，增长知识，提升能力。（3）组织阅读活动。教师对阅读活动的把握要松弛有度，既要把握节奏、提供方法、指导活动顺利有效地开展，又要给学生足够的阅读空间和自由，让学生学会自主阅读，这有利于学生阅读能力的长远发展。（4）评价阅读效果。教师对学生的阅读效果进行评价和反馈，不仅能够激励学生继续阅读，也能够帮助学生反思自己的阅读，不断进步。对于教师而言，这种评价既是了解学生阅读水平和理解能力的尺子，也能为教师进一步设计和展开阅读活动提供依据。

如前所述，小学英语教材中有关"读"的内容一般都是和其他技能整合在一起的，如："Listen, read and find ..."、"Read and write"、"Read and act out"等板块。在外研社《英语》（新标准）中主要是每个模块第一单元的课文和第二单元的小短文，另外，在每册教材的最后都有一定的补充阅读Reading for pleasure活动，这些阅读篇目一般都没有设计相关的读后活动，教师可根据学生语言能力等自行设计相关活动。人教社《英语》（PEP）的阅读篇目主要有每个单元A部分的主情景图以及B部分的阅读文段，另外在Let's try、Let's talk等环节也有一些简单的对话或其他可以设计成阅读活动的材料，主要的阅读篇目后面也都安排了相应的读后活动以及Story time。译林版《英语》每个单元也安排了两个可用于阅读的篇目：Story time的课文和Cartoon time的延伸阅读，并分别设计了相应的读后活动。小学英语教材中的读后活动一般有读和连线、读和排序、问答、读和写、读和表演等形式。

教材示例 5-18

Read and match

a Cinderella has a good time at the party.

b Cinderella goes home at 12 o'clock.

c Many girls try on the shoe.

d Cinderella tries on the shoe.

Ask and answer

Where's the party?

Who can't go to the party? Why?

Who helps Cinderella?

When does Cinderella have to come back?

Whose shoe do the girls try on?

选自：何锋，齐迅.英语（三年级起点五年级下册）[M].南京：译林出版社，2014：8.

教材示例5-18设计了两个典型的读后活动：匹配句子和图片，就阅读语篇提问和回答。这是一篇在童话故事《灰姑娘》基础上改编的对话，在教材的第6—7页的读中活动里，通过对话，分别演绎了五个场景：舞会开始前姐妹们把灰姑娘使唤得团团转；灰姑娘难过时仙女过来要帮助她；灰姑娘穿上水晶鞋和美丽的裙子准备去舞会；钟声响起，灰姑娘匆匆和王子告别而遗落了水晶鞋；王子挨家挨户拜访，直到灰姑娘穿上了那只水晶鞋。这个童话故事之所以能够改编成一篇小学五年级的课文，一是因为故事本身普及度很高，学生在母语阅读中基本都已经读过，对内容非常熟悉。所以，他们可以在英文阅读中把这部分知识迁移过去。二是因为改编成对话，相对于故事语篇来说更加直接、精简，省略了许多需要叙述的部分，降低了难度。三是因为简短的对话配上插图，能够帮助学生了解对话的场景、人物，并对内容做出合理猜测。读后活动的 Read and match 要求学生匹配四句表述和相应的图片，主要考查学生在语篇理解基础上对具体句子意义的理解和对图片信息的解读，是和文章相关的定向活动。第二个活动 Ask and answer 要求学生根据文章内容提出问题并回答，这是一个口语活动，不仅考查学生对于文章内容的理解，也可发展学生的提问能力、句法意识与思维品质。为了进一步培养学生的问题意识，教师还可以鼓励学生基于文本结合实际，提出一些更有思维含量的问题，如："What do you think of

Cinderella?""Is Cinderella right to accept the fairy's gifts?""Is there a better way for the prince to find out Cinderella?"。

拓展阅读 5-8

阅读教学原则与策略

阅读教学有一些基本原则可以遵循：

（1）阅读材料和阅读任务要能够激发学生的阅读兴趣。

（2）阅读任务的设计要以鼓励学生对文本进行深层次思维为主要目的，而不是以测试学生对文本信息的记忆为主要目的。

（3）阅读教学不应只是为了让学生读懂某一篇文章，而应以培养学生的阅读策略和阅读能力为主要目的，使学生能够在自主阅读时利用所学的策略或技巧帮助自己理解所读内容。

（4）教师要以培养学生自主阅读能力为目标，逐渐减少对学生的指导和帮助，使其能有机会实践所学策略，进行自主理解和思考。

从这些原则来看，阅读教学中教师主要考虑的是阅读兴趣、思维能力、终身阅读这几个方面。阅读教学的目的不是为了读懂课堂上遇到的文章，而是为了帮助学生形成强烈的阅读兴趣，让学生即使在课下也可以自觉自愿、如饥似渴地读书；同时，帮助他们形成终身阅读的能力，使其即便自己在阅读的时候也可以对所读内容进行合理的质疑和思考，这样的阅读教学效果才是让学生终身受益的。

安德森（Anderson）总结了自己多年的教学实践和研究成果，提出了ACTIVE阅读教学策略。

A：Active prior knowledge（激活已有知识）

C：Cultivate vocabulary（词汇学习）

T：Teach for comprehension（阅读理解）

I：Increase reading rate（提升阅读速度）

V：Verify reading strategies（实践阅读策略）

E：Evaluate progress（评价效果）

除了ACTIVE这六个策略，安德森还提出要培养学生阅读兴趣并选择合适的阅读材料。这些阅读策略指向的主要是课堂教学。课外，教师还要鼓励学生广泛阅读。因此，阅读教学除了要关注策略的培养和意义的挖掘之外，还要激发学生的阅读兴趣，使其养成自主阅读的意识。

选自：陈则航.英语阅读教学与研究［M］.北京：外语教学与研究出版社，2016：42—43.

在阅读教学中，阅读材料如何选择、阅读任务如何设定、阅读效果如何评价等问题需要教师不断思考和实践。拓展阅读5-8介绍了一些阅读教学原则和策略，对于教师在阅读教学中采用具体而有效的阅读方法具有很强的指导意义和参考价值。

四、看的技能发展活动分析

《义教课标（2011）》中将语言技能的内容定义为"听、说、读、写等方面的技能以及这些技能的综合语用。听和读是理解的技能，说和写是表达的技能"。[①] 在《普高课标（2017）》中，相关表述出现变化："语言技能包括听、说、读、看、写等方面的技能。听、读、看是理解性技能，说和写是表达性技能。"[②] 这一细微变化不仅仅对普通高中阶段学生的英语语言能力培养提出了新的要求，也对义务教育阶段学生的英语语言能力培养提出了新的要求。"看"对小学英语学习更为重要，因为小学英语学习中有大量的看图、看视频活动。从现行课标有关语言技能的标准中，我们尝试剥离出一些和"看"的技能相关的内容，以便于分析。

☐ 课标选摘

级别	技能	标 准 描 述
一级	听做	…… 4. 能在图片和动作的提示下听懂简单的小故事并做出适当的反应。
	说唱	…… 5. 能根据表演猜测意思、说出词语。 …… 7. 能根据图、文说出单词或短句。
	读写	1. 能看图识词。 2. 能在指认物体的前提下认读所学词语。 3. 能在图片帮助下读懂简单的小故事。 ……
	视听	能看懂语言简单的英语动画片或程度相当的英语教学节目……
二级	听	1. 能借助图片、图像、手势听懂简单的话语或录音材料。
	说	…… 5. 能在教师的帮助和图片的提示下描述或讲述简单的小故事。
	读	…… 4. 能读懂教材中简短的要求或指令。 5. 能借助图片读懂简单的故事或小短文，并养成按意群阅读的习惯。 ……
	写	3. 能根据图片、词语或例句的提示，写出简短的语句。
	玩演视听	…… 4. 能看懂程度相当的英语动画片和英语教学节目……

选自：中华人民共和国教育部.义务教育英语课程标准（2011年版）[S].北京：北京师范大学出版社，2012：13—14.

[①] 中华人民共和国教育部.义务教育英语课程标准（2011年版）[S].北京：北京师范大学出版社，2012：12.
[②] 中华人民共和国教育部.普通高中英语课程标准（2017年版）[S].北京：人民教育出版社，2017：35.

国家课程标准的修订顺应了时代的变化和要求。随着科技的发展，人类已经进入信息时代，信息的传递已经从单一的语言文字形式越来越多地向图像、声音、图表等其他形式以及这些形式与文字相结合的多模态语篇形式转变，一个人是否能够或者在多大程度上能够理解这些图片、符号、画面、声音、色彩等非文字资源所传达的意义，已成为衡量其"视觉素养"的标准。

戴博斯（John Debes）提出了"视觉素养"（visual literacy）的定义，视觉素养是"指一个人通过看，与此同时产生其他感觉，并将看与其他感觉经验整合起来的一类视觉能力"①。一个人的视觉读写能力在他出生以后从视觉上对于周围事物开始有感知的那一刻起就开始发展了。小学是教育的启蒙和奠基阶段，在这个阶段，根据学生的认知特点和学科特点对学生进行一定的视觉读写能力培养，进而发展他们的视觉素养，是非常有必要和有意义的。

小学英语教学中"看"的技能培养，一般是与对学生听、说、读、写等方面技能的培养结合在一起的。从操作途径上来看，主要可以分为看实物、看插图、看标识、看表格与图表等静态的"看"以及看课文视频和其他补充动态视觉材料等动态的"看"。

（1）看实物。在词汇教学上会比较多地运用实物。例如，在学习doll、sweets、banana、apple、tomato、model plane等物体名词时，展示实物可以很好地呈现单词的意义，并且能够帮助学生通过视觉刺激记忆该单词。同样，在学习一些动词短语时，教师也可以将动作和实物结合起来，这样可以起到事半功倍的效果。比如open the door、put on the coat、take the book away，等等。看实物也可以运用在一些简单语法项目的学习上。例如在教授可数名词单复数时，教师可以通过实物个数的变化，帮助学生感知名词数的变化，如one book、two books、three books。在学习方位介词时，教师也可以运用教室或能够带进教室的实物让学生更形象直观地感受on the desk、in the hat、under the chair等的具体方位。

（2）看插图。对于小学阶段的英语学习来说，由于学生词汇量和认知水平所限，教材文本的篇幅往往有限，因此课文插图就起到了非常重要的对文字内容的补充、说明、延伸等作用。英语中有一句谚语："A picture is worth a thousand of words."（一图胜千词），一定程度上说明了"图"这种视觉形式往往能够传达文字难以言尽的丰富内容。小学英语学习素材的插图往往色彩鲜明丰富，内容生动有趣，符合小学生的心理和认知特点，容易激发学生的学习兴趣。以外研社《英语》（新标准）为例，课文插图中不仅设计了学生熟悉的主人公Daming、Lingling、Amy、Sam等人物形象，还有憨厚的熊猫Panpan、调皮的鹦鹉Parrot、胆小的老鼠Tilly等卡通形象，这些形象在学生所熟悉的场景里活动，极大地调动了学生参与学习的兴趣和积极性。看课文插图还可以帮助学生理解背景知识和文字语篇的内容，引发学生思考，发展他们的思维品质。

---

① 陈星骏.中小学教师视觉素养校本培训研究［D］.南京：南京师范大学，2008：7.

（3）看标识。标识不仅包括图形类的符号，也包括表述性文字、数字、方向的记号等。小学英语所涉及的标识比较有限，但随着对培养学生综合语言运用能力的重视程度的提升，引导学生看标识的意义也变得越来越重要。公共标识是小学英语教材中最常出现的标识，在学习"问路"、"规则"、"环保"之类的话题时，教师可以根据话题引导学生看标识，了解相应的交通、环境、指示标识，等等。如常见的指示方向的短语turn right、turn left，起警示作用的短语No food or drinks、No smoking等。除了公共标识，小学英语教材中出现的其他标识还有：天气标识、国旗标识等，学习和了解如何"看"这些标识，解读相关意义，不仅可以锻炼和培养学生的语言能力，而且对于跨文化交际也会起到一定的作用。

（4）看表格与图表。表格和图表往往可以更直观地呈现数据及其关系，看懂表格和图表是一种重要的语用，也是信息时代一个人重要的视觉素养。小学阶段的英语教学，语篇主要以对话和短文的形式出现，表格和图表主要出现在练习环节，如设计问卷调查、构建思维导图等。教师可以在教学过程中运用思维导图、T-chart（T型图）、Flow-chart（流程图）等思维组织图帮助学生梳理语篇，也可以运用Bar-chart（柱状图）、Pie-chart（饼状图）等图表工具来引导学生进行统计和分析。

（5）看课文视频。一般教材都会有配套的光盘，以动画的形式演绎课文内容。与纸质语篇呈现的方式相比，视频集声音、图像、动作于一体，生动有趣、情景交融，无论是对话语篇还是故事语篇，视频材料都可以更直观地交代场景，展现事件过程。学生在看的过程中，要调动自己的听觉、视觉和动觉系统，使自己各方面的能力都得到发展。

教材示例 5-19

选自：陈琳，（英）普里莎·爱丽斯（PRINTHA ELLIS）.英语（新标准）（一年级起点一年级上册）
[M].北京：外语教学与研究出版社，2013：21.

教材示例5-19选自外研社《英语》（新标准）一年级上册第四模块第一单元，本单元的主题是颜色。图片中通过变色龙Kami身体变化的不同颜色来学习句子语境中有关颜色的单词green、black、white、blue、red和yellow。教师可以引导学生读图，首先让学生借助图片的颜色感知这些色彩；教师还可以引导学生观察变色龙Kami周围的环境，这时学生会发现周围的树叶、周边环境的颜色也是分别和green、black、white、blue、red以及yellow相应的色系，进而激活"变色龙是随着周围环境而改变身体颜色"这个学生已有的知识或经验，或者帮助他们了解这个科学知识。从这个示例中，我们可以进一步理解语言的学习离不开语境，这里的"语境"其实不仅仅是具体语言所处的上下文，也包括其产生的背景和一些跨学科的知识。在语言学习过程中，插图就可以起到揭示背景知识的作用。

教材示例5-20

2. Listen, read and act out.

Lingling is in the UK with Amy and Sam.

Lingling: Look! This is my grandma. She was young in this picture.

Amy: Who's this?
Lingling: It's my grandpa. He was a flute player before.
Sam: What music did he play?
Lingling: He played Chinese music.

Lingling: She was a driver before.
Sam: What did she drive?
Lingling: She drove a bus.

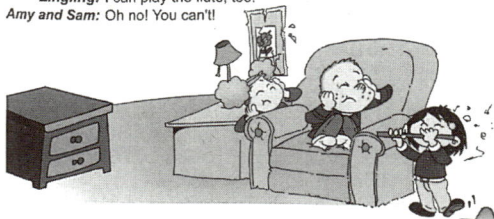

Lingling: I can play the flute, too.
Amy and Sam: Oh no! You can't!

选自：陈琳，（英）普里莎·爱丽斯（PRINTHA ELLIS）.英语（新标准）（一年级起点五年级下册）[M].北京：外语教学与研究出版社，2013：2—3.

在教材示例5-20中，Lingling拿着照片给Amy和Sam讲述爷爷、奶奶年轻时候的职业和爱好。当谈论到爷爷年轻时吹奏笛子的时候，Lingling也情不自禁地拿出笛子吹了起来，但是她显然吹得不好听，不仅Amy和Sam使劲捂着耳朵，做出痛苦的表情，甚至连墙上挂的一幅画都要被不和谐的曲调给震裂了。课文的这幅插图运用了夸张的手法，不仅激发了学生的学习兴趣，而且这种强烈的画面感还能够引发出学生的其他感觉：如听觉——似乎听到了不和谐的笛子吹奏声、画框碎裂的声音；动觉——似乎看到了画框碎裂的瞬间；视觉——似乎看到了Amy和Sam说"Oh no! You can't."时的那种无奈。在学生经历了这样丰富的看图体验后，如果教师能够提出"Can Lingling play the flute well?"这个问题，还可以引导学生更有的放矢地讨论表达，更深入地理解课文内容，有效发展学生的思维品质。

早期语言课堂的视觉强化

（1）标签。教室里所有的家具和课堂用具（黑板、课桌、门、黑板擦）都可以贴上英文标签。在学校的其他地方（卫生间、办公室、特长教室、安全出口）贴标签也有同样的效果。

（2）姓名牌。如果学生有英文名字，姓名牌就成了一种强化第二语言氛围的有效工具。它可以放在学生的课桌上、挂在他们的脖子上，也可以别在他们的衣服上。

（3）日历。在教室里挂一幅英语日历能够简单易行地将英语文化引入课堂中来。

（4）天气卡、天气表、天气轮。作为每次上课程序的一部分，学生们要把当天天气贴到日历上去。有些教师还制作了一张天气表，让学生在上面记录过去一个星期或更长时间的天气变化情况。

（5）挂在天花板上的符号。一些专门的词汇符号，如天气、月份、每天的不同时刻可以分散挂在教室的天花板上。它们可以用来组织课堂或是TPR教学活动中的一部分。

（6）风铃。晾衣架是最简易的教室风铃支架，教师可根据单元主题在风铃上挂上相关的词汇、语句、图片等。

（7）参考图表。这类图表可以由教师或学生自己制作，也可以从商店买到。它们通常能够从视觉上重现教师在课堂上讲过的概念。例如，一个食物金字塔就和食物单元紧密相关。

（8）小帮手列表。这是一张分工表，用视觉提示表明哪个学生完成教室里的哪项任务。为了让教室里营造一种英语氛围，很多教师的每周小帮手列表都是用英语来完成的。

（9）教室守则。教室守则要用英语写出，并用一些视觉提示帮助学生理解。

（10）颜色和数字表。在小学阶段，颜色和数字表能够为开始进行的与颜色和数字相关的活动提供有效的参考。

（11）公告牌。用英语标注且反映英语文化的公告牌是教室里的文化仿真品，也是重要的教具。它们必须经常更换，也必须与课上讲授的概念和词汇相关。放在学校大厅或入口的公告牌则可以让语言课程吸引更多人的注意。

改编自： 海伦娜·柯顿（Helena Curtain），卡罗尔·安·达尔伯格（Carol Ann Dahlberg）.美国中小学外语课堂教学指南（第四版）［M］.北京：外语教学与研究出版社，2013：353—355.

标注有英文信息的公告牌、图表、日历等不仅是教室环境的一部分，更是早期语言学习的重要视觉材料，可以很好地帮助学生感受语言的存在及其重要性，体会语言的沟通语境，熟悉语言的表达形式，值得在小学英语教学中使用。

五、写的技能发展活动分析

无论是在母语还是外语的学习过程中，"写"的技能发展一般都是滞后于其他几项技能的。有研究表明，"母语的写作能力通常比口语能力晚五年左右。儿童在入学时口语能力已经得到了较好的发展，而写作能力仍然处于萌芽状态。大约在 12 岁时，两种能力才趋于平衡。"[①] 对于中国学生而言，写作也是最难的一项技能。虽然写和说都属于产出性技能，但在"说"的产出过程中，在有情境的辅助作用下说出的内容即便不够完整，用词不够准确，语法也有些错误，往往并不影响交流。说话的人有时候借助 er、um 等填充词汇，甚至可以边说边改。而写的过程则不同，写作所使用的书面语言有一定要求，如字迹清楚、标点明确、拼写无误等；更高阶段的写作，则会有用词得当、无语法错误、语言通顺、层次清楚、内容完整、重点突出等方面的要求和评价标准。

《义教课标（2011）》对小学阶段写的技能的标准描述如下：

课标选摘

级别	技能	标 准 描 述
一级	读写	…… 4. 能正确书写字母和单词。 5. 能模仿范例写词句。
二级	写	1. 能正确地使用大小写字母和常用的标点符号。 2. 能写出简单的问候语和祝福语。 3. 能根据图片、词语或例句的提示，写出简短的语句。

选自：中华人民共和国教育部.义务教育课程标准（2011年版）[S].北京：北京师范大学出版社，2012：13—14.

以上内容呈现了课标规定的有关"写"的技能一级、二级的标准，从中我们可以看出课标要求的层次性与渐进性，体现了对语言学习规律的尊重。如一级技能要求的"能模仿范例写词句"，二级要求的"能根据图片、词语或例句的提示，写出简短的语句"。在小学

---

① 董燕萍.心理语言学与外语教学［M］.北京：外语教学与研究出版社，2004：135.

英语教学过程中，写的技能培养从抄写字母、单词、重点句子开始，这些都属于"表层"的写的活动。学生通过这些活动感知书写、单词的拼写、语法的正确运用，初步建立书写自信。渐渐地，可以进行一些需要学生集中注意力进行认知投入的有意义的写作活动，如单词层面的排序和分类、句子层面的排序、通过一些单词替换等形式进行句型仿写，以及简单的文段仿写等。到了小学高年级段，这种活动可以逐步深入到段落层面。我们可以根据单元主题，指导学生进行个性化写作，如制作菜单、广告、海报，谈论自己喜欢的节日，仿写、改写或续写故事，撰写生活日志，分享一次出游计划或经历，等等。在个性化写作过程中，学生逐步掌握一些写的技巧，比如如何开头和结尾、句子之间连接词的使用、句子与句子之间的逻辑关系等。

小学英语教材在学生学习字母时，都安排了临摹字母书写的活动，提供了传统字体的规范形式供学生临摹，在临摹过程中为学生正确书写字母提供视觉感知，帮助学生树立正确书写的意识。外研社《英语》（新标准）在高年级时增加了动笔写的内容，散见于每个单元的不同板块，如有的 Practise 环节给出问题，要求学生根据图片内容写出答语，或给出关键词，要求学生写一段有关周末生活的话。每一单元最后一个活动 Look and write、Do and say 给出故事的开头，要求学生续写、完成文段，或者要求学生尝试写心愿卡等应用文写作。

人教版《英语》（PEP）在小学高年级阶段的学习中，写的要求常常和语音、词汇、语法知识的学习以及其他语言技能的练习结合在一起，例如："Look, listen and write"要求学生听录音，写出听到的符合一定发音规律的单词；"Choose, write and say"要求学生在所给出的单词中选择合适的组合，组成正确的句子并抄写下来；"Read and write"要求学生阅读后写出问题的答案或完成句子；"Give answers about yourself"要求学生根据自己的实际情

教材示例 5-21

Think and write

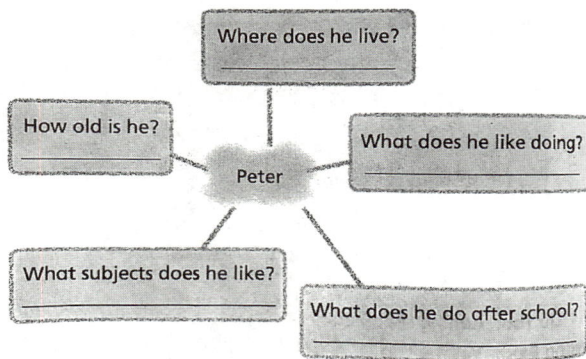

Where does he live?

How old is he?

What does he like doing?

Peter

What subjects does he like?

What does he do after school?

选自：何锋，齐迅.英语（三年级起点五年级上册）[M].南京：译林出版社，2014：60.

况写出答案，等等。在这些书写练习中，学生会逐步建立有关书写规则和句子完整通顺以及语篇有条理、有层次的意识。

译林版《英语》也是逐步通过Listen and number、Look and choose、Read and tick、Look and write等活动，将简单的写的任务和听、看、读等活动结合起来，高年级段则主要是通过Think and write活动，要求学生在对课文理解的基础上，完成基于词汇或句子层面的写作任务。

教材示例5-21聚焦在句子层面的写，是回答问题的书面表达，要求学生根据课文内容回答所提出的问题并书写下来。在写的准备过程中，学生需要更多地关注有关回答的准确信息，考虑如何运用正确的语法知识把相关信息完整地表达出来。在书写进行过程中，则需要注意句子首字母大写、人名首字母大写、标点符号的正确运用等书写规范。这个活动并不涉及学生个性化的信息和思考，只是读后写出答案，因此属于"浅层"的写的活动，或者说是介于阅读活动和写作活动之间的一种过渡形式。

教材示例5-22

6. Write a letter to your friend.
What are you going to study in middle school?

Dear... ,
I'm going to middle school in
September. I'm going to study
History, Science...

I can do this

选自：陈琳，（英）普里莎·爱丽斯（PRINTHA ELLIS）.英语（新标准）（一年级起点六年级下册）
[M].北京：外语教学与研究出版社，2013：61.

教材示例5-22是一个比较典型的高年级写作活动。该单元是六年级下学期最后一个单元的学习内容，是学生小学毕业升入中学的准备阶段，主题为"中学"，功能是"谈论有关中学的生活"。根据这个单元主题，学生的写作任务是写一封信，谈论自己在中学将要学习的课程。要完成这个写作任务，学生需要选择写信的对象，需要了解自己将要就读中学的课程设置及其他相关信息，需要在写的过程中，关注书信的格式、行文的逻辑性和流畅性、书写规范等问题，因此这是一个要求相对较高的个性化写作任务。

对学生提供有效支持的写作课的原则

● 强调英语写作和英语口语之间的联系，以及英语阅读和写作之间的联系。使用一系列的活动，如韵律诗和故事、大字版图书，来表达你对阅读和写作的喜欢，并用你对阅读和写作的热情感染你的学生们。

● 试着去发展对周围印刷物的认识。

● 确保你自己的课堂上有许多关于英语写作的例子和有用的印刷物。

● 使用字母卡、有磁性的或塑料字母和字母表游戏等，发展学生的英语字母概念。

● 设立特别的"字母日"，其间让学生带上一个特定英语字母开头的东西，给它们贴上标签并展示出来。

● 数一数印刷物的一行有多少个单词，或者在念出每一个单词的时候鼓掌，从而帮助学生发展他们对于单词的概念。

● 用字母歌、韵律诗和游戏来加强学生对于单词和字母的概念。

● 用学生自制的邮票、信、信封和邮箱来创建一个邮局。设定一个商业角，里面有许多书面标签，例如商店开门/关门、膳食费用、购物单、游戏费用。

● 帮助学生们使用个人图片字典，从阅读和写作中积累视觉词。

● 编辑一本班级新闻，你可以在全班的帮助下写一些非常简单的新闻，然后邀请学生们（例如值班表中的学生）举例说明。

● 组织资源，把单词卡放在教室里学生可以拿取之处，这样教室里就储藏有学生可以查阅的单词储藏卡了。尽可能让这些卡片只显示一个单词和一幅图画，这有助于核实拼写和单词的含义。可以根据教科书中的单元、主题、拼写模式、一个故事等来组织卡片，也可以将单词卡组织成句子。当学生将卡片一张张放在一起就组成了一个句子。卡片也可以包括简单的标点符号，例如句点、问号和惊叹号。这类活动需要示范，你可以用很大的单词卡来做示范。当你讨论单词顺序时，可以让一些学生在全班面前举着这些很大的单词卡。

选自：Jean Brewster，Gail Ellis，Denis Girar. 小学英语教师教学指南［M］. 王晓阳，等，译，北京：高等教育出版社，2005：109—110.

拓展阅读 5-10 主要提供了一些早期的写作活动指导。在学生掌握了一些基本的写作技能后，到了后续阶段，教师还需要根据学生的水平发展和其他相关的教学内容，鼓励学生进行特定的情境和主题写作，并且为学生搭建支架，逐步发展其写作能力。

🎓 **案例分析 5-2**

教学目标

1. 能在图片的提示下理解所读故事的大致内容。

2. 能根据图片叙述故事的主要情节。

教学内容

1. 看图预测故事情节和大意。

2. 学习故事中的主要词汇和表达方式。如：knock on the door、open the door、are you ready、play in the park 等。

教学活动　在图片的提示下理解并叙述故事的主要情节。

教学过程

1. 教师引导学生看图，在师生互动中推测故事大意。

2. 看图，学习必要的单词和短语。

3. 打乱图片顺序，教师示范讲述故事，学生听并指出是哪幅图。

4. 教师针对故事提出简单的问题，学生用简单的语言或肢体语言反馈对故事的理解。

5. 学生听录音跟读故事。

6. 学生通过个人默读和分组朗读进一步理解故事。

7. 在教师的指导下，学生分角色练习故事中的对话。

8. 在小组内轮流看图讲故事，注意倾听他人，互相帮助。

9. 学生以小组形式尝试在全班讲述或表演故事。

附 阅读短文

It is Saturday morning. Tom comes to Jingjing's home. He knocks on the door. Jingjing's mother opens the door.

"Good morning, Auntie." says Tom.

"Good Morning, Tom. Come in, please." says Jingjing's mother. "Thank you." says Tom.

"Are you going to the park today?" asks Jingjing's mother.

"Yes, we are. Is Jingjing ready?" asks Tom.

"Come in, Tom. She is getting ready." Says Jingjing's mother.

Tom comes in and sees Jingjing.

"Hi, Jingjing, are you ready? Don't forget to take some water with you." says Tom.

"OK, You see, I have a bottle of water with me." says Jingjing.

They say goodbye to Jingjing's mother and rush to meet their friends. The children play games in the park. They have a wonderful and happy day together.

评析：

本课旨在通过看图听、读故事等活动训练学生观察图片、理解英文故事的能力，并通过跟读、模仿、讲述故事，培养学生的英语语感和初步表达能力。本课故事虽然有长度，但语言并不难。学生在教师的指导下，参与了看图听、读课文和分层次、有指导的练习，尝试从集体到两人、再到个人进行讲述故事的练习，逐步内化语言。最后通过在小组中讲述或者表演等形式呈现故事，既有适当的输入，也有内化和输出。

选自：中华人民共和国教育部.义务教育英语课程标准（2011年版）[S].北京：北京师范大学出版社，2012：105—107.

💡 **疑问与思考**

英语语言技能中的"看"的技能和"读图"环节中的"读"有什么关联和不同？

请扫描二维码
查看参考答案

第三节　小学英语语言能力发展补充活动设计

　　英语教学所使用的最重要的工具和所关联的最主要的内容是鲜活的语言，这就决定了英语语言能力发展渠道的多样性、灵活性和发展性。英语教材的编纂和修订都有一定的周期，同时在较大范围内（某个省、市、区域甚至全国范围）面向能力、水平和学习条件有一定差异的学习者群体，因此教材的内容不一定完全适用于当下的每一个学习者。教师需要在充分研究和利用教材的基础上，合理拓展课程资源，开发和设计语言能力发展补充活动。

　　📖 **课标选摘**

　　　　合理开发和积极利用课程资源是有效实施英语课程的重要保证。英语课程资源包括英语教材以及有利于发展学生综合语言运用能力的其他教学材料、支持系统和教学环境等，如音像资料、直观教具和实物、多媒体软件、广播影视节目、网络资源、报纸杂志以及图书馆、班级、学校教学设施和教学环境创设等等。此外，课程资源还包括人的资源，如学生资源、教师资源和家长资源。他们的生活经历、情感体验和知识结构都可以成为宝贵的课程资源。合理开发、积极利用和有效管理各种课程资源是提高教学质量的重要基础。

　　选自：中华人民共和国教育部.义务教育英语课程标准（2011年版）[S].北京：北京师范大学出版社，2012：41.

　　从课标以上建议中可知，英语教材作为英语课程最核心的资源，是教师组织教学、帮助学生发展语言能力的最主要的内容和依据。作为教材资源的补充，教师还可以利用音像资料、直观教具和实物、网络资源等其他教学材料以及学生、家长、其他教师等人的资源，合理开发、设计、补充教学活动，以满足不同层次学生的需求，更有效地保证学生英语语言能力的发展。

　　王蔷建议采取以下方法利用资源设计补充活动[①]：

What other resources can teachers use?
◆ Use your imaginations.
◆ Use children's imaginations.
◆ Creating your own actions, songs and rhymes.

---

① 王蔷.小学英语教学法教程（第二版）[M].北京：高等教育出版社，2009：285—289.

◆ Making use of children's drawings.

◆ Making use of the surroundings.

◆ Making use of wall displays.

◆ Exploring emotions.

◆ Telling stories and doing miming and TPR activities.

◆ Letting children make their own dictionaries.

◆ Encouraging children to build a WORDWALL.

◆ Letting children make up their own quizzes.

◆ Developing your own drawing skills.

◆ Internet as an important resource.

这些建议围绕课堂活动的两个主体展开：教师和学生，亦即需要充分发挥教师和学生的想象力，两个主体共同行动，通过画、写、说、做、演等形式，创意设计、共同参与课堂活动。

具体补充活动的设计应着重考虑以下几点因素：（1）以现有教材为基础，合理、适当补充，使补充活动成为教材活动的有机组成部分。（2）符合学生的认知水平和学习能力，不过分拔高，也不要为了补充而补充。（3）兼顾活动的趣味性和有效性，既能激发学生的参与热情和学习兴趣，又可以提高他们的语言能力。为此，教师应对教材内容进行充分、系统的研读，有时为了确定补充活动的形式和难易程度、层次性，不仅要研究一个教学单元的内容，甚至还要研究具体教学内容在整套教材中的前后知识关联。

根据选材的不同，我们可以把补充活动归为以下三类。

一、从所使用教材衍生的补充活动

教师可以利用教材中的人物形象、图片、相关信息创造新的活动。比如在学习外研社《英语》（新标准·一年级起点）一年级上册第七模块时，教师可以根据教材上的chant，鼓励学生根据所给出的图片创作韵文，在完成有意义的任务的同时，关注特殊发音，培养学生的语音意识。

Look, look! Look at that cat.

He's a bit fat.

He's got a hat.

He's playing with a rat.

在教学时，教师还可以从网上选择学生最喜欢的动画片中的相关图片，配合使用。

二、借鉴其他版本教材创设的补充活动

这一类活动可以借鉴其他国家或地区的优秀小学英语教材，尤其可以通过这些教材所

配套的活动手册进行改编或创设。随着国内出版业的发展和与国际的深入合作，一线教师有机会接触到越来越多的国外英语教材。有些教材形式比较活泼多样，语言地道，有生动有趣的插图和较为丰富的活动设计。但是由于这些教材的出版可能是为了满足母语是英语的学习者的需求，这就造成了活动选择的困难，即很难做到直接使用，教师可根据自己学生的实际语言水平和具体使用目的进行改编。

如在学习视觉词时，教师可以借鉴国外教材中的Target Words活动，将目标视觉词和其他有词源关系的单词或相似的单词都设计在一个靶子里，让学生辨识出目标词，通过类似的活动，帮助学生熟悉视觉词的词形，提高快速识辨的能力，并最终提高阅读的速度和效率。

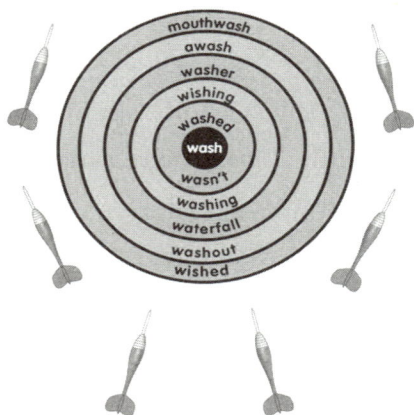

Target Words
Circle the words that have **wash** hidden inside.
Underline the letters w-a-s-h in each circled word.

选自：Shannon Keeley.*The Complete Book of Sight Words* [M]. New York: Sterling Publishing, 2011: 387.

三、直接利用教材外的辅助资源或据此改编的补充活动

（一）游戏

游戏类的活动是小学英语课堂尤其是低中年级段最为常见的、使用频率最高的活动之一。喜爱游戏是儿童的天性，在游戏中他们能够轻松地融入语境，自然地进行沟通，这为有意义的语言学习提供了可能。在英语课堂中，游戏类活动比较多地被运用在词汇复习和听说练习中。例如Simon says（西蒙说）游戏常常被用来帮助学生熟悉指令语，Hangman(吊小人)游戏则常常被用作猜测、复习单词。有些比较经典的游戏，如宾果游戏、多米诺骨牌游戏等，教师都可以进行改编，以适应不同主题的教学需要。下面简单介绍几种课堂上比较方便操作的游戏活动。

1. World Tennis（世界网球）

学生可以两人或多人一组来复习同类词，如食物。

S1: Hamburger.

S2: Cheese.

S3: Noodles.

S1: Fish.

S2: Hot dog.

S3: Vegetables.

...

这个词语接龙活动可以一直持续下去，直到一个学生再也想不出这类词中还有什么单词，然后他们可以选择另一类词，继续游戏。

2. Finding Families（一家亲）

在学习动词过去式的过程中，可以尝试这种"一家亲"的游戏，帮助学生巩固动词过去式的知识。教师事先把动词原形和相应的过去式的变化形式制作成小卡片，每个小组准备一套。在游戏环节，随机找几个学生从另外一套单词卡片中抽取一张。教师首先示范，举着自己的那张卡片，大声读出单词"play"，这时手里拿着"played"单词卡片的学生站起来，举着卡片示意，同时说出，"Played! We are families."。在教师示范后，学生可以自行小组活动，为单词"寻亲"。

3. Running Dictation（移动听写）

在学习完课文后，可以采用这种小组合作的方式完成听写任务。教师事先准备好几张纸，每张上面分别写好一句话，将这些纸贴在教室不同的地方。教师将全班同学分成5—6个小组，每组选出一位同学做记录，每个组选择一张纸。在规定的时间内，每组派出一个人来默读、记忆纸上的这句话，然后回来复述给组员听。负责记录的同学尝试根据同伴的复述来进行听写。接下来，其余组员会依次去默读、记忆并复述这句话。等全部小组完成句子听写后，全班再一起将这些句子排序，合成一个完整的课文复述。为了增加难度，这个游戏也可以听写没有学过的内容。

（二）歌曲、歌谣、韵句和绕口令

除游戏之外，有节奏和有韵律的歌曲、歌谣、韵句和绕口令等也是学生喜爱的语言素材。教材一般都会根据需要安排一些韵文，教师可根据需要甄选更多趣味性强、节奏感丰富的相关材料，设计成听说等课堂活动作为教材的补充，帮助学生发展语言能力。收集工作是一个日常积累的过程，需要教师投入大量的时间和精力。如果用目录表的方式对所收集的这些材料进行简单的分析记录，就能够在需要时比较便捷地选取适合教学要求的内容，补充到具体的教学过程中。

歌曲、韵律诗和节奏的分析记录[①]

标　　题	语言重点	相关的文化、课程、话题和故事	适用的年龄段	评　　价
Head, Shoulders, Knees and toes	身体某些部位的名称。	了解戏剧表演，进行生理教育。	5—10岁	具有弹性： • 绝大部分儿童都会喜欢。 • 可以通过提高速度或者遗漏某些单词来增加挑战性。
London Bridge is falling down	著名风景名胜的名称。	了解一些风景名胜的英文表达及简单背景。	5—10岁	歌词和韵律都简单易懂，朗朗上口。
Old McDonald had a farm	农场动物的名称。	了解戏剧表演，感受不同农场动物的叫声。	7—12岁	• 经典旋律。 • 部分歌词需要教师帮助学生识记。
Shoes and Socks	服饰类名称。	了解不同服饰的英文表达，感受爵士乐的欢快节奏。	6—10岁	• 形式新颖有趣，绝大部分学生都会喜欢。 • 可以通过敲击等方式来增强节奏感。
……				

[①] 根据 Jean Brewster 等人在《小学英语教师教学指南》一书中的分析记录表改编。

1. 学唱歌曲、歌谣，感受节奏和音韵

歌曲、歌谣和韵律诗既可以作为一节课开始时的热身活动（如可以边说边做动作的经典TPR歌谣Teddy bear），也可以作为课堂中间让学生放松的过渡活动（如动感十足的To Market），更可以作为学习过程的一个环节。如 "Ten Green Bottles" 这首歌，可以在学生学习英文数字表达时，让他们学唱。因为涉及数字的递减，教师可以采用小组轮流唱的方式，让学生关注到变化的数字，提高学生学习的趣味性和表达的准确性。

(1) Teddy bear, teddy bear

    Turn around,

    Teddy bear, teddy bear

    Touch the ground.

    Teddy bear, teddy bear

    Show your shoes.

    Teddy bear, teddy bear

    Read the news.

(2) To market, to market to buy a fat pig.

    Home again, home again jiggety jig.

    To market, to market to buy a fat hen.

    Home again, home again rickety ren.

    To market, to market to buy a white cake.

    Home again, home again never was baked.

    To market, to market to buy a plum bun.

    Home again, home again market is done.

(3) Ten green bottles hanging on the wall.

    Ten green bottles hanging on the wall.

    If one green bottle

    Should accidently fall.

    There'll be nine green bottles hanging on the wall.

2. 跟随爵士节奏，感受重音和声调

爵士风格的节奏（Jazz Chants）和一般的韵句（Chants）不同的地方在于它利用美国传统爵士乐独特的节奏，将日常交流的口语节奏化，传达一种充满活力、令人律动的情感。在这方面做出杰出贡献的卡洛琳·格拉姆（Carolyn Graham）从20世纪八九十年代开始，改编了一系列的爵士风格节奏作品，内容包括日常对话、语法项目、童话故事等，其中的 "Shoes and Socks" 等已经成为经典，为英语学习者带来了不一样的学习体验。以下为Shoes and Socks的部分内容：

What do you wear on your head?

A hat.

What do you wear on your hands?

Gloves.

What do you wear on your feet?

Socks,

Shoes and socks,

Shoes and socks.

What do you wear when it's cold?

Socks,

Shoes and socks,

Shoes and socks.

What do you wear when it's warm?

Socks,

Shoes and socks,

Shoes and socks.

...

3. 练习绕口令，感知发音特征

绕口令通常都比较有趣，容易激起学生的学习兴趣，而且对于中国学生来说具有一定的挑战性。教师可以根据近期学生学习的字母音选择内容及难易程度都适合的绕口令，给学生一些自己练习的时间，然后提供机会让他们展示。在练习的过程中，学生能够感受到口腔肌肉的运动，增加对语音意识的感知。教师可以在网上搜索一些比较经典的绕口令，也可以选择使用一些和音韵有关的绕口令绘本。以下为几个常见的经典绕口令。

(1) She sells seashells on the seashore. The shells that she sells are seashells I'm sure.

(2) The big black bug bit the big black bear but the big black bear hit the big black bug back.

(3) Few free fruit flies fly from flames.

(4) Peter Piper picked a peck of pickled peppers. A peck of pickled peppers Peter Piper picked. If Peter Piper picked a peck of pickled peppers. Where's the peck of pickled peppers Peter Piper picked?

（三）其他补充活动

1. 和听说相关的补充活动

教师鼓励学生给自己录音，录音的内容根据具体的教学内容而决定，可以是新学的单词、句子，也可以是短文、对话。然后播放录音，让他们听听自己的声音。小学生，尤其是低中年级段的学生，往往对于自己的声音被录下来又播放出来既会略微感到陌生又充满好奇，参与的积极性一下子就被激发出来了。

　　教师也可鼓励学生在条件许可的情况下开展一些配音活动。随着网络资源的日渐丰富，学生们有更多的机会接触一些和配音有关的App软件。只要他们感兴趣，就可以自己尝试对动画片、电影等视频资料中的人物进行配音。教师可以适当提供帮助，比如引导学生选择合适的视频资料，指导他们注意发音的技巧，并在一定范围内组织配音比赛或提供展示机会，等等。

2. 和读写相关的活动

　　课堂上的读写活动，除了比较常见的回答问题、完成句子、续写结尾、改写故事外，在水平较好的班级，教师还可以组织学生开展共同记录班级日志，配合学校活动制作英文海报、广告，小组合作共同完成一个故事等活动。

　　鼓励学生坚持阅读是培养他们语言能力的一个非常重要的途径。喜欢故事是儿童的天性，儿童在听故事、读故事的过程中，既放松又专注。不过由于课堂时间有限，这项活动可以延续到课堂以外。在具体阅读内容的选择上，教师可以适当给予学生一些建议。低年级的学生可以读一些文字较少、句式简单而且重复的绘本故事。随着课内学习开始接触有关语音的内容，教师可以建议学生接触一些学习自然拼读的"phonics"的配套绘本，以语音学习为主，故事为辅，通过故事强化自己的语音意识。这一阶段学生的课外阅读应逐渐开始向文字更多、用词更丰富、句式更多样的绘本扩展。到了小学高年级段，阅读能力发展较好的同学，可以在绘本故事的基础上加入一些简单的自然科学读物，教师也可以定期给学生推荐一定的课外阅读书目，鼓励学生填写读书报告单或撰写读后感，教师给予反馈并组织优秀作品展示。

3. 和语言运用相关的活动

　　根据学校所在地区的实际条件和优势，教师或者学校可以组织一些和学生生活相关的真实且有意义的课外活动。在有着丰富旅游资源、外国游客比较多的地区，教师可以组织学生

教材示例5-23

A describing word （描述词） can be added to a sentence.

⌐‾‾‾‾‾¬ = Add a describing word.　She wore a dress.
‾‾‾‾‾‾　　　　　　　　　　　　　　　　　∧

blue

Task：读句子，根据图片内容给下列句子加上合适的描述词。注意添加格式。

1. The girl wore a hat.

2. The girl went to a forest.

3. The girl picked flowers.

4. The girl met a wolf.

改编自： Lisa Molengraft. *Success with Writing, Grade 3* [M]. New York: Scholastic Teaching Rescources, 2012：23.

学会用简单的英语向外国游客打招呼，介绍特色景点名称、地方特色美食名称等。在国际交流机会较多的大城市，教师可以组织学生互相写信交笔友，制作有关春节等中国传统文化内容的图文并茂的海报，帮助外国友好学校的学生更进一步地了解中国传统文化。

教材示例 5-23 借鉴了原版写作教材中运用描述性词汇扩展句子的内容，适合作为补充活动用在聚焦形容词或者主题为"故事"的教学单元中。这个案例不仅通过定义和示例向学生传递了有关描述词用法的信息，同时也对学生进行了句子层面的写作指导，并搭建了支架。学生在练习的过程中，既要考虑词语的搭配，选择合适的形容词，还要考虑句子是否通顺，选择把形容词添加到恰当的位置；此外，还需要在添加过程中学习运用正确的添加符号。随着学生学习能力的提高，教师还可以在此基础上进一步扩展到语篇的层面，糅合关联词的运用等其他知识，将扩展后的语句连成一个有意义的文段，进一步提升学生的写作能力。

教材示例 5-24

1：根据图片和常识，尝试写出下面这些食品的中文意思。

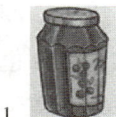

1. a jar of jam　　2. a loaf of bread　　3. a bunch of bananas　　4. a head of lettuce

_____　_____　_____　_____

5. a dozen of eggs　6. a pint of ice cream　7. a quart of milk　8. a pound of meat

_____　_____　_____　_____

9. a half pound of cheese　　　　10. a quart of orange juice

_____　　　　　　_____

2：根据所给的例子，问一问家里人的需求，制作一份购物清单。

Example:

A. Mum, do we need anything from the supermarket?
B. Yes, we need *a loaf of bread.*
A. A loaf of bread?
B. Yes.
A. Anything else?
B. No. Just a loaf of bread.

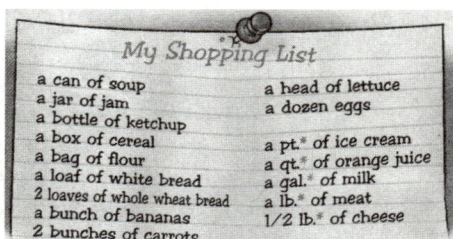

My Shopping List

a can of soup　　　a head of lettuce
a jar of jam　　　a dozen eggs
a bottle of ketchup
a box of cereal　　　a pt.* of ice cream
a bag of flour　　　a qt.* of orange juice
a loaf of white bread　a gal.* of milk
2 loaves of whole wheat bread　a lb.* of meat
a bunch of bananas　1/2 lb.* of cheese
2 bunches of carrots

My Shopping List

_____   _____

_____   _____

_____   _____

改编自： J. Steven Molinsky, Bill Bliss. *Side by Side (3rd) Book 2*［M］.上海：上海外语教育出版社，2003：19—20.

教材示例5-24是学习外研社《英语》(新标准·一年级起点)五年级上册主题为"购物"单元时的补充口语和写作活动，借鉴了Side by Side中的内容。这个单元的课文是有关Lingling，Amy和Ms Smart去超市购物的两段对话。补充的理由有二：（1）考虑到教材中五、六年级知识复现，学生英语水平较好的特点。（2）学生对于这个主题的内容相对比较熟悉，但普遍缺乏在真实英语环境下的超市购物的体验。这个活动被设计成两个任务，在课堂上，教师首先让学生根据图片和经验，和同伴探讨解决任务1，尝试说一说或写一写这些表达的中文意思。随后，教师和一位学生合作，进行模拟对话，并鼓励学生回家通过问询家人，制作一份超市购物清单。这个活动不仅可以练习对话和写作，而且可以丰富学生的词汇知识、口语表达以及语用经验。

拓展阅读 5-11

如何构建自己的英语教学资源

构建自己的英语教学资源是一件费时的工作，所以，建立个性化资源的频率取决于你拥有的时间、可以得到的资源和你的特殊需求。

1. 制作辅助英语教学的教学卡

你可以自己画图或者写一些文字来制作教学卡，也可以使用文字处理器或者影印机来帮助你制作英语教学卡。如果你有便利的计算机设备，就能用剪贴画做出富有吸引力的教学卡。你在组织学生成对地进行口语训练，或者以小组形式进行口语训练时，自制的教学卡将起到很大的作用。除此之外，在你带领学生进行简单的阅读和书面练习时，自制的教学卡也会对你产生非常大的帮助。

设计教学卡时，请仔细思考，你希望学生如何使用它们，并在正式使用之前先试用一下，问一下自己以下几个问题：

（1）教学卡的目的是否明确？学生能否从中分辨出他们正在练习的语言内容，以及为什么要练习这些语言？

（2）是否需要在教学卡上写一个使用说明？或者在用到教学卡时直接用口头表达的方式解释一下？

（3）教学卡上是否有足够的空间让学生可以画"√"或"×"，填上姓名、学号，并写一些话或者画画等。

2. 教学卡的特征

这些教学卡的主要特征是：

（1）清楚、简洁、富有吸引力；

（2）说明清晰，或者是以学生自己的语言进行的说明；

（3）每一个教学卡都提供了一项训练，并且这项训练是在教师的指导下完成的；

（4）这些教学卡有机会被个性化，例如：可以给它们上色，使其更吸引人；或者将它们以贴标签的方式进行分类等；

（5）每一个教学卡针对一个语言知识点进行训练（比方说，一个具体的结构或者词汇的固定搭配），能同时锻炼学生的多种不同技能，还有可能将英语学习和其他科目的学习联系在一起。

3. 制作（教学用的）抽认卡

抽认卡可以由你来制作，也可以由学生来制作。它可以被用来进行介绍、训练，或者复习常用的结构和词汇等。对小学生而言，抽认卡经常会被制作成图片的形式，当然也可以制作成文字说明的形式。当使用抽认卡时，要确认一个问题：这些抽认卡足够大吗？它是否可以让全班学生都看清楚？这些卡片是否清晰明确地传达了你想表达的意思？

选自：Jean Brewster，Gail Ellis，Denis Girar. 小学英语教师教学指南［M］. 王晓阳，等，译. 北京：高等教育出版社，2005：73.

拓展阅读5-11分享了一些一线教师制作教学卡和抽认卡的经验和原则，虽然不是特别具体的制作方法的教授，但对教师在日常工作中制作、积累和丰富自己的教学辅助资源起到了指导性的作用，可以从大方向上帮助教师把握个性化教学资源积累的一些准则和实践方法。

Word Puzzles

本活动适合于中等程度的学习者，用于复习所学过的单词及用法，字谜的形式可以提高学生对英语学习的乐趣，也可以锻炼学生逻辑推理和阅读理解的能力。本活动时间为 10—15 分钟，教师需要预先设计好字谜表。

活动内容

学生依据所给提示，在方格里填入恰当字母，使其构成一个与所给句子意义相符的单词。

活动过程

（1）教师首先设计字谜方格，在方格里填上某个或某几个字母，且这些字母按一定的规律进行排列（见下图）。其次，依据所填的单词设计出相应的英语句子，作为学生填词的依据。

1		e			
2			e		
3				e	
4					e
5				e	
6			e		
7		e			

字谜：

What _____ do you want? (else)

Louder please, I can't _____ you. (hear)

It's too hot. Could I _____ the door? (open)

May I have your _____? (name)

My father likes drinking _____. (beer)

Come _____, please. (here)

It's _____ for me to say ABC. (easy)

（2）活动时将字谜图和提示句都展示给学生，学生填完后举手示意。教师可以根据情况给填写单词又快又好的学生一定的奖励。

活动变体

教师除了给学生提供一些句子提示外，还可以利用图画等直观手段。同时，此项活动也可以留作家庭作业。

选自：李文岩.小学英语课程与教学［M］.北京：中国人民大学出版社，2017：66—67.

案例分析5–3是复习词汇时的补充活动。所提供的线索主要有：字谜图、提示句以及字谜图中的提示字母。学生可以根据提示句大概判断出所缺单词，再根据字谜图本身所给出的字母提示，明确该单词的拼写。这种语言活动突破了单纯机械记忆单词的模式，而是帮助学生在句子语境下理解、巩固单词，根据所给信息进行合理的分析和判断。从语言能力的培养上来看，运用了词汇知识、语法知识、语用知识以及读、看和写的技能，是一个综合程度较高的活动。

疑问与思考

小李老师有很多新奇的想法，因此，他在英语课上设计了很多运用语言的游戏活动。为了保证学生有参与的兴趣，他总是注重游戏本身，对语言的关注则少了一些。每次做游戏时，学生的确很积极，但语言运用活动不够。对此，你有什么好的建议？

请扫描二维码
查看参考答案

本章小结

章节小结

小学阶段英语课程的总体目标是发展学生的语言能力、文化意识、思维品质和学习能力。语言知识和语言技能是语言运用能力的重要组成部分，是学生发展语言能力的基础。语言知识包括语音知识、词汇知识、语法知识、语篇知识和语用知识；语言技能包括听、说、看、读、写几方面的技能。这两者相互联系，相辅相成。

小学英语教材遵循语言学习循序渐进的规律和特点，对语言知识运用能力的发展设计了相应的活动。无论是语音、词汇、语法，还是语篇和语用的学习，皆应放置在学生所熟悉的学习和生活场景中，应为学生尽量创设真实的语境，使学生在语境中关注这些语言知识的表意功能。

小学英语教材遵循综合语言能力形成的心理和生理发展过程，递进式地设计语言技能发展活动。采用听、说、唱、玩、做、演等多种外显形式，通过丰富而有趣的语言实践活动，发展学生的语言技能，为真实语言交际打基础。

✂ 关键术语

英语课程的语篇知识：是指语篇是如何构成的、语篇是如何表达意义的、人们在交流过程中是如何使用语篇的等知识，包括语篇的结构、类型和形式等内容。

英语课程的语用知识：是指在特定语境中准确理解他人和得体表达自己的知识。

📍 实践活动

请根据本章节的内容，结合小学英语教材，设计一个有关词汇知识学习的活动。

请扫描二维码
查看参考答案

进一步阅读资源

1. Barbara Agor，陈琳.英语课程标准在课堂教学中的应用（小学阶段）［M］.北京：外语教学与研究出版社，2007.

2. 董燕萍.心理语言学与外语教学［M］.北京：外语教学与研究出版社，2004.

3. 海伦娜·柯顿（Helena Curtain），卡罗尔·安·达尔伯格（Carol Ann Dahlberg）.美国中小学外语课堂教学指南（第四版）［M］.北京：外语教学与研究出版社，2013.

4. 何兆熊.新编语用学概要［M］.上海：上海外语教育出版社，2000.

5. Jean Brewster，Gail Ellis，Denis Girar.小学英语教师教学指南［M］.王晓阳，等，译.北京：高等教育出版社，2005.

6. 鲁子问.小学英语教学设计［M］.上海：华东师范大学出版社，2018.

7. Tessa Woodward. *Planning lessons and course*［M］. London: Cambridge University Press, 2009.

8. 王蔷.小学英语教学法教程［M］.北京：高等教育出版社，2009.

教学参考视频

内容：**语言能力发展活动课例**

It was Daming's birthday yesterday.

选自：外研社（新标准·一年级起点）六年级下册第六模块第一单元）

授课教师：北京市西城区教育研修学院　曹玉兰

第六章
小学英语教材文化意识发展活动分析

请你思考

　　小鲁老师在英语课堂上总是关注语言内容的教学。一次，听课的教研员老师告诉他要在课堂上注意对学生进行必要的跨文化教育，而小鲁老师认为小学英语教材中都是一些关于天气、颜色、时间等日常生活的对话内容和语言学习巩固活动，只有极少数的如外国节日介绍才有一些跨文化教育的内容，他无法在日常对话教学中开展跨文化教育。你认为小鲁老师的想法对吗？

学习目标

　　在学习本章之后，你能：
　　1. 了解并初步分析、设计小学英语教材的跨文化能力发展活动；
　　2. 了解并初步分析、设计小学英语教材的品格发展活动；
　　3. 了解小学英语常用文化意识发展活动的形态与特点。

本章结构

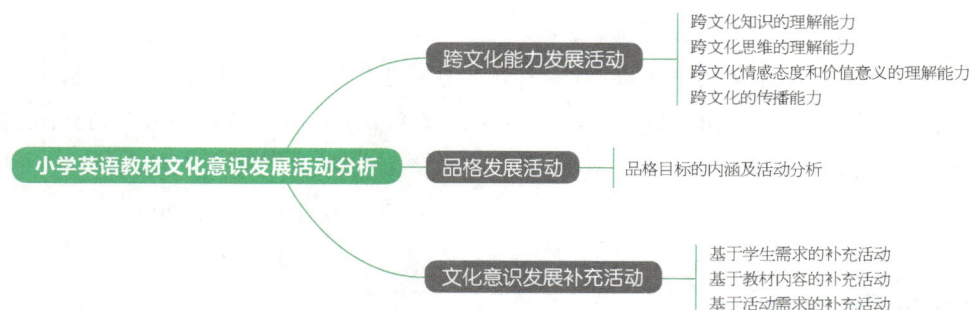

学 习

第一节　小学英语教材跨文化能力发展活动分析

　　《义教课标（2011）》明确规定了英语课程工具性和人文性统一的性质，旨在使学生通过英语课程的学习开阔视野，丰富生活经历，形成跨文化意识，增强家国情怀，形成良好的品格和正确的人生观与价值观。

语言既是文化的载体，更是文化的组成部分，语言与文化密不可分。小学英语课程是小学阶段开展跨文化教育资源最为丰富的学科，因为每一篇课文都具有跨文化教育的可能性。英语教学有利于培养学生对外国文化的理解能力，拓展学生的文化视野，帮助其形成跨文化交际意识和初步的跨文化交际能力。英语学习的过程本身就是增进国际理解、形成跨文化意识和能力的过程，在英语学习过程中学生可以直接获取跨文化知识。

英语课程的文化意识指对中外文化的理解和对优秀文化的认同，是学生在全球化背景下表现出的跨文化认知、态度和行为取向。《义教课标（2011）》中文化意识部分的描述及课程目标的分级目标对小学阶段的英语教育提出以下目标要求。

课标选摘

语言有丰富的文化内涵。在外语教学中，文化是指所学语言国家的历史地理、风土人情、传统习俗、生活方式、行为规范、文学艺术、价值观念等。在学习英语的过程中，接触和了解外国文化有益于对英语的理解和使用，有益于加深对中华民族优秀传统文化的认识与热爱，有益于接受属于全人类先进文化的熏陶，有益于培养国际意识。在教学中，教师应根据学生的年龄特点和认知能力，逐步扩展文化知识的内容和范围。在起始阶段应使学生对中外文化的异同有粗略的了解，教学中涉及的外国文化知识应与学生的学习和生活密切相关，并能激发学生学习英语的兴趣。在英语学习中的较高阶段，要通过扩大学生接触外国文化的范围，帮助学生拓展视野，使他们提高对中外文化异同的敏感度和鉴别能力，进而提高跨文化交际能力。

级别	标 准 描 述
二级	1. 知道英语中最简单的称谓语、问候语和告别语。 2. 对一般的赞扬、请求、道歉等做出适当的反应。 3. 知道世界上主要的文娱和体育活动。 4. 知道英语国家中典型的食品和饮料的名称。 5. 知道主要英语国家的首都和国旗。 6. 了解主要英语国家的重要标志物，如英国的大本钟等。 7. 了解英语国家中重要的节假日。 8. 在学习和日常交际中，能初步注意到中外文化异同。

选自：中华人民共和国教育部.义务教育英语课程标准（2011年版）[S].北京：北京师范大学出版社，2012：23—24.

第二部分　课程目标（分级目标）

级别	目　标　描　述
一级	对英语有好奇心，喜欢听他人说英语。 能根据教师的简单指令做动作、做游戏，做事情（如涂颜色、连线）。能做简单的角色表演。 能唱简单的英文歌曲，说简单的英语歌谣。能在图片的帮助下听懂和读懂简单的小故事。能交流简单的个人信息，表达简单的感觉和情感。能模仿范例书写词句。 在学习中乐于模仿，敢于表达，对英语具有一定的感知能力。 对学习中接触的外国文化习俗感兴趣。
二级	对继续学习英语有兴趣。 能用简单的英语互致问候，交换有关个人、家庭和朋友的简单信息，并能就日常生活话题作简短叙述。能在图片的帮助下听懂、读懂并讲述简单的故事，能在教师的帮助下表演小故事或小短剧，演唱简单的英语歌曲和歌谣。能根据图片、词语或例句的提示，写出简短的描述。 在学习中乐于参与、积极合作、主动请教，初步形成对英语的感知能力和良好的学习习惯。 乐于了解外国文化和习俗。

选自：中华人民共和国教育部.义务教育英语课程标准（2011年版）[S].北京：北京师范大学出版社，2012：10.

基于以上目标可知，跨文化能力发展主要分为两个方面：一是跨文化理解能力，主要是跨文化知识、思维方式、情感态度和价值意义的理解能力；二是跨文化传播能力，即向中国介绍世界文化、向世界介绍中国文化的能力。跨文化能力是以跨文化态度为基础的。对小学英语教材的跨文化态度养成活动的分析，将在本章第二节中进行讨论，此节主要分析小学英语教材中的跨文化能力发展活动。

一、跨文化知识的理解能力

跨文化理解能力首先是对跨文化知识的理解能力，如理解美国的感恩文化，就需要理解美国感恩节的起源、发展、主要意义等与感恩节相关的知识。小学英语教材中呈现跨文化知识的内容与活动无处不在，既有显性的呈现，也有隐性的呈现。

小学英语教材中有很多显性地介绍跨文化知识的活动，如对外国人的日常生活习惯、文化活动、社会现象等的介绍，对外国学校和学生生活的介绍，对外国人物和地方的介绍等。

教材示例 6-1

2 Listen, read and act out.

Simon: Look, Daming. Tomorrow is Flag Day.
Daming: What do you do on Flag Day?
Simon: We fly the flag and we sing songs.

20

选自：陈琳，（英）普里莎·爱丽斯（PRINTHA ELLIS）.英语（新标准）（三年级起点六年级上册）
[M].北京：外语教学与研究出版社，2013：20—21.

  教材示例6-1是一篇显性地介绍美国节日的课文，学生可以通过学习发展他们对美国节日（主要是感恩节）的跨文化知识理解能力。教师要引导学生关注感恩节这个节日起源于北美殖民地的人们在丰收之后对帮助自己的人和群体、大自然的感谢，后来逐渐成为美国、加拿大等国家的公众节日和公众假日，而且已经成为很多其他地方的人们表达感谢的一个节日。教师可以鼓励学生学习如何表达感谢，也可以引导学生感知中国的感恩文化。

  小学英语教材中的每一个活动都在一定程度上包含了跨文化知识，即使不是介绍跨文化知识的活动，也隐性地呈现着跨文化知识，因为英语语言文字本身就体现着英语文化知识。教师可以根据需要开展跨文化知识理解发展活动。如学生刚刚开始学习英语之时，翻开教材，看到教材人物介绍中的外国学生画像与姓名，跨文化知识就马上呈现在他们面前：英语国家学生的身体特征与姓名特点，跨文化知识的理解能力发展由此就可以开始——这些来自英语国家的人物的头发和眼睛的颜色和我们不同，名字的组成方式和我们也不同。若学生已有一定基础，教师也可引导学生关注有些外国人名和我们名字在意义上是一样的，如White这个英语国家的姓氏和我国的姓氏"白"意义完全相同，Rose这个英语国家的女孩的名字与我国女孩的名字"玫瑰"意义完全相同，从而发现文化既有差异性，也有共同性。

选自：人民教育出版社课程教材研究所英语课程教材研究开发中心英语（PEP）（三年级起点三年级上册）［M］.北京：人民教育出版社，2013：9.

教材示例6-2显示的是教材的人物介绍页，教师可以引导学生从识别人物的特征开始，让学生辨识中国人和外国人，学生能够从头发、肤色等这些人物的外貌特点以及姓名中感知外国学生Mike、John等与中国学生Wu Yifan和Chen Jie的共性与特性，从而发展他们的跨文化知识的理解能力。

选自：陈琳，（英）普里莎·爱丽斯（PRINTHA ELLIS）.英语（新标准）（一年级起点五年级下册）［M］.北京：外语教学与研究出版社，2013：50.

教材示例6-3看似没包含什么跨文化知识，只是几个学生在介绍自己看到的比较奇特的现象，但其实也呈现着跨文化知识：中国孩子Lingling在英国街头看到一位吹风笛的男士穿着短裙，感到很奇怪，于是和Amy和Sam分享这一发现。而图中男士穿的短裙是英国苏格兰独特的传统服装kilt，这里若有必要，教师可以进行一定补充，或者提供补充阅读材料供感兴趣的学生课后进一步阅读，从而发展学生的跨文化知识理解能力。

二、跨文化思维的理解能力

思维是文化的产物，语言是思维的主要工具。人类的语言文化有着很大的共性，但也存在差异，不同语言文化的思维既有共性，也有不同。学习不同的语言文化，可以了解、认识世界的多样性，有助于形成包容、开放的良好思维特征，有助于更深刻地理解本族文化、增强文化自信，有助于形成和发展跨文化思维。跨文化思维能力包括理解不同语言文化的思维的能力，以及运用其他语言文化的思维方式进行思维的能力。发展学生对跨文化思维的理解能力，可以帮助他们理解英语语篇中的跨文化思维特性，或者从跨文化思维的视角理解英语语篇；以及在跨文化交往中，对对方的跨文化表达，同时可以帮助他们在跨文化交往中基于跨文化思维进行表达。

小学英语教材中显性地发展跨文化思维方式理解能力的活动不是很多，但大量活动包含了跨文化思维特性，教师可以根据学生的发展需要将这些隐性的跨文化思维特性显现出来，发展学生对跨文化思维的理解能力。

教材示例6-4

选自：何峰，齐迅.英语（三年级起点五年级下册）[M].南京：译林出版社，2014：78—79.

教材示例6-4的主题是生日，教材采用了中外生日文化对比的方式来呈现中外文化，显性层面呈现了跨文化知识，而在隐性层面同时呈现了跨文化思维：中外生日文化都是庆祝生日的文化，而且都会享用美食（文化共性大于特性）。中国传统的生日是以和家人一起吃长寿面的方式来庆祝的（尽管这种传统已经有了很多变化，但这依然是一种传统）；西方则是和家人与朋友们一起吃生日蛋糕来庆祝。传统意义的中国生日庆祝活动是增强家庭成员关系的活动，是向内（inward）的活动，西方的生日庆祝活动则同时也是增加社会交往的活动，是向外（outward）的活动。显然这是两种不同的思维方式。若有必要，教师可以引导学生理解这一跨文化思维特性。

📋 **教材示例6-5**

1 Listen and chant. 🎧

Sunday, Monday, Tuesday,
Wednesday, Thursday, Friday.
And we will have Saturday.

选自：陈琳，（英）普里莎·爱丽斯（PRINTHA ELLIS）.英语（新标准）（一年级起点三年级下册）[M].北京：外语教学与研究出版社，2013：29.

教材示例6-5显性呈现的是一周七天的英语表达方式这一跨文化知识，但隐性呈现的则包含了跨文化思维：汉语对一周七天的表达除了星期日外，都是运用数字来表达的（星期一到星期六），而英语则是按照星球或神灵的名称来表达的，分别是Sunday（来自sun）、Monday（来自moon）、Tuesday（来自战神Tiw之名）、Wednesday（来自诸神之父Woden之名）、Thursday（来自雷神Thor之名）、Friday（来自生育之神Frigg之名）、Saturday（来自土神Saturn之名），英语的表达是纪念神灵，汉语的表达则只是单纯计时，因为中国的星期计时方式来自西方。

跨文化思维在小学英语教材的内容与活动中广泛存在，由于课时有限，我们不能对每一项内容和活动的跨文化思维特性都进行分析，教师要根据发展学生跨文化思维的理解能力的需要而分析和开展。

三、跨文化情感态度和价值意义的理解能力

人类的不同文化存在着某些相同的情感态度和价值取向，如幸福感、善良等，但也有差异，或者对于共同的情感态度和价值取向有着不同的呈现方式。在学习外国语言文化的过程中，教师可以引导学生发展学生积极的跨文化交往的态度和理解跨文化交往的价值的能力，也就是理解外国文化中的情感态度和价值意义的能力，以及比较发现中外文化中的

情感态度和价值意义异同的能力。跨文化情感态度和价值意义的理解能力是跨文化能力的关键，也是从文化知识走向文化意识的必然之路，教师应善于把握小学英语教材中呈现的跨文化价值意义，发展学生相关的理解能力。

教材示例6-6

Story time

1 The children will learn about Australia next week. They want to find out about this country before the lessons.

Mike: I'll ask my e-friend in Australia. She can send me some photos.
Wang Bing: I'll ask Mr Green. He comes from Australia.
Liu Tao: I'll read about Australia on the Internet.
Yang Ling: I'll go to the library and look for books and magazines about Australia.

a kangaroo   a koala

2 At home, Liu Tao is reading about Australia.

Australia

You will find many interesting things in Australia. Do you like animals? You will love our kangaroos and koalas. Sport-lovers will like Australian football games because they are very exciting.

You will also like Sydney. It is a beautiful city. Many people visit it every year.

People in Australia welcome visitors. Come and visit Australia today!

选自：何峰，齐迅．英语（三年级起点六年级下册）［M］．南京：译林出版社，2014：46.

教材示例6-6是关于澳大利亚的介绍，介绍中呈现了澳大利亚介绍者的文化自豪（many interesting things in Australia.等）和热情好客（People in Australia welcome visitors. Come and visit Australia today! ），教师在教学时可以通过提问引导学生理解这些跨文化的情感态度。

教材示例6-7

2. Listen and read.

Sam: Dad, it's 6 o'clock now. What time will you be home?
Mr Smart: I'll be home at 7 o'clock.

Amy: It's half past six now. Will you still be home at 7 o'clock, Dad?
Mr Smart: Yes, I will.

Ms Smart: It's a quarter to seven. Are you going to be late?
Mr Smart: Don't worry! I'll be home at 7 o'clock. Why?

Amy: It's 7 o'clock. Here he is.
All: Happy birthday!
Mr Smart: Thank you!

41

选自：陈琳，（英）普里莎·爱丽斯（PRINTHA ELLIS）．英语（新标准）（一年级起点五年级下册）［M］．北京：外语教学与研究出版社，2013：41.

教材示例6-7是一个家庭话题，也呈现了跨文化价值意义：家庭亲情。这一天是父亲生日，孩子们一直在询问父亲回到家里的时间，因为他们要给父亲一个生日惊喜。我们可以引导学生理解课文中所呈现的价值观，让学生知道家庭亲情不仅是中国文化的价值取向，英语国家家庭也十分看重，家庭亲情是全人类共同的价值取向。引导学生理解这种跨文化共性，也是跨文化教育的重要方面。

四、跨文化的传播能力

跨文化能力不仅仅表现为跨文化的理解能力，也表现为跨文化的传播能力。跨文化的传播能力以跨文化的理解能力为基础，在跨文化知识、思维方式、情感态度与价值意义理解的基础上进行传播。尽管小学生英语语言能力还有限，但在其语言能力基础上开展跨文化传播也是小学英语课程的基本任务。

小学英语教材中的跨文化传播活动可以分为两个方向——用英语认知理解世界优秀文化然后向中国传播、用英语向世界传播中华优秀文化，跨文化的传播方式也分为显性和隐性两种。

教材示例 6-8

1 Listen and chant.

This is the Great Wall.
It's very beautiful.
It's long and old.
And we love it all.

选自：陈琳，（英）普里莎·爱丽斯（PRINTHA ELLIS）.英语（新标准）（三年级起点六年级上册）[M].北京：外语教学与研究出版社，2013：2.

教材示例6-8是一个显性的跨文化传播活动，Daming向外国参观者介绍中国长城。教师在开展这一教学内容的教学时，可以引导学生发现"长城"并不是"Long City"，而是基于跨文化思维翻译为"the Great Wall"（长聚焦于长度，着眼于具体事实；great聚焦于视觉效果，着眼于我们站在长城下看到长城高大城墙的视觉感受。至于wall，"城"本意就是城墙，而不是城市的意思，西方也有过类似的防御性的城墙，如雅典的"the Long Walls"，英国的"Hadrian's Wall"等），同时有着鲜明的跨文化情感态度（"We love it all."）。

选自：陈琳，（英）普里莎·爱丽斯（PRINTHA ELLIS）.英语（新标准）（一年级起点三年级下册）
[M].北京：外语教学与研究出版社，2013：2—3.

教材示例6-9没有显性地呈现跨文化传播的内容，但主人公熊猫的形象则说明其具有隐性的跨文化传播功能。首先，这篇课文说明熊猫有很多朋友，反过来理解就是，很多人对熊猫非常友好，使熊猫把他们当朋友；同时，熊猫的朋友性格不同，也说明不同性格的人都喜欢熊猫，熊猫也善于和不同性格的人交朋友，而不是只与相同性格的人交朋友（从跨文化交往而言，这更值得我们学习，因为跨文化交往就是与不同文化特性的人交往）；最后，熊猫是中国的文化符号，这也可能在一定程度上理解为中国人的性格特征。

小学英语教材中还设计了很多的歌曲歌谣，尤其是一些英语经典歌曲，都具有丰富的跨文化内涵，让学生了解多样的文化内容，从而发展学生的跨文化能力。

拓展阅读 6-1

联合国教科文组织用一棵树形象地呈现了跨文化能力的构成结构（如下图所示）。教师可以据此了解跨文化能力的构成，开展跨文化教育。跨文化能力的基础是文化与交际，教师不能只关注发展学生的交际能力，还需要发展学生的文化认知。跨文化能力的主干是文化多样性、人的权利和跨文化对话，教师要引导学生理解文化的多样性和人的基本权利，同时要学习如何开展有效的跨文化对话，并进行实践。跨文化能力的枝干包括明确跨文化能力、教授跨文化能力、推进跨文化能力、提升跨文化能力和支持跨文化能力，教师不能只教授学生跨文化能力的概念，还要推进、提升、支持学生的跨文化能力的发展。

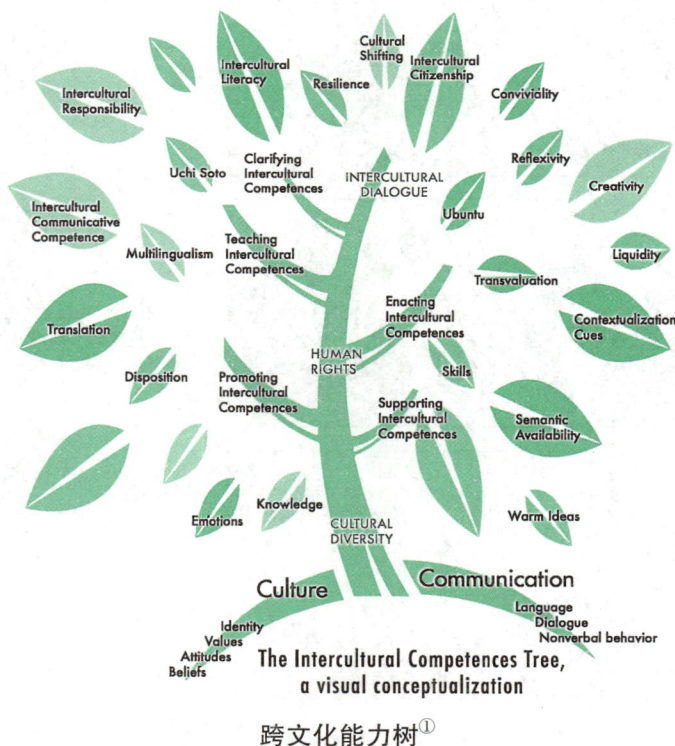

The Intercultural Competences Tree, a visual conceptualization

跨文化能力树[1]

---

[1] UNESCO. *Intercultural Competences: Conceptual and Operational Framework*. Paris, 2013: 23.

💡 **疑问与思考**

请扫描二维码
查看参考答案

　　小学英语教材中的大多数课文都是日常生活对话，没有什么跨文化的内容，那么教师应该如何在课文教学中开展跨文化教育？

第二节　小学英语品格发展活动分析

　　义务教育阶段的英语课程具有工具性和人文性双重属性，工具性凸显"培养学生基本的英语素养，发展学生的思维能力"；人文性凸显"提高学生综合人文素养的任务"。学生综合人文素养指的是学生通过英语学习能够开阔视野，丰富生活经历，形成跨文化意识，增强爱国主义精神，发展创新能力，形成良好的品格及正确的人生观和价值观。

　　品格是指人的品质性格。品格是可以塑造的，教育就是要帮助学生形成良好的、积极向上的品格。课程标准进一步明确了英语的教育意义和教育价值，确立了英语课程落实立德树人的根本任务，发展核心素养，培养社会主义建设者和接班人的课程性质，更加凸显了英语学科的育人价值。

　　《义教课标（2011）》中的情感态度部分及《普高课标（2017）》中的文化意识部分对品格教育作出了如下规定。

📖 **课标选摘**

　　情感态度是指兴趣、动机、自信、意念和合作精神等影响学生学习过程和学习效果的相关因素以及在学习过程中逐渐形成的祖国意识和国际视野。保护积极的学习态度是英语学习成功的关键。教师应在教学中不断激发、强化学生的学习兴趣，并引导他们逐渐将兴趣转化为稳定的学习动机，以使他们树立自信心，锻炼克服困难的意志，认识自己学习的优势与不足，乐于与他人合作，养成和谐和健康向上的品格。通过英语课程，使学生增强祖国意识，拓展国际视野。

选自：中华人民共和国教育部.义务教育英语课程标准（2011年版）[S].北京：北京师范大学出版社，2012：20.

　　文化意识的培育有助于学生增强国家认同和家国情怀，坚定文化自信，树立人类命运共同体意识，学会做人做事，成长为有文明素养和社会责任感的人。

选自：中华人民共和国.普通高中英语课程标准（2017年版）[S].北京：人民教育出版社，2018：4—5.

基于以上内容可知，英语课程要发展的是学生相关的积极情感态度和优秀品格。兴趣、动机、自信、意念和合作精神等积极情感能创造有利于学生学习的心理状态。

兴趣是人们认识某种事物或从事某种活动的心理倾向，会对人们的认识和活动产生积极的影响。学习者对某一事物产生浓厚的兴趣会成为内在动力，驱动学习者持续参与学习，是取得学习成效的重要前提。对于我国小学生而言，学习英语是学习一门新的语言，而且有着很多与学生熟知生活完全不同的游戏、歌谣、歌曲等，可以激发学生探索新知、学习新事物的兴趣。

动机是促使人们开始和持续做某种活动的动力。英语学习需要学生发展相应的学习动机，形成可持续的动力，尤其是让学生基于英语了解和学习与自己动机相关的知识，以此来发展相关能力等，强化学生的已有动机，并迁移为英语学习的动机。例如，有的学生具有很强的审美动机，教师就可以通过让其观看英语电影、模仿电影中的英语台词、表演电影片段等，进一步发展学生的审美动机，并迁移为学习英语的动机。

英语学习更需要培养学习者较强的自信心和克服困难的意志等相关意念。对于我国小学生来说，英语是一门外语，是一种全新的语言。他们在学习的初期阶段会遇到这样或那样的问题，因此，教师要在初始阶段重视并帮助学生形成学习自信和克服困难的意志，使学生在初期阶段就建立起学习自信。

当今社会竞争日益激烈，善于合作是21世纪人才的必备素质。竞争是一种普遍现象，合作是一种力量，更是一种财富。竞争与合作既对立又统一，相互渗透，相辅相成。因此，培养学生的合作精神和合作能力已成为当今教育的重要任务。英语学习可以发展学生参与国际合作的意识和能力，形成应对国际竞争的方法和能力。

除此以外，祖国意识和国际视野也是义务教育阶段需要培养学生的一种积极的情感态度。《普高课标（2017）》中关于文化意识这一目标内涵也有相关阐述：文化意识的培育有助于学生树立世界眼光，增强国家认同感和家国情怀，学会做人做事，成长为有文化修养和社会责任感的人。就教育的本质而言，为国家培养人才，首要任务是培养合格的"人"，其次才是"才"，培养"人"比培养"才"更重要。英语学习不仅可以发展学生传播中华文化的能力，而且可以引导学生借助英文文献进一步加深对中华文化的理解，形成从世界看中国、为中国看世界的意识和能力。

积极的情感有助于学生学习，消极的情感则会影响学生学习潜力的正常发挥。基础教育是学生的情感态度发展的重要阶段，关注学生的情感，帮助他们培养和发展积极向上的情感态度是教师义不容辞的责任。义务教育阶段的情感目标主要培养学生英语学习的积极态度和兴趣，重在培养学生敢于开口、积极参与英语学习的习惯，让学生体验到学习英语的乐趣，使其愿意融入英语学习中去，体会英语学习给自己的成长带来的积极变化。

全员德育、全过程德育应始终贯穿于日常教学之中。英语教学应将语言教学与育人紧密结合，把教育渗透于整个教学过程中，凸显"育人"这一要素，彰显语言学习对人的教育作用。让学生在获取知识、技能和思维的同时感受语言文字富有的情感、思想、内涵和意义；让学生通过英语语言的学习，形成良好的意志品质和健康人格，收获精神的教育和智慧的启迪，让品格教育在课堂教学中散发活力。

小学英语教材中的每篇课文都具有品格教育的内容，无论是关于英雄人物或学生冲突解决等品格教育的专题课文，还是看似简单的生活场景，都蕴含着育人的思想和理念，如培养学生珍惜生活、关爱动物意识的课文与活动，引导学生树立规则意识的课文和活动，培养学生养成诚实、友爱、礼让、尊重等优秀品格的教育内容，等等。

教材示例 6-10

2 She couldn't see or hear.

1. Listen and chant.

Helen couldn't see.
But she could read.
Helen couldn't hear.
But she could talk.

2. Listen and read.

Helen Keller was born in the US in 1880. She had an illness at nineteen months old. After that she couldn't see or hear.

But she learnt to read, write and speak. It was difficult, but Helen was clever and she tried hard.

Helen travelled round the world and told her story. She also wrote books and helped blind people.

She was famous all over the world. She is a model for blind people, and also for you and me.

选自：陈琳，（英）普里莎·爱丽斯（PRINTHA ELLIS）.英语（新标准）（一年级起点六年级下册）[M].北京：外语教学与研究出版社，2013：23.

教材示例6-10是突出培养学生意志品质的典型案例。课文介绍了美国盲聋女作家、教育家、社会活动家海伦·凯勒艰苦的成长历程。本模块的两个单元编排的都是名人故事，引导学生学习他们不惧困难、勇于面对挫折、超人的毅力和顽强的奋斗精神。海伦·凯勒的故事在该册教材中的第二单元。海伦·凯勒自小因病导致她失去了听力、视力和语言能力，在其老师苏利文的帮助下，海伦·凯勒通过艰苦的努力，学会了用手交流，写出了成长日记，并以多种语言出版了多部个人专著，鼓舞了世界各地面对生活艰难的人们。教师在课堂中可以引导学生学习海伦·凯勒克服英语学习，乃至其他学科学习和生活中的困难的精神，让他们认识到，他们在英语学习中面对的困难和海伦·凯勒的困难相比，是更容易克服的。

📋 **教材示例 6-11**

选自：人民教育出版社课程教材研究所英语课程教材研究开发中心.英语（PEP）（三年级起点六年级上册）[M].北京：人民教育出版社，2013：9.

教材示例6-11是学生日常生活中的一段对话，教材的"What should he do?"中should说明教材设定了发展品格的目标。对话显示：由于爸爸生病，全家今天不能去动物园玩了，由插图以及对话中的"Oh, no!"可知，Sam很失望，不过在妈妈告诉Sam："Don't be sad. We can go next time."之后，Sam表现得很懂事，并向妈妈询问爸爸的病情。这里可以通过理解Sam和妈妈的话语，发展学生不只是顾及自己感受、关心他人、为他人着想的品格（Sam关心爸爸、顾及妈妈的感受，妈妈也顾及Sam的感受，答应下次带Sam去动物园）。

教材示例6-12展示的是Mike迟到了，老师让同学为他开门，Mike向老师道歉的内容。由此，教师可以引导学生知道在自己出现小错误时，要直面错误、敢于道歉认错，并在以后加以改正的行为规范。

英语课程文化意识中的品格教育不只是德育教育，更是跨文化的德育教育，可以引导学生发展英语课程所呈现的在我国传统文化品格中不那么突出的文化品格。

选自：何峰，齐迅.英语（三年级起点三年级下册）[M].南京：译林出版社，2014：6—7.

2 Listen, read and act out.

Ms Smart: Class begins. Sam, please give out the crayons.
Sam: All right.

Ms Smart: I bought twenty yesterday. Did I lose one?
Amy: No, you didn't. There's one on the floor!

Sam: ... eleven, twelve, thirteen, fourteen, fifteen, sixteen, seventeen, eighteen, nineteen. There are only nineteen crayons. But there are twenty children in the class!

Amy: Oh no!
Sam: Oh, now there are twenty-one crayons!

选自：陈琳，（英）普里莎·爱丽斯（PRINTHA ELLIS）.英语（新标准）（三年级起点四年级上册）[M].北京：外语教学与研究出版社，2013：23.

教材示例6-13向我们呈现了一个以幽默的话语化解小失误的品格故事，文中的幽默属于典型的英国式幽默，在我国传统文化品格中不是那么突出，教师可以引导学生学习这种幽默方式，风趣地化解困境；教师还可以补充专门的阅读材料，让学生进一步了解可以在生活中的哪些情境里巧妙地运用这种幽默。

品格教育是直面问题的教育，也是润物细无声的教育。教师要善于发现教材中可以开展品格教育的内容，适时、有效地开展文化意识所指的品格教育。

拓展阅读 6-2

英语课堂品格教育的以下方法值得学习。

把握学生品格发展内力的呈现形态与时机，把握教材的品格优势，
预设英语课堂品格的发展路径与活动

⬇

通过课堂师生互动形成的品格审美体验，创造品格发展的外在环境与条件，
形成对品格发展内力的促生作用

⬇

引导学生基于品格的审美体验，理解品格内涵，体验品格发展的情境

⬇

实现学生品格发展，体验品格发展

英语课堂品格发展的基本教学方法

选自：陈晓云.英语学科德育的内涵与方法探讨［J］.兴义民族师范学院学报，2018（4）：102.

教材示例 6-14

2. Listen, read and act out.

Lingling: What's this?
Amy: It's an invitation to my birthday party. I'm going to be eleven.

Lingling: What are we going to do?
Amy: We're going to have lunch together.
Lingling: Are you going to have a birthday cake?
Amy: Yes, I am. Mum is going to make a birthday cake for me.

Sam: After lunch, we're going to tell stories.
Amy: And then we're going to see a film.

Ms Smart: But before that, you are going to help me tidy up!
Sam, Amy and Lingling: Oh yes!

选自：陈琳，（英）普里莎·爱丽斯（PRINTHA ELLIS）.英语（新标准）（一年级起点五年级上册）[M].北京：外语教学与研究出版社，2013：20—21.

教材示例6-14既是发展跨文化理解能力（了解英语国家学生生日庆祝活动）的活动，同时也是文化意识所包含的品格教育活动——不仅要进一步体验尊重他人、增加友谊的积极品格，同时也要发展自己的事要自己做、做力所能及的家务劳动的品格。

💡 **疑问与思考**

除了以上所谈到的日常教学中的品格教育活动之外，我们还可以从哪些方面开展品格教育活动，以对学生进行品格培养？

请扫描二维码
查看参考答案

第三节　小学英语文化意识发展补充活动设计

义务教育阶段英语课程标准的总目标是：通过英语学习使学生形成综合语言运用力，促进心智发展，提高综合人文素养。小学英语教材容量有限，不同地区的教育基础与条件也存在差异。因此，文化意识教育需要更多活动，这些就需要教师通过补充活动来进行。

《义教课标（2011）》对文化意识教学提出以下建议：

课标选摘

1. 教师应当结合教学内容，引导学生关注语言和语用中的文化因素，了解中外文化的异同，逐步增强学生对不同文化的理解力，为开展跨文化交际做准备。

2. 教师应根据学生的语言水平、认知能力和生活经验，创设尽可能真实的跨文化交际交际情境，让学生在体验跨文化交际的过程中，逐步形成跨文化交际能力。

选自：中华人民共和国教育部.义务教育英语课程标准（2011年版）[S].北京：北京师范大学出版社，2012：28—29.

基于以上建议可知，文化意识教育的补充活动可以结合教学内容进行补充，也可以创设新的活动。

一、基于学生需求的补充活动

教材是面向全国学生编写的，教师在基于教材内容来发展学生文化意识时，若发现本班学生的文化意识发展所需的教学内容与活动超过了教材内容与活动，或者低于教材内容与活动，则应基于学生的最近发展区，增加或者调整文化意识的内容与活动。

教材示例 6-15

选自：人民教育出版社课程教材研究所英语课程教材研究开发中心.英语（PEP）（三年级起点三年级下册）[M].北京：人民教育出版社，2013：4.

教材示例6-15中介绍了三个英语国家国名的英语表达方式。若本班学生对其他国家有着特别的兴趣，教师可以增补更多国名，让学生根据需要选择使用。例如，教师可以了解学生想知道的更多国家的国名，如旅行去过的国家、有亲人在那里工作生活的国家以及在阅读中接触到的国家的国名等。教师可事先准备各国国名表，让学生根据自己的需要查找。若学生对在一节课中既要掌握对话内容，同时又要掌握三个国家的名称有一定困难，教师可以要求学生在掌握对话内容的同时只掌握一个或两个国家的名称，比如读音非常简单、直接按照字母读音朗读的the USA、the UK等，而在随后的学习中再要求学生掌握如Canada这一类的国名。

教材示例 6-16

选自：人民教育出版社课程教材研究所英语课程教材研究开发中心.英语（PEP）（三年级起点四年级下册）[M].北京：人民教育出版社，2013：12—13.

教材示例6-16呈现的是世界不同地方的不同时间，也就是关于时区的划分。若本班学生基础很好，且有很多国际交流的需求，教师可以根据学生的需要补充相应时区划分的方式，告诉他们国际旅行需要进行的时差调整，与其他国家的学生进行国际交流时也需要确定的恰当时间（如：我们要与美国学生进行微信通话，什么时间合适？）供学生阅读了解相应的时区知识。若学生尚难形成时区、时差的概念，则可以不讲授时区，只通过动画演示，让学生了解日夜交替形成的时间差异，直接进行课文内容学习，其他内容则可以让学生以后在地理课程中再学习。

二、基于教材内容的补充活动

小学英语课文内容需要呈现学习目标语言，没有足够篇幅呈现文化背景知识，有时文化背景知识所需的语言可能比较复杂，无法呈现在作为学习内容的课文之中。这就需要教师根据教材内容，为学生补充设计相关内容与活动。

教材示例 6-17

Dear Daming,

How are you? We are getting ready for your visit. Dad put another bed in my room. Mum bought new chopsticks for you. And we borrowed a bike for you.

Dad read a book about Chinese history. He is going to ask you some questions! Me too! History is my favourite subject.

We will visit a lot of places together. It will be fun!

See you soon!

Love,
Simon

选自：陈琳，（英）普里莎·爱丽斯（PRINTHA ELLIS）. 英语（新标准）（一年级起点五年级下册）[M]. 北京：外语教学与研究出版社，2013：53.

教材示例 6-17 呈现的是在美国生活的华人 Simon 给在中国的堂弟 Daming 写的信件，内容比较清晰，但学生可能对 Simon 这样的美籍华人的文化特征不大了解。教师可以为学生提供专门的阅读材料，帮助学生了解美籍华人、海外华人华侨的文化特性。信中说到，Simon 的妈妈专门再去买了一双筷子以供 Daming 来了使用，这说明他们家里平时没有多余的筷子使用，这和我们中国人家里都有很多双筷子很不一样。学生可能不太理解这一差异，因为在中国，很多时候家里不是一次买一双筷子，而是买一把筷子（通常是十双）。其实，在西方国家中，筷子通常按一双进行销售，就像刀叉按一把进行销售一样。通过信件还可以看到，尽管 Simon 是美籍华人，但是他和他的父亲都不大了解中国历史，不过他们很想了解。信中说他的爸爸专门借来一本关于中国历史的书来阅读，以便在接待 Daming 时和他交流，而且 Simon 的爸爸和他自己都有很多关于中国历史的问题要问 Daming。这一现象也需要教师进行补充，美籍华人很多不认识汉字，无法直接阅读中文版的中国历史书籍，大多都是阅读英文版的。根据这一课文内容，若学生对这些问题存在疑问，或者想进一步了解，就需要教师补充关于筷子销售形式和美籍华人的汉字阅读能力的信息，以帮助学生理解。

三、基于活动需求的补充活动

有些活动在教材预设中只是作为一般性活动来开展，但在教学中，则可能因为教学需要而调整为重点活动，这就需要教师根据活动的变化而补充设计内容。

教材示例6-18

3 Listen and say.

Yesterday, I cleaned my room.

I washed my trousers.

Then I helped my mum.

选自：陈琳，（英）普里莎·爱丽斯（PRINTHA ELLIS）.英语（新标准）（一年级起点四年级上册）
［M］.北京：外语教学与研究出版社，2013：10.

教材示例6-18是一个适合开展品格教育的教学内容，不过文中只涉及三项家务劳动的类型，而学生做的家务劳动也许远远超过这三项。若只是作为语言活动，可能只呈现这三个活动即可达到练习目标。但若需强化这个活动成为一个重点的品格教育活动（假设在进行这一活动教学时，刚好遇到学生不认真打扫教室、不积极参加家务劳动的问题；或者教师需要强化学生积极参加家务劳动的意识），此时教师可以提供更多相关短语（如visited my grandpa、talked with my grandma、played with my little brother、walked my dog、cleaned my bike等），让学生基于自己的需要选择运用，这不仅可以进一步巩固与扩大所学语言内容，发展语言能力，同时可以进一步发展学生积极从事家务劳动以及力所能及地帮助父母的劳动品格和家庭意识。

教师还可以根据学校、社会发展等的需要开展专题的跨文化交往活动，如组织学生参与接待来学校参观的外国客人，到博物馆担任小讲解员，向来本地的外国客人介绍中国传统文化，等等。开展此类活动时，可以由教师主导，为学生提供材料，让学生学习；也可以采用项目学习的方式，让学生自己组织开展。

拓展阅读6-3

4.实践英语学习活动观，促进核心素养有效形成

本课程标准提出了指向学科核心素养的英语学习活动观，明确活动是英语学习的基本形式，是学习者学习和尝试运用语言理解与表达意义，发展多元思维，

培养文化意识，形成学习能力的主要途径。活动观的提出为整合课程内容、实施深度教学、落实课程总目标提供了有力保障，也为变革学生的学习方式、提升英语教与学的效果提供了可操作的途径。教师应从英语学习活动观的视角重新审视课堂教学设计的合理性和有效性，整合课程内容，优化教学方式，为学生设计有情境、有层次、有实效的英语学习活动。

英语学习活动的设计应以促进学生英语学科核心素养的发展为目的，围绕主题语境，基于口头和书面等多模态的语篇，通过学习了解、应用实践、迁移创新等层层递进的语言、思维、文化相融合的活动，引导学生加深对主题意义的理解；帮助学生在活动中习得语言知识，运用语言技能，阐释文化内涵，比较文化异同，评析语篇意义，形成正确的价值观念和积极的情感态度，进而尝试在新的语境中运用所学语言和文化知识，分析问题、解决问题，创造性地表达个人观点、情感和态度。

选自：中华人民共和国教育部.普通高中英语课程标准（2017年版）[S].北京：人民教育出版社，2018：62.

可以促进学生文化意识发展的补充活动设计多种多样，如，教师可以开展一些像英语学科活动日、英语活动周等英语文化节系列课外活动。活动可以依据学生年段特点结合教材主题、时间（相关节气、节日）、学校德育（学期、学年教育计划）、时事（如奥运会、亚运会、APEC、G20等国际及国内重大活动）、国际合作发展的理念和倡议（上海合作组织）、节庆活动等整体统筹，差异化设计。

活动形式可以兼顾口语和写作，例如，设计为与跨文化内容相关的海报展示、英语书法及创新作业展、绘本故事创作、英语拼词比赛、英语绕口令比赛、英语朗诵、英语演讲、英语故事表演、短剧创意表演、英文歌曲表演唱、游戏表演、英语猜谜等。内容和形式要尽可能丰富、多样，学生参与的形式也可以不设限，可以个人参与、两人或三至五人合作参与等。学生的可选性强，更利于充分调动学生参与的积极性。

为突出活动的实效性，教师应提前通知学生将活动的主题、形式、安排和评价方式告知学生，也可以借助学校广播、学校电视台进行活动前的动员和倡议，调动学生参与设计以及参与活动的热情。

疑问与思考

文化意识中的品格教育应该是班主任和教思想品德的老师的事情，在英语教学中有没有必要设计这样的教学目标？为什么？

请扫描二维码
查看参考答案

章节小结

随着我国经济的快速发展，中国在世界范围内的影响力逐步增强、地位不断提升，国际交往也愈来愈频繁。因此英语学习的重要性更加凸显，英语课程的国家价值、社会价值以及个人价值更加不可忽视。英语作为一门语言学科，具有其他学科不可替代的育人价值。语言是文化、思想和思维的载体，语言蕴含着丰富的文化，是文化学习的基础，文化理解又能对语言学习起到促进作用。对学生文化意识的培养尤为重要，学生跨文化理解能力有益于学生理解和运用英语，有益于学生增强国家认同和家国情怀、坚定文化自信、树立人类命运共同体意识，学会做人做事，成为有责任感的人。

跨文化理解和跨文化传播能力的培养途径和方式很多。学校和教师在设计跨文化交流活动时要有意规避具有宗教色彩的文化活动，学校和教师在开展跨文化活动中也要注意引导学生在中外文化的比较中客观地评价、理性地认识，既不妄自菲薄，也不妄自尊大。

学生品格的培养也是伴随着英语学习进行并蕴含在英语学习活动之中的，教师应依据课内教材的教学内容，结合课外有利条件，将有意设计与现场生成相结合，积极引导和培养有利于学生终身发展的优秀品格。

关键术语

英语课程的文化意识：指对中外文化的理解和对优秀文化的认同，是学生在全球化背景下表现出的跨文化认知、态度和行为取向。

品格：指人的品质性格。品格是可以塑造的，教育就是要帮助学生形成良好的、积极向上的品格。

实践活动

请设计一个能促进学生文化意识发展的课堂教学活动。

请扫描二维码
查看参考答案

进一步阅读资源

1. 中华人民共和国教育部.义务教育英语课程标准（2011年版）[S].北京：北京师范大学出版社，2012.

2. 中华人民共和国教育部.普通高中英语课程标准（2017年版）[S].北京：人民教育出版社，2018.

3. 鲁子问.小学英语教学设计[M].上海：华东师范大学出版社，2018.

内容：**文化意识发展活动课例**

Have you got any stamps from China?

选自：外研社《英语》（新标准·三年级起点）六年级上册

第三模块第一单元

授课教师：北京市西城区育民小学　余冬梅

第七章
小学英语教材思维品质发展活动分析

准 备

请你思考

邓老师有十五年的英语从教经验。在日常教学中他注重对学生的听说训练，对于一般的教学活动，他的学生能够做到听指令做出相应的动作，能够较顺利地进行跟读、个别读、齐读和角色扮演或表演，有的学生还能够较顺利地识词并进行朗读。随着近些年对核心素养的关注，邓老师开始注重学生思维的发展，他在教学设计中设置了大量开放性问题，但是在课堂实施中却遇到了阻碍。比如，当邓老师提出一个开放性问题"What do you think of Daming?"时，学生的第一反应是集体重复老师的问题，当老师解释问题的含义以后，学生还是沉默，不能够顺利地进行真实交流。邓老师反思这是因为小学生年龄和思维水平过低，不适宜开展高阶思维训练活动。你同意邓老师的看法吗？你认为是什么原因导致学生会读这个问题而不能回答这个问题？

学习目标

在学习本章之后，你能：

1. 了解并初步分析、设计小学英语教材的思维品质发展活动；
2. 了解并初步分析、设计小学英语思维品质发展的教材补充活动。

本章结构

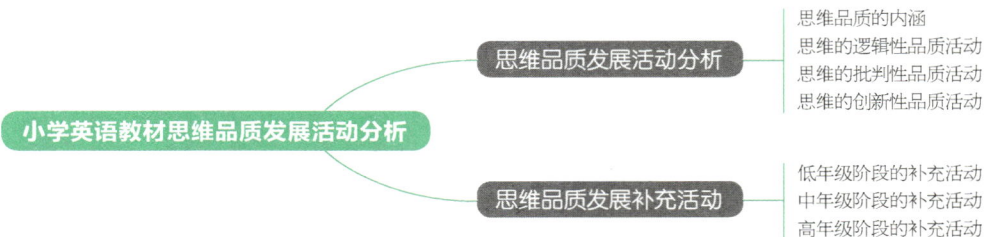

第一节　小学英语教材中的思维品质发展活动分析

语言是人类主要的思维工具，语言学习必然包含思维发展。英语学科核心素养包括语言能力、文化意识、思维品质、学习能力。英语学习活动作为一种语言类学习活动，在将语言知识、语言技能、文化意识、学习策略、情感价值判断等有机整合在一起，促进学生综合语用发展的同时，也使其思维品质不断提升，而思维品质的提升与发展，又能够促进学生的深度学习，有利于学生的终身发展。

对于在小学英语教学中关注学生思维品质发展的重要性，《义教课标（2011）》有如下相关阐述。

课标选摘

义务教育阶段的英语课程具有工具性和人文性双重性质。就工具性而言，英语课程承担着培养学生基本英语素养和发展学生思维能力的任务，即学生通过英语课程掌握基本的英语语言知识，发展基本的英语听、说、读、写技能，初步形成用英语与他人交流的能力，进一步促进思维能力的发展，为今后继续学习英语和用英语学习其他相关科学文化知识奠定基础。就人文性而言，英语课程承担着提高学生综合人文素养的任务，即学生通过英语课程能够开阔视野，丰富生活经历，形成跨文化意识，增强爱国主义精神，发展创新能力，形成良好的品格和正确的人生观与价值观。工具性和人文性统一的英语课程有利于为学生的终身发展奠定基础。

义务教育阶段英语课程的主要目的是为学生发展综合语言运用能力打基础，为他们继续学习英语和未来发展创造有利条件。语言既是交流的工具，也是思维的工具。学习一门外语能够促进人的心智发展，有助于学生认识世界的多样性，在体验中外文化的异同中形成跨文化意识，增进国际理解，弘扬爱国主义精神，形成社会责任感和创新意识，提高人文素养。

义务教育阶段英语课程应面向全体学生，体现以学生为主体的思想。……英语课程应成为学生在教师的指导下构建知识、发展技能、拓展视野、活跃思维、展现个性的过程。

义务教育阶段英语课程的总目标是：通过英语学习使学生形成初步的综合语言运用能力，促进心智发展，提高综合人文素养。……既有利于学生发展语言运用能力，又有利于学生发展思维能力。

选自：中华人民共和国教育部．义务教育英语课程标准（2011年版）［S］．北京：北京师范大学出版社，
　　2012：2，3，8．

　　基于《义教课标（2011）》的阐释可知，发展学生的思维能力是小学英语课程的重要任务之一。基于中国学生核心素养体系，英语学科提出语言能力和学习能力两个关键能力，同时把思维品质和文化意识强调为英语学习者应具备的必备品格，这足以说明当下对英语教学中学生思维能力发展的关注。

　　语言本身是一种交际工具，同时也是思维的工具。每一种语言都有其语言结构系统，不同语言之间的不同系统既存在共性，又各有特性。无论是在口语与书面语的形式上还是语法结构与规则上，英语和汉语都有着很大的差异，二者差异的背后也体现着两种思维方式的不同。学习和掌握一门外语本身就是思维上的一种碰撞和补充，借助语言学习来发展思维能力是一种很好的方式。由此可知，英语课程的设置为学生借助英语学习发展语言能力、提升思维品质提供了很好的平台，而教材则为教师提供了一个非常好的工具和抓手。教师要善于借助教材的内容及特点，结合学生的实际情况进行一系列的分析、挖掘和创造，找到运用语言发展思维的切入点，使学生在学习语言的同时也发展了自己的思维品质，只有这样才能真正做到会用教材教，而不是教教材。

一、思维品质的内涵

　　发展学习者的思维品质要先了解它的内涵，然后找到适合其发展的手段，从而进行有目的、有层次的训练，促其发展。思维品质是个体的思维活动中智力特征的表现[①]，其反映在思维的逻辑性、批判性、创新性等方面所表现出的能力和水平。思维品质体现英语学科核心素养的心智特征。有思维的英语课堂才是有意义的课堂，只有背、记、模仿的课堂，不仅会妨碍学生学习语言的真实运用形态，也会抑制他们思维品质的发展。在英语教育中发展学生的思维品质，教师应引导学生尝试通过观察语言现象，了解背景文化，分析、比较、归纳语言及语篇特点，辨识语言形式和语篇结构的功能，评价、表达语篇所承载的或者基于语篇关联自身的观点、态度、情感和意图等英语学习活动和实践活动，帮助学生学会观察、比较、分析、推断、归纳、建构、辨识、评价、创新等思维方式，增强思维的逻辑性、批判性和创新性，提高思维品质。因此，作为教授者、引导者、帮助者的教师，要有敏感的洞察力，善于发现教材所提供的适合发展学生思维品质的内容或活动，设计出以学生为中心，基于课堂可能的、有目的语境以及语用合理的语言学习和运用活动。

　　根据林崇德的研究可知，思维品质主要表现在以下几个方面[②]：

① 林崇德．学习与发展：中小学生心理能力发展与培养（修订版）［M］．北京：北京师范大学出版社，2011：229．
② 同上书，第137页．

（1）思维的准确性，指对现象的准确内涵、问题实质的把握，能发现各种无意或者有意的逻辑谬误，从而把握思维对象的本质特性。思维的准确性是一切思维活动的基础，也是发展其他思维品质的前提。

（2）思维的深刻性，指思维活动的抽象程度和逻辑水平，涉及思维活动的广度、深度和难度。主要表现为在心智活动中能深入思考问题，善于概括归类，逻辑抽象性强，善于抓住事物的本质和规律，能开展系统的理解活动，善于预见事物的发展进程。若在心智活动中只是停留在直观水平上感知事物，则属于深刻性不足；若抽象概括能力强，则深刻性强。深刻性是批判性的前提。

（3）思维的灵活性，指思维活动的灵活程度。一个人思维的灵活性强，则善于从不同角度、方向、方面，能用多种方法来解决问题；能从分析到综合、从综合到分析，全面而灵活地做"综合的分析"；概括—迁移能力强，运用规律的自觉性高；善于组合分析，伸缩性大；能形成多种合理而灵活的结论，不仅仅有量的区别，而且有质的区别。在日常活动中表现为善于"举一反三"、"运用自如"等。灵活性是也批判性的前提。

（4）思维的敏捷性，指思维活动的速度，它反映了智力的敏锐程度。如果灵活性反映的是思维的广度、丰富度，那么思维的敏捷性反映的就是思维的速度，即在处理问题和解决问题的过程中，能够适应变化的情况来积极地思维、周密地考虑、正确地判断和迅速地作出结论。

（5）思维的批判性，指思维活动中善于从不同视角进行深刻、广泛分析与批判的程度，也是对思维活动本身的各个环节及各个方面进行调整、校正的自我意识。批判不是否定，而是发现不同和差异，发现前人、他人未能发现之处。思维的深刻性、灵活性直接影响思维的批判性。

（6）思维的创造性，指通过高度概括后集中而系统的迁移，从而进行新颖的组合分析，找出新异的层次和交结点等，形成前人、他人未能形成的思维结果。思维活动与成果的概括性越高、知识系统性越强、伸缩性越大、迁移性越灵活、注意力越集中，则创造性就越突出。

显然，心理学视角的思维品质的准确性、深刻性、灵活性、敏捷性、批判性、创造性与英语学科视角的思维品质的逻辑性、批判性、创新性本质相同，表现形式略有不同。两种视角皆强调发展思维的批判性、创新性（创造性）品质，二者对此两项思维品质要求相同。不过，英语学科视角的思维品质强调思维的逻辑性品质，而心理学视角的思维品质则强调思维的准确性、深刻性、灵活性、敏捷性品质。英语学科思维品质所聚焦的思维逻辑性，与心理学思维品质所聚焦的深刻性、准确性本质一致，存在不同的是后者同时还聚焦思维的灵活性、敏捷性。为此，教师可以基于学生的最近发展区、教学内容、学习时间等，恰当地开展思维品质活动。

二、小学英语教材中发展思维的逻辑性品质活动分析

思维的逻辑性主要表现为思维的规则和规律，涉及概念、判断和推理等心智活动。就

教材而言，逻辑性可以体现在很多方面，比如各年级间教材的逻辑性，话题间的逻辑性，单元或模块间的逻辑性，以及各板块或活动间的逻辑性，课文语篇的逻辑性，等等。

教师要善于分析教材，发现课文情节发展的逻辑性，课文中语段与语句之间的逻辑性，词语用法的逻辑性以及活动设计的逻辑性，设计恰当的活动，从而使学生的思维的逻辑性品质在语言学习过程中得到发展。

（一）关注情节的逻辑性

逻辑性是思维品质的基础性内容，而课文发展的情节是发展逻辑性的优质材料。大部分课文的情节具有明确的逻辑性，教师可以让学生分析课文，发现其中的逻辑性；少部分课文的情节故意呈现非逻辑性的情节，如出现差错，教师可以引导学生发现其逻辑性错失；有的课文的情节还有开放性、多样性的特点，教师可以引导学生基于逻辑性补充情节。

教材示例 7-1

选自：陈琳，（英）普里莎·爱丽斯（PRINTHA ELLIS）.英语（新标准）（三年级起点三年级下册）[M].北京：外语教学与研究出版社，2013：23.

教材示例7-1所在的模块主题是食物，情境是Daming对班里同学Sam和Lingling就喜欢什么水果进行调查，最后和Amy就调查结果进行了交流。学习的主要语言是"Do you like ...? Does she/he like ...?"及回答"Yes，I do.(he/she does.) No, I don't.(he/she doesn't.)"，看似简单的问答其背后其实存在很强的逻辑性。日常生活中就第三方进行询问时，一般出于两种原因：（1）第三方在场，两方中有一方要就某一问题进行确认或检测；（2）第三方不在场，两方当中有一方出于某种原因想要了解到第三方信息，如在本示例中，前两幅图

Daming在询问两名同学时的情境是发生在教室当中，而Amy与Daming交流时的情境是发生在教室的外面，且Sam和Lingling均不在场，这时，运用"Does she/he like ...?"进行询问才是合理的。因此，简单的三幅图构成了一个清晰的逻辑关系，图片为故事情节的逻辑性进行了清晰的解读。

很多时候，教师只注意到了语言的文字表达，只关注问答角色、轮次，只关注学生单词发音是不是正确、句子是不是读对了，而忽略了语言运用情境的逻辑性，所以才会出现尽管学生能够熟练朗读、背诵，甚至表演，但并不能让其在思维层面得到训练的问题，这也就是为什么会出现很多时候学生会说但不会用的情况。教师在处理此部分时，应当有指向性地引导学生观察图片，帮助学生发现语言发生的情节逻辑，有助于加深学生对语言的理解，关注事物发生的逻辑性，促进学生思维品质的发展。

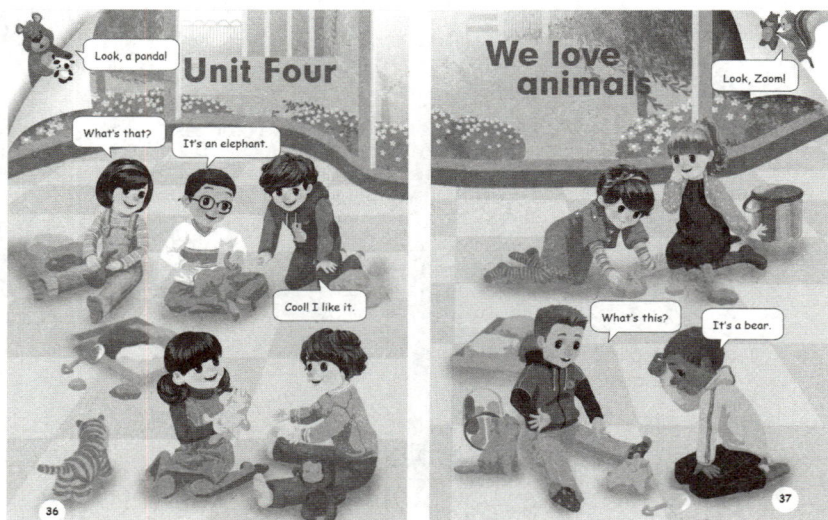

教材示例 7-2

选自：人民教育出版社课程教材研究所英语课程教材研究开发中心.英语（PEP）（三年级起点三年级上册）[M].北京：人民教育出版社，2013：36—37.

教材示例7-2的话题是动物，示例中是以"What's this/that?"的句式引出动物名称，教材给出的情境中并没有出现真实的小动物，而是主人公们在用黏土捏动物。因为对于三年级的学生来说，他们在日常生活中已经认识了这些小动物，作为呈现新知识的环节，如果再用真实动物互相提问"What's this/that?"就会变成"明知故问"。这个示例的情境背景巧妙地选择了小朋友们在一起捏小动物而捏出的动物并不容易识别的场景，因为创作与真实之间的差异，所以产生了询问的理由，在捏的过程中他们互相提问对方捏的是什么动物，使语言的运用具备了逻辑性。因此，教师在进行这一教学活动时，应当充分利用主题图，用"What's this/that?"的提问引导学生进行猜测，把学生带入语境的同时，教师语言的重复也起到了很好的示范和强化作用。

（二）关注词语之间的逻辑性

英语课文中的一些内容在语词层面呈现出鲜明的逻辑性，如从属关系、比较对比等，教师可以在教学中引导学生发现其逻辑性特征。

教材示例 7-3

2 Listen, read and act out.

Ms Smart: Lingling, look at your bag! It's broken. You can't take it to China. I'll buy you a new one.
Lingling: Thank you.

At the Department Store

Lingling: This black bag is nice. It's big!
Ms Smart: But it's heavy. This green one is light. And it's got two pockets. You can put your umbrella there.
Lingling: But it's small.

Ms Smart: Look at this blue one. It's big and light.
Lingling: Oh yes!
Sales assistant: And it's got four wheels. It'll be easy for you to carry.
Ms Smart: Great! We'll take it.
Lingling: Thank you very much.

选自：陈琳，（英）普里莎·爱丽斯（PRINTHA ELLIS）. 英语（新标准）（三年级起点五年级下册）
[M]. 北京：外语教学与研究出版社，2013：26—27.

教材示例7-3在模块中的主题是购物，功能是讨论物品的特征。故事的情境是Lingling要回国，但是由于箱子破了，Ms Smart带她去买新箱子，在挑选过程中发生的对话。就情境和语言知识方面来说学生不难理解，但在挑选过程中，能否选择合适的箱子，实际上体现的是人物内在需求与现实事物特征之间的逻辑关系及思维逻辑上的冲突，存在很强的逻辑性。具体而言，起因是因为 "It's broken." 所以需要 "I'll buy you a new one." 这个理解起来很简单；接下来出现了第一次冲突，Lingling看上了一个黑色的箱子，原因是 "It's nice. It's big." 此观点反映出了Lingling的心理，有可能是因为回国要带的东西比较多，所以从款式和大小的角度出发进行选择。但是作为成年人的Ms Smart来说会有比较成熟的想法——这样大的一个箱包，如果装满东西会非常重，对于还是小学生且还要经过较长旅途的Lingling来说是个很大的负担，因此她给出了自己的看法 : "But it's heavy." 一个转折词but连接的两个形容词big和heavy形成了第一次逻辑性上不可调和的矛盾。第二个冲突出现在Ms Smart的建议和Lingling的心理预期不符的时候，Ms Smart基于自己的思考，认为较长旅途的Lingling需要一个轻便的包，为她推荐了一个绿色的且带有口袋的包，但是被Lingling拒绝了，原因还是由一个转折词but连接的两个形容词light和small构成，从而形成了第二次逻辑上不可调和的矛盾。这时，两个不可调和的条件似乎陷入了思维逻辑的死胡同，然而最终的解决方案是既满足了Lingling想要一个大箱包的心理预期，又解决Ms Smart怕Lingling的行李太重，要选个轻便的箱包的想法，那就是选择一个大且带有轮子的旅行箱。

这样走出原有的思维限制，找到一种新的思维可能性的结果，很好地体现了思维品质中的逻辑性和创新性之间的关系。因此，教师不应只注意到语言知识上形容词的各种替换练习，还要有意识地引导学生分析语言表达所体现出的思维逻辑性，在教授此部分内容时，教师要抓住两次冲突点，启发学生发现、思考遇到思维瓶颈时的处理方式，从而提升学生解决问题的能力，为学生全面发展奠定基础。

例如 :

What does Lingling think of the black bag? (It's big.)

Why does Lingling think a big bag is good for her? (Maybe she has many things to put in it.)

What does Ms Smart think of the black bag? (It's heavy.)

Why does Ms Smart think a heavy bag is not good for Lingling? (Because Lingling will take it on her way to China. It is hard for a little girl like Lingling to take.)

What does Ms Smart think of the green bag? (It's light.)

Why does Ms Smart think a light bag is good for Lingling? (Because it's easy for Lingling to take on her way back to China.)

What does Lingling think of that bag? (It's small.)

Why does Lingling think a small bag is not good for her? (Maybe she has many things to put in it.)

What about the blue one? (It's big and light. And it has four wheels.)

What does the sale assistant think of it? (It's easy for Lingling to carry.)

通过以上这样的讨论，教师提出"big but heavy vs. light but small"的矛盾冲突，最后发现解决问题的办法就是"big and light with four wheels"。这样的分析有助于学生发现解决矛盾的方法不是两个中无法选出一个满意的，而是找出第三个方案（另一个箱子），以此发展学生解决问题和冲突的思维品质。

（三）关注活动设计的逻辑性

不少教材的教学活动也具有发展逻辑性的特征，如观察局部发展整体等，教师可以要求学生不仅找出答案，而且要说出为什么是这个答案，从而发展学生思维的逻辑性品质。

教材示例7-4

4 Practise.
Point, ask and answer.

What's this?

It's a...

选自：陈琳，（英）普里莎·爱丽斯（PRINTHA ELLIS）.英语（新标准）（三年级起点三年级上册）
[M].北京：外语教学与研究出版社，2013：40.

教材示例7-4是单元中的巩固练习环节，此环节是对学生之前所学语言的强化，但是教师在教授时依然不能忽略对学生思维的逻辑性品质的训练，因为不符合逻辑的机械练习并不能起到巩固学生语言功能性、发展其语用能力的作用。

此示例是巩固"What's this?"及"It's a ..."句型的练习。教材清晰地为练习过程进行了解释，值得注意的是，教材中两个小朋友间的提问与回答并不是"明知故问"，被提问的五件物品均以拼图插块的形式出现，而不是实际的物品。正常的思维逻辑是当人们对某一事物或物品不了解并想要了解的时候才会询问"What's this?"而练习中出现的询问物品都是学生日常熟悉的，如果直接出现全图再进行"What's this?"的提问，就是为了练习而练习，不符合思维的逻辑性，也达不到让学生学会"What's this?"用法的目的。因此，教师在引导学生进行练习时要先对活动细节进行分析，避免学生进行无意义的语言练习。

三、小学英语教材中发展思维的批判性品质活动分析

《义教课标（2011）》指出，学习一门外语能够促进人的心智发展，有助于学生认识世界的多样性，在体验中外文化的异同中形成跨文化意识，增进国际理解，弘扬爱国主义精神，形成社会责任感和创新意识，提高人文素养。要想使学生能够正确地了解自我、认识世界，成为一个合格的社会人，并形成社会责任感，就要在学生的学习过程中关注思维的批判性品质的培养、训练与提升。思维的批判性并不是否定，而在于提倡有质疑、求证的态度和行为，寻找和发现事物的共同性与差异性，既不盲目地接受一种观点，也不武断地拒绝一种思想，而是通过正确的途径，求证事物的真假。思维的批判性品质是从品质上对思维的说明，这一品质在能力层面则表现为批判性思维能力，也就是说，批判性思维能力是人的思维的批判性品质的能力表现。在现阶段，我国学生与世界教育发达国家（尤其是西方国家）学生的批判性思维能力存在一些差距。对于学生批判性思维能力的培养和发展可以在任何阶段、任何学科的教学活动中进行，英语学科的语言差异性特点（不使用汉语进行教学）、内容差异性特点（学习内容大多与外国有关）、活动差异性特点（很多活动不在其他课程中出现，如bingo），都使得英语学科具有独特的发展思维批判性的空间。教师应充分把握英语教材中包含的学习内容、教学活动所具有的批判性，尤其是具有显著的批判性的教学内容、教学活动，以及具有显著批判性的课堂中的教学生成，着力培养和发展学生思维的批判性品质。

（一）基于学习内容的批判性，发展思维的批判性品质

如前所述，英语教材的学习内容都可以用于发展学生思维的批判性品质，有些内容本身具有较明显的、强烈的批判性，如课文内容本身是批判某一观点或行为的，或者接受不同观点的讨论的。教师应把握这些学习内容的批判性思维的优势，设计开展发展学生批判性思维能力的活动，促进学生思维的批判性品质的发展。

教材示例 7-5

2 Listen, point and find "-ed".

Once upon a time, there was a boy. He looked after sheep every day. The boy was bored.

One day, the boy ran to the village. He shouted, "Wolf, wolf!"

Everyone ran up the hill. There was no wolf. The boy laughed.

The next day, the boy ran to the village again. "Wolf, wolf!" he shouted.

The people ran up the hill. There was no wolf. The people were angry.

Then one day, a wolf came up the hill.

The boy ran to the village. But the people didn't run up the hill. They said, "Don't tell lies!"

The wolf ate all the sheep. The boy learnt a lesson and wouldn't tell lies again.

选自：陈琳，（英）普里莎·爱丽斯（PRINTHA ELLIS）.英语（新标准）（一年级起点四年级下册）［M］.北京：外语教学与研究出版社，2013：14—15.

　　《狼来了》是一个内容本身就具有强烈的批判价值的经典故事。由于大部分的学生对这个故事都比较熟悉，所以教师在引导学生关注英文表达的同时，还可以从故事中少年撒谎的次数、原因及结果引导学生深度思考与分析。

　　（1）阅读分析第一次说谎。少年第一次撒谎，原因是"He looked after sheep every day. The boy was bored."，所以，他想出了用撒谎的方式来引起别人注意，结果他成功地引起了村民的注意，对此他感到很高兴。教师可以针对少年的第一次撒谎，询问学生有怎样的想法，引导学生思考：如果自己是那名少年，是否会有与这位少年一样的表现？会怎么做？

　　（2）阅读分析第二次说谎。如果说第一次说谎是因为少年无事可做的简单原因，那么第二次说谎的原因就没有那么简单了，是什么原因或想法导致少年决定再次撒谎呢？结果是大家早已知晓的，但是为什么少年还会成功呢？

　　（3）阅读分析第三次说谎。第三次狼真的来了，少年说实话却没人相信了，他为此付出了沉痛的代价，同时也学到了一课——"Don't tell lies!"。对这样的结果教师不妨让学生想一想：为什么前两次少年撒谎取得了村民的信任，而第三次说实话却没人相信了？

　　（4）总结性讨论。教师可引导学生思考：第三次的结果告诉我们，是不应该撒谎？还是不应该经常撒谎？是不是只要撒谎就是不对的？这个故事的结局只谈到了少年，如果你是村民，当知道少年的羊全部被狼吃掉之后，你会有怎样的想法呢？这些都是可以借助这个故事本身来发展学生思维中批判性品质的问题。

教材示例 7-6

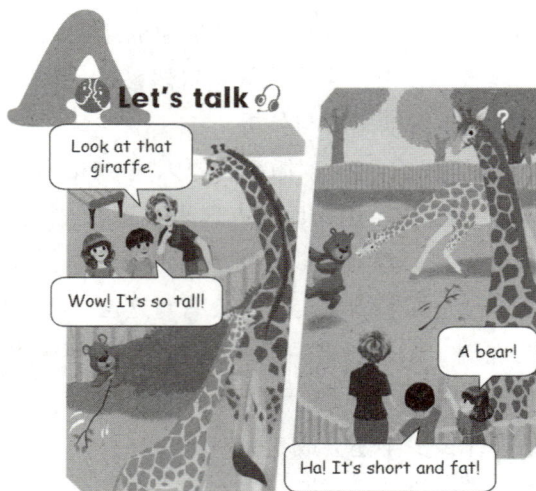

选自：人民教育出版社课程教材研究所英语课程教材研究开发中心.英语（PEP）（三年级起点三年级下册）[M].北京：人民教育出版社，2013：22—24.

教师很像一个裁缝，教材给教师提供的并不是一件已经完成的成衣，它更像是一块质地精良的布料，需要教师为自己所教授的学生量身定做，并通过各种活动的加工最终使每个学生都有"合身"的收获。

教材示例7-6虽然不是一个经典故事，但情节设计中的冲突很适合培养学生思维的批判性品质。本单元的话题是动物，相比较三年级上册的同话题单元，增加了描述动物特征的形容词。在主人公去动物园看动物的时候发现Zoom出现在了长颈鹿园里，正好与单元呈现活动的主题图中的"Don't feed the animals!"形成呼应，教师可以问学生：Zoom的行为对不对？同时引导学生观察图片，长颈鹿对Zoom的行为有怎样的反应？除了不能投喂动物外，在去动物园游玩时还有哪些行为是不文明的，同学们应该注意不要去做的？如果课堂时间充裕，教师还可以从注意事项中帮助学生反向思考，比如：除了不能在动物馆中大声喧哗外，哪些地方也不可以这样做？比如教室、图书馆、餐厅等公共场所；除了动物馆不能使用闪光灯照相外，哪些地方也不可以这样做？如在博物馆中观看珍贵藏品等。这样的批判性思维活动的训练有助于学生形成文明意识，让他们对各种行为有正确的道德价值判断，在训练思维品质批判性的同时也提升了学生的个人素养。

（二）基于教学活动的批判性，发展思维的批判性品质

小学英语教材中的教学活动也可以用来培养学生思维的批判性品质，因为在任何活动中，教师都可以让学生尝试发现其内容，然后让学生评价所见，进而反思和评价发现的方法、找出不同的内容，甚至尝试采用不同的方法。这些都可成为发展学生思维的批判性品质的有效活动。还有一些辨析性的活动，其活动本身就要求学生观察，发现相同与不同，这些活动更是发展学生思维的批判性品质的好平台。

教材示例 7-7

③ Look, find and say.

It's a yellow cap.

It's a red cap.

选自：陈琳，（英）普里莎·爱丽斯（PRINTHA ELLIS）.英语（新标准）（三年级起点三年级上册）[M].北京：外语教学与研究出版社，2013：24.

教材示例7-7出现在三年级上册第四模块的第二单元中，学生通过前几个模块的学习已经掌握了关于颜色、物品和动物的英文表达，这种利用找不同的方法把大量零散信息组合在一起的活动，非常有助于学生思维品质中批判性的发展。首先，这个活动非常有趣，从形式上能够激起学生的好奇心，好奇心可以激励学生做进一步的探究。其次，在完成此活动的过程中，教师要帮助学生明确图中所有事物的英文名称，检测学生对单词发音、意义的掌握程度。确保学生对意义的理解后，学生要通过进一步的观察找到图中不同之处，然后运用语言对结果进行陈述。在陈述的过程中，学生既可以真实运用语言，同时自己的思维也在不断进行归类、说明，包括自我检审或自我校正。因此，在处理此类活动时，教师不应该只关注学生是否找到不同，是否说对句子，更重要的是理解此类教材中活动的设计意图，在处理此活动时要有目的、有步骤、有层次地对学生进行引导。教师可以先从一幅图入手明确意义，再引导学生比较，最后强调表达。只有这样支架式的训练才能帮助学生借助语言表达思维，在发展语言的同时也提升批判性思维的发展。

（三）基于课堂生成的批判性，发展思维的批判性品质

课堂活动是师生、生生思维的碰触，教师在任何时候都可以抓住思维的火花来发展学生思维中的批判性品质。这其中既有对学习内容理解的相同与不同、反思与评价，也有对问题答案的讨论与辨析、评价与回应等，只是基于教学目标，教师不能在每一时刻都展开基于课堂活动本身的批判性思维活动。不过，当课堂上出现学生不认同教师观点时，尤其是在问题讨论中出现观点的不同时，则是发展思维的批判性品质的良好时机。因为在弄清这些问题、讨论这些观点的过程中，可以使学生形成深刻印象，从而显性地发展学生思维的批判性品质。

📊 **教材示例 7-8**

选自：陈琳，（英）普里莎·爱丽斯（PRINTHA ELLIS）.英语（新标准）（一年级起点五年级上册）
[M].北京：外语教学与研究出版社，2013：1.

教材示例7-8是一个非常简单的歌谣活动，教师让学生看图，学生基本就能理解大致的内容，只是对于一般过去时的时间 "Two years ago" 关注不够，教师指出后，学生马上就能理解。但在表演歌谣时，有一位学生指出，课文中说："This was the pig's house two years ago. So, it is a big house. Now, this is the cat's house. Yes, there is no mouse now. It is good. But is it too big for a cat?" 教师首先表扬了这位学生的思考，然后让全班同学讨论："Which is more important, no mouse or the house is too big for the cat? Where is the pig now?" 有学生用汉语说猪已经杀了。全班哄堂大笑。教师则继续问："Is it possible? How many years does a pig usually live?" 班里学生几乎都不知道（现在不仅城市学生不知道猪的饲养时间，很多农村的学生也不知道），教师告诉学生："Less than one year." 这时学生形成了新的观点："The farmer keeps a cat in the pen to drive the mouse away. The farmer can keep the pig and the cat in the same house because the cat is very small." 这一讨论引导学生形成了对这个歌谣的深刻印象，更有效地发展了学生思维的批判性品质。关键在于教师抓住了学生的质疑，并给出足够时间让学生展开了讨论，而不是急于教授歌谣。其实这一讨论使学生更加认真地学习了这一歌谣，而且很多学生很久以后依然能背诵出来，说明批判性思维活动本身也能促进学生的语言学习。

四、小学英语教材中发展思维的创新性品质活动分析

《义教课标（2011）》强调，义务教育阶段英语课程应面向全体学生，体现以学生为主体的思想。英语课程应成为学生在教师指导下构建知识、发展技能、拓展视野、活跃思维、展现个性的过程。教师应特别注重"发展学生的智力，培养创新精神和实践能力"。古往今来，人类社会的发展以及科学的进步，都离不开思维品质中的创新性。思维的创新性侧重于求新、求异，不墨守成规，敢于想象，善于改变，推陈出新。在实践中，思维的创新性体现在勤于思考、善于发问上，更重要的是在质疑后能提出创新性的解决方案，这就要求创新性的提升一定是在思维的逻辑性和批判性品质基础之上进行的，从分析到综合，从综合到分析，较全面地分析、思考和解决问题，从而提升解决问题的能力。创新能力是21世纪人才不可或缺的重要能力，教师应因材施教，鼓励学生创新，并为其提供更加广阔的思维空间、自主发展的空间，以及展现个性的空间。

教材示例7-9中的两个示例均为Project环节，作为每四个单元学习后的综合语用任务出现，这样的板块活动本身就是一个能提升学生思维的创新性品质的典型活动。创新并不代表不着边际的瞎想，而是在特定情境下，基于某种需求，结合实际情况而得出的带有个性化观点的方案。就这两个示例而言，两个任务一个是为同学做一个小简介，另一个是体验开家甜品店。（1）两个任务开展的活动步骤具有逻辑性，都是让学生根据自己的情况进行选择，这样既能激活学生已有的生活经验，同时也能激活学生已有的知识。由于该教材是三年级起点，这对于学习英语只有一年积累的四年级学生来说，勾选的方式足以检测学生的理解，降低了运用语言的难度。教材设计除了有意识地将所学知识进行分类，帮助学

教材示例 7-9

示例一

示例二

选自：何锋，齐迅.英语（三年级起点四年级上册）[M].南京：译林出版社，2013：30—31，56—57.

生形成自己的知识图式外，还在每个环节中都设有"小步子"的语言练习。以示例二为例，从选择物品到设计摆放位置再到问询价格，这前三个活动都是在为帮助学生完成最后的大活动搭设"梯子"，使语言的输出有层次地得到训练的同时还降低了难度，这也体现了思维品质中逻辑性与创新性之间的关系。（2）两个示例给予了学生一定的批判与创新的空间。例如，在示例一中，学生经过勾选后要先完成对自己简况的梳理，接着拿着自己的简况去询问同学，这样的转换有助于学生在语言上聚焦，同时也有助于学生进行思维上的观察和比较，然后再进入到同学的简况的制作当中。在制作的过程中，学生可以根据自己的喜好进行绘图，教师也可以鼓励学生进行创新性的设计。在同学之间互相展示作品进行介绍时，学生可以创造性地运用语言，比如可以平铺直叙，也可以将自己的信息与朋友的信息进行对比，交错进行。第二个示例中的开放性更强，从学生为自己的甜品店选择货品开始，到每样货品位置的摆放，再到价格的制定，包括最后的"逛店"体验，都能够使学生将自己的生活经验迁移至此，使得综合语言运用的能力与思维品质的发展同时得到提升。除了要明确教材的设计意图外，教师还要在学生完成的过程中充当好指导者、帮助者和欣赏者的多元角色，鼓励学生用自己的方式表达，在肯定学生的同时鼓励学生发现其他作品中好的部分，这样可以使学生的创新水平不断地得到提升。

📋 **教材示例 7-10**

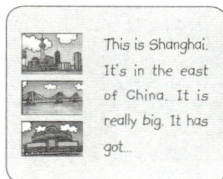

7 Write and talk.

Write about a city and talk about it.

This is Shanghai.
It's in the east of China. It is really big. It has got...

选自：陈琳，（英）普里莎·爱丽斯（PRINTHA ELLIS）.英语（新标准）（三年级起点六年级上册）
［M］.北京：外语教学与研究出版社，2013：7.

教材中的写作活动也是一个有利于培养学生创新性的活动，尤其体现在高年级的写作当中。教材示例7-10中的活动是六年级上册第一模块第二单元的最后一个活动，是对整个模块学习后的综合语言运用的产出环节。这个模块的功能是介绍一个城市，话题涉及城市的地理位置及其中的名胜古迹等，希望学生在课文中学习有关美国的一些概况和关于上海的介绍后，为一个儿童电子游戏设计一座城市。对于六年级的学生来说，就语言而言，他们已经具备能够写出简单的描述性句子的能力，但是能否在表达中体现思维上的逻辑关系，能不能够创新性地使用合适的语言，需要教师加以关注和进行引导。在本示例中，首先，教师在帮助学生明确主题之后，可以请学生先思考再自由发言，说一说对题目的理解和想法；然后，组织学生小组讨论，列出写作提纲；之后，教师可以选出一个小组的提纲在全班进行展示，并根据学生的反馈引导学生观察书中例子的逻辑关系，同时请学生自己列出每一项之间的逻辑关系，将两者进行比较，看看哪种更好，确定好结构；接着，引导学生对每一个点进行思考，并说出具体写作的内容，提供基础例句和句式的帮助，让学生小组完成或独立完成；最后，要增加点评或互评环节。从写作准备到写作分析，再到完成写作的过程，是学生梳理语言、发展思维的过程，学生在模仿、比较、批判、校正的过程中找到自己的表达方式，再在互评的过程中再次碰撞出思维的火花，使自己的思维的创新性品质不断得到发展。

　　思维品质中的批判性能力非常重要，但我国学生在此方面的能力较之西方一些国家的学生来说相对较弱。因此，在日常教学中教师要特别关注对学生在此方面能力的训练。

　　从认知发展过程这一时间维度看，认知的确有着发展的层次性，批判性思维显然不属于最基础的层级。但认知的层次性在时间维度上并非是线性的，而是可以同步发展的，即使在认知发展的最基础的形式识别层次，也可发展批判性思维能力。

　　小学一年级学生刚刚开始学习英语字母 A，教师需要引导学生识别字母 A。首先需要识别的是大写字母 A 与小写字母 a，这是同一字母的两种形式，而不是两个字母，它们读音完全相同，但书写形式却不相同；同时，教师还需要让学生看到，英语字母 Aa 有着不同的字体，尤其是我们阅读看到的 "a" 和我们书写常用 "ɑ" 在存在形式上的差异，而这种差异其实只是字体差异，并非字母差异。显然，批判性思维并不需要等待认知能力发展到较高层次才能进行，而是可以在整个认知发展过程之中进行。

　　在发展批判性思维的时间维度中，存在另一特别的维度——机遇。在恰当的时间、内容、情感、态度的节点，开展批判性思维教育的效果更好。这一节点需要教师智慧地把握，因为这一节点是可遇而不可求的机"遇"。在教学中，教师可以刻意设计批判性思维教育的机遇，但这一机遇是否真正出现，并非是教师可以控制的。有时，教师可能在条件不成熟的情况下"强行"进行批判性思维教育，但其成效却肯定不理想。所以，真正有效的批判性思维教育需要把握恰当的机遇。

　　对于批判性思维教育恰当机遇的把握，需要教师整体把握批判性思维的体系以及各种活动的最佳条件，然后在教学中把握课堂生成的恰当机遇。以下是美国一所学校为小学四年级学生设计的批判性思维发展的目标体系。

Critical Thinking Skills: Attributes and Behaviors

Attribute	Behaviors
Thinking Independently	Does not passively accept beliefs or ideas of others.
	Recognizes solid sources of information.

Attribute	Behaviors
Thinking Independently	Is able to see new ways of looking at things.
	Looks for alternative ways of doing things.
	Evaluates information.
	Comes to own conclusions.
Clarity (Doesn't confuse people)	Shares ideas so others understand.
	Understands what others are saying.
	Understands and follows directions.
	Asks, "Could you tell me what you mean?"
	Asks, "Could you say that in other words?"
	Says things like, "Let me tell you what I think you said. Tell me if I am right."
	Written work is clear in meaning.
Accuracy (Makes sure it's true)	If not sure about something, will check it out.
	Looks for ways to gain greater understanding.
	Wants truth.
	Speaks truth appropriately.
Relevance (Wants to be on track)	Thinking connects with class discussions.
	Written work connects with topic—does not bring in irrelevant information.
	Relates thinking to the problem.
	Asks, "What will help us solve this problem?"
	Asks, "How does what you say relate to what we are talking about?"

（续表）

Attribute	Behaviors
Logical (Wants things to fit together)	Knows when things don't make sense.
	Will rework or rewrite to make sure things flow or fit together.
	Wants to know reasons for why things are as they are.
Fairness (Considers others feelings)	Tries hard to not be selfish.
	Considers others' ideas.
	Considers others' feelings.
	Thinks about how something would make them feel.

在进行批判性思维教学的第六至第七周，教师设计了报刊阅读环节，学生阅读不同内容的文章，随即出现不同的事实与观点。这时，学生需要澄清事实与观点。教师基于以上预设内容，抓住这一机遇，要求学生完成以下活动：Based on today's activities, write a clear definition of clarity: _____. Give an example of a time where using clarity is necessary. (Do not use the examples from class.) _____. Use the space below to either draw an example of clarity or write an analogy to illustrate clarity.

显然，这一机遇是教师给学生配置不同文章阅读时而出现的，起源于教师的预设，但正是由于学生表达了不同观点与事实，才真正形成了批判性思维教育的机遇。若这些文章中的事实与观点不需要澄清（或者太明确，或者学生观点太一致），则难以开展这一澄清活动。这说明机遇不仅仅是时间层面的，还是学习层面的，更是内容、情感、态度层面的。由此可知，批判性思维教育的时与机，不是一种线性形态，而是一种共生形态。教师若恰当把握，即可有效开展批判性思维教育。

选自：鲁子问.批判性思维教育的时与机［J］.英语学习（教师版），2015（7）：6—7.

无论什么样的材料都能够找到与之有关的、可以重点培养的或训练的思维能力，关键是教师本身是否能具有这样的敏感度，只有教师具有了良好的思维品质，并且有了关注思维发展的意识，始终坚持找准时机与切入点，对学生进行培养，学生的语言与思维才有可能在课堂中同时发展。

Reading for Pleasure

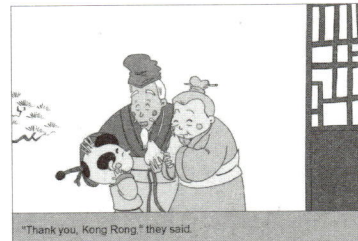

Kong Rong and Pears

Once there was a little Chinese boy. His name was Kong Rong.

There were many people in his family.

74

Reading for Pleasure

One day, his father came home. He had a big bag. There were lots of pears in the bag.

Everyone wanted to eat the pears.

75

Reading for Pleasure

His father said, "Kong Rong, give a pear to each person."

Kong Rong gave the very big pears to his grandma and grandpa.

76

Reading for Pleasure

"Thank you, Kong Rong," they said.

Then he gave the big pears to his mother and father.

77

Reading for Pleasure

"Good boy, Kong Rong," they said.

Kong Rong gave other pears to his brothers. They ate the pears.

Reading for Pleasure

Then he saw one very small pear. "This pear is for me," he said. "I will eat it."

All his family were very happy with Kong Rong. "You are a very good boy," said his father.

Word List

gave （give的过去式）给   person 人

78   79

选自：陈琳，（英）普里莎·爱丽斯（PRINTHA ELLIS）.英语（新标准）（一年级起点四年级下册）
〔M〕.北京：外语教学与研究出版社，2013：74—79.

　　教材示例7-11初看并不具有显著的思维能力发展空间。作为一个传统的中国故事，《孔融让梨》这个故事本身传递给了人们的主旨广为人知：孔融年龄虽小，但是已经懂得让梨，知道尊重长辈。这在无形中形成了一种枷锁，限制住了学生的思维。就本内容而言，除了原故事中的寓意外，教师可以引导学生思考如下问题：作为与孔融同龄的、当下时代的我们，如果假设自己是孔融的话，会基于什么原则去分梨呢？会采取什么样的方式去分梨？你认为"Kong Rong and Pear"和"孔融让梨"哪个题目更好？等等，这些都是教师可以基于故事本身与学生的背景去挖掘的。教师有了这样的引导，学生的思维才可能在这种引导下有进一步探索、分析、推理，尝试自我论证，并最终形成自己的价值观。而这一系列的思维活动发生与否很大程度上取决于教师对批判性思维的敏感性。这个内容生成了一个非常有启发性的课堂教学环节，由此可知，除了课前的设计，教师还要随时根据学生课堂真实生成的观点有意识地进行批判性思维的训练。在这个课堂教学环节中，教师请学生用自己的语言，根据自己的理解讲出来时，学生的一句话引起了大家的兴趣。

Student A: ... Kong Rong gave pears to his brothers and sisters ...

Teacher: What did she add in this story? She put something different in her story.

Student B: Brothers and sisters.

Teacher: Yes! Sisters? Where? Maybe.

Student C: I have a question.

Teacher: You have a question? For her or for me?

Student C: For her. Why brothers?（学生此时在想办法组织自己的语言表述清楚自己的观点）

Teacher: Why did Kong Rong give pears to his brothers? Because they are tall?

Student C: No! Why all brothers, no sisters?（学生对老师的猜测进行了否定，并再次补充条件）

Teacher: Why didn't his sisters have a pear?

Student C: No! Why all brothers, no sisters?（学生对老师的猜测再次进行了否定，并强调no sisters）

Teacher: So, no sisters! Where are the sisters?（此时学生表示同意老师的猜测）

对话截止到这里，我们已经看到了学生思维批判性品质的体现。首先是同学编的故事与原故事不同，学生经过思考后根据此处的不同提出质疑：为什么故事里出现的都是哥哥而没有姐姐？接下来，学生在表达这一观点时，更是调动思维，尝试几次矫正语言中的用词和语气，以表明自己的观点，这正体现出了学生思维中的批判性的发展。然而这样的"批判"才刚刚开始，老师并没有直接给予学生解释，而是顺势将问题抛给了全班同学，接下来就有了以下的课堂生成：

Teacher: OK! Where are the sisters?

Student D: I think his sister is here.（此时学生指图）

Student E: Maybe the writer thinks that the sister is hard to draw.

Student A: I think maybe the writer made a mistake.

Student F: Because in the past, girls cannot eat pears.

Student G: But why is mother or grandmother there?

Student H: I think maybe girls are sleeping.

Student I: Mother or grandmother is there because they are parents.

Student K: I think maybe mother or grandmother don't (doesn't want the girl to eat pears there. Maybe they will give the girl pears then.

Teacher: Yeah! Maybe the girls are not allowed to be there, right?

学生们回答的基础源于他们已经领会了故事原本的内涵，并在此基础上进行进一步的深度思考，尝试追问、分析，而且这不是一个维度的回答，课堂中产生了多轮次、多维度、多层次的思考，这一过程是对思维品质批判性发展的典型训练，体现出了思维的批判性并非只有否定，而是在观察、对比、分析、推理、评价的过程中找到较合理的解释，这也同样诠释了思维品质的批判性与创新性之间的关系。因此，好的课堂不应该是教师在备课的过程中设计出来的，而是一个教师和学生借助教材内容碰撞出的有思辨性的课堂。在当下的英语课堂中，教师要善于抓住机会对学生思维的批判性品质进行训练，逐渐缩短我国学生与国际标准的差距。需要注意的是，虽然我们提倡学生通过批判性品质的训练逐步形成自己的主张，但是对于一些极端的、消极的、负面的观点，教师要积极地进行正向调控，促进学生形成健全的人格。

疑问与思考

请谈一谈你对思维的批判性品质的理解，以及怎样借助教材内容培养小学生的批判性思维。

请扫描二维码
查看参考答案

第二节 小学英语思维品质发展补充活动设计

教材是教师培养学生思维品质的一种很好的资源，但只利用有限的课堂时间和一本教材对培养学生思维品质来说远远不够。这就需要教师关注各种语言教学资源，开发适合小学生思维发展的活动，补充在小学英语课堂教学或课后延展中。《义教课标（2011）》有相关阐述，原文如下。

课标选摘

活动不仅限于课堂，还可延伸到课堂之外。活动应有利于英语学科与其他学科的相互渗透与联系，以促进学生的认知能力、思维能力、审美情趣、想象力和创造力等素质的综合发展。

教材是实现教学目标的重要材料和手段。在教学中，教师要善于根据教学的需要，对教材加以适当的取舍和调整。

1. 根据所在地区的教学实际需要、学生现有水平、课时安排等，可对教材内容做适当的补充和删减。但对教材所做的补充和删减，不应影响教材的完整性和系统性。要避免仅仅为了满足考试需要而对教材作出取舍。

2. ……教师还可适当扩展教学内容或延伸原有的教学活动，比如增加属于相同主题且水平相当的阅读篇目或在阅读理解的基础上展开对话或讨论活动，或增加词汇学习活动或写作活动等，从而满足学生的需求。

……

3. 对于小学低年级的学生，教师更应注意使用丰富多样的教学资源，使教学内容、形式与过程更为直观、生动、形象，以适应儿童的认知特点。

选自：中华人民共和国教育部.义务教育英语课程标准（2011年版）［S］.北京：北京师范大学出版社，2012：27，29，30。

基于《义教课标（2011）》的阐释可知，发展学生的思维能力不能只依靠教材，另外还应根据教学的实际需求，结合学生的实际情况进行设计，这就需要教师了解小学生的生理及心理发展规律，设计适合学生思维发展的活动。

在儿童发展心理学中的儿童认知发展研究领域，影响较大的理论有皮亚杰的儿童认知发展理论和维果茨基的儿童认知发展理论。皮亚杰的认知发展阶段理论提出儿童认知发展的四个主要阶段：感知运动阶段（0—2岁）、前运算阶段（2—7岁）、具体运算阶段（7—11岁）和形式运算阶段（11岁以后）。在小学阶段，学生的思维发展可能会出现两次飞跃，一次是从前运算阶段向具体运算阶段思维发展的飞跃，另一次是具体运算阶段向形式运算阶段思维发展的飞跃。皮亚杰认为，认知发展是阶段性的，处于不同认知发展阶段的儿童其认知和解释事物的方式不同。因此，小学阶段关注儿童的思维发展有着极其重要的意义，要根据儿童所处阶段的认知发展特点来设计教学。维果茨基认为，语言在认知发展中起着两个关键作用：第一，语言是成人把价值的思维方式和解决方法传递给儿童的主要工具；第二，语言本身就是一种非常有效的思维工具。另外，维果茨基还提出了"最近发展区"的概念，即儿童的现有水平与经过成人的帮助可以达到的较高水平之间的差距。[①]综上可知，两种理论都强调了学生在小学阶段发展思维的重要性；其次，两种理论都强调了在思维发展的训练过程中要考虑学生年龄特点及认知发展水平。因此，小学教育应注重对小学生在各个阶段、各个学科中思维品质的训练和培养，作为小学课程中重要一项的英语学科也不例外。

一、低年级阶段英语课堂中思维品质的补充活动

年龄在6—7岁的小学低年级儿童的思维正处于前运算阶段，此时的儿童凭借表象进行思考，思维具有明显的具体形象性。他们通过具体的形象直接感知事物，很难理解抽象的事物，思维上缺乏逻辑性，概括能力还较弱，但是善于模仿。基于这些特性，教师在课堂上要大量地使用实物与图片辅助教学，让学生通过看、听、摸等多种方式接触新知，有意识地培养思维的逻辑性品质。

（一）识别与展示活动

在识别图片与词汇、字母等活动中，教师可以引导学生辨析图片，观察图片特征，找出不同图片之间的逻辑联系或者异同，然后再学习单词，以此发展学生思维的逻辑性品质；还可以引导学生进行创造性展示，从而发展学生思维的创新性品质。

例如，在教racing car一词时，最直观的就是利用玩具赛车进行展示的同时示范发音，而不是急于让学生看到单词。教师可以准备各种关于racing car的图片，用PPT一张一张地播放，边播放边重复，使学生在无意识注意的过程中慢慢内化。除此之外，教师还可以找一些学生熟知的动画中的卡通赛车图片，将实物、实图与卡通图交错展示，可

① 黄月胜.小学儿童心理学［M］.北京：北京师范大学出版社，2013：59，61，62.

以更好地帮助学生建立关于racing car一词的概念，通过让学生发现这是什么车、这些车有什么共性与特性，并让学生模仿赛车的相关特征，以此来发展学生思维的准确性、深刻性与灵活性品质。

racing cars[①]

在学习动物名词之后，教师可让学生按下图所示的方式将"动物头"与"动物"连线，学生需要找出匹配的动物的头和身体，快速发现图片中动物的头向左与向右出现的变化，这样有助于发展学生思维的逻辑性品质（观察动物头部特征，比较左右图，找出特征已知的动物并连线），还可以让学生自己进行不同的组合，或者涂上不同的颜色，这可以发展学生思维的创新性品质。

match the animals

---

① 此节除注明出处之外的图片，均来自作者及其团队的教学实践。

在学完字母后，教师可以请学生用自己的身体来摆字母，创编字母操的活动，学生可以选择独立完成，也可选择与家人或同学合作完成。教师借助字母歌请学生边唱边表演，这样既能激发学生的兴趣，同时也可发展学生思维的逻辑性（身体姿势与字母的关联性）和创新性（自己设计字母的表现形式以及新的字母展示姿势）品质。

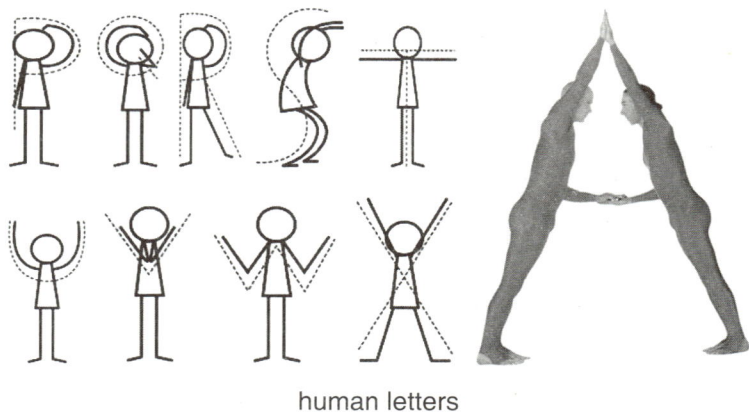

human letters

（二）归纳概括活动

归纳概括本身是一种思维活动。小学一、二年级的学生的概括能力属于儿童概括水平发展的第一阶段——直观形象概括水平（7—8岁），他们所概括的事物属性一般为事物的直观形象和外部属性。小学英语教学可以让学生归纳概括字母、单词、语句等，通过找出规律，发展学生思维的逻辑性品质；通过讨论分类的合理性，甚至建立新的分类方式，发展学生思维的批判性和创新性品质；通过自己设计新的图片、类别等，发展学生思维的创新性品质。

低年级学生的逻辑性表现得不够显著，但是在图片和支架的帮助下学生也可以完成对故事情节的梳理，学生将人物按照情节的发展顺序一边描述一边依次将相应图片摆在正确的位置上，巩固语言的同时发展学生思维的逻辑性品质。如 "Number the pictures according to the story." 根据故事内容给图片编号①的这一活动。

故事图片排序

在每个单元结束时，教师可以设计一些符合低年级学生认知水平的总结任务，如词图

---

① 说明：为增加活动难度，此活动只选择部分故事的图片。

ACTION VERBS

Put the words under the right pictures.

CRY
COOK
SWEEP
PAINT
WASH
WRITE

词图匹配

匹配、单词归类等，学生可以在"剪剪贴贴"的过程中复习语言，同时通过分析和归类训练自己的逻辑思维，让自己思维的深刻性、灵活性品质得到发展。

（三）改编活动

由于小学低年级的生活经验非常少，所以他们想象的内容常常是事物简单的重现，因此教师要设计一些适合低年级儿童语言模仿和迁移的活动。虽然从英语语言运用的角度，一、二年级学生也会有很大的限制，但是教师可以通过其他能力的调动，来帮助他们努力实现表达的完整性。例如，小故事的配图改编就是很好的活动，教师可以鼓励学生模仿或充分发挥想象力进行小故事的创作。此活动可以发展学生思维的逻辑性（对故事、人物关系的分析和理解）、创新性（创作故事）和批判性（基于不同视角、不同人物创作不同的故事）品质。

故事配图改编

二、中年级阶段英语课堂中思维品质的补充活动

小学生的思维在由以具体形象思维向抽象逻辑思维的过渡过程中存在一个关键期（也称"关键年龄"），这个"关键年龄"一般被认为在学生上小学四年级（约10—11岁）

时。此时学生的观察能力、概括能力、比较能力均有明显发展。林崇德认为[①]：小学儿童思维发展的转折点在何时实现，主要取决于教育的效果，只要教学得法，小学生思维发展的关键年龄可以提前到小学三年级。因此，在对这个年龄段的学生进行英语教学时，教师要特别注重发展学生的思维品质。

（一）识词活动

教师借助words puzzle或者crossword puzzle等活动，不仅能够使学生在观察、对比、发现的过程中识别字母字形，强化单词的拼写，同时还能发展他们思维的逻辑性（既要找出图与文字的逻辑关系，也要找出字母排列的合理顺序）品质。

words puzzle 示例

在做words puzzle活动时，教师可以根据所学话题类别对学生进行练习，将同一主题下的词汇放在一起，这也有助于学生逻辑思维的培养，既要根据解释找出相应的词，还要根据词找出对应的图片，更要找出单词排列的合理顺序。

在做crossword puzzle活动时，教师要把握好活动的难度，根据学生的水平选择图片或文字描述的提示方式。除此之外，教师也可以鼓励学生根据已学知识自己设计words puzzle或crossword puzzle的活动，组织学生以班级为单位制作手册，互相分享。通过这样的活动培养学生思维的逻辑性（找出语句、词汇、图片的逻辑联系）、批判性（辨析答案，找出可能错误，重新进行排列）与创新性（自己设计新的words puzzle或者crossword puzzle）品质。

（二）文字活动

具体运算思维的一个显著特点是能够很好地理解数量关系和逻辑关系，能够进行关系推理，因此，教师可以适时地将riddle引入课堂。猜谜语是大家喜闻乐见的一项游戏活动，

---

① 林崇德. 小学儿童数概念与运算能力发展的研究［J］. 心理学报，1981（3）：289—298.

对于小学三、四年级的学生来讲更是有着很大的吸引力，教师可以借助这个活动来发展学生思维的逻辑性（理解语句和钟面内容，找出语句与钟面的逻辑联系，确定是什么内容）与批判性（谜面设计是否合理、符合规范、简洁等）品质，如：

What clothes are they?

Across

3. a knitted piece of clothing made of wool or cotton for the upper part of the body

5. a piece of clothing that covers the lower part of your body and each leg

Down

1. shoes that cover your whole foot and the lower part of your leg

2. a piece of cloth that is worn around the neck

3. pieces of clothing which cover your foot and ankle and are worn inside shoes

4. a head covering

crossword puzzle 示例

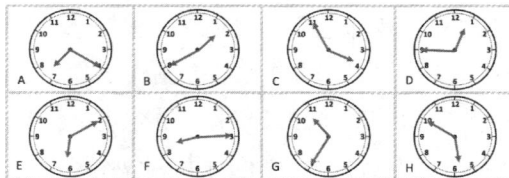

Name _____   Date _____

TIME RIDDLES 3B

Use the clues to find the correct clock from the 8 possibilities.

CHALLENGE 1

- I am between 12:30 and 7:30
- My minute hand is pointing to an even number.
- I am more than 20 minutes past the hour.
- In less than 15 minutes, it will be the next o'clock.

What time am I? _____

CHALLENGE 2

- I am earlier than 8:00 but later than 1:30.
- I am less than 40 minutes past the hour.
- I am more than quarter past the hour.
- My hour is an odd number.

What time am I? _____

riddles

除此之外，教师还可以跨学科地将其他学科知识与英语学科相结合，比如将数学、美术与英语学科相结合，结合三年级百以内加减法进行整合练习，以此促进学生思维的逻辑性与创新性品质的发展。

Mystery picture - subtraction

- Solve subtraction facts, and color each section according to the numbers.

| Pink 0 | Grey 1 | Orange 2 | Violet 3 | Red 4 |

| Yellow 5 | Light green 6 | Dark green 7 | Light_brown 8 | Dark brown 9 |

| Red 1 | Green 2 | Blue 3 |

| Yellow 4 | Brown 5 | Pink 6 |

Maths and English games

（三）概括活动

小学三、四年学生的概括能力属于儿童概括水平发展的第二阶段——形象—抽象概括水平（8—10岁）。此时，儿童的概括水平处于从形象水平向抽象水平的过渡阶段，在他们的概括中，直观的、外部的特征或属性成分逐渐减少，形象的、本质的特征或属性成分逐渐增多。教师可以借助 story chart 帮助学生进行归纳总结，发展学生思维的准确性和灵活性品质。

Title	
Setting	
Characters	
Beginning	
Middle	
Ending	

story chart

（四）识图活动

1. storytelling

在教师教学的影响下，随着小学生言语和抽象思维的发展，他们想象中的创新性成分日益增多，也更加富有逻辑性。因此，教师可以在一、二年级故事改编的基础上，让三、四年级学生来创编故事，开展看图说话等活动（下图所示的是从毛毛虫到蝴蝶的变化过程）。需要注意的是，在初始阶段教师要有意识地对学生进行引导，借助 who、what、when、where、how 帮助学生形成逻辑化的思考，也要允许学生之间存在差异，然后引导和鼓励学生间互相分享故事，这样的活动有助于发展学生思维的逻辑性（发现变化规律，尤其是一些关键节点，如化茧、化蝶）和批判性（毛毛虫与小鸟和小松鼠的比较，甚至可以让学生猜测：What did the caterpillar ask?）品质。

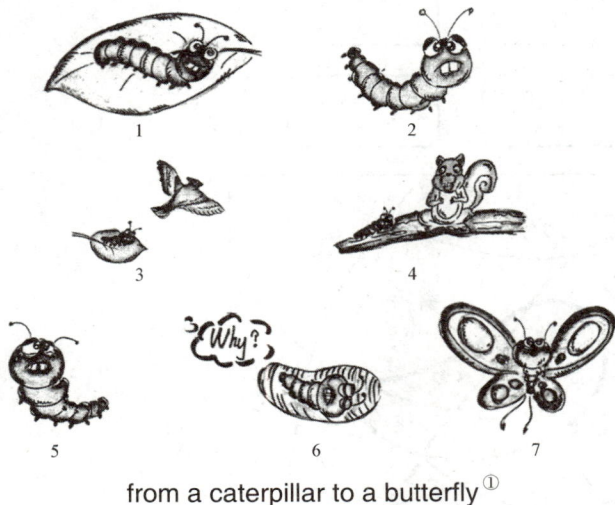

from a caterpillar to a butterfly[①]

2. 观察活动

此类活动是让学生描述图片，通过观察、比较、分析找到每幅图之间

---

① 李静纯，王芳，刘宇欣，刘强. 英语文化读本 入门级 2［M］. 北京：北京教育出版社，2018：45，47，49.

的差别，在训练学生语言表达的同时发展他们思维的逻辑性（发现相同与不同）和批判性（分析相同与不同的原因）品质。

monsters' things

Bobby and Woz

三、高年级阶段英语课堂中思维品质的补充活动

小学五、六年级的学生认知发展属于具体运算阶段，这个阶段儿童的思维经过不断地同化、顺应、平衡，在具体运算思维结构的基础上逐渐出现新的运算结构，即和成人思维接近的、达到成熟的形式运算思维。其最大的特点就是这个时期的儿童的思维已经摆脱了具体事物的束缚，可以把内容和形式区分开来，能够根据种种可能的假设进行推理。教师可以根据学生的这一特点设计活动。

（一）口语交际活动

1. two truths, one lie

规则如下：每个学生在一张纸上写三件关于他们自己的事。两件是事实，一件是谎言。学生大声朗读这三件事，其他学生提问，判断哪一件事的陈述是谎言。这个活动首先是学生对自己的认识，通过思考和分析，选择决定自己想要阐述的内容，其他同学在听的时候要结合自己日常对这位同学的了解进行思考、分析、选择和判断。这样的活动既可以给学生提供创新性地使用语言的空间，还可以训练学生思维的逻辑性（通过发现逻辑联系，如找出谎言；同时发展批判性，如揭穿谎言等）品质。

2. 辩论

辩论指彼此用一定的理由来说明自己对事物或问题的见解，揭露对方的矛盾，以便最后达成共同的认识和意见。辩论是通过对事物或观点进行观察、比较、分析、综合、抽象、概括、判断、推理等一系列的思维活动，并最终能准确而有条理地表达自己观点的思

维过程。高年级的学生在语言方面已经有了一定的积累，根据学生水平开展组内辩论或全班辩论是发展思维品质的有效活动。因为辩论本身需要所有的论点具有符合逻辑的论据的支撑，而且要求能够通过论据得出所论辩的结论，发现对方观点和论证的逻辑错误，并提出自己的观点。

（二）概括活动

小学五、六年学生的概括能力属于儿童概括水平发展的第三阶段——初步本质抽象概括水平（10—12岁）。此时，儿童的概括水平开始以本质抽象概括为主。不过，让处于小学阶段的儿童对那些与他们的生活距离太远的科学规律进行概括是非常困难的，所以此时的抽象概括还只是初步接近科学的概括，还有待进一步发展和提高。[①]

1. 思维导图

思维导图（mind maps）的训练可以有效帮助学生将已有图式与新知之间建立联系，培养学生利用思维导图进行学习上的归纳、概括、梳理，这有助于培养学生思维的逻辑性（确立各项之间的逻辑联系）和创新性（创设新的图形）品质。

mind maps

2. story chart

在中年级故事六要素表格的基础上，高年级学生在做叙事类内容概括大意活动时，可以使用"Somebody, Wanted, But, So, Then"的形式进行。在学生进行概括大意这个活动时，他们要经过思考、筛选来提炼学习内容核心，然后组织语言表达。因此，这样的训练可以发展学生思维的逻辑性（发现更深层次的逻辑联系）和批判性（发现不同层次的合理性）品质。

---

① 朱智贤.中国儿童青少年心理发展与教育［M］.北京：中国卓越出版公司，1990：258—259.

story chart

（三）写作活动

"写"同"说"一样，是人们在日常交际中的一种表达方式，"说"是将思想用口头语言表达，而"写"是将思想用文字语言符号的形式进行表达。在写作前，教师要结合学生的生活实际，照顾到不同学生的兴趣点，激发学生的创作愿望。在写作的过程中，教师可以引导学生进行词汇的选择，做到尽可能准确地表达出自己的想法。因此，"写"是思维过程的体现，写作的过程可以训练学生思维的深刻性、灵活性与创新性品质。在写作后，教师可以组织学生进行写作的分享，在相互聆听的过程中培养学生思维的批判性品质。

拓展阅读 7-2

人类的思维是语言思维，是抽象理性的认知。深刻性是指思维活动的广度、深度和难度。它表现为智力活动中能够深入思考问题，善于概括归类，逻辑抽象性强，善于透过现象抓住事物的本质和规律，开展系统的理解活动，善于预见事物的发展进程。一般地，超常智力的人抽象概括能力较强，而低常智力的人往往只停留在直观水平上。因此，研究深刻性的指标集中在概括能力和逻辑推理能力两个方面。

灵活性是指思维活动的灵活程度。它有五个特点：思维起点灵活、思维过程灵活、概括—迁移能力强、善于组合分析、思维结果往往是合理而灵活的结论。它集中表现在一题多解的变通性、新颖不俗的独特性上，这是灵活性的两个方面。灵活性强的人，不仅智力方向灵活，善于"举一反三"、"运用自如"，而且从分析到综合，从综合到分析，可以灵活地做"综合性的分析"，较全面地分析、思考、解决问题。

思维活动的独创性、创新性、创新性思维或创造力可以看成同义语，只不过从不同角度分析罢了。从思维品质角度上看，独创性是指个体思维活动的创新精神或创新性特征。在实践中，除善于发现问题、思考问题外，更重要的是要创新性地解决问题。独创性或创新性的实质在于主体对知识经验或思维材料高度概括后集中而系统的迁移，进行新颖的组合分析，找出新异的层次和交结点。人类社会的发展、科学的进步，并想要有所发明、有所发现、有所创新，都离不开思维的智力品质的独创性。

批判性是思维活动中独立分析和批判的程度，是思维活动中善于严格估计思维材料和精细地检查思维过程的智力品质。它的实质是思维过程中自我意识作用的结果。心理学中的"反思"、"自我监控"、"元认知"和思维的批判性是交融互补、交叉重叠的关系。有了批判性，人类能够对思维本身加以自我认识，也就是人们不仅能够认识客体、设计未来，而且也能够认识主体、监控自我，并在改造客观世界的过程中改造主观世界。

敏捷性是指思维活动的速度呈现为一种正确而迅速的特征，它反映了智力的敏锐程度。智力超常的人，在思考问题时敏捷、反应速度快；智力低常的人，往往迟钝、反应缓慢；智力正常的人则处于一般的速度。

思维品质的五个方面，判断了智力与能力的层次。在一定意义上说，思维品质是智力与能力的表现形式，智力与能力的层次离不开思维品质，集中地表现在上述的深刻性、灵活性、独创性、批判性和敏捷性等几个方面。确定一个人智力与能力是正常、超常或低常的主要指标正是表现在思维品质的这些方面。

选自：林崇德.培养思维品质是发展智能的突破口［J］.国家教育行政学院学报，2005（9）：24.

教材示例 7-12

2 **Listen, point and find "-ing".**

选自：陈琳，（英）普里莎·爱丽斯（PRINTHA ELLIS）.英语（新标准）（一年级起点二年级下册）［M］.北京：外语教学与研究出版社，2013：26—27.

　　教材示例7-12是二年级下册的第五模块第一单元的内容。本模块的单元话题是描述正在发生的事情。课文中呈现了很多小朋友在操场上开心地活动，唯独Fangfang因为没人陪伴一起玩而伤心地坐在角落哭泣，最终细心善良的Amy发现了Fangfang并主动邀请她一起玩拍手游戏，才使Fangfang破涕为笑。就教材内容本身而言，Fangfang向Amy解释自己难过原因的过程本身就具有逻辑性，而Amy帮助Fangfang解决问题的办法体现了思维的创新性品质。本课设计很好地关注了英语学习与思维发展的关系。

　　在本课的教学活动中，教师在关注学生语言的同时，应注重启发学生的思维发展，以思维帽的表现形式，将不同层面的问题有逻辑性地设计到活动中，发展学生思维的灵活性、深刻性、创新性和批判性品质。在不同的环节中，教师应以引导者、启发者的身份，对内容进行适时、适当的发掘，追求润物细无声式的渗透方式，使学生在提升英语能力的同时，思维能力也得到全面的发展。

（1）培养学生思维的灵活性品质。教师可以用问题引导的方式对学生进行培养，整节课中可设置如下问题：

Guess what are they doing?

So if no one plays with you, what will you do?

If there is a sad girl, what will you do?

通过以上问题，引发学生结合课文情境分析、思考和推理，培养学生思维的灵活性品质。

（2）培养学生思维的深刻性品质。教师可以利用情境图整体回顾课文的方式帮助学生理解课文，从而培养学生思维的深刻性品质。在回顾课文环节，教师可以以为学生提供课文情境图作为抓手，首先与学生一起做一个回顾故事的示范，待学生明白如何做后，请学生四人一组，合作完成对课文的整体回顾。最后，教师请一组学生到班级讲台上进行反馈。就本课文的理解而言，教师让学生回顾文中出现的人物、情节的发展及人物情绪上的变化，并巧妙地借助故事情境图，经过这样的一个思考、合作和表达的过程，学生能够对故事的情节有更深刻的理解，以此培养学生思维的深刻性品质。

（3）培养学生思维的创新性品质。与生活实际发生联系的学习才是有意义的学习，尤其是低年级的学生，他们思维的发展正处在具象思维发展阶段，将学习内容与他们生活中具体的活动建立联系更加符合学生的认知特点。在这个示例中，教师可以将课堂中的每个阶段的环节都与生活相关联，以问题引导的方式，培养学生思维的创新性品质的发展。例如：导入本课话题；学习课文环节，教师可利用问题"Why is Fangfang sad?"引导学生猜测Fangfang伤心的原因，给学生提供经验迁移的机会，更好地帮助学生体会主人公的心情；在练习环节，教师可创设问题"If no one plays with you, how do you feel? What would you do?"将学生从课文当中迁移到生活中，通过以上问题，引发学生对故事情节发展进行进一步的思考，给学生提供发散想象的空间，从而培养思维中的创新性品质。

（4）培养学生思维的批判性品质。教师可以用问题引导的方式，培养学生思维的批判性品质。教师可以在整节课中设置"What do you think of their reading? Why?"的问题，引导学生关注他人朗读，培养学生辨别、分析、评价的意识，让学生在批判的过程中矫正自己的朗读，促进语言的进一步发展。

另外，值得关注的是本课的授课对象是二年级的学生，他们的思维发展水平属于前运算阶段，教师可以在发展学生思维品质的活动上做精心的设计，在各个语言任务的设计（如复述活动、新闻报道活动）中，为帮助此阶段的学生完成任务，教师应尽量给学生提供教学辅助材料（如复述结构图、语言句型框架），给学生提供组内合作完成同一任务的机会。即使是要求综合语用能力较强的新闻报道活动，教师也可以只给学生提供节目录制的流程及框架式的语言提示，鼓励学生运用已有知识创造性地进行运用。最后，可以在新闻报道活动展示前设置生生互评环节，将空间真正留给学生，更多关注语言是在交流中习得的意义，尊重个体，从注重学习结果转变为更注重学习过程。在这个学习过程中，教师应扮演启发者、讲授者、组织者、辅助者及监控者等多种角色。

疑问与思考

学习本节之后，反思你在本章"准备"阶段对邓老师想法的回答，并再次进行思考，比较此时你的答案和最开始时的想法，分析其异同，并说明产生异同的原因。

请扫描二维码
查看参考答案

本章小结

章节小结

英语学习与思维能力发展关系十分密切。教师要充分认识到这一点，在英语学习活动中，有意识、有计划、有重点地培养和发展学生的思维能力。只有这样，学生的思维品质才能得到有效的提高。

小学英语作为小学课程设置的一部分，课程标准与核心素养中明确指出的任务之一就是要在英语教学中发展学生的思维品质。在教学过程中，教材给教师提供了发展学生思维品质的载体，作为教师要有一双发现的眼睛。首先，要做到读懂教材，善于分析、挖掘教材，从教材的体系、设计思路、活动目标等方面对其有深层次的理解；然后，要对学生进行分析，只有理解了教材中活动的背景及意义，并结合自己学生的水平，找到自己所教学生的最近发展区，才能够借助教材活动，设计相应的符合学生心理发展及认知水平的专项训练活动，帮助学生提升思维的逻辑性、批判性和创新性品质。

另外，除了合理地利用好教材中的活动以外，教师还要将活动延续到课堂之外，有意识地开发一些辅助教材内容的系列活动，根据学生不同的年龄段特点，有计划、有目的、有层次地开展专项训练。

学生思维品质的发展不是一蹴而就的，只有长期持续对其进行培养，才能使学生的思维品质不断提升。

关键术语

思维品质：指思维在逻辑性、批判性、创新性等方面所表现出的能力和水平。思维品质体现英语学科核心素养的心智特征。

最近发展区：维果茨基认为，儿童发展有两种发展水平，第一种是儿童的现有的发展水平及儿童在独立的活动中能够达到的解决问题水平；第二种是儿童可能的发展水平，即在有指导的情况下，借助成人的帮助所达到的解决问题的水平。这两种水平之间的差距，即儿童的现有水平与经过成人的帮助可以达到的较高水平之间的差距，就称为最近发展区。

实践活动

请为小学三年级的学生设计一个发展学生思维的深刻性品质的活动。

请扫描二维码
查看参考答案

进一步阅读资源

1. 林崇德.学习与发展：中小学生心理能力发展与培养（修订版）[M].北京：北京师范大学出版社，2011.

2. 林崇德.21世纪学生发展核心素养研究[M].北京：北京师范大学出版社，2016.

3. 鲁子问.英语教育的批判性维度建构[M].南京：译林出版社，2018.

教学参考视频

内容：**思维品质发展活动课例**
The tortoise and the hare.
授课教师：鲁子问

第八章
小学英语教材学习能力发展活动分析

准　备

请你思考

目前我国大多数小学是从三年级起开设英语课的，少部分小学一年级就开设了英语课，基本上每周两课时。有的老师感觉课时不够用，无法在规定时间内达到既完成英语知识的教学进度，又培养学生核心素养的目标。针对此现象，有人认为，这是由于学生的学习能力弱、课堂效率低的原因造成的。对于这一观点，你怎么看？教师是否可能通过发展学生的学习能力而更高效地利用课堂教学时间？

学习目标

学习本章后，你能：

1. 了解并初步分析、设计小学英语教材学习能力发展活动；
2. 了解并初步分析、设计小学英语学习能力发展的教材补充活动。

本章结构

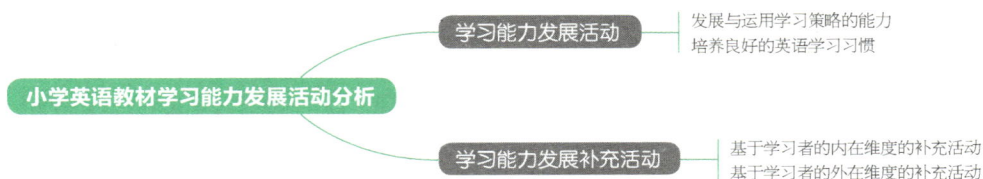

学　习

第一节　小学英语教材学习能力发展活动分析

小学阶段是学生学习英语的开始阶段，学生到初中、高中、大学还要继续学习英语。所以小学阶段养成较强的学习能力，有助于学生以后的英语学习。

英语课程的学习能力并非所有学科的学习能力的简单叠加，而是英语学科的学习能力。根据《普高课标（2017）》的界定，英语学科的学习能力是指学生积极运用和主动调适英语学习策略、拓宽英语学习渠道、努力提升英语学习效率的意识和能力。发展英语学习能力，本质上就是引导学生形成使用学习策略促进自己的英语学习成效提升的能力。这一能力首先是确定目标的能力，需要确定的目标包括：确定合理的个人人生目标、学业目标、总分目标、学科分值目标、本学期英语学科目标，甚至月考学习成绩目标，等等；其次是制定促进学习目标实现的计划的能力、随后的实施计划的能力、检测与评估计划达成度的能力，以及发展这些能力所需的学习策略。①

小学英语教材的学习能力发展活动，就是基于教材内容通过教学活动进行培养和发展学生学习能力的过程。本章将通过对以下教材学习能力发展活动的分析，帮助教师了解如何将教材内容与《义教课标（2011）》中学习能力的培养进行恰当结合，达到在教学活动中培养学生学习能力的目的。

在《义教课标（2011）》中没有学习能力这一概念，学习能力列入英语课程目标始自《普高课标（2017）》，这里介绍《普高课标（2017）》中对学习能力的要求。

课标选摘

学习能力指学生积极运用和主动调适英语学习策略、拓宽英语学习渠道、努力提升英语学习效率的意识和能力。学习能力构成英语学科核心素养的发展条件。学习能力的培养有助于学生做好英语学习的自我管理，养成良好的学习习惯，多渠道获取学习资源，自主、高效地开展学习。

学习能力总体目标是：树立正确的英语学习观，保持对英语学习的兴趣，具有明确的目标意识，能够多渠道获取学习资源，有效规划学习时间和学习任务，选择恰当的策略与方法，监控、评价、反思和调整自己的学习内容和进程，逐步提高使用英语学习其他学科知识的意识和能力。

选自：中华人民共和国教育部.普通高中英语课程标准（2017年版）[S].北京：人民教育出版社，2018：5—6.

级别	基 本 策 略
二级学习策略目标	1. 积极与他人合作，共同完成学习任务。 2. 遇到问题主动向老师或同学请教。 3. 会制订简单的英语学习计划。

---

① 夏谷鸣.作为英语学科核心素养的学习能力内涵分析 [J].兴义民族师范学院学报，2018（4）：90—100.

（续表）

级别	基 本 策 略
二级学习策略目标	4. 对所学内容能主动复习和归纳。 5. 在词语与相应事物之间建立联想。 6. 在学习中集中注意力。 7. 在课堂交流中，注意倾听，积极思考。 8. 尝试阅读英语故事及其他英语课外读物。 9. 积极运用所学英语进行表达和交流。 10. 注意观察生活或媒体中使用的简单英语。 11. 能初步借助简单的工具书学习英语。

选自：中华人民共和国教育部.义务教育英语课程标准（2011年版）［S］.北京：北京师范大学出版社，2012：22.

以上是《普高课标（2017）》中对英语课程的学习能力内涵与总体目标的明确规定，以及《义教课标（2011）》中明确规定的小学阶段学习策略目标。

发展学生积极运用、主动调适英语学习策略的意识和能力是学习能力的基础与关键，拓宽英语学习渠道本质上属于元认知策略，努力提升英语学习效率是发展学习能力的目的。以上所列二级学习策略基本属于良好的学习习惯。此节从发展与运用学习策略的能力、培养良好的英语学习习惯两个方面，探讨小学英语教材学生学习能力发展活动。

一、发展与运用学习策略的能力

《普高课标（2017）》中明确指出，学习能力首先指的是学生积极运用和主动调适英语学习策略的意识和能力。《义教课标（2011）》中对学习策略的界定是：学习策略指学生为了有效地学习和使用英语而采取的各种行动和步骤以及指导这些行动和步骤的信念。《义教课标（2011）》对五级英语学习策略目标进行了分类，但没有对小学阶段的二级学习策略目标进行分类，因为小学生运用学习策略的能力还很有限，更适合整体的学习和实践。

学习策略的运用就是学生在语言学习和运用的活动中，受问题意识的驱动而采取的调控和管理自己学习过程的学习行为。如面对单词遗忘问题，学生可选择通过确定词汇学习目标（把词汇分为理解词汇和运用词汇）而进行词汇分类（调控），并通过每天记忆一部分，进行分散记忆而降低记忆强度（管理）。有效使用学习策略有助于提高学生学习英语的效果和效率，有助于学生发展自主学习的习惯和能力。学习策略的使用还具有迁移性，有助于促进学生终身学习能力的发展。

学习策略是学习者为了提高学习的效果和效率，有目的、有意识地制定的有关学习过程的学习方案。第一，通常情况下，学习者采用学习策略时都会经历一个有意识的心理过程。学习时，学习者首先要分析学习任务和自己的特点，然后，根据这些条件，制定适当的学习计划。对于较新的学习任务，学习者总是在有意识、有目的地思考着学习过程的计划。只有对于反复使用的策略才能达到自动化的水平。第二，学习策略是有效学习的必要条件。一个人在做某件事时，使用最原始的方法，最终也可能达到目的，但效果不会好，效率也不会高。在实际的学习活动中，有时如果只使用最原始的方法而不使用一定的策略，是很难达到学习目标的。第三，学习策略是针对学习过程而言的。它规定学习时做什么不做什么、先做什么后做什么、用什么方式做、做到什么程度等诸方面的问题。第四，学习策略是学习者制定的学习计划，由规则和技能构成。所有学习活动的计划都不是相同的，每一次学习都有相应的计划。①

学习策略是灵活多样的，策略的使用因人、因时、因地、因事而异。在英语教学中，教师要有意识地帮助学生形成适合自己的学习策略，并使其不断调整自己的学习策略。如：为发展口语能力，学生可以先根据自己的喜好和便利，采用电影配音、课文朗读、录音跟读、给自己做小演讲等方式进行训练，这样不需要学习伙伴就可以独立完成，也就不担心口语不标准；在口语能力达到一定程度后，再通过与人进行对话而发展口语能力等。在英语课程实施中，帮助学生有效地使用学习策略，不仅有利于他们把握学习的方向，采用科学的途径提高学习效率，而且还有助于他们形成自主学习的能力，为终身可持续性学习奠定基础。

对于小学生的英语学习策略，不适合集中进行教授和训练，而应基于学习教材的学习策略需要，随机地进行训练，并让学生自己进行广泛实践，从而掌握运用所掌握的学习策略的方法。教师应基于学生学习能力发展的最近发展区确定其需要发展的学习能力，然后分析教材，找出教材发展该学习能力的优势，再结合教材开展学习能力发展活动。

教材示例 8-1

2 Listen, point and say.

How are you, Tingting?

Tingting? No, I'm Lingling.

Sorry! How are you, Lingling?

I'm fine. How are you?

Lingling?

Yes, I'm Lingling.

I'm fine, thank you.

选自：陈琳，（英）普里莎·爱丽斯（PRINTHA ELLIS）.英语（新标准）（一年级起点一年级上册）[M].北京：外语教学与研究出版社，2013：5.

---

① 陈琦，刘儒德.当代教育心理学（第2版）[M].北京：北京师范大学出版社，2007：363—364.

教材示例8-1是一年级上册第一模块的学习内容，其中涉及一项非常重要的学习习惯：仔细观察，注意区别。教师在开展这一活动时，要有意识地提醒学生，英语中有些字母的形式可能容易混淆，我们需要认真辨认，以免像Sam那样认错。教师可以呈现几个与学生已学单词形近的词的语句（不要为辨析形近词而把不可能出现在同一语句的词硬性地放在一起进行辨析，也就是不要为辨析而辨析，而要为运用而辨析），让学生仔细观察，进行辨析。如"I'm fine. I'm five. I'm Sam. I'm Cam. I'm Amy. I'm Anny. How are you? Who are you?"中的"fine与five"、"Sam与Cam"、"Amy与Anny"、"How与Who"等，以此培养学生仔细观察的良好学习习惯。

📊 **教材示例8-2**

🎧 **Let's learn**

ruler

I have an eraser.

eraser

I have a ruler.

pencil   crayon

选自：人民教育出版社课程教材研究所英语课程教材研究开发中心.英语（PEP）（三年级起点三年级上册）[M].北京：人民教育出版社，2013：5.

教材示例8-2呈现了4个单词：crayon、pencil、eraser、ruler，要求学生能用"I have a / an ..."说出自己拥有的文具。这四个单词都配有实物，使教材中的这一活动具有引导学生发展"在词语与相应事物之间建立联想"这一学习策略的优势[1]，若这一策略在学生学习能力的最近发展区之内，教师则可以充分运用这一优势，发展学生此项策略。

教师可以在课前自己准备这些文具（或者直接利用学生的文具），放置在一个包里，一边拿出来一边说："I have a ..."，给学生一个直观的展示，这能够将实物与英文进行快速衔接，有利于学生理解词义。之后，再让学生进行模仿练习，可以采用个人、两人或多人小组等形式进行练习与展示，让学生拿着自己的文具说"I have a ..."，这样能够吸引学生的注意力，激发学生参与课堂活动的积极性。随后，教师可以鼓励学生在之后的学习过程

---

[1] 发展同一学习策略可以采用的教学活动很多，本节分析视角为教材。若需要了解发展同一学习策略的更多活动，请参考相关内容。如《小学英语教学设计》（鲁子问，华东师范大学出版社2018年版）"学习能力发展活动设计"一节。

中自己运用这一策略进行单词学习。教师还可以鼓励学生制作单词贴纸，在自己的学习用具上贴上这些单词贴纸。若教室里有公用文具，教师可以每周安排学生值日，轮流制作单词贴纸，贴在教室的公用文具上。

当然，教师可以引导学生进一步反思在实物上贴单词贴纸的方法，若学生发现这一方法对自己很有效，则鼓励学生长期坚持，将家里、学校里各种物品上贴英语单词贴纸，以后逐渐发展到贴英语语句贴纸，帮助自己学习。

教材示例8-3

选自：陈琳，（英）普里莎·爱丽斯（PRINTHA ELLIS）.英语（新标准）（一年级起点四年级上册）[M].北京：外语教学与研究出版社，2013：8—9.

教材示例8-3展示的是学生第一次学习行为动词的一般过去时用法，属于小学阶段比较难的内容。这一活动本身具有引导学生发展"对所学内容能主动复习和归纳"这一学习策略的优势。

教师可以首先开展导入活动，让学生看衣服在哪里并询问学生："这说明什么？"（这说明衣服已经洗过了，晾起来了），再让学生跟读韵句，引导学生观察washed的变化，让学生主动归纳出这一变化的特点。在随后的课文学习中，教师可让学生继续观察，进而发现动词形式的变化，然后总结出动词变化的规律。同时，让学生注意以后自己运用这一策略进行归纳。

选自：何锋，齐迅.英语（三年级起点三年级上册）.南京：译林出版社，2014：10，54.

　　教材示例8-4的内容是字母学习，教材从A—Z都采用了呈现生活中可以看到的字母形态的方式展示字母，如形状像铁塔的A，外形像弓箭的B，酷似香蕉形状的C，似船帆的D，像风车叶片组成的X，形状像树干的Y，像猫头鹰睡觉呼噜声的Z。显然，教材呈现的内容具有发展学生"在词语与相应事物之间建立联想"这一学习策略的优势，教师可以基于此，让学生总结发现更多生活中可以观察到的各种事物的形状，并形成积极联想。教师还可以同时使用其他教材呈现字母的方式，让学生更多样地了解字母的形状，发展形成自己个性化的有效学习策略。

教材示例 8-5

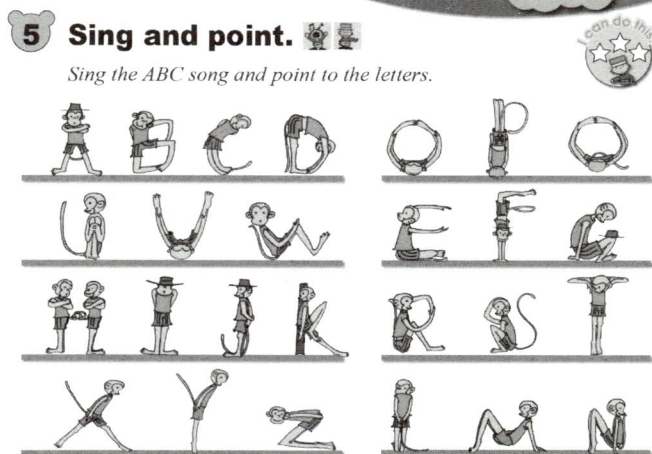

选自：陈琳，（英）普里莎·爱丽斯（PRINTHA ELLIS）.英语（新标准）（一年级起点二年级上册）
　　[M].北京：外语教学与研究出版社，2013：7.

教材示例8-5的这种字母呈现方式符合儿童好动的天性，教师在课堂中可以让学生模仿猴子展示字母，同时还要学生边唱边指出所唱的字母（图中顺序不是字母表顺序，需要学生按照顺序演唱时指出相应的字母）。

小学英语教材种类很多，教师可以组合使用不同教材的相同活动，帮助不同学习风格的学生发展形成个性化的有效学习策略。

二、培养良好的英语学习习惯

良好的学习习惯可以使学生终身受益。小学阶段学生学习英语的时间较少，运用的环境有限，更需要培养学生良好的英语学习习惯。习惯是经由重复形成的近乎自动性的、有规则的行为模式。[①] 学习习惯是在学习过程中经过反复练习形成并发展成为一种个体需要的、自动化的学习行为方式。所以在发展学生运用学习策略进行有效学习的过程中，可以通过大量的重复性训练，使一些策略逐渐内化为良好的学习习惯。根据对有关学习习惯已有研究的分析和归纳以及中国学生英语学科有效学习案例的分析可知[②]，以下学习习惯有助于小学生提升英语学习成效。

1. 养成规划的好习惯

小学生良好的英语学习习惯既需要迁移其他学科养成的良好学习习惯，也需要发展英语的良好学习习惯，养成规划、坚持、反思三个方面的良好学习习惯。凡事预则立，不预则废，学习亦如此。和其他学科的学习一样，英语学科的学习要养成良好的、及早进行合理规划的好习惯。

教师可以在小学生开始学习英语之时，就引导学生确立初步的英语学习目标，引导学生在每节课、每周、每个月、每学期都给自己制定学习目标；教师也可在每节课、每周、每个月、每学期结束时，表扬实现了学习目标的学生，帮助没有实现目标的学生合理调整目标或调整学习方法及目标，以此引导学生养成良好的目标规划习惯。

记忆单词对很多学生来说是一个难题，教师可以引导学生制定一个单词记忆的合理规划，如第一个学期掌握视觉词（sight words）120个，则可以规划一个月掌握30个，每星期掌握7个。然后将单词7个一组分配，每周呈现一组，逐渐增加，制作成有语境的词汇图或编写成小故事，让学生基于情境记忆这些单词，直到全部掌握。这一规划使单词记忆保持在一个合理的颗粒度[③]中，循序渐进，降低词汇识别和记忆难度，从而逐步轻松达到记忆目标。与此同时，教师还要注意引导学生养成良好的时间规划、资源规划等好习惯。

---

① 里查兹（Richards, J. C.），史密特（Schmidt, R）.朗文语言教学与应用语言学词典［M］.管燕红，唐玉柱，译.北京：外语教学与研究出版社，2005：303.

② 可参见申仁洪.学习习惯：概念、构成与生成［J］.重庆师范大学学报（哲学社会科学版），2007（2）：112—118；郭爱莲.小学生英语学习良好习惯培养的研究［D］.天津：天津师范大学，2012；杭州外国语学校.学长学习经验谈［Z］.杭州：杭州外国语学校.2010.

③ 在教学设计中，颗粒度指教学内容的容量大小程度。如字母教学，一次教一个字母，则颗粒度太小，一次教10个字母，则颗粒度太大；一般选择5—7个字母比较合适。再如教阅读理解，一次训练一种阅读技能，颗粒度比较合适；一次训练3—4种阅读技能则颗粒度太大。

2. 养成坚持的好习惯

任何学习贵在坚持。对于我国小学生而言，由于英语不是我们的母语，更需要坚持学习。

小学英语学习从听说开始，这就需要学生大胆开口说，而且要经常说。我国小学生在真实生活情境中运用英语的机会相对较少，这就要求小学生先进行大量的模仿，然后逐步达到可以自如地说的目的。

对于口语而言，教师要鼓励学生积极大胆地经常开口模仿和表达，形成良好的口语能力。在学说英语的一开始，大多数小学生都能积极大胆地说，这时教师要对学生的积极性给予重复肯定、鼓励和保护，使学生逐步形成经常开口说的好习惯。教师可以基于现代信息技术，让学生运用口语配音软件，反复模仿课文录音；或者选择适合学生的英语原版影视节目，尤其是动画片，尝试让学生模仿甚至配音，通过竞赛等形式，让学生坚持模仿，逐步达到自主运用的目标。

小学英语教师还必须鼓励学生坚持课外视听和演唱玩活动。《义教课标（2011）》中明确规定小学生每周要有20—25分钟的视听活动，因为这是非常重要的英语接触活动。学生可以通过看动画片或课本剧、欣赏英语歌曲等形式，接触到更多真实的、符合学生兴趣的英语内容。教师还可同时借助配音、表演课本剧、演唱英语歌曲、英语游戏等形式，重复开展英语学习和运用活动。

坚持课外阅读也非常重要，尽管《义教课标（2011）》中对小学阶段的英语学习没有规定课外阅读时间，但课外阅读依然是非常好的学习习惯，值得培养。

对于写的能力，教师要鼓励学生勤于并善于做笔记。"好记性不如烂笔头"，小学英语学习亦如此。教师要鼓励学生学会随时记录需要记录的内容，不仅要记课堂笔记，还要善于随时记下自己在电影里、在生活中听到的英语，并随时翻检笔记，不断巩固学习；同时，要鼓励学生尝试用英语写周记或者记日记，可以先从写周记开始，逐步发展到一周写几篇，或者遇到重要的事情就通过写日记的方式记录下来。

3. 养成反思的好习惯

学生的学习目标是否达成？什么原因促进目标达成或导致目标没有达成？如何调整目标？如何进一步促进目标达成？这些反思性学习习惯对小学英语学习具有显著作用，值得教师着力引导学生发展。

小学生的自主学习能力在不断发展之中，教师应引导学生经常反思自己的英语学习，尤其在学生出现学习困难时，教师要及时引导学生进行反思，必要时可以开展学习策略专题反思分享讨论活动，让全班一起讨论，分享各自的努力，找出有效的学习方法，让学生相互借鉴。以通过制作手抄报发展学生语法运用能力活动为例，学生学习一般过去时之后，教师可引导学生制作分享自己去过的地方的手抄报，在学生制作完成之后，教师给出评价表，引导全班同学评价每个人的手抄报，不仅要求学生评价内容是否正确，更要引导学生评价一般过去时运用是否正确。同时，让每个学生根据全班同学的评价，反思自己的手抄报制作目标是否实现，自己的一般过去时运用正确的案例或者出现错误的原因，以便确定今后学习的方案。

选自：陈琳，（英）普里莎·爱丽斯（PRINTHA ELLIS）.英语（新标准）（一年级起点二年级上册）[M].北京：外语教学与研究出版社，2013：20—21.

　　教材示例8-6通过鹦鹉对有一定难度的动词短语的重复，让学生在这篇既需要学习描述日常生活的动词短语，又要学习时间表达方式的课文中，通过多次重复这些动词短语而掌握了需要学习的内容。这里的"鹦鹉"是一个非常有效的学习技巧，教师可以鼓励学生自己画一只鹦鹉，或者用纸剪一只鹦鹉，每次遇到有一定难度的学习内容，就拿出"鹦鹉"，开展"鹦鹉学舌"游戏，让不敢开口的学生通过参与游戏而开口进行模仿，逐步形成主动模仿的学习习惯。

教材示例 8-7

Sound time 🎧

Intonation

Hey! Please pick an orange for me.
I want an orange from the tree.
Hey! Please catch a fish for me.
I want a fish from the sea.

选自：何锋，齐迅.英语（三年级起点六年级上册）[M].南京：译林出版社，2014：31.

教材示例 8-7 是语调练习，在每个句子上都明确标注了语调符号。语调是说话音调的上升或下降，即声音的抑扬顿挫或高低起伏（详见第五章）。在这个练习中，教师可先让学生通过多听原文，树立正确的语音概念；然后，带着学生结合韵文句子用手指在空中向下比画感受语调的特点，这有助于学生掌握句子语调，发展形成《义教课标（2011）》中所要求的"语调达意"的能力。

以下是对小学英语学习习惯目标的一种设定，值得教师在教学中参考。

拓展阅读 8-1

习 惯 分 解		培 养 目 标
听的习惯	课上	学会倾听　积极思考
	课下	固定时间　静心模仿
说的习惯		大胆会话　克服羞怯
读的习惯	朗读	拼读单词　注重语感
	阅读	兴趣入手　扩充知识

（续表）

习 惯 分 解		培 养 目 标
写的习惯	书写	正确美观 始终如一
	写作	语法规范 表达准确
背诵（诵读）的习惯		大段背诵（诵读） 积累语言
自学的习惯		复习预习 会方法 会查字典 记笔记

选自：郭爱莲.小学生英语学习良好习惯培养的研究［D］.天津：天津师范大学，2012：7.

　　拓展阅读8-1从听、说、读、写、背诵、自学等方面介绍了学习习惯的目标，涉及领域比较全面，除了背诵应改为诵读之外，建议总体也比较合理，具有一定的参考性。教师可以根据自己的教学经验和本班学生的实际需要，确定更具有操作性的学习习惯目标。

教材示例 8-8

2 **Listen, point and find "spring, summer, autumn, winter".**

It's spring. It's warm.
We wear jackets.
We don't wear T-shirts.

It's summer. It's hot.
We wear T-shirts and
sunglasses.
We don't wear jackets.

It's autumn. It's cool.
We wear sweaters.
We don't wear gloves.

It's winter. It's cold.
We wear coats and
gloves.
We don't wear shirts.

选自：陈琳，（英）普里莎·爱丽斯（PRINTHA ELLIS）.英语（新标准）（一年级起点二年级上册）
［M］.北京：外语教学与研究出版社，2013：50—51.

教材示例8-8是一篇关于一年四季变化的学习内容，从学习策略的训练和学习习惯的养成来看，这一课文的主题完全可以与学生的真实生活直接关联起来。教师可以让学生通过展示自己的生活来学习课文内容。例如，教师可以通过"英国Raynville学校的学生很想了解中国小学生喜欢的季节和每一季节的衣着习惯"导入内容，鼓励学生通过学习课文掌握相关语言，然后进行介绍，促进外国小学生对中国的了解。同时，还可以为学生提供如右图所示的学习单，让学生套用课文的语句结构，选择自己在不同季节的穿着服饰并说出相应的语句，从而进一步发展学生大胆、积极开口说的学习习惯。

Module 9 Unit 1
It's winter
Worksheet 1

It's spring. What do you wear in spring? Circle the clothes.

Share with your group mates. You can say…

I wear _____ in spring.

What is your favourite season?

Step 1: Finish the sentences below. Tick☑

My favourite season is	☐spring ☐summer ☐autumn ☐winter

In spring☐
    summer☐
    autumn☐
    winter☐
	it is …
	 ☐hot ☐warm ☐cool
	 ☐cold ☐snowy ☐sunny
	 ☐wet ☐dry ☐windy

I wear…	☐a sweater ☐a scarf ☐a T-shirt ☐shorts ☐boots ☐a coat ☐a jacket ☐sunglasses ☐a hat ☐a raincoat
I…	☐go to the park ☐go swimming ☐fly a kite ☐go ice-skating

Step 2: Read aloud your four sentences to your partners.

My favourite season is ＿＿＿＿＿＿＿.
In ＿＿＿＿＿＿, it is ＿＿＿＿＿ and ＿＿＿＿＿＿.
I wear ＿＿＿＿＿, ＿＿＿＿＿ and ＿＿＿＿＿＿.
I ＿＿＿＿＿＿＿＿＿＿＿＿＿＿＿＿＿＿＿＿＿.

当然，教师也可以用以下语句向学生展示如何对自己的衣着习惯进行介绍，如何介绍自己最喜欢的季节并说明这个季节相应的天气、穿着的服装和相关的活动，为学生提供一个整体的感知：

My favourite season is autumn.

It is cool and windy.

I wear a sweater.

I fly a kite.

教师还可以引导学生完成左图所示的学习单：让学生完成自己的介绍小短文，并进行小组交流，请组内同学对自己的介绍提出修改意见。最后，教师可以让学生请父母为自己拍摄不同季节衣着的照片，写出自己喜欢的季节与衣着习惯，促进外国学生对中国的了解。

以上活动可以引导学生发展"积极与他人合作，共同完成学习任务"，"在词语与相应事物之间建立联想"，"积极运用所学英语进行表达和交流"，"注意观察生活或媒体中使用的简单英语"等学习策略。

💡 **疑问与思考**

学生在学习英语的过程中总是死记硬背，请思考：教师应如何引导学生找到有效的学习方法？

请扫描二维码
查看参考答案

第二节　小学英语教材学习能力发展补充活动设计

教材中的很多学习活动都可以成为发展学生学习能力的活动，不过设计学习能力的补充活动依然是必需的。对于学有余力的学生而言，他们已经具备了较强的学习能力，教师可以补充更多适合他们学习能力的学习内容。对于尚处于发展中的学生而言，也需要教师补充相关活动，帮助学生找到有效的学习方法与运用策略，使其养成良好的学习习惯，形成较强的学习能力。

对于如何帮助学生发展形成自己的有效学习策略，《义教课标（2011）》提出了以下建议。

课标选摘

　　根据学生的认知特点和学习风格，整体安排学习策略的发展目标，有计划、有步骤地指导学生发展具体的学习策略，把学生培养成为自主的学习者。在教学中，教师要结合课堂教学的具体内容，采用直接讲解、间接渗透、学生相互交流等方式，向学生介绍和示范不同的英语学习策略，创设有利于学生使用各种学习策略的语言实践活动，使学生充分认识到有效运用学习策略对提高学习效率有积极作用。教师要帮助学生不断尝试各种学习策略，指导学生自我监控使用策略的情况和效果，并根据需要及时调整，以提高他们的自主学习能力，促进学生逐步形成符合个人学习风格和需要并能有效提高学习效率的英语学习策略。

选自：中华人民共和国教育部.义务教育英语课程标准（2011年版）[S].北京：北京师范大学出版社，2012：28.

　　《义教课标（2011）》中的以上建议清晰地说明了指导学生发展有效学习策略的具体方法，即"直接讲解、间接渗透、学生相互交流等方式"，核心在于引导学生"有效运用学习策略"，目的在于"促进学生逐步形成符合个人学习风格和需要并能有效提高学习效率的英语学习策略"。

　　如前所述，对于学有余力的学生，教师应为他们提供更多的学习内容和更多的运用语言的机会，而对于尚在发展中的学生，教师应首先引导他们分析原因，找出相应的对策。教师在设计发展学习能力的补充活动时，可以参考相关分析与对策建议，例如，可以从内在和外在两个维度进行。

一、基于学习者的内在维度设计补充活动

　　任何学习都是学习者的内在活动。发展学习能力也要先从学习者的内在维度开始。

1. 增强学习动机

　　教师可以组织学生召开主题班会，讨论英语学习的意义、价值等；也可以邀请家长、社会人士、校友等开设讲座，介绍英语学习的意义和价值，分享英语学习促进个人发展等的成功案例等。对于有条件的学校，教师还可以通过举办英语节的形式，邀请外国友人参加，激发学生参与跨文化交往的意愿；通过举办英语文化展、英语电影节等活动，激发学生了解外国文化的意愿；通过开展持续性的英语学习活动，如每周故事比赛，周十强、月十强、学期十强、学年十强等，增强学生学习动机的稳定性。

2. 培养积极的学习态度

　　教师可以设计学生较容易掌握的学习活动，让学生感受到学习英语并不难，形成对英

语学习的积极态度；然后设计英语学习效能手册，促进学生发展和增强自我效能感；通过与其生活、兴趣关联，即把学生已有的兴趣英语化（用英语开展学生已经很感兴趣的活动），引导学生喜欢英语，有兴趣学习英语；合理调整学生学习的焦虑或挫折感，使之保持在积极水平；开展持续性活动，如每周开展学生喜欢的活动，强化学生学习态度的稳定性。

3. 掌握有效的学习方法

教师可以分析学生的认知风格，引导学生基于自己的认知风格，选择合适的学习方法；教师还可以开展学习方法有效性的训练，让学生形成探索和掌握有效方法的意识。

4. 掌握学习策略

教师可以通过讲座、班会讨论、案例介绍等方式：（1）引导学生学会根据需要设定和调整学习目标与评价目标，使目标与自己的起始水平相符，并同时具有最近发展区特性；（2）引导学生学会根据需要选择和调整学习方法和评价方法，允许学生在一定阶段选择能发挥自己优势的题型（不只是各种考试题型，更主要是运用英语的真实形式），逐步形成基于优势的评价方法（哪个题型有优势，就以提高哪个题型得分为突破，然后全面提升）；（3）引导学生学会根据需要选择学习资源；（4）引导学生学会根据需要调整时间、精力等。

5. 确定合理的学习目标

教师可以通过讲座、班会讨论、案例介绍等方式，引导学生反思，自我确定和调整学习目标，使之基于起始水平、成于最近发展区。

二、基于学习者的外在维度设计补充活动

外因是影响学习的重要因素，学生的学习能力可以通过外在维度形成更有效的外因而发展。学生之所以需要到学校学习，需要教师教，需要使用教材学习，就是需要外在维度对内在维度的支持。因此，基于学习者的外在维度设计活动，以发展学生的学习能力，也就成为一种必需。

1. 建设促进学习的学校、家庭环境

教师要从学校和班级环境层面全面、深刻、准确地剖析导致学生学习动机与学习态度偏弱、学习方法与学习策略低效、学习目标失据的原因，以及学习与运用英语机会、时间和资源不充分的学校与教师的相关因素，制定相应改革对策；定期监控改革政策是否促进以上问题的解决，根据需要及时调整相应改革政策。教师可积极建设学校双语环境，如教室的图书角、每周的英语手抄报分享专栏等，促进学生的英语学习。

教师还可通过家长座谈会、电话家访、班级家长群等多种方式，与学生家长保持联系，经常就学生英语学习及综合发展情况（如导致学生学习困难的内在和外在因素等）与学生家长进行有针对性的良好沟通，家校合作，共同促进学生的英语学习和健康成长。

2. 创建丰富多样的学习机会

教师可以多样化地丰富学生在学校、家庭、社会学习与运用英语的机会，使之适应学

生的认知风格的需求。教师可以通过设计补充校内外活动发展学生的学习能力。例如，参加国旗下讲话、学校或班级广播台、值日报告、英语戏剧节、英语歌曲比赛、英语朗诵比赛、课文模仿秀、电影配音、口语大赛、演讲比赛、单词词汇图制作和展示、整本书阅读、同读一本书、读书报告会、读书笔记、自编绘本、自编英语童话、编写中国故事等活动，还可以通过观看英语电影、参加各种英语社会活动、课外阅读、随父母旅行发现与运用英语、为老人院组织英语演出等方式，引导学生发展其学习能力。

3. 保证充足的学习时间

教师可以通过开展各种活动，推进教学和作业改革，增加学生课内外学习英语的时间。在课堂上，教师要将主要的时间交给学生，让学生在课堂上有更多的学习（包括练习）时间。同时，教师可以鼓励学生课后多进行英语的学习活动，如看英文动画片、阅读英文绘本等，从而保证更多的课外学习时间。

4. 提供种类多样的学习资源

教师要为学生提供尽可能种类多样的与其学习风格、学习兴趣等优势相符的学习资源；定期分析学生学习资源的使用情况，增补受学生欢迎、具有显著的提示学习成效作用的资源。

拓展阅读 8-2

可视化的思维方式可以促进小学生理解、掌握、记忆所学的内容，思维图就是其中的一种有效工具。以下说明和案例显示，思维图是小学生开展词汇学习的一种有效方法。

思维图（thinking maps，包括 mind maps）是一种以图的形式说明思维过程的视觉化学习工具，是基于可视化学习理论对思维过程的显性化描述，具有显著的过程性、生成性、逻辑性和经验性，既可显著地发展学生的思维能力、提升学生的思维品质，又可发展学生的语言理解与表达能力。思维图在很多国家被广泛使用，实践证明，其教学成效十分显著，对促进小学生从形象思维向抽象思维的发展具有特别成效。

思维图可以非常清楚地说明课文中语句的逻辑关系，帮助学生深度理解课文、深刻记忆课文，从而掌握所学内容。下图就清晰地说明了课文中生日活动作为整体与相关的要素（生日贺卡、生日晚会、生日礼物、生日蛋糕）的关系，以及生日礼物的多种可能性特征。该图显然有助于学生基于此图理解课文、把握语句之间的逻辑关系，从而深化学生对课文的理解，进而基于此图记忆、复述课文。

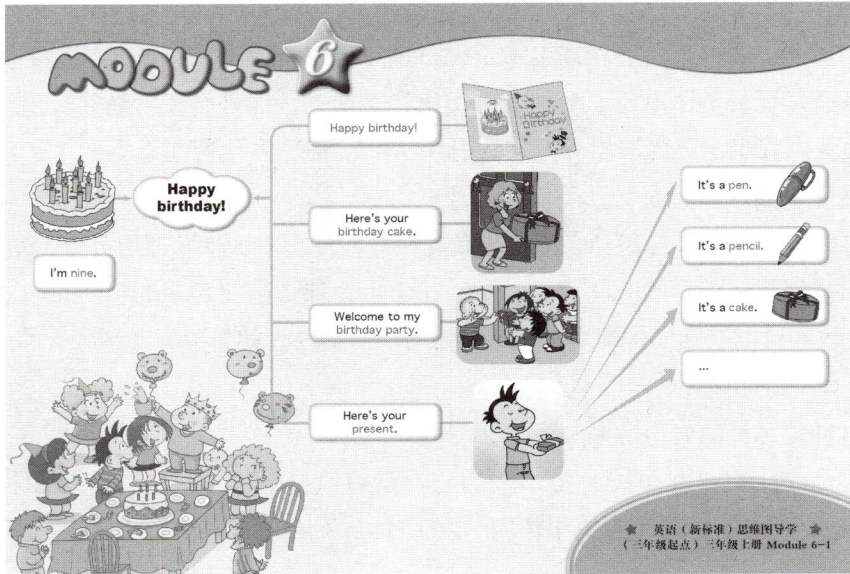

选自：鲁子问.小学英语教学设计［M］.上海：华东师范大学出版社，2018：216.

案例分析 8-1

案例一

案例二

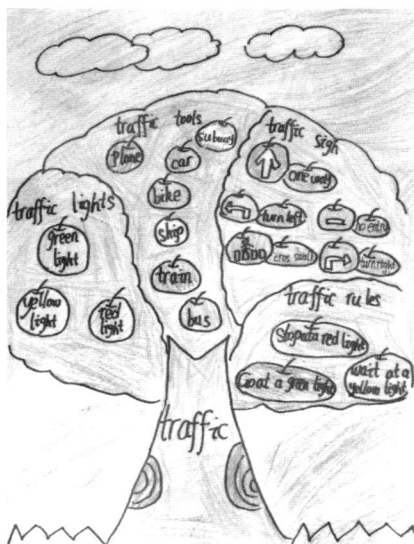

案例三

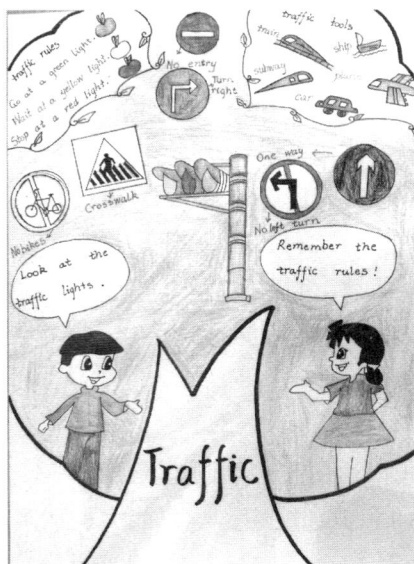

案例分析8-1^①是学生的词汇图制作与展示，这一活动让全班学生参加，每一学生都要制作出自己的词汇图，从而发展他们的词汇学习能力。教师在学生们完成了词汇图之后开展了词汇图展示活动，让学生相互学习，了解合理学习词汇的方法，如：案例一、二、三

① 感谢张荣干老师提供案例。

都对词汇进行了分类，教师可让学生自主体验，哪一种分类可以更有效地帮助自己记忆，是词汇"毛毛虫"还是"词汇大树"；案例三用了图片的形式，教师也可以让学生再体验，是有图还是单纯文字对自己的学习更有效，同时，教师还可以引导学生思考该案例中的语句的形式是否可以使自己的学习更有效。

制作词汇图活动本身是非常有效的一种学习活动，让学生展示词汇图并进行讨论，可以更好地发展学生的学习能力，是一个有效的补充活动。

💡 **疑问与思考**

现在很多学生都会参加课外英语学习活动，如何利用课外学习活动发展他们的英语学习能力？

请扫描二维码
查看参考答案

本章小结

英语不是我国学生的母语，对于小学生的英语学习而言，需要多样化的学习方式和积极的学习态度方才可能学好，尤其是小学阶段还面临着英语课时分配很少的现实问题。所以，学习能力对小学生的英语学习来说非常重要。

发展小学生的英语学习能力可以从培养学生的学习目标意识开始，然后引导学生形成有效的学习策略，养成良好的英语学习习惯。教材中的很多活动均可用于发展学生的英语学习能力，教师可以根据学生的最近发展区，结合教材优势，开展学习能力发展的补充活动。同时，教师还应针对尚在发展中的学生存在的学习困难，补充设计可以发展学生学习能力的校内、校外活动。

🔧 **关键术语**

学习能力：指学生积极运用和主动调适英语学习策略、拓宽英语学习渠道、努力提升英语学习效率的意识和能力。学习能力构成英语学科核心素养的发展条件。

学习习惯：是在学习过程中经过反复练习形成并发展成为一种个体需要的、自动化的学习行为方式。

📍 **实践活动**

请设计一个能促进小学高年级学生学习能力发展的活动。

请扫描二维码
查看参考答案

1. Cohen A. *Strategies in Learning and Using a Second Language*[M]. London: Longman, 1998.

2. O'Malley J. and A. U. Chamot. *Learning Strategies in Second Language Acquisition*[M]. London: Cambridge University Press, 1990.

3. Oxford R. L. *Language Learning Strategies: What Every Teacher Should Know*[M]. New York: Newbury House, 1990.

教学参考视频

内容：**学习能力发展活动课例**

He works hard.

选自：外研社《英语》（新标准·一年级起点）三年级下册

第八模块第一单元

授课教师：北京市西城区黄城根小学　韩佳

第九章
小学英语教材特色内容与活动分析

准 备

❓ 请你思考

在小学英语教材中，有很多好听的英语歌曲和有趣的游戏，但在教学实践中，有些教师并没有将这些歌曲和游戏在课堂中真正用起来。现实的情况往往是，教师要么不愿意和学生一起开展学习；要么在带领学生勉强学习之后，虽然课堂气氛活跃起来了，可是学生却根本不知道学到了什么，所以教师认为这些歌曲和游戏的可学习性不强。请你思考：小学英语教材中的歌曲和游戏有哪些教学功能？教师应当如何在课堂中更好地开展歌曲和游戏教学？

📊 学习目标

在学习本章之后，你能：

1. 理解小学英语教材中歌曲、歌谣活动的设计意图，了解其理论依据；
2. 理解小学英语教材中游戏活动的设计意图，了解其理论依据；
3. 理解小学英语综合实践活动的目的，初步了解常见的活动形式。

🏛 本章结构

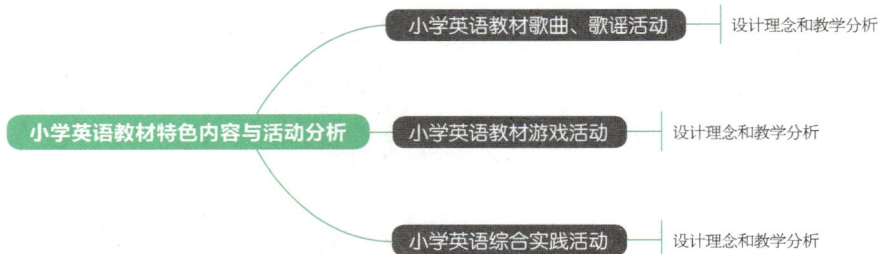

学 习

小学英语教材中有一些具有小学英语教育特色的活动，如歌曲、歌谣、游戏，还有英语与其他学科综合开展的实践活动。韵律性突出，易于记忆的歌曲、歌谣，以及非常符合小学生天性的游戏活动，是小学英语课堂教学中必不可少的内容，而且对小学生的英语学习具有非常显著的促进作用。因此，这些活动是小学英语教材的必有内容。同时，英语作为一门语言学科，可以整合各学科内容，让小学生基于已有的语言能力，运用所学语言，综合开展语言实践和其他学科的实践活动。因此，英语的综合实践活动也是英语教材中的特色内容。

第一节　小学英语教材歌曲、歌谣活动分析

韵语具有韵律、简单押韵、节奏轻快、朗朗上口的特点，较容易帮助人们形成长期记忆。韵语的这一特点使其对儿童或语言初学者在开始学习一门新语言时，具有显著的帮助，因此，婴幼儿的母语学习一开始都会学习大量的童谣。正是因于此，《义教课标（2011）》明确规定小学生要学习不少于30首歌曲、歌谣。

基于长期课堂实践，我们发现，歌曲、歌谣在小学英语教学中具有很多的作用，如：具有记忆优势，可促进小学生在开始学习英语之时记忆所学内容，降低记忆困难，形成良好的起始学习；符合小学生的学习天性，可以激发学生的学习兴趣，活跃课堂气氛；是一种学习活动，小学英语的任何学习内容都可以使用这种活动，适合各种学习内容的课堂教学；作为学习后的一种巩固活动，便于学生课后在学校、家庭、同伴社会交往中开展，甚至可以开展基于网络的演唱展示等；有助于促进学生的心智发展，提高和培养学生的审美情趣、思维能力、合作意识和创新精神等。

把握歌曲、歌谣在英语教学中的作用，有助于教师通过歌曲、歌谣教学促进学生学习英语。《义教课标（2011）》中对歌曲、歌谣教学有清晰的目标要求，还有具体的评价案例与标准，这是分析理解教材中收录的歌曲、歌谣的教学要求和开展相关教学的依据。

课标选摘

语言技能分级标准		
级别	技能	标　准　描　述
一级	玩演	1. 能在教师的指导下用英语做游戏并在游戏中进行简单的交际。 2. 能做简单的角色扮演。
	说唱	能学唱英语儿童歌曲和歌谣15首左右。
二级	玩演 视听	1. 能按要求用简单的英语做游戏。 2. 能在教师的帮助下表演小故事或小短剧。 3. 能学唱简单的英语歌曲和歌谣30首左右（含一级要求）。 4. 能看懂程度相当的英语动画片和英语教学节目，课堂视频时间每学年不少于10小时（平均每周20~25分钟）。

评价案例10（一、二级口语评价）

为了准备英语比赛，请你唱一首英语歌曲，并说一首英语歌谣给老师听。你可以从学过的英语歌曲和歌谣中任选一首歌曲和歌谣。

评析

该活动旨在考查一级和二级标准中提出的唱英语歌曲和说英语歌谣的能力。值得肯定的是，该评价活动给学生提供了自主选择歌曲和歌谣的权利，有利于鼓励学生积极的学习情感，促进学生自信心的建立，为学生展示能力和个性提供了空间。

评价案例12（玩、演、视、听表现性评价参考标准）

玩、演、视、听是小学低中段常用的教学活动，也是教师观察和评价学生学习情况的重要渠道。在通过这些活动对学生进行评价时，应关注学生参与活动的积极性和自主性，不宜过于强调语言的准确性。以下是一份"玩、演、视、听表现性评价参考标准"样例。

玩、演、视、听表现性评价参考标准

活动	评价方式	评价标准	注意事项
歌谣	学生自评 小组评价 教师评价	A. 语音、语调正确，节奏及韵律感强，熟练。 B. 语音、语调正确，节奏及韵律感较强，较熟练。 C. 语音、语调基本正确，有一定的节奏及韵律感。	适时鼓励一部分学生在原有韵律基础上替换词语。
歌曲	学生自评 小组评价 教师评价	A. 语音、语调正确，吐字清晰，有感情，有乐感。 B. 语音、语调正确，吐字清晰，表情较好。 C. 音调基本清晰，有一定感情。	1. 不要过分强调学生乐感的正确性。 2. 不应过分强调学生语音、语调的正确。

选自：中华人民共和国教育部.义务教育英语课程标准（2011年版）[S].北京：北京师范大学出版社，2012：13，14，130，132—133.

从课程标准内容看，其对歌曲和歌谣的学习从学习方式、分级标准、案例、评价参考标准等方面都做出了相应的说明。

基于这些要求可知，在小学英语歌曲教学中，教师应尽可能引导学生达到语音、语调正确，以及吐字清晰的语言水平；要理解歌曲内容，表现出与歌曲内容一致的感情；当然，作为歌曲还要引导学生有乐感地将歌曲表达出来。对于乐感，小学英语歌曲教学不必过分强调学生乐感的正确性，有乐感即可，发展学生乐感的正确性更多是在音乐课中实现的。值得注意的是，作为英语歌曲学习，需要教师强调学生对语言的理解和运用，对于语音、语调，不必过分强调，以达意作为基本要求，以准确作为发展目标。歌谣教学大致相同，只是应更突出节奏、韵律等歌谣特性。

所有小学英语教材都设计了歌曲、歌谣活动，教师可基于歌曲、歌谣教学的作用和要求，按照教材设计进行教学。

教材示例 9-1

选自：陈琳，（英）普里莎·爱丽斯（PRINTHA ELLIS）.英语（新标准）（一年级起点一年级上册）[M].北京：外语教学与研究出版社，2013：48.

教材示例9-1是一首优美的儿童歌曲，通过说明各种颜色而组成的彩虹，使学生学习、记忆各种颜色词，理解彩虹是由不同颜色组成的，从而发展学生对差异性的审美与尊重。教师还可引导学生核实自然界真实彩虹的颜色，让其了解真实彩虹中并不容易看到粉色，以及有些颜色的顺序也与歌曲中的不完全相同，这可以进一步发展学生的科学精神。

教材示例 9-2

选自：人民教育出版社课程教材研究所英语课程教材研究开发中心.英语（PEP）（三年级起点三年级下册）[M].北京：人民教育出版社，2013：64.

教材示例9-2的这首歌是引导学生感受、体验英语语言韵律的非常好的材料。首先，教师在跟学生解释歌词大意之后，可以让学生多听几遍录音，提醒学生注意这8行歌词分别押了几种韵，如five与alive押/aɪ/韵，ten与again押/e/韵（这里要引导学生注意again中ai读音是/e/，不是/eɪ/，也不是/aɪ/），go与so押/əʊ/韵，bite与right再押/aɪ/韵。然后，教师可以领着学生诵读歌词，突出每两句末尾押韵的词。最后，教师可以让学生听录音跟唱或独立唱，还可以自由创意，用各种肢体语言给这首歌曲"伴舞"。

教材示例9-3是一首节奏明快的歌谣，画面色彩鲜明、有动感。整个情境完整且富有生活化，符合小学生的认知规律和心理发展特点。

本课的歌谣有2个小节，4行文字，4个短句和2个长句，句句押韵，节奏感非常强，韵脚分别是light、kite、white和bike，其中句子中间也含有相同韵脚的nice、ride，使学生读起来朗朗上口。这首歌谣重点围绕语音学习和重点语句进行设计，能很好地帮助学生尽可能地巩固语言知识和准确地学习语音。这首歌谣在单元起始阶段呈现，用轻快的韵律和节奏描述风筝和自行车的特征，与本单元功能项目吻合，在调动学生的积极性和吸引学生的注意力的同时，为后面的语言学习做好了语言知识准备。在进入本单元教学时，学生可以用自己喜欢的方式，或拍手、或拍腿、或拍桌、或起立做表演唱，感受语言之美；教师引导学生仔细观察、分析及思考：为什么Tom会满头大汗？学生初步感知语言"It's hard ..."并猜测hard的意思，这可以训练学生的思维能力；然后，通过nice和hard的对比，引出放风筝和骑自行车给Sam所带来的不同感受，引发学生思考。

此首歌谣本身也具有思维品质的内涵，教师在重视学生语言能力发展的同时，也要关注学生素养多重目标的全面达成。

对于歌曲、歌谣的优势，王蔷在其《小学英语教学法教程》中的论述值得了解和学习。

Both teachers and learners find songs and rhymes interesting and relaxing. Using songs and rhymes in class can often bring a change to the routine procedures of language presentation and practice. They are magic teaching tools to develop learners' language abilities. They can be used to teach language items like pronunciation, vocabulary, or a particular structure. They also can help children better understand and remember the newly learned language, because singing songs and saying rhymes with actions can help internalize the structures which may be difficult for young beginners to understand through explanation. On the other hand, songs and rhymes can help teachers to create a relaxed classroom atmosphere where learners feel safe and non-threatened. Some teachers also use songs or rhymes to call attention, keep discipline, as a warm-up or an end-of-class activity for a lesson.

Why are young learners so interested in songs and rhymes? Basically all children enjoy singing songs and saying rhymes in their native language, they will naturally enjoy doing the same in another language. Therefore songs and rhymes sometime are good attractors that can draw back learners' attention to ensure a smooth running of a lesson.

Songs and rhymes demonstrate very clearly the rhythmic nature of the English language. The interchange of stressed and unstressed syllables is emphasized. When learners sing a song or say a rhyme they will certainly practice the timing of stressed syllables. Once they learned the songs and rhymes, those songs and rhymes will stick in their mind for the rest of their lives.

At the beginning stage of language learning it is important to expose learners with language chunks (set phrases, like "I don't know." "See you later.", etc.). Moon (2000: 6) states that in learning a foreign language, teaching children chunks may be very helpful in the early stages of language learning. They can take over and use for themselves these ready made bits of language so that they can join in communication gradually. Songs and rhymes are usually rich in these language chunks. Therefore teachers should use songs and rhymes in classroom as an important way of language input to the learners and encourage learners say them not only in the classroom but also to their family and friends.

选自：王蔷.小学英语教学法教程［M］.北京：高等教育出版社，2003：205.

教材示例 9-4

4 Listen and say. Then sing and point.

HEAD AND SHOULDERS

Head and shoulders, knees and toes, knees and toes.

Head and shoulders, knees and toes, knees and toes.

Eyes and ears and mouth and nose.

Head and shoulders, knees and toes, knees and toes.

选自：陈琳，（英）普里莎·爱丽斯（PRINTHA ELLIS）.英语（新标准）（一年级起点一年级下册）[M].北京：外语教学与研究出版社，2013：24.

教材示例9-4是一首经典儿童歌曲，非常适合学生在英语学习的起始阶段学习，其内容是8个身体部位名词。要单独记住这8个名词，对于学生来说有一定难度，但以歌曲的形式呈现，而且辅之以动作（说到哪个身体部位，就触摸哪个身体部位），学生就能很快地记住这8个名词，并且可以掌握单复数的区别。在具体的教学过程中，教师可以采取以下步骤。

（1）明确学习歌曲的目的：如学习歌曲可以在儿童节活动中演唱这首著名的英语儿童歌曲。（2）教师首先让学生看小图，基于学生的已学语言，让他们说出自己看到的动作（触摸8个身体部位）；再让学生看大图（背景方框），理解动作（touch your toes），让学生关注动作顺序，引导其发现在"Eyes and ears and mouth and nose."的顺序中，是从eyes跳到mouth再回到nose，并询问学生这样排序的原因（引导学生发现是为了和前一句的toes押韵），从而强化学生的韵律意识。（3）教师播放2—3遍歌曲，让学生听、欣赏，允许学生轻声跟唱。在第一遍播放时，教师用一只手指头、鼻子、嘴巴，用两只手分别指双肩、双膝、两个大脚趾、双耳、双目，并特别让学生关注最后一句歌曲录音中的变化，体验这种变化是否使歌曲更有趣味。在第二遍播放时，当唱到头、鼻子、嘴巴时，教师伸出一根手指，唱到双肩、双膝、两个大脚趾、双耳、双目时，教师伸出两根手指。在第三遍播放时，唱到头、鼻子、嘴巴时，教师指向相应单词，唱到双肩、双膝、两个大脚趾、双耳、双目时，教师指向相应单词的"s"。这一活动的目的是让学生感知单数和复数。（4）教师请学生听录音，全班跟唱、小组跟唱。（5）教师鼓励学生小组、个人边做动作边演唱。（6）学习之后，教师引导学生分享：课文中学习身体部位词之后，是否都记住了？这首歌曲是否帮助了自己记忆这些身体部位词？（7）教师让学生观察：这一首歌曲中有哪些单词是学生在课文中没有学习过的（学生发现shoulders、knees、toes是课文中没有学习过的）？然后让学生分享自己的体验：课文中没有学过的内容，在歌曲中学习，是否也可以掌握？（8）教师让学生发现歌曲对自己学习英语的作用，并鼓励学生学习更多的英语歌曲，以帮助自己掌握所学英语。

这一歌曲教学过程既强化了课文所学内容，又拓展了新内容，同时让学生通过感知和体验，发展了英语学习能力，并培养了他们对英语音韵、音乐乐曲的审美情趣。

💡 **疑问与思考**

　　教师在恰当运用歌曲、歌谣进行教学时，应该如何评价学生的学习效果？

请扫描二维码
查看参考答案

第二节　小学英语教材游戏活动分析

　　对于儿童而言，"生活即游戏，游戏即生活"，联合国《儿童权利公约》明文规定，儿童具有从事与儿童年龄相适应的游戏和娱乐活动的正当权利。游戏是儿童的生活形态；可以促进他们的身心发展。在儿童生长发育的每个阶段，游戏活动均能帮助他们在身体、智力以及社会各方面去尝试各种新的技能，并通过反复的实践去完善这些技能。

　　游戏是儿童的精神形态。儿童通过游戏获得游戏的文化精神，从而获得文化的传承，形成社会要求儿童获得的基本的生存精神。游戏是儿童由生物的人变成社会的人、文化的人的重要因素，儿童可以在游戏中发展自由、平等、创造、规范约束的精神。游戏还是儿童的发展形态。儿童在游戏中自由地驰骋于梦想与现实之间，在意识与无意识之间往返运动。这一切都使得游戏与其现实生活构成了儿童不可分割的完整的生活世界，形成了游戏对于日常生活的超越性，儿童在这种超越性中实现了对现实生活的超越。[①]

　　在小学英语教学中，游戏活动不仅是一种重要的教学手段，更是一种以符合学生兴趣和认知水平的游玩嬉戏活动为教学形式的重要的英语教学活动。游戏可以促进学生身心健康地发展，教师应引导学生积极参与英语学习，帮助学生降低英语学习的焦虑；可以促进学生掌握语言知识、发展语言能力和思维品质；可以促进学生学会与人交往，不以自我为中心，学会与他人合作，学会关心他人；可以发展学生运用英语进行创造的能力，在游戏中开展创新性活动。

　　小学英语教材中有很多游戏活动，教师需根据学生的学习需要以及游戏开展的可行性（所需材料、场地、时间等）选择使用，并进行必要的增补或删减。当然，小学英语的游

---

① 此处对游戏的分析参考：鲁子问.小学英语游戏教学理论与实践［M］.北京：中国电力出版社，2008.

戏活动需要运用英语进行，而且必须符合学生的兴趣和认知水平，要具有趣味性，必须能促进学生英语课程核心素养的发展。

《义教课标（2011）》中对小学英语游戏教学进行了较为充分的说明。

课标选摘

语言技能分级标准		
级别	技能	分 级 标 准
一级	玩演	1. 能在教师的指导下用英语做游戏并在游戏中进行简单的交际。 2. 能做简单的角色表演。
二级	玩演 视听	能按要求用简单的英语做游戏。

话题项目表

6. 个人兴趣（Personal interests）

（20）游戏与休闲 (Games and leisure)

……

玩、演、视、听表现性评价参考标准			
活动	评价方式	评 价 标 准	注 意 事 项
游戏	小组评价 教师评价	A. 积极参与，善于合作，应变能力强。 B. 主动参与，能够合作，有一定的应变能力。 C. 能参与，有一定的合作意识。	1. 游戏前应让学生明确规则及要求。 2. 玩游戏时，教师要有一定的调控能力，注意观察学生情况，调动和引导学生的积极性。

选自：中华人民共和国教育部.义务教育英语课程标准（2011年版）[S].北京：北京师范大学出版社，2012：13—14，96，132.

课程标准强调语言学习的实践性，主张学生在语境中接触、体验、理解真实语言，并在此基础上进行运用。英语是一门外语，我国学生在学习英语时并没有足够的语言环境。想要学好语言，需要教师尽可能多地创造模拟真实语境，指导、鼓励学生积极参与到课堂游戏活动环节中。小学英语游戏活动可以为小学生提供真实或者类似真实的语言环境，让他们尽可能多地主动参与到课堂学习当中，调动更多的感觉器官参与英语学习，从而通过游戏掌握语言，学会运用语言。

小学英语游戏活动丰富了小学英语的教学资源，使教学内容和形式更加直观、生动、有趣，有助于培养学生学习英语的兴趣，调动学习英语的积极性。教师可以通过各种各样的游戏活动为学生创设真实的语境情境，激发学生学习英语的愿望和积极性。需要注意的是，贴近学生生活实际和现实生活中语言使用情况的游戏活动，更易于学生让接受、吸收和内化。

在分级目标标准、情感态度分级标准以及相关评价标准方面，课程标准要求小学生能够积极、主动地参与课堂活动教学，积极与同伴合作。小学英语教学要激发学生英语学习的兴趣，形式多样、内容新颖的教学游戏活动无疑是一种有效的教学手段。当然，在游戏教学活动中，教师要更加注重对学生的形成性评价，注重整个教学过程。也许有的学生在听说读写看方面的技能不是很突出，但是在游戏活动中，他们却能够积极主动参与，与同伴合作。因此，在课堂中开展游戏活动并在其中注重对学生的形成性评价，有助于实现小学英语教育面向全体学生的要求。课程标准提出小学英语教学评价应以激励学生的学习兴趣和自信心为主要目的，尽可能做到评价主体和标准多元化、评价形式和内容多样化、评价目标多维化。所以在游戏活动教学过程中，教师应发掘每一个学生身上的闪光点，帮助其建立起英语学习的自信心。

小学英语游戏的选择必须紧密结合学生的日常生活实际，交际性游戏通过生活化的交际活动，可以充实学生的信息交流量和语言运用量。学生在游戏中扮演不同的角色，通过自己的探索和同伴的帮助完成游戏，在这个过程中，他们的各种能力能得到协同发展，尤其是合作能力。另外，学生在游戏中可以更好地理解和体验社会，其社会意识和社会认同感也能不断增强。

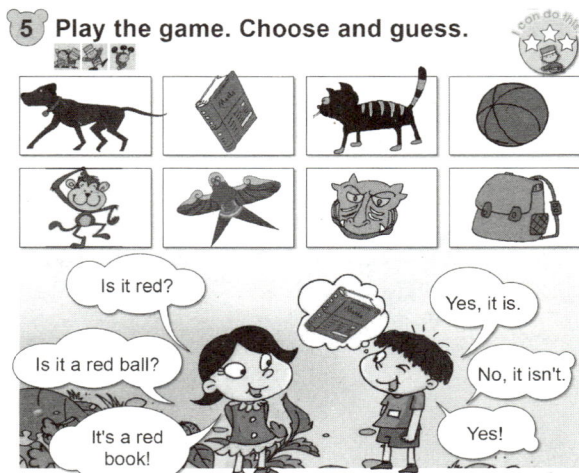

教材示例 9-5

5 Play the game. Choose and guess.

Is it red?

Is it a red ball?

It's a red book!

Yes, it is.

No, it isn't.

Yes!

选自：陈琳，（英）普里莎·爱丽斯（PRINTHA ELLIS）.英语（新标准）（一年级起点一年级上册）[M].北京：外语教学与研究出版社，2013：43.

教材示例9-5是一个猜测游戏。学生B选择图中某一物品（案例中男孩选择了红色的书），然后学生A询问（游戏要求先询问颜色，再询问物品），学生B回答，直到学生A问出学生 B 所选择的物品。教师可以让学生先通过阅读，理解对话，了解游戏过程，然后教师选择其中一位学生（或两位学生）进行示范，让全班同学都了解游戏开展的方法和所需要用到的语言，然后再开展游戏。

这一游戏本身是训练"颜色+名词"的使用方法。教师可以先向学生介绍如何在游戏中进行颜色的询问（Is it red? Is it blue? Is it black?），并说明游戏规则（一般要求学生能通过三次提问猜出答案，若三次提问不能猜出，则由对方获得提问权），然后再按照这一游戏的语言进行"Is it red? Is it a red book?"两种语句的综合运用。

这一游戏能够帮助学生巩固所学语言，发展他们的兴趣和审美情趣（猜测和猜到既符合学生兴趣，又能形成精神愉悦），同时，游戏中的"猜测过程"还可发展学生的思维品质。案例中学生 A 首先询问"Is it red?"，是因为她已经知道学生 B 喜欢书，所以基于"red book"进行猜测。教师还可引导学生发现，若不知道对方可能喜欢什么，则可以先问"Is it blue? Is it green?"，因为图中蓝色、绿色物品均只有一样，若对方回答 Yes，则马上可以猜出物品。

教材示例 9-6

选自：何峰，齐迅.英语（三年级起点三年级上册）[M].南京：译林出版社，2014：8.

教材示例9-6是一个类似于"大富翁"的游戏，学生掷骰子，掷到哪个数字，就按顺序往前走几个格子。这个游戏易于开展，学生在课桌上就可以打开书本玩游戏，而且这个游戏还可以不断增加或者降低难度，如减少语句、增加语句、重复语句，减少图片、增加图片、重复图片等。这类两个学生就可以在课桌上开展的游戏，具有一个很大的好处，即：无论班级人数多少，都可以让学生全体参与，保证游戏的参与度。

拓展阅读 9-2

王蔷在其《小学英语教学法教程》中对游戏的优势做了说明，可以帮助教师进一步理解游戏。

What are the benefits of using games in the classroom? The first and foremost reason is that games are fun and fun elements can create a desire for children to communicate and games can also create unpredictability (Halliwell, 1992:5). For example, it will be more interesting and effective to have children find out and hang up clothing items on a 'washing line' according to your instructions than have them just learning a list of clothing vocabulary and structures. Besides, games can create helpful frameworks for further learning. Games like bingo, dominoes, noughts and crosses, etc. can provide a framework for teachers to give children practice on almost any linguistic contents at the primary level. Used properly, games can engage the whole attention of the learner and help facilitate necessary repetition of the language in a more meaningful way. In addition, games can help develop children's interactive competence, confidence and fluency (Sharpe, 2001). Cant and Superfine (1997) also point out that games can provide a meaningful context for learning and help develop both a positive classroom atmosphere and a more effective learning environment.

You may say that there are both benefits and problems in using games in language teaching. We quite agree with you at this point. The main problem perhaps is the discipline problem or the lack of space and resources. However, we can try to overcome the problems. In fact there are many games which are quite simple and easy to manage with large classes and they do not require a lot of recourses. If we can organize games well, discipline should not be a problem.

As you may have all noticed, children are not very good at direct learning. That is to say when you ask them to sit down and learn something, they will feel that you are taking away their playing time and they can not concentrate for very long. However, children have a strong capacity for **indirect learning** when they are enjoying themselves and are focusing on meaning without noticing that they are learning the language. As far as teaching is concerned, we need to create fun activities to engage them with meaning. Games will have a role to play here. For example, guessing games often provide such opportunities for learning to take place in fun. When involved in a guessing game, children are not trying to learn the phrases or structures; they are concentrating on trying to guess right. By the time they finish the repeated guessing, they will have used the words and structures they only half knew at the beginning. They will have got the phrases or structures firmly into their minds. Guessing is actually a very powerful way of learning phrases and structures (Halliwell, 1992). It is through indirect learning that children grasp the language. This is the way we learned our mother tongue.

选自：王蔷.小学英语教学法教程［M］.北京：高等教育出版社，2003：205.

教材示例 9-7

选自：陈琳，（英）普里莎·爱丽斯（PRINTHA ELLIS）.英语（新标准）（三年级起点五年级上册）［M］.北京：外语教学与研究出版社，2014：6.

教材示例9-7是"一只青蛙四条腿"游戏的英语版。游戏的规则是一个学生说出动物数量，其他同学抢答说出这些动物的腿的总和。该游戏考查的是学生名词（名词复数）、动物知识的储备和数学思维与反应速度的综合能力。如该游戏要求学生既能说出正确的名词，又能说出正确的数量，这要求学生具有较强的数学逻辑思维（"One dog. Four legs."具有逻辑联系，"Three dogs. Twelve legs."也具有逻辑联系），同时要求学生具备不同动物有多少条腿的相关知识（如有人说"One bird."则只能说"Two legs."）。

在开展游戏教学时，首先，教师在一开始就要播放演示视频，让学生理解规则；然后，再进行小组示范，让学生熟悉游戏；最后，让学生分组开展游戏，从而帮助其巩固名词（名词复数）、动物知识、数学计算等知识。此活动可以调整计算和知识的难度，若一开始说"One chicken."，则只是2的倍数乘法的计算；若一开始说"One spider."，则是8的倍数乘法的计算。若只是训练名词，则可以换head等数量为1的身体部位，并中途换名词，即：一人说出动物数量和身体部位名词，大家抢答身体部位数量。一人说："One dog. Head."，大家抢答："One head."；一人说："Two dogs. Head."，大家抢答："Tow heads."；一人说："Two cats. Tail."，大家抢答："Two tails."。

疑问与思考

教师在进行英语教学时，应如何把握游戏活动教学的度？

请扫描二维码
查看参考答案

第三节　小学英语综合实践活动分析

随着社会的高速发展和教育的不断变革，教育的综合性要求越来越显著，跨学科的综合、学科之内的综合，逐渐成为学科教学不可或缺的一部分内容。综合实践活动也成为各学科开展学习的一种方式。综合实践活动是从学生的真实生活和发展需要出发，从生活情境中发现问题，转化为活动主题，通过探究、服务、制作、体验等方式，培养学生综合素质的跨学科实践性课程。按照国家规定，综合实践活动自小学一年级至高中三年级全面实施。综合实践活动使学生从个体生活、社会生活及与大自然的接触中收获丰富的实践经验，形成并逐步提升对自然、社会和自我之内在联系的整体认识，发展学生的价值体认、责任担当、问题解决、创意物化等方面的意识和能力。

小学英语学科的综合实践活动有助于学生提高自己的英语综合语言运用能力；有助于学生打破英语学科的知识，综合运用英语和各学科知识，逐步认识、分析和解决现实问题，提升综合素质，发展核心素养，特别是跨文化能力、社会责任感、创新精神和实践能力，以适应社会变化和个人自主发展的需要；有助于帮助学生把握完整的生活世界，引导学生从学校生活、日常生活、社会生活或与大自然的接触中提出具有教育意义的活动主题，使学生获得关于自我、社会、自然的真实体验，建立学习与生活的有机联系；有助于学生从自身成长需要出发，选择活动主题，主动参与并亲身经历跨文化实践过程，体验并践行价值信念，发展自主发展能力。

小学英语综合实践活动包括课内外的语言实践活动。在活动中，教师和学生要将英语作为信息传递与沟通的工具，学生在活动中运用英语与同伴和老师进行交流，并以英语来展示活动成果，可以是英语口头汇报、英语小论文、PPT展示等形式。英语综合实践活动要求学生综合运用多种要素而开展，可以是英语学习活动、英语运用活动，还可以是社会实践活动，在小学阶段也可以是个人生活实践性活动。

英语综合实践活动是英语教学过程的不可或缺的一部分，是实现英语学科教学目标的重要途径。通过课内外综合实践活动，学生能够积极体验、努力实践、主动参与、加强生生及师生间的合作与交流，从而提高自身综合语言运用能力，并在此过程中形成积极的情感态度以及主动思维和大胆实践的精神，进一步提高跨文化交流意识和自主学习能力。对英语综合实践活动的认识，我们可以从综合和实践两方面进一步分析。

《义教课标（2011）》中对小学英语综合实践活动有相关要求。

Ⓦ 课标选摘

（二）注重语言实践，培养学生的语言运用能力

本标准以学生"能用英语做事情"的描述方式设定各级目标要求，旨在强调培养学生的综合语言运用能力。各种语言知识的呈现和学习都应从语言使用的角度出发，为提升学生"用英语做事情"的能力服务。教师要通过创设接近实际生活的各种语境，采用循序渐进的语言实践活动，以及各种强调过程与结果并重的教学途径和方法，如任务型语言教学途径等，培养学生用英语做事情的能力。

（七）组织生动活泼的课外活动，拓展学生的学习渠道

英语课外活动是学生英语学习的重要组成部分，能为学生的语言实践和自主学习提供更大的平台。课外活动要有助于激发和提升学生学习英语的兴趣、丰富语感、开阔视野、增长知识、发展智力和塑造性格。同时，应注意英语课外活动的组织和管理。

选自：中华人民共和国教育部.义务教育英语课程标准（2011年版）[S].北京：北京师范大学出版社，2012：6，31.

课程标准从课程基本理念以及教学建议两个方面对英语综合实践活动进行了阐述。

首先，从课程本身而言，英语是一门兼顾工具性和人文性的学科，相比其他学科，英语更加强调实践性——学生如何将学到的英语知识和技能运用到现实生活中，是英语学习的重要目标。但是，中小学的英语教学依然普遍存在碎片化、缺乏语境、忽略主题、教师的语篇意识不强、学生的思维发展薄弱等问题。"哑巴英语"、"聋子英语"等教学弊端虽有所改进，但仍普遍存在学生缺乏语感、缺乏语言运用能力的现象。在应试方面，学生所

需要的听、读、写的能力虽有所提升，但还是普遍缺乏在真实情境中运用的勇气和能力。要想改变这种现状，需要教师在教学中注重引导学生发现语言规律，掌握语言技能，欣赏语言的美，进而在此基础上将语言作为沟通交流的工具，提升学生各方面的素养。

其次，从教学实施而言，课程标准对如何组织学生开展生动活泼的课外活动、拓展学生学习渠道都给出了诸多建议，教师可在此基础上设计和开展英语综合实践活动。

一、英语综合实践活动的内涵

英语课程具有工具性和人文性双重性质。基于其工具性，英语课程可以与任何一个学科或几个学科整合，开展综合性的学习实践活动，如与语文学科整合，用英语开展文学阅读活动；或者与语文、数学学科整合，开展数学应用题英汉双语理解分析活动；或者与音乐学科整合开展英语歌曲演唱活动等；更可以开展介绍美国小学各类课程这一与所有学科整合的活动。只要是与一个以上学科或领域整合的英语语言实践活动，都属于英语综合实践活动。这类活动不仅可以发展学生的英语语言能力，更可以发展学生的综合实践能力。

综上所述，可知英语综合实践活动，是在英语教师指导下，学生以英语作为媒介，综合运用各门学科的知识与技能，自主完成的综合性学习活动，强调以学生的实际生活为核心，围绕真实的主题进行丰富多样的实践性、开放性学习活动。英语综合实践活动是英语学科课程与综合实践活动课程的结合体，它不仅吸收了综合实践活动的基本理念，采用了综合实践活动的实施方式，如研究性学习、社会实践等，具有综合实践活动的基本特点，即综合性、自主性、开放性、生成性、实践性等，同时也将英语学习贯穿于整个课程中，旨在促进学生的英语学习，提高学生的综合语言运用能力。[1]

二、英语综合实践活动的设计与实施

英语综合实践活动的实施要有整体全面的设计。英语学科不论本身还是与其他一门或多门学科进行综合，都需要活动设计教师与相关学科教师进行沟通交流，明确活动的目的、操作流程以及评价方式等，需要在统筹规划后制定出此项活动的方案，如果条件允许，还可以邀请专家或者有经验的教师进行评估。

活动设计要尽可能贴近学生的生活实际，这样才能为他们创设真实的语言环境，将学生的英语知识学习和技能发展融入真实语境中，让学生在语境中通过体验、实践、参与等直观形式感受语言魅力，提升语言技能。

活动实施过程中要着重强调学生参与的积极性和主动性。学生是综合实践活动的主体，教师要发挥自身引导作用，注意多鼓励、动员学生参与，尤其要注意引导学生在活动过程中运用英语进行沟通交流，促使学生学会用英语做事情，特别是帮助学生构建、获取、处理和传递信息，表达个人观点和感受，以及批判性思维等能力。

---

① 徐永军，罗晓杰.初中英语综合实践课背景下的语言项目学习 [J].四川师范大学学报：社会科学版，2012（3）：88—93.

英语综合实践活动的评价相比单纯的英语课堂教学要复杂得多，因为它不仅仅包含英语一门学科，必然会有其他一门甚至多门学科的融入。这就需要教师思考：如何在评价学生表现时，既关注学生的英语知识的掌握和英语技能的运用，又不忽略学生其他学科的发展；如何做到评价时能够兼顾学生全面发展，而不是各学科分散关注自身课程标准和教学目标的要求。此外，综合实践活动也不同于课堂教学，它更加强调实践性。所以，不同于传统课堂采用的如纸笔考试等形式的终结性评价，综合实践活动应采用多元评价观，使用多种考查考核手段，如形成性评价，学生自评，生生互评等，来对学生的实践能力和创新能力进行评价。

教材示例 9-8

选自：陈琳，（英）普里莎·爱丽斯（PRINTHA ELLIS）.英语（新标准）（三年级起点六年级上册）[M].北京：外语教学与研究出版社，2013：90—91.

教材示例9-8是一个六年级的运用英语开展的综合学习实践活动，要求学生介绍中国节日，开展跨文化传播。建议给学生一周的时间开展这一综合实践活动。具体过程建议如下：

（1）教师可以利用即将到来的中国传统节日——春节的情境，引导学生在课内开展相互的问答，思考海报上列出的几项任务，从而达到语言训练、解决问题的目的。

（2）教师可以让学生根据自己的喜好进行分组分工，确定本组要介绍的节日。

（3）教师指导学生开展调查，了解外国人对中国节日的了解程度和相关需求。各组就本组所选择的节日开展调查，了解外国人对此节日已经知道什么、希望更多知道什么、是以什么方式了解的（文字、图片、视频、音频等），并进行结构构思，查找所需资料，确定介绍内容。若学生有困难，教师可呈现节日介绍案例。在学生开展调查前，教师可向学生介绍调查时需要用到的方法。

（4）教师让学生以小组的形式分工合作，画画、写作介绍，完成海报制作。

（5）请各小组合作，向全班同学展示介绍本组设计制作的海报，全班同学对每一小组的海报进行点评，提出修改建议。

（6）各小组根据全班同学意见，完善本组海报。

（7）教师将学生制作的海报分享给外国教师和学生，以及在本地生活的外国人，以帮助他们更好地了解中国节日和中国文化。

这一综合实践活动发展和巩固了学生对中国文化知识的掌握，同时对学生选择跨文化传播的内容与形式，开展调查、海报设计、美术和文字创作、相互评价等能力，以及相关的核心素养进行了培养。

📖 拓展阅读 9-3

综合实践活动（project）也被称为"项目"，项目学习（project-based learning）也就是基于综合实践活动的学习。

一旦教师熟练运用项目学习，他们常会感到项目学习更富有成就感和乐趣。项目学习是一种与学生共同工作的体验，在项目中他们对自己和这个世界进行探索，这也为他们带来了工作上的满足感。项目学习除了要求教师有很强的教学和组织能力外，还要求教师能够辅助和管理学生的学习过程。我们不能把学生的学习过程当成"填满空瓶子"的过程，项目学习的教师必须创设任务和环境，让学生打开思维。这是一个协同创造的过程，随着项目的进展，学生们在探究、对话的过程中，综合技能也得以加强。

尽管大多数教师承认这种积极学习的必要性，但是大家对于一个结果开放的学习过程的反应是不尽相同的。项目有时会显得混乱和无序，即使结构清晰的项目，有时也会出现乱哄哄的状况。这种现象正好说明解决问题过程的重要特征就是结果的不确定。在项目开始之前，教师最好考虑一下自己的教学风格和技能，及教师在项目学习环境中准备如何应对。假如学生在教室里四处走动，或者课堂教学过程中出现不确定性（这恰恰是开放式学习过程的特点），你是否能接受？

还有一个很有益的问题：作为一名教师，你是倾向于扮演领导者（leader）还是管理者（manager）的角色？领导者引导学生团队解决问题，帮助他们找到自己的解决方案；管理者控制学生的学习过程，并寻求预期的结果。在现实中，优秀的教师会时不时地在这两个角色间切换。但如果你还很犹豫是否要放下对学生的控制权，你可以先带学生做些小的项目，直到你觉得能够并习惯在项目中发挥领导者的作用。

作为项目学习的领导者，教师的工作是通过引导学生的学习过程，帮助他们在项目中创造不同凡响的成果。学生在收集数据和解决问题的过程中，会遇到一些困难和机遇。项目学习的成功关键在于教师能够支持和指导学生，在学生寻找答案和解决方案的过程中，能够鼓励他们面对困难。这要求教师既要能辅导学生制定项目进度表，推动项目走向成功，也要具备人际交往和沟通的技能。教师还应该敏感地对待学生的差异性：学生完成项目的速度是不同的，学生的能力、天资和学习风格也是不一样的。

选自：巴克教育研究所. 项目学习教师指南——21世纪的中学教学法（第2版）[M].任伟，译，北京：教育科学出版社，2008：9—10.

拓展阅读9—3所提到的项目学习源于美国著名教育学家约翰·杜威（John Dewey）提出的体验式学习和"做中学"的思想，非常适合英语等需要发展学生运用能力的课程。在小学英语综合实践活动中，教师应该加强对学生的引导，因为小学生的实践能力、英语运用能力都还在发展之中。以前述中国节日为例，如何开展调查，尤其是就外国人对中国节日的信息内容需求、信息呈现方式需求等的调查，都需要教师对学生进行引导。同时，教师又不能过于束缚学生的选择，比如选择什么节日，除了教材本身呈现节日外，应允许学生选择其他节日，尤其是一些新出现的中国节日（如"11.11购物节"等），同时也要允许学生就节日内容进行选择。这需要教师把握教师引导与学生自主之间的适切度。

案例分析 9-1

"我爱我家乡" 项目

在这个项目中，学生要走进家乡，探知家乡之美，了解新农村及社区的发展与变化。设计该项目旨在引导学生体会英语的魅力、激发英语学习的兴趣、有效提升综合语用能力的同时，通过了解家乡的风土人情，让学生感受家乡的美好，热爱家乡。此项目历时2周。

项目主题

这个项目关注的是家乡的一些名胜、特产及人物。

驱动问题

家乡有哪些名胜、名人和特产？根据了解的知识，思考怎样用英语表达。

项目目标

1. 小小导游：用英语介绍自己家乡的一处旅游胜地。

2. 为家乡的一种特产设计一句英语广告词。

3. 用英语讲述一个关于家乡名人的故事。

项目活动

为了实现学习目标，学生需要参与到多个项目中，在两周的时间内，学生要交不同的作品或小组作品，并接受评价。他们被分成若干个小组，每组选一个特定的项目研究，组内各成员也各有分工。

在案例分析9-1中，项目的设计者联系学生的生活实际，根据家乡的特点设计项目。但是该项目的难度比较大，学生可能缺少必要的知识和能力储备，在整个项目过程中，要在2周内完成这些任务是不切实际的。教师不妨把项目活动做一个具体的安排。首先，将全班分组，每组学生自由选择其中的一个项目任务，每项任务由小组长负责落实，教师也深入参与各组的活动，教会学生开展活动的策略，使活动循序渐进地进行。比如：如何做好小导游？教师可以建议学生利用周末时间去景点，用手机拍摄图片，记录下景点的解说资料，并通过上网搜集资料，进行补充。再如，为家乡的特产设计一句英语广告词这一活动，学生可以先去查阅一些经典的英文广告词，分析广告词的一些写法要领，然后模仿设计广告词的步骤去进行。需要注意的是，教师在组织、开展英语实践活动时，学生的语言能力是需要考虑的重要因素，教师应该适当为学生搭设语言实践支架，帮助学生运用语言，这样才能发挥出该活动应有的实效，实现教师项目活动设计的初衷。

疑问与思考

如何为英语综合实践活动选定合适的主题？

请扫描二维码
查看参考答案

章节小结

小学是培养英语学习兴趣、习惯以及奠定基础的关键时期。这就对我国小学英语教学提出了较高的要求。小学英语教学不是照搬课本知识，教师应该从培养学生英语兴趣出发，积极开发各种活动，对英语课程进行创造性设计，激发小学生学习英语的兴趣，为他们以后的英语学习打下良好的基础。小学英语教师应在遵循教育教学规律的前提下，在英语课程与教学的目标引导下，积极探索有助于学生英语学习兴趣激发、有助于学生英语知识增长和能力提升的各种教学手段和方式。本章节中提到的歌曲和歌谣、游戏、综合实践活动，都是对小学英语特色教学的有效探索。

关键术语

歌曲、歌谣活动：指基于歌曲、歌谣的韵律有助于记忆的优势，以英语歌曲、歌谣为教学内容的英语教学活动，歌曲、歌谣内容在学生的最近发展区之内时，教学成效显著；歌曲、歌谣活动对于促进学生审美情趣、思维能力、合作意识和创新精神的发展具有显著作用。

游戏活动：指一种基于儿童的游玩嬉戏的偏好，以符合学生兴趣和认知水平的游玩嬉戏活动为教学形式的重要的英语教学活动。

英语综合实践活动：是在英语教师指导下，学生以英语作为媒介，综合运用各门学科的知识与技能，自主完成的综合性学习活动，强调以学生的实际生活为核心，围绕真实的主题进行丰富多样的实践性、开放性学习活动。英语综合实践活动是英语学科课程与综合实践活动课程的结合体，它不仅吸收了综合实践活动的基本理念，采用了综合实践活动的实施方式，如研究性学习、社会实践等，具有综合实践活动的基本特点，即综合性、自主性、开放性、生成性、实践性等，同时也将英语学习贯穿于整个课程中，旨在促进学生的英语学习，提高学生的综合语言运用能力。

实践活动

请设计一个小学五年级的暑假英语综合实践活动。

请扫描二维码
查看参考答案

1. 中华人民共和国教育部.义务教育英语课程标准（2011年版）[S].北京：北京师范大学出版社，2012.

2. 中华人民共和国教育部.普通高中英语课程标准（2017年版）[S].北京：人民教育出版社，2018.

3. 巴克教育研究所.项目学习教师指南——21世纪的中学教学法（第2版）[M].任伟，译，庄晓梅，校，北京：教育科学出版社，2008.

教学参考视频

内容：**课内综合实践活动课例**
Dragon Boat Festival.
授课教师：北京市西城区育民小学　李桂娟

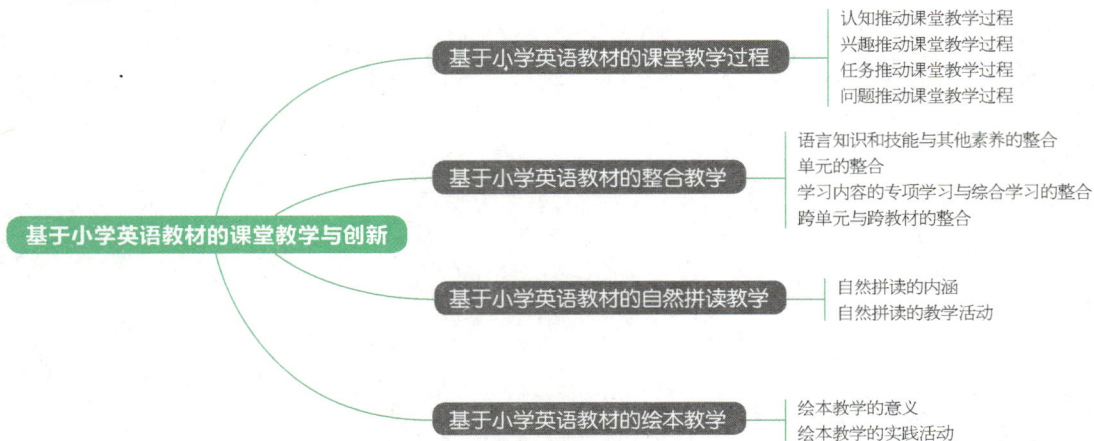

第十章
基于小学英语教材的课堂教学与创新

请你思考

　　张老师是一位有着二十多年教龄的英语教师，在日常教学中，她非常注重对学生听、说、读、写基本技能的培养，所以学生的英语基础知识和技能比较扎实。但由于课时有限，她设计的教学活动往往无法完成。因此，张老师下决心创新教学方式，在课时有限的情况下，她尝试整合教学。例如：张老师发现教材中某一个单元是学习谈论能力的 "I can ..."，而另一个单元学习 "Can I ... ?"，因为都有情态动词can，于是她决定将两个单元内容进行整合。你同意张老师的这种课堂整合教学的创新做法吗？如果是你，你会如何进行整合教学创新呢？

学习目标

在学习本章之后，你能：

1. 了解并能初步掌握和设计基于小学英语教材的课堂教学过程；
2. 了解并能尝试设计基于小学英语教材的整合教学活动；
3. 了解并能尝试设计基于小学英语教材的自然拼读教学活动；
4. 了解并能尝试设计基于小学英语教材的绘本教学活动。

本章结构

```
                                              ┌─ 认知推动课堂教学过程
                                              ├─ 兴趣推动课堂教学过程
                   基于小学英语教材的课堂教学过程 ─┤
                                              ├─ 任务推动课堂教学过程
                                              └─ 问题推动课堂教学过程

                                              ┌─ 语言知识和技能与其他素养的整合
                                              ├─ 单元的整合
                   基于小学英语教材的整合教学 ───┤
                                              ├─ 学习内容的专项学习与综合学习的整合
基于小学英语教材的课堂教学与创新                   └─ 跨单元与跨教材的整合

                                              ┌─ 自然拼读的内涵
                   基于小学英语教材的自然拼读教学 ─┤
                                              └─ 自然拼读的教学活动

                                              ┌─ 绘本教学的意义
                   基于小学英语教材的绘本教学 ───┤
                                              └─ 绘本教学的实践活动
```

第一节 基于小学英语教材的课堂教学过程

教材是教学的基础，小学英语教学尤其如此，因为我国绝大多数小学英语教师自己开发教材的能力有限，开展教学首先应是基于教材进行教学，然后逐步进行基于教材的教学创新，最终达到基于学生的教学创新。当然，这一过程不是一蹴而就的，教师学会分析教材，发现教材优势，基于教材进行教学是教学创新的基础。所以，教师首先应掌握基于教材进行教学的方法。

《义教课标（2011）》在教学建议和课程资源开发与利用建议中提出以下基于教材的教学建议。

课标选摘

教师应不断激发并强化学生的学习兴趣，并引导他们逐渐将兴趣转化为稳定的学习动机，养成和谐和健康向上的品格。

教师要通过创设接近实际生活的各种语境，采用循序渐进的语言实践活动，以及各种强调过程与结果并重的教学途径和方法，如任务型语言教学途径等，培养学生用英语做事情的能力。……活动不仅限于课堂，还可延伸到课堂外。活动应有利于英语学科与其他学科的相互渗透与联系，以促进学生的认知能力、思维能力、审美情趣、想象力和创造力等素质的综合发展。

英语教材是英语课程资源的核心部分。深入开展教材分析、把握教材的设计理念、熟悉教材的编排特点、了解教材所提供的资源是教师有效利用和开发教材的前提。教师只有深入地研读教材，才能在教学中根据学生的水平和教学的需要，对教材进行合理的利用与开发，也才能通过教材更好地激发学生的学习兴趣，开阔学生视野，拓展学生思维，以满足不同学生的学习需求。

选自：中华人民共和国教育部.义务教育英语课程标准（2011年版）[S].北京：北京师范大学出版社，2012：20，26—27，42.

课程标准中的相关要求对教师的课堂教学有着引领与指导的双重作用，对如何提升学生的语言运用能力给出了明确方向——先深入开展教材分析、把握教材、研读教材，然后对教材进行合理的开发与利用。

显然，基于教材进行教学，首先要准确把握教材。优秀的小学英语教材设计了大量的有效促进学生核心素养发展的活动，教师应从核心素养的视角理解教材，而不能只是从词汇、语法等语言知识的角度把握教材，否则，就不能合理地使用教材进行教学，不能开展有效的基于教材的教学。本书第五至八章，尝试从英语学科核心素养的视角深度分析小学英语教材，教师可以尝试基于本书的路径进行教材分析。同时，教师需要注意，英语学科核心素养是一个整体，基于此进行的整合教学，是有效使用教材的基本路径。

教师也要善于对教材进行合理的开发，而对教材的合理开发需要以核心素养为依归。发展学生的核心素养应以语言能力为基础进行核心素养和学习要素的整合。英语语言能力的提高蕴含文化意识、思维品质和学习能力的提升，有助于学生拓展国际视野和思维方式，开展跨文化交流。因此，教师对教材的开发运用，要改变碎片化的、脱离语境教授知识点的教学方式，让学生认识到学习语言的目的是为了在真实语境中运用所学知识，理解意义，传递信息，表达个人情感和观点，比较和鉴别不同的文化和价值观。同时，教师对教材进行开发运用时，要重视真实情境的创设，明确语言活动各方的身份和关系，引导学生学会选择得体的语言形式开展有效的交流；教师要努力把文化知识的教学有机融入语言学习之中，充分挖掘语篇中的文化和育人价值，在活动中与学生共同探讨文化的内涵，丰富学生的文化体验，发展学生的文化鉴赏力，帮助学生将文化知识内化为具有正确价值取向的认知、行为和品格，提高他们的跨文化意识，拓展国际视野，坚定文化自信，以达到育人目的。显然，基于英语学科核心素养的整合教学，不仅是理解和分析教材的基础，也是开展基于教材的有效教学和教学创新的基础。

实践发现，基于小学英语教材的课堂教学可以采用认知推动、兴趣推动、任务推动、问题推动等有效形式进行。这四种教学过程不是彼此独立的，而是相互交叉的，只是各自的侧重点有所不同；不是独立的单纯的认知过程、兴趣过程、任务过程、问题过程，而是由认知、兴趣、任务、问题所推动的综合性的课堂教学过程。以下分别介绍这四种教学过程。在实际教学中，教师可以将多种过程进行融合，通过兴趣激发认知，通过认知解决问题，把问题解决作为任务。具体的选择，可以基于教材进行，如本节教材示例所示。

一、基于小学英语教材的认知推动课堂教学过程

发展认知是人生存发展的必须和必需，更是教育的使命。认知在英语教育中具有基础性和超越性，即语言能力、文化意识、思维品质、学习能力的发展需要以认知为基础（发展学生的英语学科核心素养，需要基于认知而开展，认知能力是一切有效学习的基础），英语教育超越语言目标而实现教育目标，更需要以认知发展为目标，而小学英语教育更为关键，因为其具有更显性的基础性。

在我国传统形态的小学英语课堂上，语言知识讲解较多，语言运用能力发展活动也不少，但多将语言知识作为结果直接宣讲，语言知识显性认知过程不多，对语言运用中的文化特性、思维特性的关注不足。因此，我国小学英语教学亟待强化认知过程、认知方法和认知成果。

小学教育是认知发展的最重要阶段，小学英语教育必须具有认知维度。小学英语课堂必须以语言、文化、思维、学习能力等的认知为基础发展学生的语言运用能力，而且以此

为语言能力之上的教育目标也应以认知为组成部分。

认知推动的教学是小学英语课堂最常见的教学形态，学生在教师引导下了解英语语言知识、运用形态，以及跨文化现象等。如前所述，对于这种认知推动的活动，教师不能只是停留在把语言知识、语言运用、跨文化现象等作为结果让学生了解，而应发展到帮助学生建构认知意识（明确地意识到自己在开展认知活动）、掌握认知方法、形成情感态度与价值认知的阶段。

教材示例 10-1

2. Listen, read and act out.

Grandma: What are you watching, Daming?
Daming: I'm watching a new DVD about animals. Simon gave it to me.
Grandma: What does it say about my favourite animal?
Daming: Pandas?
Grandma: Yes.
Daming: Pandas love bamboo. They eat for twelve hours a day!
Grandma: I love bamboo, too.

Daming: Wow! Look at this picture! The snake can use its body to dance.
Grandma: Do snakes love music?
Daming: No, they don't. They're almost deaf! They can't hear the music. It says the snake thinks the flute is dangerous, so it gets frightened!

Grandma: This is a fantastic DVD!
Daming: Yes, it's fantastic!
Grandma: What a great present from Simon!

2. Listen and read.

A child sleeps for ten hours a night.
A baby sleeps for sixteen hours a day.
A fox sleeps in the day and doesn't sleep at night.
How many hours do you sleep a night?

选自：陈琳，（英）普里莎·爱丽斯（PRINTHA ELLIS）.英语（新标准）（一年级起点六年级上册）[M].北京：外语教学与研究出版社，2013：38—39, 41.

教材示例 10-1 是一篇类似科普类的语言学习材料，教材很巧妙地将语言知识和科学知识结合到一起，具有非常显著的认知推动教学优势。由于其中很多内容学生不知道，因此该内容对学生而言具有充分的认知空间。

这篇学习材料的内容是 Daming 与奶奶谈论正在观看的动物的电子文本，文本介绍了熊猫爱吃竹子和蛇会随着音乐摆动等知识。当教师从认知层面分析教材时不难发现，课文在这里为我们普及了动物的相关知识。熊猫爱吃竹子众所周知，但每天吃 12 个小时就不是人人皆知了；蛇会随着音乐"跳舞"是一个比较普遍的误解，真相是蛇本身没有听觉，根本听不到音乐，它是因为认为笛子很危险而害怕，所以才会摆动身体。教师可以根据学生的实际情况适当补充拓展更多关于蛇与熊猫习性等知识。比如，蛇没有腿也没有脚，主要通过其腹部的肌肉和鳞片共同作用来爬行；不是所有的蛇都需要冬眠，冬眠与气候和温度有关，热带地区的蛇一直生活在高温下，所以它们无须冬眠。再如，熊猫不是素食动物，而是杂食动物，它们爱吃肉和鸡蛋。在接下来的学习内容中，课文更是引出了一个非常有趣的话题：婴儿、小孩和狐狸的睡眠。在这里，人与动物被同样重视，因此，教材在学生介绍他们各自的睡眠时间以外还渗透了人类与动物平等的理念。教师在教学中可以引导学生养成观察生活、观察自然的习惯，进而深化学生关注睡眠与健康、与自然和谐相处等相关认知。

　　教师可以基于教材，先设计关于熊猫和蛇睡眠的知识问答环节，看学生能回答多少，然后让学生学习课文，再让学生自己设计熊猫和蛇的睡眠知识的问答题，从而引导学生掌握所学内容。

教材示例 10-2

2. Listen and read.

Tomorrow, it will rain in Beijing.

In Harbin, it will snow.

In Dalian, it will be sunny.

In Xi'an, it will be windy.

In Guangzhou, it will be hot.

选自：陈琳，（英）普里莎·爱丽斯（PRINTHA ELLIS）.英语（新标准）（一年级起点六年级下册）[M].北京：外语教学与研究出版社，2013：11.

　　教材示例 10-2 不像前一个示例一样具有显性的认知推动的优势，但若准确分析教材，依然可以设计基于教材的认知推动教学过程。这是小学六年级的一篇课文，情境是天气预报播音员播报天气，预报内容显示出北京、哈尔滨、大连、西安和广州五个城市的天气。此部分的语言功能是用 "It will be ..." 的句式描述天气，属于对已学内容的巩固。

　　在基于教材的认知推动的教学过程中，首先，教师可以让学生自己阅读天气预报，了解各地天气，做到能听懂、会介绍，形成对语言的认知和再认知；然后，让学生进一步比较五个城市天气与温度的差异，请学生分析其原因；最后，让学生分析为什么中国各地城市的天气会有如此大的不同，这有哪些有利因素（幅员辽阔，一年四季不同地方可以有不同的生产活动，或者可以在任何季节去喜欢的地方旅游），有哪些不利因素（天气差异大，一年四季都可能有不同的自然灾害等），甚至可以比较英国、美国、俄罗斯、日本等国家的天气情况等。教师通过不断推进这一系列过程，促进学生的认知发展。

二、基于小学英语教材的兴趣推动课堂教学过程

兴趣对于我国小学生英语学习的重要作用不言而喻。要想让学生积极主动地学习，关键是要激发学生的学习兴趣。兴趣是最好的老师和最强的学习动力，学生学习英语的兴趣越浓，学习积极性就越高，学习效果自然也就越好。学习兴趣是在学生的主观状态与环境特征相互作用下产生的心理状态，教材、教师、教学活动起到的都是环境作用。兴趣可能源于个人生活与发展的需要，或者源于对内容的好奇；可能源于认知的自身动力，也可能源于人的心理系统在其组织过程中努力获取信息的行为。小学英语课堂中的大量兴趣活动来自学生对教材中内容的好奇，如：有趣的游戏、动人的故事、优美的歌曲，甚至精美的插图，等等。小学英语教材中有很多内容都是基于学生的兴趣而编写的，教师应把握教材中的这一兴趣优势，设计兴趣推动的课堂教学。

学习兴趣萌发于学生觉察到的事物或现象与已有知识经验的相互作用中，引导学生观察、理解小学英语教材的有趣内容和活动，可以促进学生学习兴趣的萌发。学生兴趣的初步形成主要依赖于他们对学习任务的认知加工及其水平，所以学生对教材和学习活动的认知加工，是兴趣形成的要件；学生对学习目标、学习动机、价值体

教材示例 10-3

Unit 4 Where's the bird?

Story time

1. Look! A bird! How beautiful!
2. Where's the bird? It's under your desk.
3. Now it's behind the door!
4. It's not here. Where is it?
5. Su Hai! It's on your chair!
6. It's in my desk.
7. It's in the tree now.

a bird　a desk　a chair

in　on　under　behind

选自：何峰，齐迅. 英语（译林）（三年级起点三年级下册）［M］. 南京：译林出版社，2013：24—25.

系、评价标准的内化是学习兴趣深化发展的关键，这既包括学生英语学习的个人价值与社会价值的建立，更包括学生对日常学习内容的价值的理解；创造性地应用知识于实践，并从中体验到成功的喜悦，从而获得知识的迁移是巩固完善学习兴趣的主要路径，经常开展小学英语运用实践活动可以起到这一作用。[①]

兴趣推动的课堂教学过程一般可以从看教材、听录音等感知教材的活动开始，以此激发学生的兴趣，然后进行基于兴趣的语言探究、信息探究、价值意义建构等活动，最后开展基于兴趣的运用实践，巩固学生的学习兴趣。

教材示例10-3的课文语篇内容的设计非常符合学生的兴趣：一只小鸟飞进了教室，它飞到教室的不同角落，而孩子们则一直在追小鸟，最后小鸟又飞回到树上。课文创设了一个非常轻松有趣的情境，小鸟在教室不同地方的出现引出了对不同位置的描述，语言知识自然融入真实情境中。本课的教学设计，教师可以根据三年级学生好动、喜欢做游戏的年龄特点，采用"跟小鸟一起做游戏"的方式开展学习活动。上课伊始，教师可拿出一只仿真的小鸟玩具，引出跟小鸟一起做游戏的主题。然后组织学生分组，分别画出各自小组的小鸟Logo并给它起响亮的名字。接下来，教师可请学生根据课文中小鸟位置的变化，摆一摆、演一演、说一说，学习和巩固语言知识。为了激励学生，教师可以发给每个找对或者说对的学生一枚小鸟胸章。在巩固练习环节，教师还可以再次利用仿真玩具小鸟，引导全班或者分组表演课文或以课文为基础创编新的对话，把语言知识从学习上升到应用层面。

教材示例 10-4

2 Listen, point and find "It's..."

> Good morning, I'm Kami.

> Hello, Kami.

---

① 参见：田业茹. 学习兴趣的发生学研究［D］. 徐州：江苏师范大学，2012.

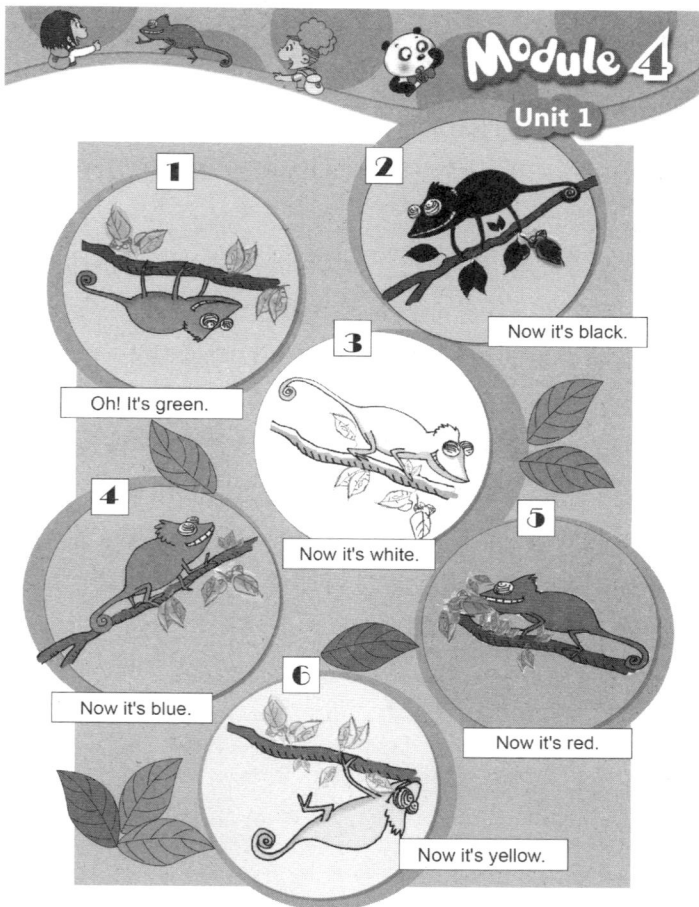

Module 4

Unit 1

Oh! It's green.

Now it's black.

Now it's white.

Now it's blue.

Now it's red.

Now it's yellow.

选自：陈琳，（英）普里莎·爱丽斯（PRINTHA ELLIS）.英语（新标准）（一年级起点一年级上册）
[M].北京：外语教学与研究出版社，2013：20—21.

　　教材示例10-4的主题是变色龙。变色龙是学生非常感兴趣的动物之一，具有设计成兴趣推动的教学过程的优势。课文呈现给我们的是一只变色龙在不断地变换颜色的过程。一年级的学生对于动物知识的了解并不充分，对于变色龙会变色的认知了解也程度不一。教师可以先给学生介绍一只变色龙并让学生记住它的样子，然后就可以正式开始寻找变色龙的游戏——"变色龙在哪儿？是什么颜色？为什么是这种颜色？"游戏的过程就是学生学习课文的过程，教师可以用一系列的问题激发学生的兴趣，在师生互动中自然且顺利地完成学习任务。可以利用板书图片模拟不同场景，让学生填涂相应的颜色，使学习的过程变得轻松有趣。课堂的最后，教师可以播放一段关于自然界变色龙变色的视频，通过生动、形象的视频加深学生的学习印象，激发学生对神奇的动物世界的喜爱和向往。

三、基于小学英语教材的任务推动课堂教学过程

任务推动的教学以学生需要完成的真实生活语言运用任务（real-life tasks）和语言学习任务（pedagogic tasks）为先导，让学生在了解任务、把握任务需求的前提下，开始英语学习，最终完成任务。在任务实施的过程中，学生以参与、体验、互动、交流、合作的学习方式，充分发挥学习者自身的认知能力，调动已有的目的语资源，在实践中感知、认识、应用目的语，在做中学、用中学。任务推动体现了较为先进的教学理念，是一种值得推广的有效的英语教学方法。

由于我国小学英语教学的诸多特性，小学英语教学难以直接照搬国外已有的任务教学模式，适合采用"任务介绍—任务准备—任务实施—任务成果展示—总结评价"的任务教学过程。在以任务推动为主的英语课堂教学中，教师可以先向学生介绍今天需要完成的任务，如向外国学生介绍我国的传统节日——端午节；然后请学生开始准备内容，也就是学习如何介绍端午节，包括介绍时所需的词汇、语法、语篇结构，以及与端午节内容相关的英文表达方式；之后，以小组分享的形式尝试介绍端午节，相互发现不足并进行完善，制作介绍端午节的张贴画，完成任务，展示完成成果；最后，由教师自己或教师和学生一起对任务成果和任务开展过程进行评价，包括对语言、跨文化传播方式和成效的评价等。

📄 **教材示例 10-5**

❻ Draw and say. 🔊👄

Draw your robot and introduce it to the class.

⭐⭐⭐
I can do this

> This is my new robot. It can play football with me. It can swim. And one day, it will read books for me.

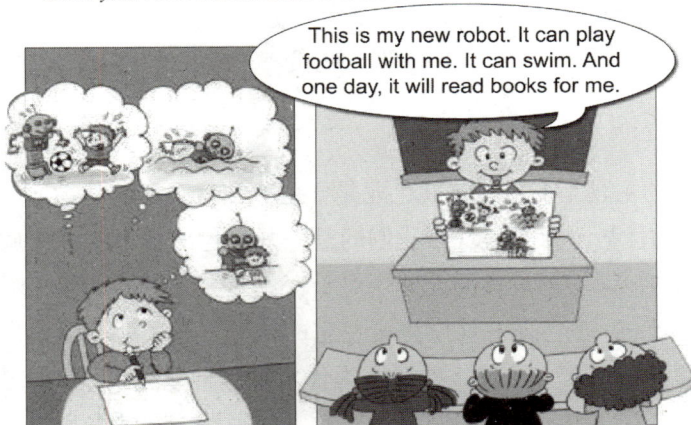

选自：陈琳，（英）普里莎·爱丽斯（PRINTHA ELLIS）.英语（新标准）（三年级起点四年级下册）[M].北京：外语教学与研究出版社，2013：19.

教材示例10-5是一个真实的任务活动：学生设计自己想象的机器人，然后分享自己的设计。教师可以引导学生通过"任务介绍—任务准备—任务实施—任务成果展示—总结评价"的任务教学过程开展课堂教学，最终完成任务。这既可以发展学生的语言能力，又能发展学生的思维品质和创新能力。

教师首先让学生看图，了解今天的任务：设计并介绍你想象或者你想要的机器人已有的能力和将来的能力；让学生读案例语句，回读课文，把握完成任务所需要的语言，并分析机器人的已有功能和将有功能，再设计自己需要或者想要的功能；然后让学生展示并介绍自己的设计；最后，教师进行总结评价，选出各个设计的优点，或者投票选出十佳机器人，再进行评价。

这一过程既发展了学生运用can /will的语言能力，也发展了学生的想象力（思维品质）、科学精神（文化意识）、反思与评价的能力（学习能力），而且通过任务推动的教学过程，激发学生足够的动力，开展学习活动。

📊 **教材示例10-6**

2 **Listen, point and find "didn't".** 🔊🔊🔍

Long, long ago, there was a good boy. His name was Ma Liang. He helped people.

He had a magic paintbrush.

This old woman didn't have food. So Ma Liang painted food. Then the food became real.

There was a bad man. He took Ma Liang's magic paintbrush.

The bad man didn't have gold.
So he painted gold with the magic paintbrush.

But it didn't become gold. It became a snake!

2 Listen and say.

The bad man was angry. The magic paintbrush didn't help him. It only helped Ma Liang. He took Ma Liang away.

"I want a big ship," said the bad man. "You paint it!"

So Ma Liang painted a ship. Then the ship became real. The bad man went to sea in the ship. But he didn't come back.

选自：陈琳，（英）普里莎·爱丽斯（PRINTHA ELLIS）.英语（新标准）（一年级起点四年级上册）
[M].北京：外语教学与研究出版社，2013：32—33，35.

教材示例10—6是一篇学习课文而不是任务，但教师可以根据学生的最近发展区，设计不同的任务：

任务1，结合英语实践活动"英语故事会"的背景，将本课任务布置为学生如何用英语讲出经典的中国传统故事《神笔马良》。这个任务活动有助于落实课程改革提出的学科实践活动课，同时让小学生逐步学会用英语讲中国故事，这也是文化自信的具体实践。

任务2，让学生为课文故事续写结尾，写出他们心目中期待的结果。这个活动可以为学生的创新思维发展提供平台，有助于学生的个性发展和价值观的不断成熟。

任务3，结合小学生爱玩爱动、喜欢表演的天性，让学生将英语课文改写为简单的英文剧本并按角色表演。此活动可有效激发学生的学习兴趣，通过不同人物的角色扮演，在巩固学生语言运用的同时，可以加深他们对语言背后的文化思想的理解。

任务4，在模块学习后，教师可以布置课后延伸任务，如观看或阅读《神笔马良》故事完整版，尝试开展讲一讲、演一演、配音等活动。可以采用个人、小组或群组等形式选择不同难度级别的任务合作完成。教师可将任务难度划分为几个级别并提供完成任务的指导建议。此任务有助于发挥学生的自主性，学生可通过多种途径了解故事，在合作完成任务的过程中可以培养和锻炼自己的信息搜索加工处理能力、人际交往能力、合作学习能力和有效语言表达能力等。

合理地运用任务教学途径组织英语教学，能够克服传统的以单纯传授语言知识为主的教学方法的缺陷，有效地促进学生的综合语言运用能力的提高，从而促使小学英语学习活动达到语言形式、意义和功能的统一。任务教学能够鼓励学生积极参与到教学活动中来，是引导学生参与教学、进行具体实践的有效方法，能帮助学生明确学习目标，激发学生的学习热情。任务就像是教师和学生之间互动的纽带，为师生进行表达和理解学习过程提供了一条通道。

四、基于小学英语教材的问题推动课堂教学过程

学生总会面对各种问题，既有学习问题，也有生活问题。如何解决这些问题，是学生本身需要探寻的，而这些问题本身也是学生进行有效学习的宝贵资源，教师可根据学生自身需要解决的问题，设计问题推动的课堂教学过程。

问题推动的课堂教学过程就是以问题为出发点、以探寻解决问题的方法和以问题解决方案为结果的学习过程。适用于推动的问题主要是学生自身的学习和生活问题，以及与学生相关的或感兴趣的社会问题、科学问题等。

从基于教材的问题推动的课堂教学过程而言，这些问题的解决方案应主要来自教材，可适当补充教材之外的资源。理解教材是基于教材的问题推动的教学过程的基础，而通过提问促进学生理解教材，是探寻解决问题方案、培养学生解决问题能力的一种有效方式。

提问是教学过程中师生之间交流的重要方式，既是推进知识技能教学目标达成的必要手段，也是引发学生产生心智活动、促进学生思维发展的重要手段和途径。提问有不同的类型和层次，课堂提问是一种重要的教学手段，不仅能增加学生语言输入与输出的机会，还能为学生开启发展思维的大门。因此，教师的提问作为促进学生思维发展的重要手段，其所提问题的不同认知层次也将直接影响学生思维能力的发展水平。提问经常与评价相联系，评价是对学生学习过程中言语和行为表现的评判，评价的主体经常是教师，但也可以是学生同伴。

需要注意的是，对教材的提问不能只是就教材语言内容进行浅层次提问，还必须就作者态度、观点、论证的逻辑性和方案的科学性与可行性等进行提问，甚至还可以就是否还存在其他不同的方案等进行讨论，从而引导学生在理解课文、探寻解决问题方案的过程中发展解决问题的能力。

Unit 7 **What's the matter?**

🎧 Story time

① Come and have a pie, Taotao.

Thanks, Dad, but I'm not hungry. I'm thirsty.

② Can I have some water, Mum?

Here you are.

Thank you, Mum.

③ What's the matter, Taotao? Are you ill?

No, but I'm tired. I want to go to bed.

④ Good night, dear.

Good night, Mum and Dad.

happy   hungry   ill   sad   thirsty   tired

选自：何峰，齐迅.英语（三年级起点四年级下册）[M].南京：译林出版社，2013：44—45.

从单元标题 "What's the matter?" 即可知道，教材示例 10-7 是围绕问题展开的，显然本单元的课文语篇教学可以开展问题推动的教学。教师可以首先让学生阅读标题，提出 "Is this a question? What does the question mean? Who may ask this question? And when may this person ask this questions?" 等问题，然后在课文学习过程中，采取问题推动的方式，促进学生理解课文并学会提问。当然，这一问题还可以发展学生关心他人的良好品格。

拓展阅读 10-1

由于我国小学英语教学的诸多特性，小学英语任务教学适合采用"任务介绍—任务准备—任务实施—任务成果展示—总结评价"的任务教学过程。（如下表所示）

任务教学过程

时间顺序阶段	目的阶段	主要内容
任务前（pre-task）	（1）任务介绍	引入任务情景，理解任务要求。
	（2）任务准备	准备内容，准备语言。
任务中（while-task）	（3）任务实施	达成任务结果。
	（4）任务展示	展示任务成果。
任务后（post-task）	（5）总结评价	总结任务收获，评价学生表现。

任务介绍阶段的目的是向学生介绍任务的主题和要求，利用声、像、图等材料创设情景，引导学生进入任务情景，了解相关背景资讯，以减轻学生在任务执行阶段的认知负荷。

任务准备阶段的目的在于让学生在任务执行前做好"硬件"或"软件"上的准备。"硬件"指的是任务中需要的道具。有些非文具类的道具需要在课前准备好，比如水果、手工制品等；而文具类的道具就是指如纸、笔、尺子等在教室中随处可见的物品。"软件"指的是在执行任务的过程中需要获取、处理、使用的语言内容，这不仅指特定的表达句型，也包括和"硬件"的名称及使用方法有关的英语知识。"软件"的准备需要在教师的引导下完成，对于简单的内容，教师可以鼓励学生主动获取。这一阶段最为重要的是语言准备工作，通常需要进行必要的语言学习，而这一语言学习阶段要指向任务，围绕任务需要学习。

任务实施阶段的目的是让学生根据要求执行任务，解决相关问题，得出最终的结果。教师一定要使学生在任务的驱动下通过自主或合作学习等方式完成任务。在这过程中学生通过交流运用语言知识，自始至终处于任务情景之中，有利于强化学生的语言实践能力。教师需要保证学生始终处于一种积极主动的活动状态，真正地实现"做中学"和"用中学"。

任务展示阶段的目的在于让学生在全班将任务的成果展示出来。这一阶段主要涉及学生的语言输出，教师可以借此检验学生对于特定的语言知识的掌握情况，所以需要作好记录，便于最后的评价。在这一过程中，学生的总结概括能力、公众表达能力和自信心都可以得到提升。

总结评价阶段的目的是教师对学生整个任务过程的表现给出评价。教师要针对任务的执行结果给出客观的评价，指出需要改进的地方。另外，教师要针对学生在整个任务过程中出现的语言运用，指出其中的优势和不足之处，尤其是对于任务成果展示中出现的语言问题和错误，教师要及时加以指导、纠正，给出正确的范本。

任务后阶段有三个主要的教学目的：（1）提供重做任务的机会；（2）鼓励学生对任务的完成情况进行反思；（3）鼓励学生注意语言形式，尤其是那些在完成任务过程中证明有问题的同学。① 所以，在任务后阶段，重点突出"总结评价"的目的在于让学生在学习过程中注重语言运用，适时反思和评价学习效果，形成自主学习、合作学习、探究学习的好习惯，发展有效的学习方法和策略。

选自：鲁子问.小学英语教学设计［M］.上海：华东师范大学出版社，2018：152—153.

教材示例 10-8

❷ Listen, point and find "Will you...?"

MODULE 4 Unit 1

选自：陈琳，（英）普里莎·爱丽斯（PRINTHA ELLIS）.英语（新标准）（三年级起点四年级下册）［M］.北京：外语教学与研究出版社，2013：20—21.

教材示例 10-8 以"Will you ...?"为语言学习目标，而且内容特别有趣：粗心的 Sam 听爸爸说星期六一家人要去野餐，高兴得不得了，于是他向姐姐 Amy 询问了一系列问题，了解姐姐明天会带上什么东西，可是他非常遗憾地发现，姐姐什么都不带，最后才知道原来

---

① Ellis, R. *Task-Based Language Learning and Teaching*[M]. London: Oxford University Press, 2003.

后天才是星期六。这一课文语篇具有问题推动和兴趣推动的教学设计优势，可以很好地设计为兴趣与问题双重推动的教学过程。教师还可以基于这个活动进行拓展，结合学生的真实生活（如以下案例中外教要回国，学生为外教准备礼物的故事情景）开展任务推动的教学，将兴趣和问题渗透其中。

Step 1. 任务呈现

课件出示外教 Eric 的照片，然后教师介绍任务的背景：

T: Who is he?

Ss: Eric.

T: Yes, Eric is your foreign teacher. This year, we spent a happy time with him. Eric will go back to America. Next class we will say good-bye to him and have a party for him. What will you do for the party? What will you take to the party?

【设计说明】如何让学生主动运用本课所学语言"Will you take ...? Yes, I will. No, I won't."完成一个真实而有意义的任务，这是本课教学设计的重点。在设计教学任务时，遵循任务的真实性和本土化原则，任务活动最好是学生身边发生的事情，这样才能在较为真实的语境之中展开任务教学。

Step 2. 任务准备

T: What will you take to the party? Before we talk about the party, let's talk about Sam and Amy first. What will they take to the picnic?

在教师的引导下，学习本课对话"Tomorrow is Friday"和重点句"Will you take your kite to the picnic tomorrow? Will you take your ball tomorrow?"（对话学习过程略）

【设计说明】学生在得知任务后和执行任务之前，先学习本课对话内容。在了解对话的同时，关注重点句型，练习核心语言，获取必要的语言储备和表达方法，为完成任务做好充分的准备。

Step 3. 任务执行

完成文本学习之后，教师把话题带回之前的任务中：

T: Do you remember the party for Eric? What will you do? What will you take? Have you got an idea? You can discuss in groups.

(Before the group work, teacher gives a demo first with two top students.)

T to S1: S1, will you take a card for Eric?

S1: Yes, I will.

S1to S2: Will you take a card?

S2: No, I won't. I have many stamps, and I will take a stamp for Eric.

T: Can you guess what I will take?

S1 and S2 guess: Will you take ...?

T: I will take a CD for him. He likes Chinese music very much.

T: (summarizes) In our group, S1 will take a card, S2 will take a stamp, and I will take a CD for Eric.

(Students discuss in groups.)

【设计说明】在任务推动的活动中，通过教师和部分同学的示范，小组内同学们有针对性地运用所学语言进行问和答，既巩固练习了"Will you take ...?"等重点句型，又在讨论中不知不觉地用到了所需要的语境语言和以前学过的句型，提高了自己的语言运用能力。而且，当学生在猜测、讨论的过程中，需要使用英语说出很多物品的名称，这也是对所学名词的回顾和运用，能够丰富对话内容。在这个过程中，教师应对遇到困难的小组进行帮助。

Step 4. 成果展示

After the group work, some students come to the front and show their dialogues, and one of the students summarizes what they will take to the party.

【设计说明】通过小组展示，同学们之间相互学习、相互比较、相互补充，能更好地促进任务的完成。教师在此环节应进行适当的帮助、评价和补充，并且记录学生在展示中出现的问题和他们的闪光点，为接下来的评价提供依据。

Step 5. 总结评价

1. T: You did a wonderful job! We talked about what we will do for Eric and what we will take to the party. When you discussed in your groups, everyone was involved in the discussion. Most of you used the sentences correctly and fluently. And I'm very happy to see when someone was talking, others listened carefully. Of course, there were some mistakes in your expressions, but never mind, I believe after the practice, you will do better. And I hope everyone will say something to Eric. He will be very happy for that.

2. What have you learned today?

(Some students say what they have learned today.)

以上活动显示，教师可以根据课文内容，选择合适的课堂教学过程形式进行融合，开展教学，形成综合性的教学过程，从而促进学生核心素养的发展。

💡 **疑问与思考**

如何基于教材优势设计课堂教学过程？

请扫描二维码
查看参考答案

第二节　基于小学英语教材的整合教学

　　语言是由语音、词汇、语法规则、文化习俗、思维方式等构成的一个系统，具有显著的整体性，不可能只从单一维度进行理解与表达，所以语言学习应该是以语言作为整体的学习，对语言内容的学习也应是以语言作为整体而学习，而不是只学习其中的某一维度。正因为此，小学英语课程的教学应该是整合学习的教学。英语课程的整合学习是一种为了有效促进学生核心素养的发展，基于学生英语学习机制与学习需要的学习路径。所有的语言学习活动都应该是在一定的主题语境下进行的，即学生围绕某一具体的主题语境，基于不同类型的语篇，通过听、说、读、写、看等语言技能，获得、梳理、整合语言知识和文化知识；深化对语言的理解和赏析，比较和探究文化内涵，评价和汲取文化精华；尝试运用所学语言，创造性地表达个人的意图、观点和态度，形成积极的人生观和价值观。在整合学习过程中，学生需要尝试运用各种学习策略，以提高理解和表达的效果。课程内容要素通过学习理解、实践应用、迁移创新等一系列语言学习活动整合在一起，促进学生核心素养的形成与发展，构成主题语境、语篇类型、语言知识、文化知识、语言技能和学习策略六要素整合的英语学习活动观。整合学习路径不仅体现了学习的系统性，符合整体语言教学观的教学理论，更是我国英语教育的实践经验的总结、凝练与升华。

　　《义教课标（2011）》有对整合学习的要求，但没有明确规定，《普高课标（2017）》对此提出了明确的要求。

> **课标选摘**
>
> 　　英语课程内容是发展学生英语学科核心素养的基础，包含有六个要素：主题语境、语篇类型、语言知识、文化知识、语言技能和学习策略。主题语境涵盖人与自我、人与社会和人与自然，涉及人文社会科学和自然科学领域等内容，为学科育人提供话题和语境；语篇类型包括口语和书面语篇以及不同的文体形式。如记叙文、说明文、议论文、应用文、访谈、对话等连续性文本，以及图表、图示、网页、广告、漫画等非连续性文本，为语言学习提供文体素材；语言知识涵盖语音知识、词汇知识、语法知识、语篇知识和语用知识，是构成语言能力的重要基础；语言技能分理解性技能和表达性技能，具体包括听、说、读、看（viewing）、写等。学生基于语篇开展的学习活动即是基于这些语言技能，理解语篇和对语篇作出回应的活动；文化知识是指中外优秀人文和科学知识，既包含物质文明知识，也包含精神文明知识，是学生形成跨文化意识、涵养人文和科学精神、坚定文化自信的知识源泉；学习策略包括元认知策略、认知策略、交际策略、情感策略等，有效选择和使用策略是帮助理解和表达、提高学习效率的手段，是学生形成自主学习和终身学习能力的必备条件。

六要素整合的英语课程内容图示

课程内容的六个要素是一个相互关联的有机整体（见左图）。具体而言，所有的语言学习活动都应该在一定的主题语境下进行，即学生围绕某一具体的主题语境，基于不同类型的语篇，在解决问题的过程中，运用语言技能获取、梳理、整合语言知识和文化知识，深化对语言的理解，重视对语篇的赏析，比较和探究文化内涵，汲取文化精华；同时，尝试运用所学语言创造性地表达个人意图、观点和态度，并通过运用各种学习策略，提高理解和表达的效果，由此构成六要素整合、指向学科核心素养发展的英语学习活动观。

英语学习活动观是指学生在主题意义引领下，通过学习理解、应用实践、迁移创新等一系列体现综合性、关联性和实践性等特点的英语学习活动，使学生基于已有的知识，依托不同类型的语篇，在分析问题和解决问题的过程中，促进自身语言知识学习、语言技能发展、文化内涵理解、多元思维发展、价值取向判断和学习策略运用。这一过程既是语言知识与语言技能整合发展的过程，也是文化意识不断增强、思维品质不断提升、学习能力不断提高的过程。

选自：中华人民共和国教育部.普通高中英语课程标准（2017年版）[S].北京：人民教育出版社，2017：12—13.

英语课程内容是发展学生英语学科核心素养的基础，实现英语学科核心素养的课程目标，必须构建与其一致的课程内容和教学方式。有效实施英语课程需要有机整合课程内容，精心设计学习活动，以实现目标、内容和方法的融合统一。英语课程中的整合学习是一种为了有效促进学生英语学科核心素养的发展，基于学生英语学习机制与学习需要的学习路径。

《普高课标（2017）》中对整合学习进行了明确说明，是对《义教课标（2011）》的诸多教学理念的显性发展。小学英语课堂教学更需要强调整合学习，一是因为小学生的英语学习方式主要不是分析性学习方式，更多是整体感知的学习方式；二是因为小学英语学习内容本身也更强调整合，如歌曲中包括词汇、文化、思维等，而不适合开展单一学习内容的学习；三是小学英语评价更强调对学生语言能力的总体性评价，这也更加要求小学英语要多开展整合学习。

促进学生整合学习的小学英语课堂教学应是基于教材的整合教学，包括语言知识和技能与其他素养的整合。

一、语言知识和技能与其他素养的整合

在日常教学中，教师在进行课文讲授、引导学生学习某一语言知识项目时，可能会出

现脱离主题、没有真实语境、缺失文化意识、思维层次偏低的训练等情况。比如，教师利用课文进行语法教学活动时，就仅仅只教语法现象，课文主要语法结构是"be doing"，教师就让学生看图并向学生提问："What's she doing?"学生回答："She's dancing."教师又问第二个学生："What's she doing?"第二个学生继续回答："She's dancing."，这样的教学是无法帮助学生真正掌握所学内容的，更不能帮助学生形成英语运用能力。

教师应将教学内容设计为语言知识与素养整合的学习活动，关注主题语境、课文语境，在语境中教授语言知识，在文化意识与思维品质发展中学习语言知识。

如对于前述dancing的活动，教师可以呈现中国、欧洲、非洲、美国夏威夷等不同文化的人跳舞的图片，问学生"What's she doing?"，学生识别舞蹈动作后回答："She's dancing."。在这里，教师不仅进行了语言知识的学习和训练，而且能够发展学生的文化意识和思维品质。日常教学中还可能会出现整合不足的教学现象，如：听、读之前，进行脱离语境的词汇、语法处理；听、读之中，跳开课文语篇进行词汇、语法教学；听、读之后，进行无语境的词汇、语法复习巩固；单项的听力、阅读、写作技能训练活动；主题与其他学习活动脱离，语篇与其他学习活动脱离等；这些都应改变为基于语篇的整合学习活动。

教材示例10-9

Unit

4 Seeing the doctor

Story time

1 Su Hai is ill. She goes to see the doctor.

Doctor: What's wrong with you?
Su Hai: I have a headache. I feel cold.
Doctor: Let me check. You have a fever.
Su Hai: What should I do, Doctor?
Doctor: You should have a rest at home. You should take some medicine and drink some warm water.
Su Hai: Thank you, Doctor.

brush one's teeth　　drink water　　eat sweets

2 Mike has a toothache. He goes to see the dentist.

Dentist: What's wrong with you?
Mike: I have a toothache. I can't eat anything!
Dentist: Do you eat a lot of sweets?
Mike: Yes, I do.
Dentist: You shouldn't eat too many sweets. You should brush your teeth in the morning and before bedtime.
Mike: OK. Thanks.

Tip
Can you make more phrases? See page 90.

have a rest　　take medicine

选自：何峰，齐迅.英语（三年级起点五年级下册）[M].南京：译林出版社，2014：36—37.

教材示例10-9单元是Su Hai和Mike因生病展开的有关看病的学习内容。本单元的语法句型是用"What's wrong with ..."询问病人的病情，以及通过回答"I / They have ... She /

3He has ... "表达病情，并用句型"You / They / She / He / should ..."提出适当的建议。如何让学生在具体的语境中，理解语法项目的意义和用法，并能在实际生活中运用是至关重要的。在课堂开始阶段，教师在语法教授前，可在热身环节通过 free talk 中的"How are you today?"自然而然引入新知的学习。在课文学习完毕进行语法训练环节时，教师问学生："Su Hai has got a headache and a high fever. What's the doctor advice? And what's your advice?"从而进入自主表达阶段，这样既能让学生学会整合课文信息，又能发展学生关心他人的良好品格。此时，教师可以大胆放手，继续依托语境，让学生自主创编对话或进行角色扮演。为了让学生在真实语境中感知、体会和运用语言，掌握语法知识，教师可以和学生一起准备相关道具，如：医生穿的白大褂、戴的白帽子、口罩等，还可以准备听诊器、温度计、手电筒等，利用充满生活气息的道具激发学生的学习兴趣，提高学生的课堂参与度。

这样的语法教学在语境中教授语法知识，把教授语法的技能训练与口语技能训练相结合，避免了课堂的枯燥无味和教师的生硬灌输。当然，在语法初学阶段，学生会不可避免地出现口语错误现象，教师可以引导学生注意倾听他人的发言，让学生通过发现错误、总结语法规律、改正错误的方式练习和巩固相关语法知识，而不是一味地以讲解、刷题的形式灌输语法知识。教师应该让学生在真实的语境中以及真切的情感体验中感知、理解、运用和拓展语言，激发学生的思维，同时提高他们的口语表达能力，将单项语言技能培养与素养培养进行整合教学。

教材示例 10-10

选自：陈琳，（英）普里莎·爱丽斯（PRINTHA ELLIS）.英语（新标准）（一年级起点四年级上册）[M].北京：外语教学与研究出版社，2013：8—9.

教材示例10-10的主题是过去的活动，功能是谈论自己和他人不久以前做的事情，情境是Daming 介绍自己昨天所做的事情：他打扫了自己的房间、完成了作业、洗了裤子、帮妈妈做了饭，妈妈非常开心，表扬了Daming。通过学生对课文内容的学习和理解，帮助其养成体谅父母、主动承担家务的好品格，这种人文修养与价值观并不是通过知识的习得获得的，而是在教师的引导下，在具体情境的感悟和理解过程中生成的对如何做人的理解和实践。

英语学科核心素养是学生通过英语学习形成的能够适应个人终身发展和社会发展所需要的关键能力、正确价值观念和必备品格。关键能力，是"做事"的能力，可以通过对学科内容（知识、技能、文化知识等）的学习、理解和探究，以及参与特定的学科活动（听、说、读、看、写等活动）在具体情境中逐步形成和发展。正确价值观念与必备品格，是"做人"的价值观与品格，学生的发展不能只靠习得知识，而是需要在教师的引导下，通过学科内容的学习和学科活动的实施，使学生在解决具体情境中的问题的过程中，建构形成对如何做人的理解，发展形成"做人"的正确价值观念与品格。

二、单元的整合

我国语文、外语的教材基本都是采用单元体系进行设计的，这样设计的优势是可以基于一篇或两篇课文，开展词汇、语法、语篇、语用知识的学习，开展听、说、读、看、写等各种技能的训练，发展语言能力、文化意识、思维品质、学习能力等核心要素，同时将教学环节有机、灵活地结合起来，形成一个不可分割的教学整体。

单元本身就是一个完整的整体，应该整合进行教学，教师应整合设计单元主题意义建构、语言知识学习、语言运用能力等单元目标，基于单元目标设计教学过程、教学环节、教学活动，选择和取舍教学内容，划分课时，并开展指向单元目标的课时教学和基于单元整体的评价活动。

单元整合的教学，要求教师通过单元主题分析，把握单元语境与语用形态，在课文学习之中、之后，都将课堂聚焦到单元主题，并渗透文化意识、思维品质、学习能力发展，有机整合整个单元的学习。若整个单元的语法结构目标是学习一般过去时表述过去的状态（was, were的基本语用形态），则在整个单元教学中整合语言知识（用was, were描述过去状态）、语言技能（听和阅读他人描述他们自己的过去状态，说出自己听到之后的感受，写出语句描述自己过去的状态进行分享等）。同时，整合文化意识（比较过去与现在的变化，强化家国情怀等）、思维品质（哪些变化是好的，哪些是不好的）、学习能力等。教师在教学反馈中还可以专门设计使用"Was she/he right?"等了解学生对其他同学回答问题的评价，使整合单元的教学浑然一体。

优秀的小学英语教材的每个单元都是按照单元整体进行设计的，教师应充分把握单元的整体特性，基于教材单元本身的整体性开展教学。当单元整体内容不足，教师需要增加教学活动时，也应从整体入手进行增补，不宜将整体割裂为若干部分，加入一些无法融入整体的内容进行教学。如以数量1—10为单元主题的学习内容，适合整合所有需要数数计量的活动，如数手指头唱Ten little boys，或者数一分钟画完的苹果数量，或者找出隐藏在树林里的动物等。需要注意的是这里不适合加入年龄、运动员球衣号码等这种数字的表达，因为这两种数字不是同一概念，一个是表达数量、一个是表达编号；同时也不适合加入更多动物新名词（除非学生已经完全掌握数字），因为这会影响新数字这一主题的学习；更不适合加入动词be的不同语句结构（肯定句、否定句、疑问句等）的训练，这也会显著加大学生的学习难度。

教材示例 10-11

选自：陈琳，（英）普里莎·爱丽斯（PRINTHA ELLIS）.英语（新标准）（一年级起点六年级上册）[M].北京：外语教学与研究出版社，2013：20—25.

教材示例10-11整个模块的主题是介绍节日。第一单元的课文情境是Daming 问Simon最喜欢哪个节日，Simon回答说是感恩节，然后在Daming的询问下，Simon向Daming介绍了感恩节。第二单元的课文情境是Lili请Sam介绍圣诞节，Sam做了介绍。这个模块的其他活动都是围绕节日展开的。

教材本身的单元整体特性使教师可以基于教材开展单元整体教学，将语言能力、文化意识、思维品质、学习能力与主题、情境有机整合起来。整个模块的教学一般安排三课时完成，在这个过程中教师可根据学生需要增加一些活动，这些活动应与单元进行整合。例如，在导入环节若要增加内容，则应增加更多节日，如教师节、中秋节、春节等；第一单元的活动4"Practise"可以增加更多节日信息，同时增加介绍内容的合理性，以发展学生的思维品质；第二单元的活动"Write and say"不仅可以增加更多节日，同时可以发展学生的写作能力；为了开始活动6"Do and say"，教师可以补充更多介绍中国节日的阅读材料，尤其是关键词，如粽子、月饼等，教师可以让学生写自己喜欢的节日，基于此而总结归纳本单元可以使用的词汇、语句，以进一步发展学生的学习能力。需要注意的是，基于教材补充学习活动，也应基于单元整体的整合而进行。

教材示例 10-12

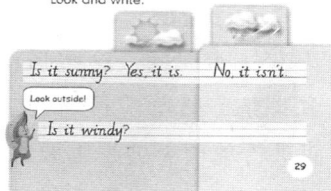

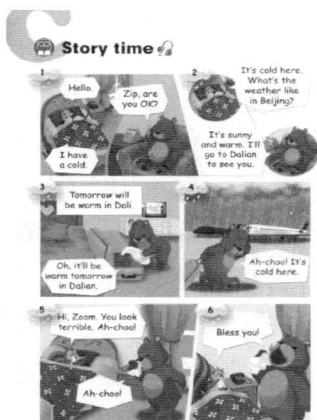

选自：人民教育出版社课程教材研究所英语课程教材研究开发中心.英语（PEP）（三年级起点四年级下册）［M］.北京：人民教育出版社，2013：22—31.

教材示例10—12也是一个完整的单元，具有显著的整体特性，主题是天气，情境主要是天气预报。对学生文化意识的培养主要包括了解世界各地的天气，了解天气时不要粗心大意（把Dali大理听成Dalian大连）等；对学生的思维品质的发展可以是为什么世界各地天气不同，以及Zoom明明听了天气预报怎么还是带少了衣服而感冒了等；对学生学习能力的发展可以是结合真实生活学习英语，在课堂上播报天气等。该教材的教师用书也明确要求教师应基于单元整体进行教学。

在实际教学中，有的教师由于习惯于传统教学方式，将"Let's learn"甚至"Let's chant"、"Let's sing"提前进行，然后再进行"Let's talk"的对话教学。但是，这样的处理方法是否合适是需要教师深入思考的。尽管单元整体只是强调单元的整体性，单元内部活动顺序也并非不可以调整，但教材本身的单元整体结构有其自身的特性，其活动顺序是按照语言学习的基本规律而设计的，体现的是在语境中接触语言（Let's talk），然后基于语境学习语句结构和语词（Let's learn）的教学顺序，具有过程的合理性。所以，正如《义教课标（2011）》所要求的，教师要"深入开展教材分析、把握教材的设计理念、熟悉教材的编排特点"，"教师只有深入地研读教材，才能在教学中根据学生的水平和教学的需要，对教材进行合理的利用与开发"。

三、学习内容的专项学习与综合学习的整合

语言学习需要进行词汇、语法、语篇、语用等语言知识的学习，需要进行听、说、读、看、写的语言技能训练，这些知识、技能有时需要单项学习和训练，但更多则应该是综合学习和训练，教师应该将两者进行科学合理的整合。需要单项突破时，可以基于整合需要而进行单项突破；需要综合训练时，基于整合需要进行综合训练。

以阅读活动为例。若学生需要专项发展阅读技能，教师则可以开展专项的阅读活动，让学生开展阅读活动发展其阅读技能。若需要综合发展多项技能，则可以让学生在通过阅读发展自己的阅读技能的同时，讨论对阅读的理解，以发展听力理解和口语表达的技能；然后再进行写作练习，以发展学生的写作技能；最后，通过选择阅读内容和讨论文本理解，发展学生的文化意识、思维品质，从而形成以发展阅读专项技能为基础，综合发展多项技能与核心素养的学习形态。整合是知识学习和技能训练的常态，专项或者综合是为整合服务的学习和训练形态，无论是专项的单项知识学习或技能训练，还是多项知识与技能的综合活动，都应是基于语篇的整合学习。同时，这两种方法本身也应基于目标而整合，即在整合学习中，可能需要先进行专项突破再进行综合，或者可能需要先综合呈现再单项突破。

以课文中词汇学习为例。在以语篇为基础的整合学习中，若词汇对课文理解具有关键性影响，则需要先进行词汇专项学习，如学习一篇题为"Gravity: Galileo's test"的课文，显然需要学生先理解Gravity、Galileo的意思，否则无法理解课文内容。这就需要先开展对这个词的专项学习；随后再进入听看动画的活动环节，帮助学生理解在伽利略之前的重力理论；然后开展课文阅读理解的活动；之后，回到更多词汇，以及语句、语篇、语用的理解和学习上；最后进行关于科学精神、实验方法（包括实验地点、实验方式、实验材料的选择等）的讨论与建构，以发展学生的核心素养。这一过程既有对词汇的专项学习，也有对词汇的综合学习，两种方法均整合到了学习过程之中。

教材示例10-13是一个阅读活动，Cartoon time板块的故事主要讲述的是Mommy Mouse兴高采烈地让Daddy Mouse看自己新买的两件衣服，希望得到Daddy Mouse的夸赞，但Daddy Mouse却沉浸在看报纸中，只是随口敷衍了一句"It's nice. It's great."，这引起了Mommy Mouse的强烈不满，她愤怒地抽走了Daddy Mouse正在看的报纸，并怒目圆睁地质问"What colour is my T-shirt?"，Daddy Mouse想了又想，才犹豫着回答"It's ... red."。当然，Daddy Mouse的错误回答使得Mommy Mouse更加火冒三丈，她伸

Cartoon time

1. Look at my new skirt. It's nice.
2. Look at my new T-shirt. It's great.
3. What colour is my T-shirt?
4. It's ... red.
5. Red?

选自：何峰，齐迅.英语（译林）（三年级起点三年级上册）[M].南京：译林出版社，2014：35.

直双臂，双手抖动着那件黄色的T-shirt，大声问"Red?"，最终Daddy Mouse只得无奈地挠着后脑勺，哈哈一笑，为自己化解尴尬、缓和气氛。学生们在生活中也一定看到过类似这样风趣幽默的小片段，教师可以利用文本中的趣味点，引导学生领会故事的幽默内涵，让学生通过阅读、听故事、理解、朗读、模仿、给动画配音或者角色扮演等方式，说出或写出感受（这是学生刚刚开始学习英语的第一个学期，教师可以引导学生写出类似于Funny这样的词来表达感受），并鼓励学生创造性地把故事表演出来，真正激发学生的阅读兴趣，同时训练学生的口语表达技能。教材本身的活动是专项的阅读技能训练，但让学生在阅读之中通过听故事录音进一步理解内容，并就录音中的语音、语调等进行讨论都可以发展学生的英语听说能力。教师还可以让学生在阅读之后写出相应的感受，或者故事的关键词，从而发展其英语写作能力。

四、跨单元与跨教材的整合

小学英语教材都是按照螺旋上升的方式进行设计的，在教学中，教师可以与之前所学单元进行基于学习内容的跨单元整合。有些单元的主题语境可能与学生当前的生活非常吻合，比如运动会。不过，这个单元内容的教学时间进度可能和学生生活中开运动会的时间不是特别统一，因为各校运动会时间不一样，这时，需要教师基于语境进行跨单元整合。同时，由于这种螺旋上升的特点，话题、语言知识等在整个教材体系中会反复出现，这就为跨单元整合提供了很好的条件。如在五年级下学期学生再次巩固一般过去时这一语言知识时，就可以与四年级所学相关单元进行整合，从而巩固强化。

我国小学英语教材种类比较丰富，但都是基于《义教课标（2011）》编写的，主题覆盖一致，语言内容基本一致，尤其是一些优质教材，教育理念是相同的，只是语境、活动形式、故事情节可能存在差异，对于需要更多补充教学活动的小学英语课堂，这种一纲多本的形态非常适合进行跨教材整合教学。例如，在教授"Birthday"这个主题时，教师需要教授的内容是外研版《英语》（新标准）一年级上册第九模块第二单元"Happy birthday!"，如果在设计活动时，该教师还想要再增加几个合适的活动的话，就可以参考译林版《英语》五年级下册第八单元"Birthdays"和人教版（PEP）三年级上册第六单元"Happy birthday!"中的相关内容。教师在自主设计一些比较难的教学活动时，参考和借鉴不同版本教材里同一主题内容的教学活动是进行跨教材整合教学的有效途径。

教材示例 10-14

选自：陈琳，（英）普里莎·爱丽斯（PRINTHA ELLIS）.英语（新标准）（一年级起点一年级上册）[M].北京：外语教学与研究出版社，2013：44—47.

Unit 3 How many?

Story time

Look at my toy cars.

They're nice. How many cars do you have, Mike?

Thirteen.

Do you have any toy cars, Helen?

No, I don't.

What do you have?

I have some stickers.

13 thirteen **14** fourteen **15** fifteen

Note intonation. See page 58.

Can I have a look?

Yes.

They're very beautiful. How many stickers do you have?

I have fifteen stickers.

Can I have one?

Sure.

16 sixteen **17** seventeen **18** eighteen **19** nineteen

19

Unit 7 How much?

Story time

Good morning! Can I help you?

Yes. I'd like these shoes. How much are they?

Five yuan, please.

OK.

These socks are very nice. How much are they?

They're four yuan.

OK. Here you are.

a fan an umbrella shoes socks

44

Do a role-play. See page 59.

Hi, Mike.

Hi. This umbrella is cool. How much is it?

It's only nineteen yuan.

We have twenty-eight yuan, Miss Li.

Well done.

20 twenty **30** thirty **40** forty **50** fifty

45

分别选自：何锋，齐迅.英语（三年级起点三年级下册，四年级上册、下册）［M］.南京：译林出版社，2013：32—33，18—19，44—45.

选自：人民教育出版社课程教材研究所英语课程教材研究开发中心.英语（PEP）（三年级起点三年级下册）[M].北京：人民教育出版社，2013：56—59.

教材示例10-14是三个版本英语教材关于数字主题的课文内容。大多数教师觉得数字枯燥无味，在教学中不太容易引起学生的兴趣，这时，教师就可以把不同教材中关于数字的教学内容做一个整合。外研版《英语》（新标准·一年级起点）一年级上册第八模块第一单元"How many?"学习从1到10范围内的数字，同一册第八模块第二单元"How many pink balls?"巩固学习数字1到10。译林版《英语》三年级下册第五单元"How old are you?"是在询问年龄的语境中，学习从1到10范围内的数字；四年级上册第三单元"How many?"是在玩具店的主场景下，用数字描述有多少辆玩具小汽车、有多少贴画儿，学习从13到19范围内的数字；同一册第七单元"How much?"的内容是在义卖会上询问物品的价钱，主要学习数字整十的表达及运用100以内所有数字的表达。人教版《英语》（PEP）三年级下册第六单元"How many?"学习用数字描述自己拥有某种物品的个数，学习从1到20范围内的数字。

若教师手头上没有这些教材的纸质版本，则可以在网上找寻这些教材的相关资源，即使这些资源都不能直接照搬过来使用，也可以找到其他相匹配的教学活动的内容，进行跨教材的整合教学活动。

拓展阅读 10-2

英语课程内容是发展学生英语学科核心素养的基础，包括六个要素：主题语境、语篇类型、语言知识、文化知识、语言技能和学习策略。

主题语境涵盖人与自我、人与社会、人与自然三大范围，涉及人文科学、社会科学和自然科学的内容，为学科育人提供话题和语境。语篇类型有口语和书面语篇以及不同的文体形式，如记叙文、说明文、议论文、应用文、访谈、对话等连续性文本；图表、图示、网页、广告、漫画等非连续性文本，为语言学习提供文体素材。语言知识包括语音知识、词汇知识、语法知识、语篇知识和语用知识，是构成语言能力的重要基础。文化知识主要指中外优秀文化，是学生形成跨文化意识、涵养人文精神、选择正确行为取向的知识源泉。语言技能分理解性技能和表达性技能，具体有听、说、读、看、写等，学生基于语篇所开展的学习活动即是通过这些语言技能，理解语篇和对语篇做出回应的活动。学习策略包括元认知策略、认知策略、交际策略、情感策略等，有效选择和使用策略是帮助理解和表达、提高学习效率的手段，是学生形成自主学习和终身学习能力必备的条件。

这六项课程内容要素是一个相互关联的有机整体。

具体而言，所有的语言学习活动都应该是在一定的主题语境下进行的，即学生围绕某一具体的主题语境，基于不同类型的语篇，通过听、说、读、看、写等语言技能，获得、梳理、整合语言知识和文化知识，深化对语言的理解和赏析，比较和探究文化内涵，评价和汲取文化精华；同时，尝试运用所学语言创造性地表达个人的意图、观点和态度，形成积极的人生观和价值观。在整个学习过程中，学习者需要尝试运用各种学习策略，以提高理解和表达的效果。这六项内容要素通过学习理解、实践应用、迁移创新等一系列语言学习活动整合在一起，促进英语学科核心素养的形成与发展，构成了六要素整合的英语学习活动观。

基于课程标准的描述，我们可知：

（1）六要素是课程内容，整合是课程内容的整合，不是教学内容的整合。

（2）新课程倡导的是整合学习，不是整合教学。教学要促进整合学习。

（3）学习活动包括学习理解、实践应用、迁移创新等。

（4）在整合学习中，主题是语境，真实语境要求主题真实；语篇是基础（基于语篇）；技能是学习过程活动（通过听、说、读、写、看），它不是学习目标，更不是学习目的。语言知识、文化知识是获得、梳理、整合的目标，可以是学习目标。目标行为：语言要理解与赏析，而且要深化；文化要比较和探究，并要评价和汲取其精华。学习策略要贯穿于整个学习过程。

整理自：鲁子问，等.基于主题与语篇整合学习路径［J］.英语学习（教师版），2017（11）：18—24.

📝 教材示例 10-15

选自：陈琳，（英）普里莎·爱丽斯（PRINTHA ELLIS）.英语（新标准）（一年级起点三年级下册）［M］.北京：外语教学与研究出版社，2013：44—45.

教材示例10-15是外研社《英语》（新标准·一年级起点）三年级下册内容，本模块的单元主题是谈论他人的性格特点和学习表现。与本课单元主题相关的教材内容有：

教　材	模　块	功　能
一年级起点第五册	Module 1	Describing a person's personality

根据教师对学生进行的学前调研以及周课时安排，可以将本模块设计为3课时：

课　时	文本内容	学习任务	学习形式	文化扩充
第一课时	学习M8U1	评价某一同学的在校表现，并尝试填写评价手册。	bubble map.（气泡图）	中西方对Parents' Day不同方式的理解。
第二课时	学习M8U2	对各学科的等级评价，以及对自己的在校表现进行评价。	Double bubble map.	中西方成绩单的不同。
第三课时	复习M8	对M8知识进行梳理，总结am、is、are的用法。		文化信息回顾。

教学目标：

1. 能够认读并理解以下单词及短语的含义：Parents' Day、be good at 。

2. 能够理解课文大意，并朗读或表演课文。

3. 能够了解中西方 Parents' Day 的文化差异，初步培养学生的跨文化意识。

4. 能够根据bubble map图示，综合运用 "He/She is ..., He/She likes ..., He/She works ..., He/She is good at ..." 等句型评价他人的在校表现。

5. 培养学生善于发现和欣赏同伴优点的好品质，能够根据bubble map图示，综合运用 "He/She is ..., He/She likes ..., He/She works ..., He/She is good at ..." 等句型评价他人的在校表现。

板书设计：

本模块的主题与功能与三年级上册第一模块主题与功能一致，都是描述人物的性格特征，教师可以对这两个模块进行跨单元整合，也可以在本模块之内基于学生发展需求而进行整合，把听、说、读、写作为一个整体来教学；同时，在教学过程中，教师还可以将语言知识与语言技能等进行整合，而不是对学生进行单独的语言知识的学习训练。显然，基于教材进行整合既是小学英语教材的本质要求，也是完全可以基于教材而实现的一种教学形式。

> 💡 **疑问与思考**
>
> 请再次回答"准备"阶段的问题："你同意张老师的这种课堂整合教学的创新做法吗？如果是你，你会如何进行整合教学创新呢？"比较你的两次回答，看看发生了怎样的变化，并反思差异。
>
> 请扫描二维码
> 查看参考答案

第三节　基于小学英语教材的自然拼读教学

英语文字是一种拼音文字，但由于历史原因，英文的拼写与读音并不完全对应，存在一音多形、一形多音的现象，如 a 在 cake、apple、want、banana 中的读音完全不同；又如 o、ou、ow、ough 都可以读作 /əʊ/，等等。

小学英语教材采用先听说再读写的原则设计，基于小学英语教材的教学需要引导学生将听说形成的语音能力发展为读写能力，自然拼读（Phonics）是起到这种作用的有效路径。自然拼读是指通过发展学生的语音意识而发展学生读写能力的一种教学方法，使学生看到词能根据拼读规律读出单词，听到读音能根据拼读规律写出单词。可以说，自然拼读是一种较为有效地将听说能力，尤其是语音能力向读写能力发展，或者将听说能力与读写能力整合的教学方法，可以使学生在学习单词读音与拼写的同时增进读写能力，发展"见词能读，听音能写"的能力。

《义教课标（2011）》分级标准中对拼读有一些具体要求，内容如下。

> 📖 **课标选摘**
>
> 能认读所学词语。能根据拼读的规律，读出简单的单词。（语言技能二级（读）分级标准）
>
> 了解简单的拼读规律。（语言知识二级（语音）分级标准）
>
> 根据读音规则和音标拼读单词。（语言知识五级（语音）分级标准）
>
> 选自：中华人民共和国教育部.义务教育英语课程标准（2011年版）[S].北京：北京师范大学出版社，2012：14，18，19.

以上内容说明，课程标准在小学、初中阶段均有对于拼读的要求，而且要求本身非常清晰。小学阶段要求掌握拼读规律，突出对规律的归纳发现；初中阶段则要求掌握拼读规则，强调对规则的应用。自然拼读可以帮助学生掌握拼读规律，同时解决单词记忆的难题，发展学生的读写能力，实现课程标准对拼读的目标要求。

自然拼读是以声音为基础而教拼读与拼写的教学法，是英语国家语文教学启蒙阶段的必学内容，符合语言学习的规律。[1] 自然拼读学习活动与大量的词汇、儿歌、短文和书写练习相融合，是帮助学生扩大词汇量、提高阅读能力的有效方法。自然拼读是以声音为基础进而教授拼读和拼写，以此发展学生的英语读写能力，符合语言学习的规律。

我国小学英语教学实践显示，自然拼读适用于将英语视为一门外语学习的中国学生。

自然拼读的核心是建立字母（letter）与语音（sound）之间的对应关系。经过自然拼读的学习后，学生看字母就可以直接读出单词发音，有效解决单词不会读、不会拼的问题，为学生今后的自主学习奠定了基础，当学生掌握自然拼读规则后，就可以独立依照读音拼写出来，可以做到"见词能读、听音会写"。

自然拼读的教学有助于激发学生的英语学习兴趣，增强其自信心。小学阶段兴趣是英语学习的重要基础，自然拼读凭借其简单、高效且趣味性强的优势，利于保持和激发学生对英语学习的兴趣。学生通过学习自然拼读，能有效提高学习效果，进而建立起自己的学习自信心。

我国主要的小学英语教材都设计了基于自然拼读理念的发现式语音活动，让学生从已学单词中发现拼读规律，然后在教师的引导下发展并形成相应的拼读能力。

在自然拼读的教学中，教师首先应引导学生观察单词中的字母，听单词读音，建立字母与字母自然发音之间的直接联系；然后，请学生尝试自主拼读，发展学生"见词能读"的能力，这一过程往往分为几个阶段，拼读元音+辅音（辅音+元音），拼读辅音+元音+辅音，拼读双音节或多音节单词；再次，发展学生"听音辨词"的能力，即听到单词读音就能拼出该单词；最后，扩大学生的单词量并使其阅读英语文章。

由于教材篇幅有限，教材中的自然拼读活动往往只是提供自然拼读六阶学习法中的第一阶内容和少量第二阶内容（详见拓展阅读10–3），更多内容，尤其是阅读，则需要教师根据教师用书建议使用，或者自主选择使用。

---

[1] 此节 phonics 文献主要参考：Phonics and spelling (University of Texas System and the Texas Education Agency, 2009), Literacy teaching guide: Phonics (Department of Education and Training of State of New South Wales, Australia, 2009), and A First Phonics Course for Young Children (Lydia M. McGrew, 2008).

四年级

Sound time

k

I like to fly my kite
And I like to ride my bike.

bike
kite
lake
like
thank

五年级

Sound time

sh

Sharon is in the shoe shop.
She likes shiny shoes,
But there are so many.
She doesn't know which to choose!

sheep
ship
shoe
shop

六年级

Sound time

er

My mother is a teacher.
She works hard every day.
My cousin is a worker.
Now he's on holiday.

mother
sister
summer
teacher
winter

分别选自：何峰，齐迅.英语（三年级起点四年级上册、五年级下册、六年级上册）[M].南京：译林出版社，2014：41，31.

教材示例10—16都具有自然拼读的特性，均是先基于之前的课文所学词汇和语法呈现歌谣，让学生在学习歌谣之后，再扩展到其他词，从而帮助学生形成自然拼读的能力。教师可以对此采用自然拼读的方法进行教学。

例如，四年级的这个活动，教师可以先从看歌谣文字和图来理解语句语义；然后，让学生尝试读出歌谣中自己能读出的词，并引导学生关注like、kite、bike中的红色字母k的读音；再让学生听录音，注意认真辨听like、kite、bike中的红色字母k的读音，以及跟读整个歌谣；之后，让学生看左列单词，读出歌谣中有的单词，注意红色字母k的读音；最后，基于此读出另外两个歌谣中没有的单词，尤其是其中的红色字母k的读音，从而发展学生对字母k的自然拼读能力。

📋 **教材示例10-17**

Unit 1 Where's the bird?

1 Listen and chant.

Look! A cat!
It's in your bag!

Look! The cat!
It's on my hat!

4 Listen and say. Then chant.

The hat, hat, hat
is in my hand, hand, hand.
The hat, hat, hat
is on my head, head, head.

选自：陈琳，（英）普里莎·爱丽斯（PRINTHA ELLIS）.英语（新标准）（一年级起点一年级下册）
[M].北京：外语教学与研究出版社，2013：8，12.

教材示例10-17的两个内容选自同版本、同一册、同模块教材中的第一单元和第二单元。该模块的重点是在情境中学习表示位置的介词。"Listen and chant."为该模块第一单元的第一部分，是为第二部分的课文学习所做的铺垫和准备。此部分讲述了魔术师通过变魔术的方式，让小猫出现在帽子的不同位置，趣味性很强。在这段文字中，除了in和on两个表示位置的单词外，还出现了cat、bag、hat这三个"辅音+元音+辅音"结构的单词。这三个单词具有同样的重要性，它们为位置介词的学习创设了真实的情境，所以也应成为教师重点教授的内容。"辅音+元音+辅音"结构属于六阶学习法的第三阶，三个单词中的元音字母都是a且发音相同，即重读闭音节，只是辅音字母不同。教师在仔细研读教材的语音、情境、语言功能的基础上，可以巧妙地利用自然拼读引入学习。首先，教师可以用教师用书推荐的或者自选的一首字母发音歌引入，学生跟着教材配套的或自选的动画说字母、念发音，在形象生动的图片中自然主动地复习字母发音。接着，让学生运用字母发音，拼读出cat、bag、hat这三个单词。这三个词中cat和hat均已在动画中出现，所以学生很容易就可以拼读正确。最后，再让学生说出更多含有a的读音的例词。若学生基础较好，还可以扩展到没有学习过的读音相同的例词。

"Listen and say."和"Then chat."是该模块第二单元的第四部分，句子中的字母h均用红色标出，教材已经很清晰地表示出此部分就是进行自然拼读教学，学习字母h在单词中的发音，同时也复习了字母a重读闭音节的发音。教师可以将单词拆分为音素，如h-a-t，让学生分别说一说，然后再让学生拼读出单词。在跟着chant视频说完后，可以让学生自己打着chant中节奏说一说，还可以让他们自己编节奏，自己边拍手边说，这样可以帮助学生培养语感。同样，教师还可以让学生自己说出更多有h读音的例词，甚至是没有学习过的生词。

拓展阅读 10-3

自然拼读六阶学习法：

第一阶：建立字母与字母自然发音之间的直接联系。

第二阶：能够成功拼读"元音+辅音"（"辅音+元音"）。如：c-a ca a-t at。

第三阶：能够成功拼读"辅音+元音+辅音"。如d-o-g dog。

第四阶：能够成功拼读双音节或多音节单词。如sw-ea-t-er sweater。

第五阶：能够听音辨字，即听到单词读音就能拼出该单词。

第六阶：单词量大量扩充，能够阅读英语文章。

第一阶：为学生创造一个良好的英语语言环境，多接触、多听英语，从生活的各个方面着手，建立英语语音和实物图像之间的关系。目标是基本听懂简单的生活用语、指令。能用英语表达简单的需求。不断扩充听力词汇量（注意这一阶段着重在听，学生想说再说，教师不要强迫学生跟读、背诵、照单词念；更不要在大众面前强迫学生说英语）。

　　第二阶：在学生能听懂绝大部分生活用语且听力词汇量达到一定水平后，教学生 ABC 字母和 phonics 英语读音规则，同时不断练习语言的表达能力。目标是能使学生读简单的句子，进一步提高听和说的能力。

　　第三阶：在学生学会 phonics 英语读音规则后，教师可以找一些简单的小图画书让学生练习阅读，使其慢慢掌握最常用的第一批单词。目标是能阅读简单的图画书和短文，掌握一批最常用单词。

　　第四阶：逐步提高学生的阅读难度和阅读量，使其广泛接触各个方面的英语；同时，引导学生开始逐步学习英语的语法知识和写作知识。目标是能阅读简单的故事，在听、说、读、写上全面发展。

　　第五阶和第六阶是在第四阶能力上的进一步提升。

　　以上的学习步骤需要按部就班地进行。换句话说，第一步没完成，就不能急于进行第二步的内容。

选自：中国英语阅读研究院官方网站 www.chinareading.org/node/3645. 2019-1-10，有改动。

📖 教材示例 10-18

选自：何峰，齐迅. 英语（三年级起点六年级上册）[M]. 南京：译林出版社，2014：16—17.

教材示例10-18是六年级上册第二单元的内容，呈现了表示天气的四个单词cloudy、rainy、sunny、windy。这四个单词以及故事中的hungry都体现出了字母y在长词词尾读作/ɪ/的发音规律。课文中还出现了单词sky和by，虽然这两个单词同为y结尾，但发音却不同，这体现出了字母y在短词词尾读作/aɪ/的发音规律。在单词的学习过程中，教师可以通过自然拼读的拼读方法，帮助学生读词、记词。教师可将生词按音节拆分成部分，当学生分别读出每部分的发音后，再把单词组合在一起，从而达到读出完整单词的目的。在强化字母y在长词词尾读作/i/的发音规律时，教师可以设计多种活动。如，看图补结尾等。

Look and say the missing letter.

wind____   sun____   cloud____   rain____

教学活动1

　　一个看似很简单的活动中其实隐含着多个需要学生完成的学习任务：（1）图片与单词的意义对接，即学生看懂图片还要对应识出英文单词。（2）单词词性从名词变为形容词，即在语用层面，这些单词的用法不同了。（3）落实单词拼写，即读音与字母的联系，巩固拼读能力。（4）教师可以利用图片和单词进行读音规律的归纳，引导学生自己总结出字母y在单词结尾的发音。此时教师可以有意识地让学生在课文中去找找其他以y结尾的单词，并验证其读音。当学生从课文中找到sky、by这两个单词，并发现这两个单词读音不符合教师总结的规律时，教师即可布置新的学习任务——思考字母y在结尾时有几种读音及发音的规律。

Read and think.

daddy	mummy	why
funny	baby	fly
story	hungry	dry

教学活动2

　　教师可以给出两类y结尾单词，让学生利用自然拼音规律去读，并思考刚才的问题。学生经过独立拼读和小组分享后，归纳出这两组单词中y的读音，即左栏单词中的y都读/ɪ/，右栏单词中的y都读/aɪ/。规律是学生自己在拼读中发现、解决并全面总结的，可以加深学生的记忆。同时，掌握了此类发音的规律，也能为学生今后的自主学习奠定基础。在此基础之上，为了更好地巩固和运用语音规律，教师可出示如下图所示的内容，让学生按规律推测 snowy 和 foggy 两种天气。

wind ---windy

sun --- sunny

cloud --- cloudy

rain --- rainy

wind ---windy

sun --- sunny

cloud --- cloudy

rain --- rainy

snowy

foggy

教学活动 3

此时，学生已经掌握 snow 和 fog 两个天气单词，所以很容易就能预测到它们从名词变为形容词的拼写变化，也能准确读出字母 y 在词尾的读音。在看图推测的过程中实现了读音与拼写同时落实并内化的任务，达到了事半功倍的效果。可以说，在这个过程中自然拼读既能促进学生的语音学习，同时又能增强学生的单词认读与拼写学习。

💡 **疑问与思考**

请思考：怎样才能结合教材进行系统的自然拼读教学？

请扫描二维码
查看参考答案

第四节　基于小学英语教材的绘本教学

阅读是语言学习的基本形态，甚至是外语学习的最主要形态，更是中国小学生接触英语最便捷的一种方式。小学英语阅读可以采用绘本阅读的方式。小学英语教材中的一些以连环画形式呈现的故事，属于广义上的绘本。当然，学生在学习英语时还应该阅读大量的教材之外的绘本。实践发现，开展绘本教学，是小学英语阅读教育的有效形式。教师可以尝试基于教材中的内容，开展绘本教学，也可以开展绘本的课外阅读。

绘本就是图画书（picture book），绘本阅读是指通过对绘本的文本和图画的阅读理解，发展学生的语言能力，以及其对社会、自然、自我的认知，促进他们的价值建构与精神成长。基于绘本的特质，绘本阅读教学应着力于发展学生的审美取向、说理能力、社会责任、观察能力等。

对于在小学英语绘本阅读，《义教课标（2011）》有一些相关阐述。

🔲 **课标选摘**

语言技能分级标准

级别	技能	标　准　描　述
一级	读写	能在图片的帮助下读懂简单的小故事。
二级	读	能借助图片读懂简单的故事或小短文，并养成按意群阅读的习惯。

选自：中华人民共和国教育部.义务教育英语课程标准（2011年版）［S］.北京：北京师范大学出版社，2012：13，14.

对于绘本阅读，教师可参照《中国中小学生英语分级阅读标准（实验稿）》制定的不同级别学生阅读能力标准，制定阅读目标，为学生选择适宜的绘本。

绘本教学有图片环游、拼图阅读、持续默读、阅读圈这四种常用的教学活动。图片环游就是教师给出简单的引导词或问题，引导学生从头至尾浏览图片，欣赏绘本图片，引导学生主动观察、预测、思考图片内容，并进行分享。这一过程有助于学生整体理解文本、欣赏图片，形成阅读兴趣，发展审美情趣。拼图阅读是让学生分组阅读绘本的不同部分，形成对所读部分的深度理解，然后与全班进行分享，从而使全班都能分享到对绘本的深度理解，这有助于在较短时间形成对绘本的深度理解，也有助于理解语言与内容难度较大的绘本。持续默读就是让学生用几分钟、几十分钟的时间持续性地默读绘本内容，引导学生带着思考和问题阅读，而且持续数天，乃至数十天坚持阅读，形成深度理解。阅读圈就是小组阅读，让学生按照passage person、word master、connector、summarizer等角色进行合理的分工，开展小组阅读，形成对绘本的理解。这些方法可以单独使用，也可以综合使用。

阅读前，当学生拿到绘本后，教师可以让学生先观察绘本的封面信息，有时也可先请学生浏览封底信息，读图、读题目、读作者、读插画家；随后，在阅读中开展一页一页的图片环游教学活动，使其熟悉文本、推测故事内容、质疑故事内容等。教师也可以让学生采用分组阅读、自主阅读的方式，并尝试通过分析故事内容、寻找重要信息、归纳总结信息等培养学生的阅读策略。在读后阶段，教师应注意训练、培养学生的创新性思维，促使学生在讨论的过程中发展思维品质；或让学生评价故事中的人物角色、整体评价故事；或丰富学生的情感体验使其情感升华，形成健全的人格和正确的价值观，让学生对绘本形成自己的深度理解与思考，充分体会到绘本主题所要表达的意义和价值。但教师也要明确一点，绘本的教授过程并不应是某一种固化的流程，否则绘本教学就会模式化。而事实上，绘本阅读教学过程应当是个动态的过程，具体的教学要依据学情而定、依据绘本的种类和特点而定、依据教学目标而定。如果学生已经了解某个故事，就不需要带学生一页一页进行图片环游了。但如果学生并不了解这个故事，那么从图片环游这个环节做起，能有效调动学生的兴趣，提升学生的课堂参与度，让学生与文本进行互动，一起建构故事，从而更好地理解故事。

如 "The Three Little Pigs" 很可能学生们在上幼儿园的时候就已经听过或者阅读过这个故事的中文版本了，那么在小学低学段再来学习这个绘本故事时，教师就不需要逐页地进行图片环游，而是可以设计一些有关价值取向的问题问学生，直接过渡到对这个故事中的角色评价、对这个故事的整体评价和对这个故事的价值取向评价等方面，抓住学生对绘本学习的兴趣点和思维发展点。

教材示例 10-19

选自：何峰，齐迅．英语（三年级起点五年级下册）［M］．南京：译林出版社，2014：6—7.

教材示例10-19是学生耳熟能详的故事——《皇帝的新装》，连环画简写了故事内容，教师在课上或许在读图、故事梗概方面就不需花很多时间，学生可以尝试自主阅读。此时，教师要做的则是更多地关注基于故事对学生思维、价值取向等方面的培养，比如对故事角色中人物的剖析，提出开放性问题："What do you think of the king? What do you think of the two men? What suggestions would you like to give to the King?"等。

教材示例10-20

选自：陈琳，（英）普里莎·爱丽斯（PRINTHA ELLIS）.英语（新标准）（三年级起点三年级下册）[M].北京：外语教学与研究出版社，2013：72—73.

教材示例10-20是教材补充阅读材料。教师在开始教学之前，应先明确学生对《小红帽》这个故事本身是否已经了解。若已经了解，在开始学习之时，可以让学生用英语讲述他们知道的《小红帽》的故事，这时即使学生说成"Xiao Hongmao"或者"Little Red Cap"教师也不要打断学生，而是让学生继续讲述。然后，教师可以让学生自主阅读该故事，找出小姑娘的英文名字到底是什么，为什么是这个名字，以及小红帽应该如何保护自己，妈妈应该如何让自己的孩子外出做事情时减少危险。最后可以让学生自己提出问题，或者发表感想。

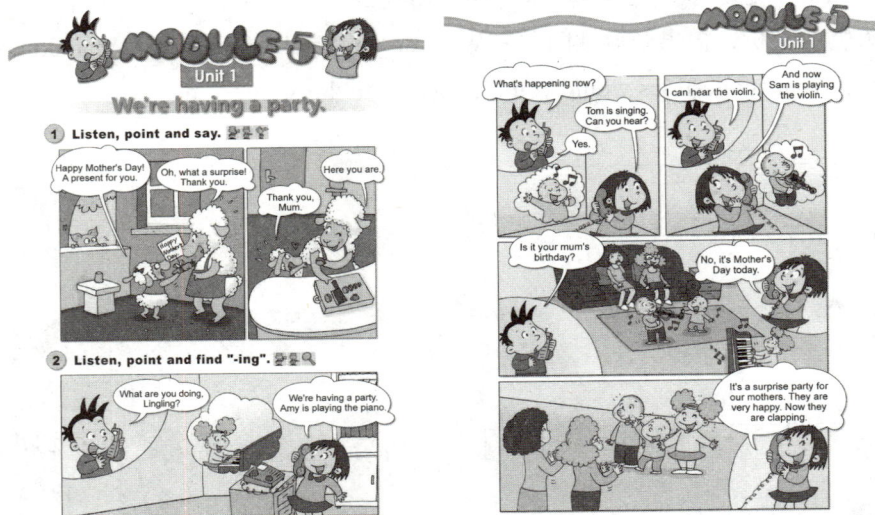

教材示例 10-21

选自：陈琳，（英）普里莎·爱丽斯（PRINTHA ELLIS）.英语（新标准）（一年级起点四年级下册）[M].北京：外语教学与研究出版社，2013：26—27.

教材示例 10-21 的内容本身不属于典型的绘本教学，若学生学有余力，或者教师发现绘本对学生的英语学习有显著作用，则可以采用补充绘本进行阅读的方式，拓展教学内容，加深学生对主题意义的理解。

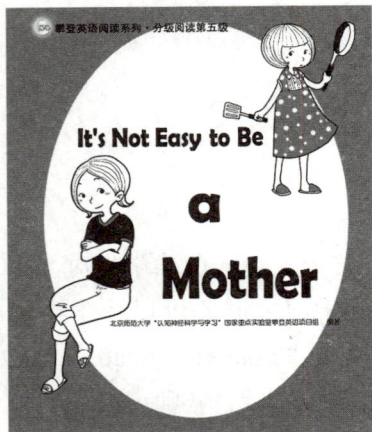

课文情境是 Daming 打电话到 Lingling 家，听到那边很热闹，就问她在做什么。Lingling 说今天是母亲节，他们为 Ms Smart 和 Lingling 的妈妈举办了惊喜聚会，妈妈们非常高兴。

若学生基础较好，学习以上课文之后依然学有余力，或者他们对绘本有着很大的兴趣，教师可以结合教材的主题语境，补充相关绘本让学生进行阅读，用绘本教学的形式来增加教材的趣味性和增强教材的育人功能性。如对于 Mother 这个主题，*It's Not Easy to Be a Mother* 故事的主题与此相同，语言也非常适合这个年级的学生，以下节选部分情节内容。①

① 以下绘本内容节选自：北京师范大学"认知神经科学与学习"国家重点实验室攀登英语项目组.攀登英语阅读系列分级阅读第五级［M］.北京：北京师范大学出版社，2012.

It's Not Easy to Be a Mother 部分情节内容

　　故事讲述的是Lisa总觉得做小孩子太难了，这也不能做，那也不能做，而认为当妈妈却是件很容易的事情。一天，Lisa和妈妈达成了协议，交换了角色……角色互换让Lisa了解到了做妈妈的不容易，而妈妈也体会到了Lisa的感受，母女之间交换角色促进了亲子间更好的沟通。

　　阅读故事可以丰富小学生的情感体验，帮助他们形成健全的人格。教师可依据教材中的主题语境、语言特点、育人功能，为学生匹配相契合的绘本，将绘本阅读教学与教材常规教学相结合。

拓展阅读 10-4

绘本的文本解读方法

What、why and how是解读一般文本的三个关键角度，在绘本的解读方面教师可以将其细化为以下六个环节：

（1）看梗概。看梗概的时候需要关注：故事讲了什么？脉络是什么？有什么寓意？教师只有自己先将故事梗概、脉络梳理清楚，体会出故事的寓意，才算是做好了教学设计的基础工作。

（2）看细节。看细节的时候可以关注：作者用了怎样的表现手法？故事情节有哪些细节？图片中又有哪些值得注意的细节？教师可以通过关注细节，分析文本主题是怎样呈现出来的，并且一定要将绘本的图、文结合起来看主题是如何呈现的。

（3）看背景。看背景主要是了解故事的创作背景和作者意图。并不是每个故事都有背景，但教师要有了解故事背景的意识。不了解故事的背景也没有关系，可以通过集体备课、网络搜索来了解作者还写过什么故事。例如，有位老师在讲绘本时，会搜集作者创作的所有故事，用心去了解这个作者的写作风格是什么以及写过什么书，这对他的整体教学很有帮助。在课堂教学结束后，教师也可向学生推荐阅读同一作者的其他绘本，更好地打开学生的思路。

（4）勤联想。联想主要是指将故事与现实生活联系起来。例如 *My Dad* 绘本可以使我们联想到我们自己的父母，还可以联想到如果我们想要表达对父母的爱，会通过什么方式去呈现。作者选择了太阳、温暖的颜色以及生活中的点滴小事来表现，教师可以引导学生：如果让你去表达对父母的爱，你会从哪些方面、哪些角度去表达这样一份爱？这对学生的创造力有一定的启发。

（5）补空白。故事中的留白（包括人物对话、心理活动、情节等）有哪些？如何补充？教师阅读故事时需要留意的就是这个故事当中还有哪些是作者留下的空白，然后可以想办法让学生去填补这些空白，这就为学生制造了学习机会。如果教师只教句子，可能就会限制学生的学习机会。而让学生根据故事内容自己填补空白就不一样了，比如，教师可以让学生去思考故事中人物的所思所想、可能说的话、可能会采取的办法，等等。

（6）多提问。教师在解读绘本时要多向学生提问，比如，看看故事有哪些

教材示例10-22

选自：陈琳，（英）普里莎·爱丽斯（PRINTHA ELLIS）.英语（新标准）（一年级起点六年级上册）［M］.北京：外语教学与研究出版社，2013：38—39.

教材示例10-22的学习主题是动物生活习惯，是一个学生非常感兴趣的内容，能够激发起学生的学习欲望。教师可以根据不同学情，为学生补充绘本进行教学。在教学之前，教师可以设计一个关于熊猫生活习惯的英文小问卷，让学生完成，找出学生不知道的关于熊猫的生活习惯。然后，用这些学生不知道的熊猫生活习惯的介绍导入课文阅读，以激发学生的阅读兴趣。随后，引导学生阅读课文，了解熊猫的生活习性。之后，教师向学生推荐多种关于熊猫生活习性的绘本，或者是介绍其他动物生活习性的绘本，让学生课后选择阅读，在下一次课时进行专题分享，以此形成对教材内容的补充性的绘本阅读。

疑问与思考

英语教师如何开展科普类绘本的阅读教学？

请扫描二维码
查看参考答案

本章小结

章节小结

　　英语对我国小学生来说是一门外语，小学英语教材是他们接触时间最长的英语学习材料，小学英语课堂教学要充分用好教材。当然，我国小学生的英语学习由于外语环境等原因而存在一定的困难，小学英语教学特别需要激发和发展学生的学习兴趣，而这就需要教师不断进行课堂教学的创新。在课堂教学过程中创新，可以通过认知推动、兴趣推动、任务推动、问题推动等方式开展教学进行探索。小学生主要通过感知学习英语，小学英语学习内容突出语言知识和技能的整体性，所以小学英语教学应强调整合教学，包括语言知识和技能与其他素养的整合、单元的整合、学习内容的专项学习与综合学习的整合、跨单元与跨教材的整合。同时，基于教材开展自然拼读教学、绘本教学，也是小学英语教学值得探索的创新路径。

关键术语

　　整合学习：是一种为了有效促进学生英语学科核心素养的发展，基于学生英语学习机制与学习需要的一种学习路径。

　　自然拼读：是指通过发展学生的语音意识而发展学生读写能力的一种教学方法，使学生看到词能根据拼读规律读出单词，听到读音能根据拼读规律写出单词。

　　绘本阅读：指通过对绘本的文本和图画的阅读理解，发展学生的语言能力，以及其对社会、自然、自我的认知，促进他们的价值建构与精神成长。基于绘本特质，绘本阅读教学应着力于发展学生的审美取向、说理能力、社会责任、观察能力等。

实践活动

　　请结合乡村学校实际，设计一个基于教材用绘本进行自然拼读教学的活动。

请扫描二维码
查看参考答案

1. 王蕾，陈则航.中国中小学生英语分级阅读标准（实验稿）[M].北京：外语教学与研究出版社，2016.

2. 中国英语阅读教育研究院官方网站：www.chinareading.org.

3. 陈则航，闫赤兵.小学英语绘本文本解读及教学设计[J].英语学习（教师版），2018（3）：38—43.

4. 侯云洁,周芬.建构绘本与小学英语教材整合的课程体系[J].英语学习（教师版），2018（6）：4—11.

教学参考视频

内容：**绘本阅读教学活动**
　　　Asking the way.
选自：人教社 PEP 同步英语分级阅读六年级上册
授课教师：广东省佛山市顺德区教育发展中心　田湘军

致 谢

　　本教材是华东师范大学出版社依据《教师教育课程标准（试行）》的相关要求，以及高等院校小学教育专业英语教育方向课程发展的需要，邀请学科教育专家、小学英语教材编写者、教研员及一线优秀教师联合编写的小学教育专业教材。

　　本教材是所有参编老师集体智慧和辛勤劳动的成果。同时，鲁子问教授、北京市中古友谊小学白宇老师、北京市西城区教育研修学院小学研修员曹玉兰老师、北京市西城区育民小学余冬梅老师和李桂娟老师、北京市西城区黄城根小学韩佳老师，以及广东省佛山市顺德区教育发展中心田湘军老师为本教材提供了教学参考视频，在此向以上老师致以诚挚的谢意。

　　教材中所引用的小学英语教材内容，均已得到相关教材出版单位的使用许可。特别感谢人民教育出版社、外语教学与研究出版社、译林出版社对本教材出版的支持。

　　真诚欢迎各位专家及使用本教材的老师、同学提出宝贵意见，这将成为我们未来修订工作中的重要资源，激励我们不断完善教材。

华东师范大学出版社

2020 年 4 月 8 日